U0453166

中国社会科学院2000年度重大A类科研课题暨2001年度国家社科基金项目,得到中国社会科学院文库出版资助。

中国社会科学院文库
历史考古研究系列
The Selected Works of CASS
History and Archaeology

彩图1　郑州商城出土的铜鼎

彩图2　殷墟出土的司母戊鼎

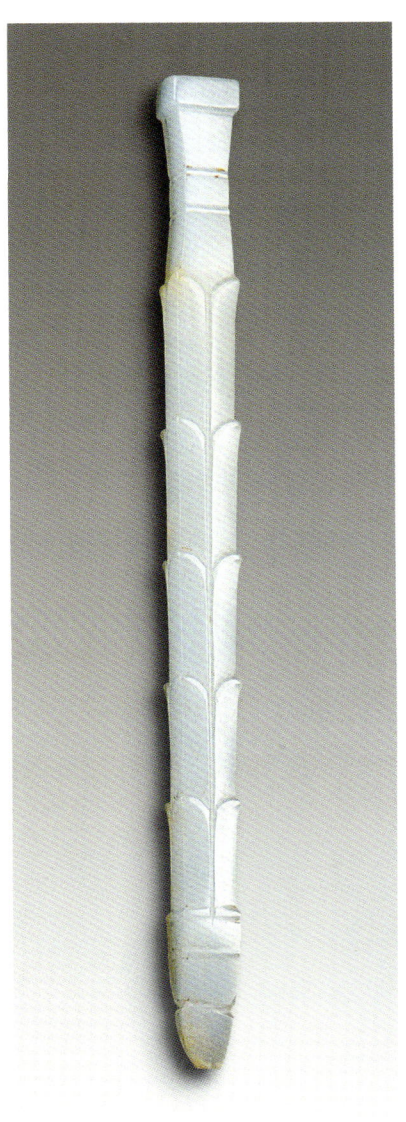

彩图3　殷墟妇好墓出土的玉柄形器

彩图4　殷墟花东54号墓出土的玉戚

彩图5　殷墟宫殿区南部发现的道路

彩图6　山东滕州前掌大的车马坑

彩图7　山东益都苏埠屯出土的亚醜钺

彩图8　河北出土的三勾兵

彩图9　江西新干出土的四足铜鬲

彩图10　湖南宁乡出土的大禾方鼎

彩图11　湖南宁乡出土的四羊方尊

彩图12　四川三星堆出土的牙璋

彩图13　与舌方、土方有关的卜辞

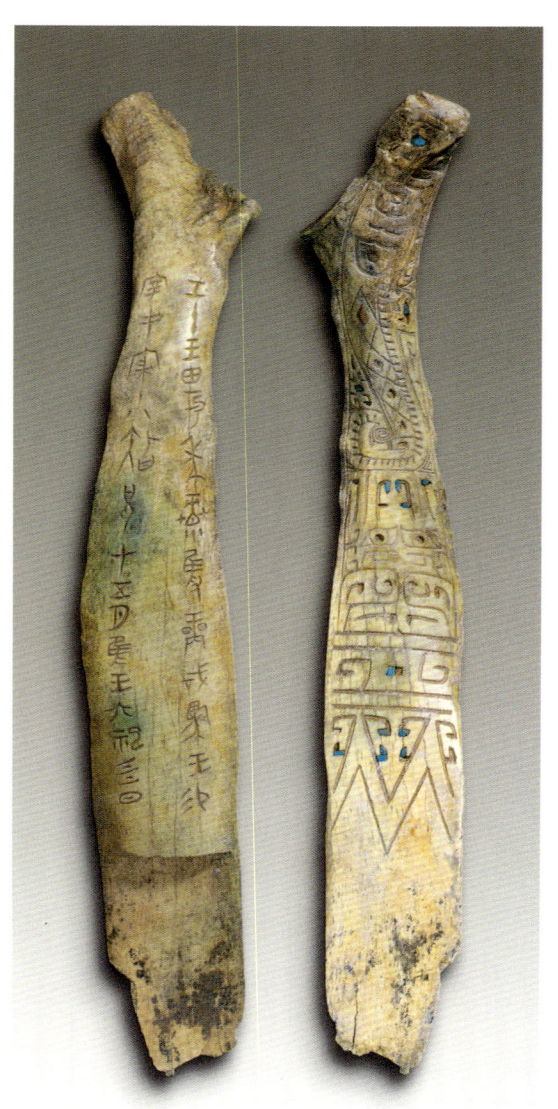

彩图14　宰丰骨

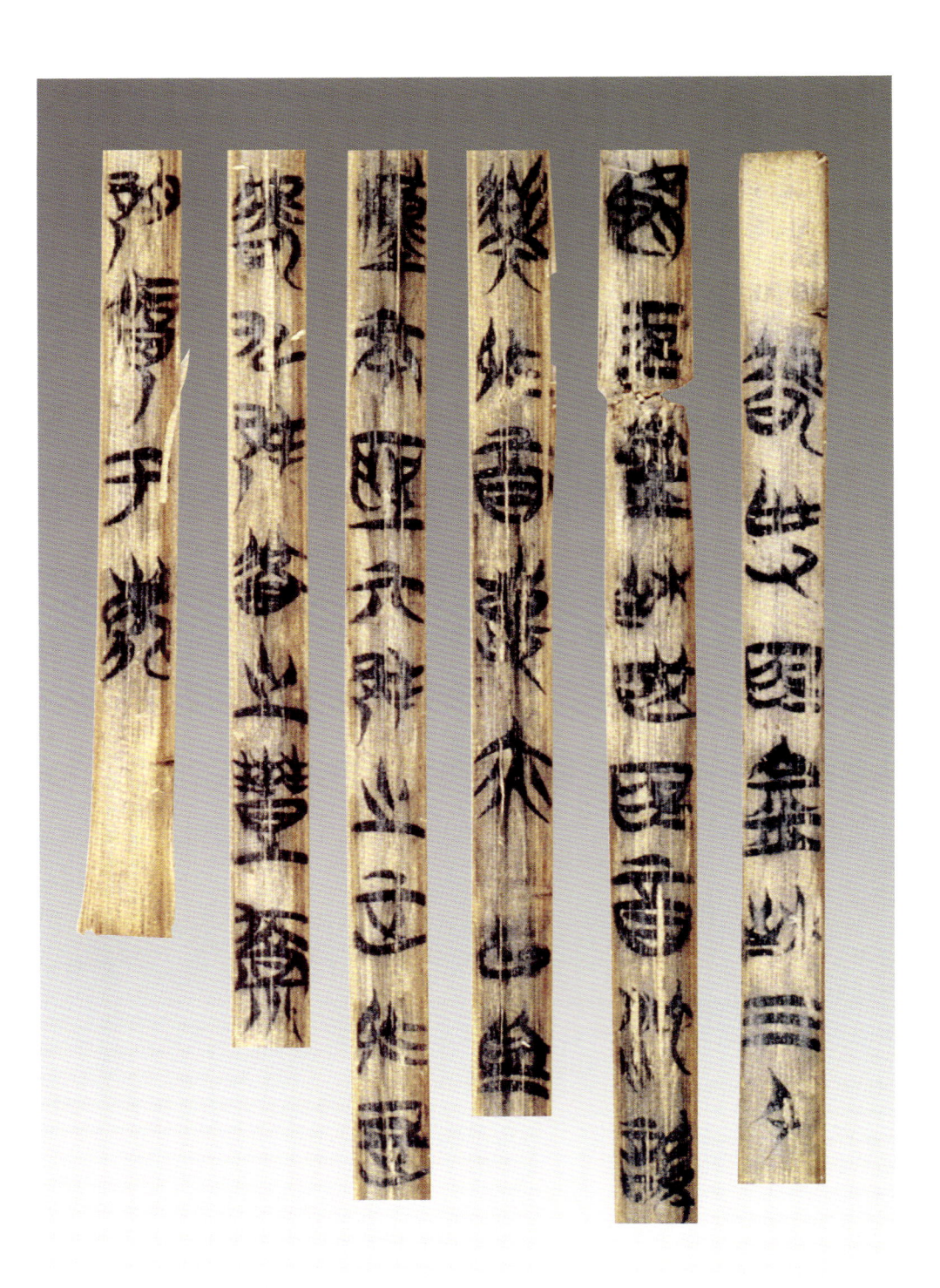

彩图15　上博简《容成氏》45号

中国社会科学院创新工程学术出版资助项目

中国社会科学院文库·历史考古研究系列
The Selected Works of CASS · History and Archaeology

商代史·卷十

商代地理与方国

GEOGRAPHY AND STATES IN SHANG DYNASTY

宋镇豪 主编　孙亚冰 林欢 著

中国社会科学出版社

图书在版编目（CIP）数据

商代地理与方国/孙亚冰、林欢著.—北京：中国社会科学出版社，2010.10
（商代史·卷十）
ISBN 978-7-5004-8924-5

Ⅰ.①商… Ⅱ.①孙…②林… Ⅲ.①历史地理—中国—商代 Ⅳ.①K928.623

中国版本图书馆 CIP 数据核字（2010）第 137381 号

责任编辑	黄燕生
特邀编辑	张 翀
责任校对	李 莉
封面设计	孙元明
技术编辑	戴 宽

出版发行	中国社会科学出版社			
社　　址	北京鼓楼西大街甲 158 号	邮　编	100720	
电　　话	010—84029450（邮购）			
网　　址	http://www.csspw.cn			
经　　销	新华书店			
印　　刷	北京君升印刷有限公司	装　订	广增装订厂	
版　　次	2010 年 10 月第 1 版	印　次	2010 年 10 月第 1 次印刷	
开　　本	710×1000　1/16			
印　　张	32.5			
字　　数	567 千字			
定　　价	66.00 元			

凡购买中国社会科学出版社图书，如有质量问题请与本社发行部联系调换
版权所有　侵权必究

《中国社会科学院文库》出版说明

《中国社会科学院文库》（全称为《中国社会科学院重点研究课题成果文库》）是中国社会科学院组织出版的系列学术丛书。组织出版《中国社会科学院文库》，是我院进一步加强课题成果管理和学术成果出版的规范化、制度化建设的重要举措。

建院以来，我院广大科研人员坚持以马克思主义为指导，在中国特色社会主义理论和实践的双重探索中做出了重要贡献，在推进马克思主义理论创新、为建设中国特色社会主义提供智力支持和各学科基础建设方面，推出了大量的研究成果，其中每年完成的专著类成果就有三四百种之多。从现在起，我们经过一定的鉴定、结项、评审程序，逐年从中选出一批通过各类别课题研究工作而完成的具有较高学术水平和一定代表性的著作，编入《中国社会科学院文库》集中出版。我们希望这能够从一个侧面展示我院整体科研状况和学术成就，同时为优秀学术成果的面世创造更好的条件。

《中国社会科学院文库》分设马克思主义研究、文学语言研究、历史考古研究、哲学宗教研究、经济研究、法学社会学研究、国际问题研究七个系列，选收范围包括专著、研究报告集、学术资料、古籍整理、译著、工具书等。

中国社会科学院科研局

2006 年 11 月

目　录

绪　论 ………………………………………………………………（1）

第一章　商代自然地理 ……………………………………………（8）
　第一节　商代生态环境概要 …………………………………（8）
　第二节　商代的气候 …………………………………………（13）

第二章　商代政治地理 ……………………………………………（30）
　第一节　商代"体国经野"的政治地理构架 …………………（30）
　第二节　王畿区界定 …………………………………………（32）
　　一　王畿区的东限——濮阳地区 …………………………（39）
　　二　王畿区的东南限——商丘至杞县至禹县一线 ………（40）
　　三　王畿区的西限——修武至沁阳一线 …………………（41）
　第三节　政治疆域 ……………………………………………（43）
　　一　商代的政治疆域以及政治疆域中的点、面、块 ……（43）
　　　（一）王都地区的粮食流通与"南廪" …………………（44）
　　　（二）边地的仓廪、粮食来源与外服农业地的作用 …（47）
　　　（三）外服农业区的分布特点 …………………………（51）
　　　（四）商人在外服"圣田"的作用 ………………………（52）
　　二　商王朝控制外服的机制与经略方式 …………………（55）
　　　（一）"奠" …………………………………………………（55）
　　　（二）"牧" …………………………………………………（62）

第四节 商王朝的周边"四至" …………………………………（67）

第三章　王畿区和四土地名考订举例 …………………………（69）
第一节 王畿中心区地名 …………………………………………（69）
第二节 西方和西南地名 …………………………………………（72）
第三节 东方与东南地名 …………………………………………（130）
第四节 待考地名 …………………………………………………（178）

第四章　商代的经济地理 …………………………………………（180）
第一节 农业地理 …………………………………………………（180）
第二节 田猎地理 …………………………………………………（187）
第三节 贡纳地理 …………………………………………………（198）

第五章　商代的交通地理 …………………………………………（202）
第一节 道路交通网络 ……………………………………………（202）
　一 商与周、蜀之间的交通道路 ………………………………（203）
　二 商与西方方国的交通主干道 ………………………………（215）
　三 商与北方方国的交通主干道 ………………………………（223）
　四 商与东方方国的交通主干道 ………………………………（229）
　五 商与南方方国之间的交通主干道 …………………………（232）
第二节 "铜路"问题 ………………………………………………（240）

第六章　商代方国 …………………………………………………（254）
第一节 判断方国的标准 …………………………………………（254）
第二节 商王朝与方国的关系 ……………………………………（257）

第七章　商代方国考订 ……………………………………………（259）
第一节 西方方国 …………………………………………………（259）
第二节 北方方国 …………………………………………………（363）
第三节 东方方国 …………………………………………………（376）
第四节 南方方国 …………………………………………………（429）

第五节　地望待考方国 …………………………………………（447）

主要参考文献 ……………………………………………………（474）

后　记 ……………………………………………………………（498）

彩图目录

彩图 1：郑州商城出土的铜鼎（采自《中国青铜器全集》第 1 卷，图版 36，文物出版社 1996 年）

彩图 2：殷墟出土的司母戊鼎（采自《中国青铜器全集》第 2 卷，图版 47，文物出版社 1997 年）

彩图 3：殷墟妇好墓出土的玉柄形器（采自《中国出土玉器全集》第 5 卷第 50 页，科学出版社 2005 年）

彩图 4：殷墟花东 54 号墓出土的玉戚（采自《安阳殷墟出土玉器》第 11 页，科学出版社 2005 年）

彩图 5：殷墟宫殿区南部发现的道路（采自《考古》2009 年第 7 期，图版 9.1）

彩图 6：山东滕州前掌大的车马坑（采自《滕州前掌大墓地》彩版 21.1，文物出版社 2005 年）

彩图 7：山东益都苏埠屯出土的亚醜钺（采自《中国青铜器全集》第 4 卷，图版 182，文物出版社 1998 年）

彩图 8：河北出土的三勾兵（采自《中国青铜器全集》第 4 卷，图版 187，文物出版社 1998 年）

彩图 9：江西新干出土的四足铜鬲（采自《中国青铜器全集》第 4 卷，图版 31，文物出版社 1998 年）

彩图 10：湖南宁乡出土的大禾方鼎（采自《中国青铜器全集》第 4 卷，图版 24，文物出版社 1998 年）

彩图 11：湖南宁乡出土的四羊方尊（采自《中国青铜器全集》第 4 卷，图版 115，文物出版社 1998 年）

彩图 12：四川三星堆出土的牙璋（采自《三星堆祭祀坑》彩版 14，文物出版社 1999 年）

彩图 13：与舌方、土方有关的卜辞（采自《中国历史博物馆藏法书大观》第 1 卷，

彩版 Ⅵ、Ⅶ,上海教育出版社 2001 年)
彩图 14:宰丰骨(采自《中国历史博物馆藏法书大观》第 1 卷,彩版 Ⅲ,上海教育出版社 2001 年)
彩图 15:上博简《容成氏》45 号(采自《上海博物馆藏战国楚竹书》(二)第 137 页,上海古籍出版社 2002 年)

插图目录

图 1—1　汉以前河北平原河流分布图 ……………………………………（10）
图 1—2　先秦文献记载北方湖沼分布示意图 ……………………………（11）
图 1—3　洹河流域邑聚分布示意图（殷墟时期）…………………………（13）
图 1—4　安阳出土的商代象形铜器及大象遗存 …………………………（24）
图 1—5　小臣艅犀尊、四祀邲其卣 …………………………………………（25）
图 1—6　中国 10000 年以来的气温变化图 ………………………………（28）
图 2—1　晚商政治地理结构 ………………………………………………（32）
图 2—2　大盂鼎铭文（《集成》2837—B）……………………………………（33）
图 2—3　山东桓台出土的戍宁觚 …………………………………………（37）
图 2—4　安阳出土的戍嗣子鼎铭文（《集成》2708）………………………（37）
图 2—5　"牧鄙"（《合集》11003）……………………………………………（65）
图 2—6　四川彭县竹瓦街出土的商代"牧正"觯（《集成》6406）…………（66）
图 3—1　何尊铭（《集成》6014）……………………………………………（70）
图 3—2　"滳"（《合集》24340）………………………………………………（71）
图 3—3　"洹泉"（《合集》34165）……………………………………………（72）
图 3—4　"宁"（《合集》11007 正）…………………………………………（75）
图 3—5　"北奠"、"泞"、"䕭"（《合集》32277）……………………………（76）
图 3—6　"义"、"羌方"、"泞"（《合集》27972）……………………………（77）
图 3—7　"义行"（《合集》27979）……………………………………………（77）
图 3—8　"𪉖行"、"齹行"（《合集》27978）…………………………………（80）
图 3—9　"师非"、"师殷"（《合集》24266）…………………………………（82）
图 3—10　"南囧"（《合集》9547）……………………………………………（84）

图 3－11	"虔"(《屯南》626)	(88)
图 3－12	"䒦"、"苋"、"䎽"、"召"(《合集》33147、33033)	(89)
图 3－13	"𢦏"、"舌方"(《合集》6344)	(95)
图 3－14	铜器河南温县小南张出土的"徙"铭铜簋、铜爵	(97)
图 3－15	"矢"、"𢦏"、"䎽"、"食"(《合集》33145)	(98)
图 3－16	"殺"、"目"(《合集》29285)	(100)
图 3－17	"鹿"(《花东》291)	(103)
图 3－18	"阺南小丘"(《花东》14)	(104)
图 3－19	"唐彔"(《合集》8015)	(106)
图 3－20	"㫎"(《合集》28351)	(109)
图 3－21	"潢"(《合集》37514)	(109)
图 3－22	"閔"(《英藏》2366)	(112)
图 3－23	"郍"(《合集》5450)	(114)
图 3－24	"奠豐"(《合集》6068 正)	(118)
图 3－25	"庞"(《合集》7287 正)	(123)
图 3－26	"㒸"、"麓"(《花东》95)	(125)
图 3－27	"子"𢦏《合集》728)	(127)
图 3－28	逦方鼎铭(《集成》2709)	(129)
图 3－29	"䋣"、"𠂤"、"长"(《合集》36775)	(129)
图 3－30	"惊彔"、"盂方"(《合集》37398)	(133)
图 3－31	"𣪘"、"雇"、"勒"、"来"(《合集》24347)	(135)
图 3－32	"𣪘"(《花东》13)	(136)
图 3－33	"香"、"乐"、"丧"、"冒"、"缶"(《合集》36553)	(138)
图 3－34	"商"、"亳"、"萑"(《英藏》2524)	(141)
图 3－35	"丘商"(《合集》9530)	(142)
图 3－36	"徹京"(《合集》10921)	(143)
图 3－37	在永地置奠(《屯南》1092)	(146)
图 3－38	"于𠃲圣田"(《合集》33209)	(150)
图 3－39	"姼"、"杞"、"昌"、"罍"、"剌"(《合集》36751)	(150)
图 3－40	"酓"、"𠂤商鄘"、"巳奠河邑"、"𨿳"(《英藏》2525)	(151)
图 3－41	山东兖州李宫村出土的"剌"族铜卣铭	(152)
图 3－42	"联㠯于丘剌"(《合集》152 正)	(153)

图 3—43　"✷"(《花东》36) …………………………………………………(156)
图 3—44　"懋田"、"舊田"(《合集》29004) ……………………………(157)
图 3—45　"在襄𠂤"(《小子𧥢鼎铭》,《集成》2648) …………………(158)
图 3—46　"将✷于襄"(《合集》27988) …………………………………(159)
图 3—47　"自瀼至于膏"(《合集》28188) ………………………………(162)
图 3—48　"✷𠂤"、"✷𠂤"、"齐𠂤"(《合集》36821) ……………………(163)
图 3—49　"上𢍰"、"✷"、"缶"(《英藏》2532) …………………………(165)
图 3—50　"人方邑舊"(《屯南》2064) ……………………………………(166)
图 3—51　"淩𠂤"、"澻𠂤"、"✷"(《合集》37475) ……………………(168)
图 3—52　"师襄"、"师𦰏"(《合集》24255) ……………………………(172)
图 3—53　"曾"、"中方"(《合集》6536) …………………………………(173)
图 3—54　"将雀郭于京"(《合集》13523 正) ……………………………(176)
图 5—1　山西曲沃北赵晋侯墓地 M31 中出土的玉环铭文 ……………(207)
图 5—2　"伐蜀"(周原甲骨 H11:68) ……………………………………(208)
图 5—3　"征巢"(周原甲骨 H11:110) …………………………………(208)
图 5—4　陕西张家坡墓葬出土西周早期的铜鼎铭文"获巢"
　　　　(《集成》2457) ……………………………………………………(209)
图 5—5　"楚子来告"(周原甲骨 H11:83) ………………………………(210)
图 5—6　城洋地区出土的铜器 ……………………………………………(211)
图 5—7　三星堆古城平面图 ………………………………………………(213)
图 5—8　三星堆文化中的典型器 …………………………………………(214)
图 5—9　垣曲商城平面图 …………………………………………………(216)
图 5—10　山西平陆前庄与郑州商城出土的铜方鼎 ……………………(216)
图 5—11　东下冯商城平面图 ………………………………………………(217)
图 5—12　早商文化分布示意图 ……………………………………………(218)
图 5—13　太行八陉 …………………………………………………………(219)
图 5—14　中商文化分布示意图 ……………………………………………(220)
图 5—15　晚商文化分布示意图 ……………………………………………(221)
图 5—16　河北磁县下七垣与殷墟出土的"受"、"启"族铜器 …………(224)
图 5—17　河北石家庄前西关与殷墟出土的"守"铭铜器 ………………(225)
图 5—18　宰椃角铭(《集成》9105—1、2) ………………………………(226)
图 5—19　河北定州北庄子出土的"䇂"国铜器 …………………………(227)

图5-20	河北易县出土的"商三勾兵"(《集成》11401、11403、11392)	(228)
图5-21	济南大辛庄出土的甲骨文	(231)
图5-22	盘龙城商城平面图	(234)
图5-23	湖南宁乡炭河里城址及附近出土铜器地点示意图	(235)
图5-24	吴城古城平面图	(236)
图5-25	江西新干商代大墓出土铜器	(237)
图5-26	商代交通干道示意图	(238)
图5-27	江西瑞昌铜岭铜矿遗址	(242)
图5-28	湖北大冶铜绿山铜矿遗址	(242)
图5-29	"金道锡行"(《曾伯霥簠》,《集成》4631)	(244)
图7-1	"舌方"、"土方"、"沚䵼"(《合集》6057正)	(260)
图7-2	二期"舌方"(《合集》24145)	(263)
图7-3	"舌方"、"龏方"联合(《合集》8610正)	(263)
图7-4	"沚方"(《屯南》4090)	(264)
图7-5	"沚䵼"(《合集》6087)、"沚或"(《合集》33107,该片缀合有问题,见严一萍《甲骨缀合新编》10,49)、"伯或"(《花东》275)、"沚戈"(《合集》32048)、"多沚"(《合集》11171正)	(267)
图7-6	五族戍羌(《合集》26879)	(269)
图7-7	四邦方(《合集》36528反)	(269)
图7-8	"北羌"(《合集》6625)	(270)
图7-9	"可伯"、"绊方"、"叡方"、"䇮方"(《合集》27990)	(272)
图7-10	史墙盘铭(《集成》10175)	(277)
图7-11	北京琉璃河遗址出土的克盉、克罍铭	(277)
图7-12	山东费县出土的"叡"族铜器	(278)
图7-13	"召方"(《合集》33017)	(281)
图7-14	"刀方"(《合集》33037)	(281)
图7-15	"邵方"(《花东》449)	(282)
图7-16	"巴方"、"而伯"、"侯告"(《合集》6480)	(285)
图7-17	"妇妌伐龙方"(《合集》6585正)	(288)
图7-18	商方(《屯南》4054)	(290)

图 7—19 "󰀀方"(《合集》6648 正) …………………………………（292）
图 7—20 "鬼方"(《合集》8593) ………………………………（294）
图 7—21 "周方"(《合集》6657) ………………………………（299）
图 7—22 "󰀀周方伯"(周原甲骨 H11:84) ……………………（300）
图 7—23 "马方"(《合集》6664 正) ……………………………（302）
图 7—24 "方祸马"(《合集》8796 正) …………………………（304）
图 7—25 "亘方"(《合集》33180) ………………………………（307）
图 7—26 "基方"、"缶"(《合集》6572) ………………………（308）
图 7—27 "井方"(《合集》1339) ………………………………（311）
图 7—28 天马—曲村 M6384 出的西周早期小臣䍙簋铭 ……（312）
图 7—29 祭方(《合集》32677) …………………………………（313）
图 7—30 "湔方"(《合集》6567) ………………………………（315）
图 7—31 "亚侯"(《合集》32807) ………………………………（317）
图 7—32 "子戈"(《合集》32779) ………………………………（318）
图 7—33 "󰀀方"、"虘方"(《合集》27997) ……………………（319）
图 7—34 "殳方"(《屯南》2651) ………………………………（319）
图 7—35 "仓侯"、"󰀀方"(《合集》6554) ……………………（321）
图 7—36 "仓侯"、"󰀀侯"(《合集》5708 正) …………………（322）
图 7—37 "󰀀侯" ……………………………………………………（324）
图 7—38 "󰀀奠"(《屯南》4049) ………………………………（325）
图 7—39 "犬侯寇周"(《合集》6812) …………………………（327）
图 7—40 "伯󰀀"(《合集》3418) ………………………………（329）
图 7—41 "易伯"(《合集》6460) ………………………………（330）
图 7—42 "敦缶于郍"(《合集》6862) …………………………（339）
图 7—43 "虫伯"(周原甲骨 H11:22) …………………………（341）
图 7—44 "彭"(《合集》7064) …………………………………（341）
图 7—45 "上丝"、"禾侯"(《合集》3336 正) …………………（344）
图 7—46 "󰀀"(《合集》4918) …………………………………（345）
图 7—47 "󰀀伯"(《合集》3407 正) ……………………………（346）
图 7—48 "伯󰀀"(《合集》3413) ………………………………（347）
图 7—49 "侯光"(《合集》20057) ………………………………（348）
图 7—50 "伯䋣"(《合集》20088) ………………………………（349）

图7－51	"可"(《英藏》2267)	(350)
图7－52	"衒"(《合集》6887)	(351)
图7－53	"🈳"(《合集》6834正)	(353)
图7－54	"耳、龙"(《合集》28021)	(354)
图7－55	"吕"(《合集》6778正)	(354)
图7－56	王亲自伐🈳(《合集》6926)	(355)
图7－57	山西灵石旌介村商墓出土的"🈳"国铜器	(357)
图7－58	山西浮山桥北M18平面图	(358)
图7－59	"王共人五千征土方"(《合集》6409)	(365)
图7－60	"下危"、"土方"(《合集》6413)	(366)
图7－61	"登下危人,乎盡伐"(《合集》7311)	(366)
图7－62	"冀侯"(《合集》36416)	(368)
图7－63	小臣舌方鼎铭(《集成》2653)	(368)
图7－64	陕西扶风出土的"冀"族铜鼎(《集成》2146)、"其侯"(《集成》10559)、北京附近出土的"冀侯"铜盉(《集成》9439)、辽宁喀左出土的"冀侯"铜鼎铭文(《集成》2702)、	(369)
图7－65	辽宁喀左县北洞村一号窖藏出土的竹国铜罍、妇好墓出土的"妊竹入石"石磬、"竹侯"(《合集》3324)	(372)
图7－66	"宋伯"(《合集》20075)	(374)
图7－67	陈梦家、岛邦男征人方路线图	(377)
图7－68	《合集》36567的重新缀合	(384)
图7－69	蔡缀379(H36501＋H36752)＋H37410＋H36772	(384)
图7－70	《甲骨缀合编》218	(389)
图7－71	作册般甗铭(《集成》944)、小臣艅犀尊铭(《集成》5990)、小子🈳卣铭(《集成》5417)	(390)
图7－72	"人方伯🈳"	(391)
图7－73	"人方伯"人头刻辞	(392)
图7－74	《殷墟甲骨拾遗·续二》054号	(393)
图7－75	焦智勤新发现甲骨与《合集》36182(上部)缀合	(393)
图7－76	滕州前掌大M18:46出土的萊盉铭	(394)
图7－77	林䢅鬲(《集成》613)	(396)

图 7-78	"危方"(《合集》32896)	(397)
图 7-79	"危美"、"魋伯"(《合集》36481)	(399)
图 7-80	"攸侯"(《合集》32982)	(401)
图 7-81	"醜其逐至于攸"(《合集》36824)	(401)
图 7-82	"及罘元"(《合集》7242)	(403)
图 7-83	"杞侯"(《合集》13890)	(404)
图 7-84	杞妇卣铭(《集成》5097)	(405)
图 7-85	"盂方"(《合集》36518)	(406)
图 7-86	"兒"(《合集》1075 正)、"兒伯"(《合集》3397)	(410)
图 7-87	"旁方"(《合集》6666)	(411)
图 7-88	"侁侯"(《合集》227)	(413)
图 7-89	士上卣铭(《集成》5421)	(415)
图 7-90	"凤侯"(《合集》3333)	(416)
图 7-91	"侯屯"(《合集》32187)	(417)
图 7-92	"妻乎盾告旁戎"(《合集》6665 正)	(420)
图 7-93	"小臣醜"(《合集》36419)	(421)
图 7-94	山东益都苏埠屯 M1 商墓	(422)
图 7-95	山东寿光古城遗址出土的"己"国铜器	(423)
图 7-96	山东长清兴复河遗址出土的"舟"族铜器	(424)
图 7-97	山东滕州前掌大遗址出土的"史"族铜器	(425)
图 7-98	"丰伯、薄姑"(《望方鼎》,《集成》2739)	(427)
图 7-99	二祀卲其卣铭(《集成》5412)	(429)
图 7-100	"雇伯"(《合集》13925 正)	(430)
图 7-101	河南罗山天湖村出土的"息"国铜器、殷墟刘家庄南 M63 出土的"息"铭、"妇息"(《合集》2354 臼)	(433)
图 7-102	雩方(《合集》7024)	(434)
图 7-103	"虎方"(《合集》6667)	(435)
图 7-104	虎方(中甗,《集成》949;中鼎,《集成》2751)	(436)
图 7-105	"髳"、"串方"(《合集》6543)	(439)
图 7-106	"串方"(《合集》6541)	(440)
图 7-107	"归伯"(《合集》33070)	(441)

图 7－108	"庸"(《合集》20516)······(443)
图 7－109	妇好墓出土的卢方玉戈······(445)
图 7－110	"卢伯㪿"(《合集》28095)······(445)
图 7－111	"䇂方"(《合集》6640)······(448)
图 7－112	"㠱方"(《合集》6662)······(448)
图 7－113	"兴方"(《合集》270正)······(450)
图 7－114	"肖方"(《合集》8425)······(452)
图 7－115	"宣方"(《合集》28003)······(453)
图 7－116	"𠀠方"(《合集》33042)······(455)
图 7－117	"氾方"(《合集》32103)······(456)
图 7－118	"雀侯"(《合集》6839)······(458)
图 7－119	"围侯"(《集成》3127)······(463)
图 7－120	"岜伯"(《合集》6987正)······(464)
图 7－121	"麗伯"(《殷墟甲骨拾遗·续二》031)······(467)
图 7－122	"𡇒"(《合集》6835)······(470)
图 7－123	"耑"(《合集》6842)······(471)
图 7－124	方国位置示意图······(473)

绪 论

（一）商代地理研究发展史及经典著作概述

自王国维、孙诒让先生首开先河，商代地名研究迄今已有百年发展史，前人的概论性著作主要有《殷历谱》、《殷虚卜辞综述》、《殷墟卜辞研究》、《殷代地理简论》、《殷商卜辞地理论丛》、《商代地理概论》等。虽然在研究方法上取得了逐步发展，但由于各方面的原因，地名研究仍然存在巨大的分歧。根据各家研究成果复原的商代地理分布图相似程度不高，许多重大论题如商代有无固定田猎区、能否划分商王朝直接统治区等至今尚无定论。另一方面，地名研究又是商代政治、战争、经济、婚姻家族制等分类研究的重要基础。上述分类研究均已开展多年，各自取得了丰硕的成果，今后如向纵深发展，走向更细致的研究，将在很大程度上依赖于地名研究的进展。20世纪60年代至今，产生了大量的单个地名考证以及若干分类地名论著，如《甲骨文田猎刻辞研究》、《甲骨文农业资料考辨与研究》，但系统性的地名研究著作只有两种：台湾钟柏生先生的《殷商卜辞地理论丛》与大陆郑杰祥先生的《商代地理概论》。杨升南先生在《甲骨学一百年》中对两者均有极中肯的评价，指出前者在地名、方国名研究方法上有很大推进，如进一步确定地名系联的辞例标准、指出卜辞地名存在异地同名现象、提倡在地名研究中采取地名网络群研究方式等等，极具参考价值。但该书实际存在两个局限性：一、"田游地名研究"部分主要是继承岛邦男先生《殷墟卜辞研究》的系统；二、由于成书较早，未能充分吸收新的考古发现。对于后一点钟氏自己在2000年发表的《甲骨学与殷商地理研究——回顾与展望》一文中也有清楚的认识。相较之下，郑杰祥先生《商代地理概论》一书有目的地吸收了大量考古材料，在单个地名考释上较注重传统的文献比勘方法，在地名定点上比钟氏细，在商代王畿区范围、商代黄河下游水道等方面有独具创见。但郑氏一书也有两方面的弱点：一、虽然也注意整个地名网络群的重要性，但在实际操作中有迁就个别文献地名的倾向，例如将"郙"、"犬"、"戈"、"悖"等一批具有殷西特征的地名群移至河南中部、东部与山东西部；二、虽然注意到考古材料的应用，但在应用上没有做到区别对待不同性质的考古发现，使一些能作为基点使用的商代墓葬材料没有起到关键作用。在这一点上，钟氏《殷商卜辞地理论丛》虽则如作者所言，未能做到充分利用考古发现，然而该书以构建地名网络为首要手段的做法比较实事求是，产生的直接结果就是在地名定位上较为谨慎。总而言之，两书各具特色，各有局限。出于种种原因，据两书复原的商代地名分布图差异性仍是主要的。

历年来商代地理方面的主要论著见下（以出版时间先后为序）：

（1）董作宾《殷历谱》[①]；
（2）陈梦家《殷虚卜辞综述》[②]；
（3）丁山《甲骨文所见氏族及其制度》[③]；
（4）岛邦男《殷墟卜辞研究》[④]；
（5）李学勤《殷代地理简论》[⑤]；
（6）饶宗颐《殷代贞卜人物通考》[⑥]；
（7）钟柏生《殷商卜辞地理论丛》[⑦]；
（8）郑杰祥《商代地理概论》[⑧]；
（9）彭邦炯《甲骨文农业资料考辨与研究》[⑨]；
（10）饶宗颐主编《甲骨文通检》第二分册《地名通检》[⑩]。

[①] 董作宾：《殷历谱》，中研院史语所专刊，1945年版。
[②] 陈梦家：《殷虚卜辞综述》，考古学专刊甲种第二号，科学出版社1956年版。
[③] 丁山：《甲骨文所见氏族及其制度》，科学出版社1956年版。
[④] ［日］岛邦男：《殷墟卜辞研究》，日本弘前大学出版社1958年版。
[⑤] 李学勤：《殷代地理简论》，科学出版社1959年版。
[⑥] 饶宗颐：《殷代贞卜人物通考》，香港大学出版社1959年版。
[⑦] 钟柏生：《殷商卜辞地理论丛》，台北艺文印书馆1989年版。
[⑧] 郑杰祥：《商代地理概论》，中州古籍出版社1994年版。
[⑨] 彭邦炯：《甲骨文农业资料考辨与研究》，吉林文史出版社1997年版。
[⑩] 饶宗颐主编：《甲骨文通检》第二分册《地名通检》，香港中文大学出版社1994年版。

其中《甲骨文通检》属于最新的研究成果,在大陆以外地区出版,因此有必要作一下简单介绍。甲骨文地名方面的工具书以前主要有罗振玉《殷虚书契考释》及其增订本①、曾毅公《甲骨地名通检》②、岛邦男《甲骨卜辞地名通检(一、二)》③ 等几种,饶氏主编《地名通检》是目前为止资料最全的,其资料范围除《甲骨文合集》、《小屯南地甲骨》、《英国所藏甲骨集》、《东京大学东洋文化研究所藏甲骨文字》、《法国所藏甲骨录》、《天理大学附属天理参考馆藏品·甲骨文字》、《怀特氏等收藏甲骨文集》外,还收入了陈全方《周原与周文化》④ 收录的周原甲骨资料。书中的前言部分相当于饶先生近年相关研究的一次总结。该书在编排上分为五类:一、四方、四土、四邦方;二、山、丘、麓、河、泉;三、京、邑、奠(甸)、鄙;四、方国;五、地名。实际也就是各自相当于方位、自然地名、行政地名、方国、具体地名五大块,各类之间重出的地名并有注明,为研究商代地理提供了很大的便利。

除上列举10种著作外,尚有大量分类刻辞研究方面的论著涉及地名研究,由于大批地下埋藏文字材料的面世,使商代地理研究成为中国历史地理学一门特殊的分支,它在相近一百年的发展中形成了自己的体系,钟柏生、郑杰祥各自的综论性著作可以说是一种标志。

(二) 商代地理研究中存在的问题

商代地理研究主要靠三种方法:卜辞地名系联、传统文献比附和考古资料印证。这三种方法,说起来简单,做起来却并不容易。

首先,卜辞地名系联,包括干支系联法、同版系联法和异版系联法。根据卜辞内容可以确定两地是起点与终点关系的才适用于干支系联法,用干支系联法可以确定两地间的大约距离。没有起点和终点关系的适用于同版系联

---

① 罗振玉:《殷虚书契考释》,王国维手书石印本一册,1915年2月;增订本,东方学会石印本,1927年2月。

② 曾毅公:《甲骨地名通检》,北平图书馆《图书季刊》新2卷1期(1940年3月)。又马宗芗《甲骨地名通检》,实为曾毅公《甲骨地名通检》齐鲁大学国学研究所1939年版之翻印本,文海出版社1971年版,见胡厚宣《马宗芗与〈甲骨地名通检〉》,《中国史研究》1992年第3期。

③ [日]岛邦男《甲骨卜辞地名通检(一、二)》,《甲骨学》第6、7号(1958年3月、1959年3月),又日本东京汲古书店1972年《甲骨学》翻印合订本下册。

④ 陈全方:《周原与周文化》,上海人民出版社1988年版。

法或异版系联法，只能大概知道两地距离不会太远，不能确定彼此间的距离，过去像郭沫若、李学勤把没有起点和终点关系的地名用干支系联法系联，结果造成不少错误。

虽然系联法能把一批地名联系在一起，大致确定这批地名的方位及其彼此间的距离，但却很难将所有被系联的地名标注在地图上，不能标注在地图上，就没有实际意义。此外，学界系联卜辞地名还有三大误区：

（1）如果A族人在B地活动，那么A族居地必近于B地；

（2）A、B族共同参加某一活动，其居地必邻近；

（3）同版两族或多族，其居地必邻近。

其次，传统文献比附。传统文献主要指先秦文献，其中的地名很多，而异地同名者也为数不少，这一现象势必造成文献比附上的错位，对于无同名者，也要持审慎态度，因为文献的撰写时代多数距商代已远，期间地名沿革变迁，恐非后人所能完全知晓。

再次，考古资料印证。考古资料尤其是文字资料给地理考证以更多的确定性，使甲骨文中不太明显或没有出现过的国族浮出水面，为商代地理研究注入活力，如：

山西灵石旌介村发现三座商代墓葬，其规模虽属中等，但随葬品丰富，铜器多铭"囗"①，有学者将"囗"释作"丙"，认为这三座商墓属于丙国贵族及其宗族，丙国是商王朝的诸侯国，延存至西周时期。②

山西浮山桥北发掘了一批商至春秋时期的墓葬，大、中型墓的年代上限在商代晚期，下限不晚于西周中期。其中五座大型墓，均有墓室和墓道组成，比灵石旌介商墓的规格高，墓主人应是商王朝管辖下的方国首领，出土的铜器屡见"先"铭，③由此可以确定先国位于浮山桥北地区。

河北定州北庄子发现42座商代墓葬，"这批墓葬排列有序，没有相互叠压或打破现象，其墓坑制作规整，等级森严，普遍流行残酷的殉人、殉狗制度，随葬品亦较丰富，显然在商代非一般平民所拥有，应当是一处规模较大

---

① 山西省考古研究所、灵石县文化局：《山西灵石旌介村商墓》，《文物》1986年第11期；最近又公布了旌介村1986年发现的一座墓和一座车马坑，见山西省考古研究所《灵石旌介发现商周及汉代遗迹》，《文物》2004年第8期。

② 殷玮璋、曹淑琴：《灵石商墓与丙国铜器》，《考古》1990年第7期。

③ 《山西浮山桥北商周墓》，《2004中国重要考古发现》，文物出版社2005年版。

的奴隶主贵族墓群,而且是方国贵族墓群"①。墓中所出铜器多铭"𢆉",因此可以确定定州北庄子为𢆉国所在。

河北藁城台西村有一处规模较大的商代遗址,而距此不远的前西关遗址出土的铜器上带有"心守"、"守"铭文,"守"铭亦出于殷墟,②侯家庄西北岗1001大墓和武官村大墓都发现带"守"字的铜器,YH266出的一件陶罍上刻有"妇妁,守"铭文,可见守族与王族关系密切,曾有通婚。守族位置由考古资料可定在藁城地区。

河南信阳罗山蟒张村发现一座商代墓葬,③出土有铭铜器多带"息"字。甲骨文中有"妇息"(《合集》2354臼),有学者认为晚商息国族就在今河南罗山以南、蟒张一带,是可信的。

山东益都苏埠屯发现一处大型商代墓地,其中有一座带四条墓道的亚字形大墓,是迄今为止,殷墟以外发现的规模最大的商代墓葬。此外,还有带两条墓道的中字型墓和带一条墓道的甲字型墓,出土的铜器多铭"亚醜",第五期卜辞中有小臣醜(《合集》36419),商代醜国毫无疑问位于苏埠屯一带。④

山东寿光古城遗址出土的一批铜器多铭"己",也就是文献中的"纪",商代纪国就在此地。⑤

山东长清兴复河遗址出土以及征集到的一百余件商代青铜器,铭文多为"举,𘜶",青铜器如此之多,其遗址规格当不为低,推测长清为"举,𘜶"族建立的方国都城。⑥

---

① 河北省文物研究所、保定地区文物管理所:《定州北庄子商墓发掘简报》,《文物春秋》1992年增刊。

② 石家庄地区文化局文物普查组:《河北省石家庄地区的考古新发现》,《文物资料丛刊》(1);安阳市文物工作队、安阳市博物馆:《安阳殷墟青铜器》,中州古籍出版社1993年版,第37页。

③ 李伯谦、郑杰祥:《后李商代墓葬族属试析》,《中原文物》1981年第4期;范毓周:《息器、妇息和息国》,《郑州大学学报》(哲社版)1986年第4期。

④ 山东省博物馆:《山东益都苏埠屯第一号奴隶殉葬墓》,《文物》1972年第8期;山东省文物考古研究所、青州市博物馆:《青州市苏埠屯商代墓地发掘简报》,《海岱考古》第一辑,山东大学出版社,1989年。

⑤ 寿光县博物馆:《山东寿光县新发现一批纪国铜器》,《文物》1985年第3期。

⑥ 山东省博物馆:《山东长清出土的青铜器》,《文物》1964年第4期;高广仁:《海岱区的商代文化遗存》,《考古学报》2000年第2期。

山东滕州前掌大遗址发现的商周墓葬有 120 余座，带墓道的墓（两条或一条）11 座，车马坑 5 座，马坑 2 座，带两条墓道的墓葬上，有墓上建筑，毫无疑问这里也是一处方国遗址。出土铜器铭文中最多的是"史"，在商代史是官职名，但前掌大的"史"是族徽，不是官职名，也可能是以官为氏。有学者认为，前掌大为商代薛国所在，薛国为史氏。① 商代的薛国甲骨文中并不明显，文献中也只有寥寥数语，考古资料为我们揭示了它的地理位置和文化面貌。

以上数例仅为考古资料中的一小部分，考古发现以及传世（有出土地者）的商代铜器铭文还有很多不能和出土地联系，也就是说不能把出某族徽的地方都当作该族的居住地。我们知道，铜器不像陶器那样容易损坏，它会因为战争、婚姻等原因从此地流到彼地，如殷亡以后，商族大迁徙，它们的铜器也被带离原居住区，分散到各地。我们一般把集中出土某族徽的地点当作该族的居住地，当然也不能一概而论，如䧊方，山东费县曾出土一批 28 件商代青铜器，铭文均为"冀、䧊"②，然而商代䧊方并不在山东，而是在西方，《合集》36528 反："乙丑王卜，贞禽巫九禽，余乍𨺙，遣告侯田，册䧊方、羌方、羞方、䇂方，余其从侯田甾伐四邦方。"大意是王与殷边侯田征伐䧊、羌、羞、䇂四邦方，羌方、䇂方位殷西，如果䧊方在山东，王就要在同一时间内既到殷西，又到殷东，这是不可能的。䧊方肯定也位于殷西。至于说山东费县为什么会出土成批的䧊方铜器，需要进一步研究。

商代地名考证是一个很复杂的问题，一方面必须重视文字释读；另一方面要掌握商代异地异国同名的现象。

文字释读对考证地名的重要性，我们以"衣"字为例说明。卜辞常见"王田衣逐亡灾"、"王田某衣逐亡灾"等辞例，郭沫若以为这些"衣"都是地名，"衣当读作殷。《水经·沁水注》：'又东迳殷城北'，注引《竹书纪年》

---

① 中国社会科学院考古研究所山东工作队：《滕州前掌大商代墓葬》，《考古学报》1992 年第 3 期；《山东滕州前掌大商周墓地 1998 年发掘简报》，《考古》2000 年第 7 期；冯时：《殷代史氏考》，《黄盛璋先生八秩华诞纪念文集》，中国教育文化出版社 2005 年版。王恩田先生认为薛国与史氏为同族分化，见《陕西岐山新出薛器考释》，《考古与文物》1983 年第 11 期，《考古与文物丛刊》第二号《古文字论集》。

② 程长新、曲得龙、姜东方：《北京拣选一组二十八件商代带铭铜器》，《文物》1982 年第 9 期。

云：'秦师伐郑，次于怀城殷。'地在今沁阳县……"① 李学勤在《殷代地理简论》中训"衣"为"同"或"合"，"衣逐"即合逐之意，是一种狩猎方法。② 后又指出"衣"当释为"卒"，训"终"。③ 裘锡圭先生进一步申述了这一观点。④ 郭沫若、陈梦家不仅误以"衣"为地名，而且又把一些不相干的地名与衣联系，错上加错。

　　商代的地名中有很多为异地异国同名，我们举以下例子为证。商，在卜辞中作地名、区域名或国名讲时，所指位置是不一样的。商，作区域名讲时，指王畿（《粹编》907）；作地名讲时，一指中商或大邑商，即今安阳殷墟，一指丘商，在今河南商丘；作国名时，为商方，在殷墟西北方。豐国，有两个：一为上博简《容成氏》中的九邦之一，李零考释在今陕西沣河以西⑤；一为塱方鼎铭文中的周公所伐东夷豐伯，在东方地区。

---

① 郭沫若：《卜辞通纂》，科学出版社1983年版，第635、636片，又见第659—663片。
② 李学勤：《殷代地理简论》，科学出版社1959年版，第7页。
③ 李学勤：《多友鼎的"卒"字及其他》，《新出青铜器研究》，文物出版社1990年版。
④ 裘锡圭：《释殷墟卜辞中的"卒"和"䢔"》，《中原文物》1990年第3期。
⑤ 马承源主编：《上海博物馆藏战国楚竹书》（二），上海古籍出版社2002年版。

第一章

商代自然地理

本章第一节介绍商代的生态环境，由于材料不多，只作简单的概述。与今日相比，商代的气温高，降水多，湖泊沼泽多，河水流量大，植被覆盖高，野生动物资源丰富，动植物种类多样；第二节着重讨论商代的气候，根据甲骨文、动物学、植物学以及古土壤学方面的研究结果，得出商代的气候总体上比较温暖湿润，年均温度比今天高2℃，降雨类型为夏雨型，而商代早中期气候比晚期冷干些，商末文丁以后渐趋干旱。商代早中晚三期都发生过旱灾或涝灾。

第一节 商代生态环境概要

商文化分布于今黄河中下游、淮河流域和长江中下游流域，大致位于北纬28°—42°、东经107°—120°之间，其中心在今华北的中原地区及华中部分地区。

淮河以北地区的华北平原属于暖温带季风气候，植被类型为落叶阔叶林，年平均气温在8℃—14℃，年平均降水量400—750毫米，这里为夏雨区，雨量大都集中在七至八月，且多暴雨，春季苦旱。土壤类型主要是棕壤，农作物以冬小麦、杂粮、棉花、花生等为主，大部分为两年三熟。动物为旧大陆寒温带动物。

淮河以南的长江中下游属于湿润的亚热带季风气候，植被类型属落叶阔叶—常绿阔叶混交林，年平均气温在14℃—18℃，年平均降水量在1000—1400毫米，这里为春雨梅雨区，三月份雨量开始迅速增加，一直到六月底或七月上旬，梅雨结束，雨量减少，直到十一月份，雨日又复增多，进入雨量不大但阴雨日数较多的冬季。这里地势平坦，湖泊众多，土壤类型主要是黄棕壤或黄褐土，江南为红壤区，农作物以水稻为主，为一年二熟。动物以东南亚的热带—亚热带树栖类型为主。①

商代的生态环境与今日相比不太相同，商代的气温高，降水多，湖泊沼泽多，河水流量大，植被覆盖率高，野生动物资源丰富，动植物种类多样。其南方是以水稻为主，但北方则以黍（大黄米）、粟（小黄米）为主。

北方水系，尤其是黄河的走向变化较大，今日黄河走山东省入海。而汉代以前，至少可以上推至新石器时代，黄河下游一直是取道河北平原注入渤海。②刘起釪先生认为卜辞所载殷墟以东之河，也就是大伾以北的《禹贡》河，一直流到战国中世（即公元前4世纪中叶）才远离殷墟向南移，改走《汉志》所载河道。《禹贡》河道初循成皋大伾东北流，至浚县大伾山之西折而北流，即沿今肥乡至束鹿一线在殷墟以东向北流。③淇水在浚县宿胥口、洹河在内黄、漳水在曲周注入黄河（图1—1）。④

先秦时期，我国湖泊沼泽众多，《尔雅·释地》有十薮："鲁有大野，晋有大陆，秦有杨陓，宋有孟诸，楚有云梦，吴越之间有具区，齐有海隅，燕有昭余祁，郑有圃田，周有焦护。"《周礼·职方氏》有九薮，少大陆、海隅、焦护（亦作焦获），多雍州弦蒲、幽州貕养。大野泽，又名巨野泽，在今山东巨野县北；大陆泽，又名巨鹿泽、广阿泽，水面辽阔，跨今河北隆尧、巨鹿、任县、平乡四县；杨陓泽，又名阳纡泽、杨纡泽、阳盱泽、阳华泽、旸陓泽，在今陕西，具体位置不确定；孟诸泽，又名孟渚泽、望诸泽、明都泽、盟诸泽，在今河南商丘东北、虞城西北；云梦泽，大致包括今湖南益阳市、湘阴县以北，湖北江陵县、安陆市以南，武汉市以西地区；具区，又名震泽，即今太湖；海隅，非薮名，指海滨地区的泽薮；昭余祁，又名大昭、昭余，在今陕西祁县西南、介休市东北；圃田，春秋时又名原圃，战国时又名圃中，在今郑州、中牟之间；焦护，在今陕西泾阳县北；弦蒲泽，又名疆蒲泽，在今陕西陇县西。除此之外，文献记载的还有山东定陶东的菏泽、菏泽市东北的雷夏泽、河南荥阳的荥泽、开封市东南的逢泽、开封市北

---

① 《中国自然地理》，高等教育出版社1984年版；《中华人民共和国地图集》，地图出版社1984年版。
② 谭其骧：《西汉以前的黄河下游河道》，《历史地理》创刊号，上海人民出版社1981年版。
③ 刘起釪：《卜辞的河与〈禹贡〉大伾》，《殷墟博物苑苑刊》创刊号，1989年。
④ 谭其骧：《西汉以前的黄河下游河道》，《历史地理》创刊号，上海人民出版社1981年版。

的牧泽、中牟东的萑苻泽、河北永年东的鸡泽、宁晋东南的泜泽、南方的洞庭湖和彭泽（即鄱阳湖），等等。邹逸麟将华北大平原的湖沼分为三个湖沼带（图1—2）。①

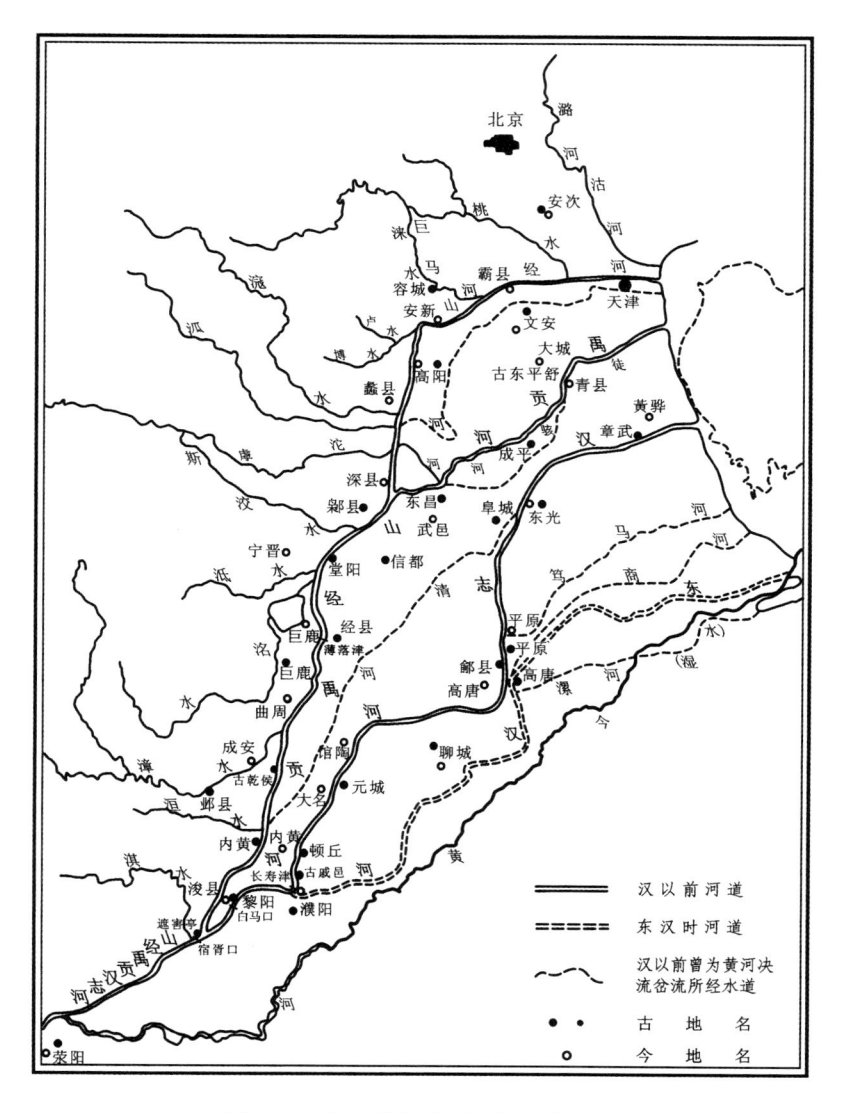

图1—1 汉以前河北平原河流分布图

---

① 邹逸麟：《历史时期华北大平原湖沼变迁述略》，《历史地理》第5辑，1987年。

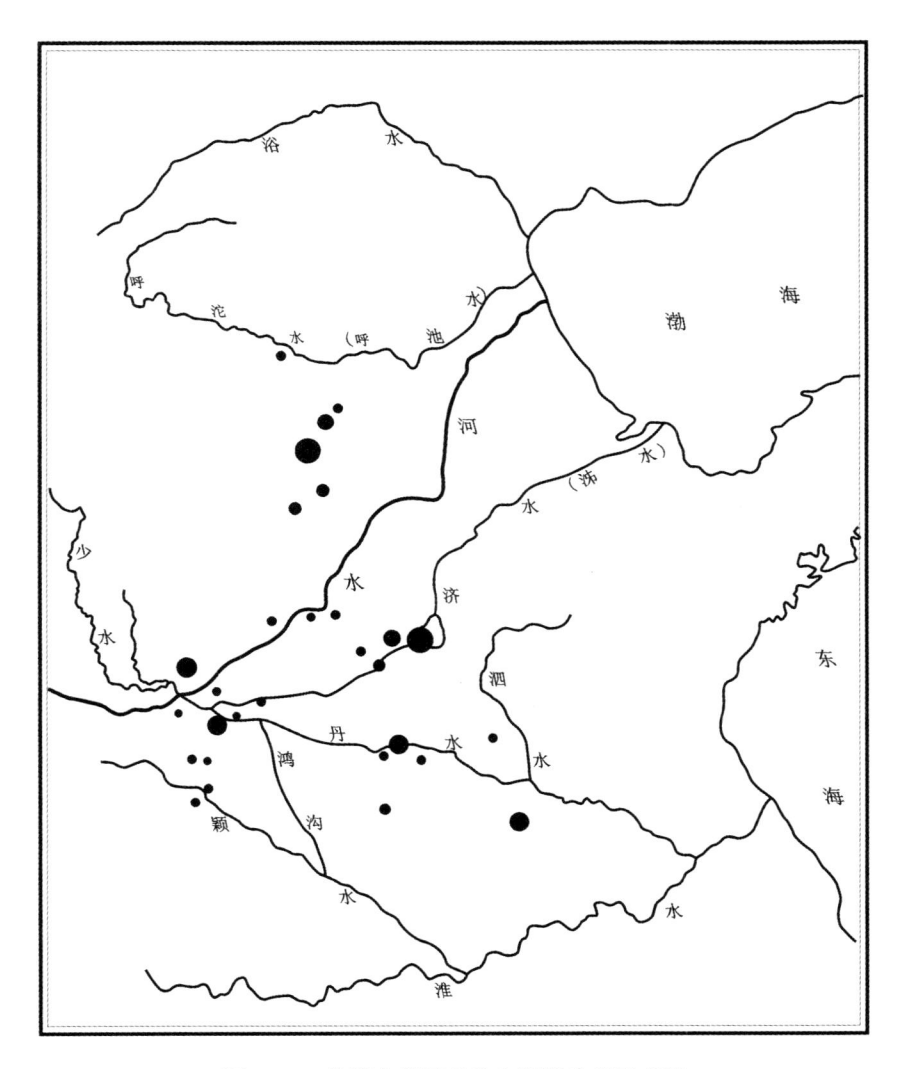

图 1—2　先秦文献记载北方湖沼分布示意图

　　第一湖沼带：在今修武、郑州、许昌一线左右，有圃田泽、荥泽、萑苻泽等。

　　第二湖沼带：在今濮阳、菏泽、商丘一线以东地区，有大野泽、菏泽、雷夏泽、孟诸泽等。

　　第三湖沼带：位于河北邯郸至宁晋之间的太行山东麓，有大陆泽、鸡泽、沛泽等。

上述湖沼多为春秋战国时文献记载，商代的气候比春秋战国更温暖湿润，① 可以想见商代的湖沼要更多，水域面要更广。

《周礼·大司徒》云："以天下土地之图，周知九州之地域、广轮之数，辨其山林川泽丘陵坟衍原隰之名物。"郑玄注："积石曰山，竹木曰林，注渎曰川，水钟曰泽，土高曰丘，大阜曰陵，水崖曰坟，下平曰衍，高平曰原，下湿曰隰。"这八大地貌分类，是上古先民对自己生存活动的自然生态环境的概括，而这种地形地貌的感性认识，是可以追溯到商代的。甲骨文中有大量地形地貌的用词，涉及山地或丘陵地貌的，如：

丘、石、谷、山、昆、岳、嵒、高、森、喬京、封、对、阜、陴、陵、陆、陨、沙、襄、帥、陮、麓、麗等。

涉及平原地貌的，如：

原、野、湿、隰、畴、甽、圃、析、祥、梁、林、森、蒿、萑、柳、桃、楠等。

涉及水道或河谷地貌的，如：

泉、纛、川、州、洲、渊、河、涛、洹、滴、遇、灘、泷、洴、沚、潢、淮、洋、泾、洛、淋、洒、淡、澎、冲、汇等。

《周礼》中概括的山、林、川、泽、丘、陵、坟、衍、原、隰八大地貌分类，在甲骨文中已大体具备，只是《周礼》更简明扼要，更系统规范而已。②

商代的动植物种类繁多，有的今天已经在我国灭绝，如犀牛；有的分布北限已往南退，如象、水牛、竹鼠、漆树、竹等。

郑州、偃师商城周围都有大面积的水域。郑州商城东、北边是低洼的湖泊和沼泽；偃师商城东南有一处方圆1.5公里的湖泊，东北部城外有一条西北—东南向的河道，当时的洛河位于城址南约2公里左右。③

安阳地区的地貌地势，现代陆地卫星影像显示：洹河从西部低山几经蜿蜒后东泻而出，形成一处狭长的箕形盆地，殷墟位于该箕形盆地的箕口处。

---

① 竺可桢：《中国近五千年来气候变迁的初步研究》，《考古学报》1972年第1期。
② 宋镇豪：《夏商社会生活史》（增订本），中国社会科学出版社2005年版，第277—278页。
③ 中国社会科学院考古研究所编著：《中国考古学·夏商卷》，中国社会科学出版社2003年版，第203、218页。

殷墟往西约 19 公里、往南约 7 公里、往西北约 8 公里为低山或丘陵，殷墟以东为开阔的平原，且地势明显向东南方向递降。今京广线以西洹河两岸，史前时期至今并无剧烈地貌变化，两岸地面堆积有较厚的早期全新世黄土，但京广线以东洹河段，约在东周时期发生过大幅度的河道变迁，东周以前，包括商代以及史前时期，洹河出安阳盆地东缘（今京广线）后，是向东南流的，河流两岸分布有大小聚落（图 1—3），[①] 今天京广线以东洹河则是向东流。

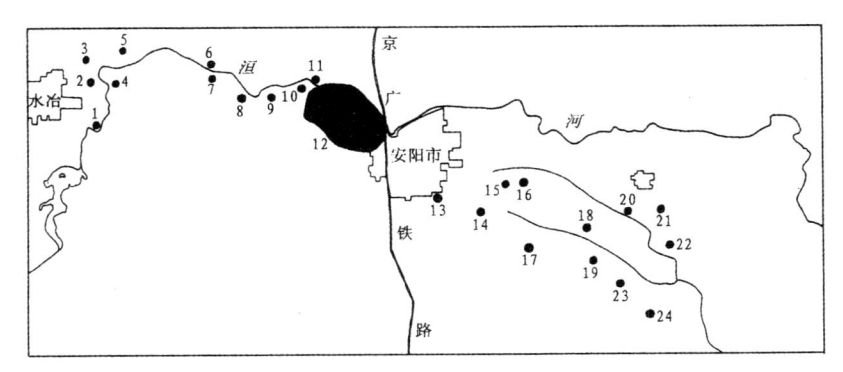

1. 阳郡　2. 姬家屯　3. 蒋村　4. 北固现　5. 西麻水　6. 大正集　7. 安车村　8. 东梁村　9. 柴库
10. 范家庄　11. 秋口　12. 殷墟　13. 后张村　14. 小八里庄　15. 大八里庄　16. 晁家村　17. 韩河固
18. 南杨庄　19. 东崇固　20. 郭村西南台　21. 晋小屯　22. 大寒屯　23. 将台　24. 蒋台屯

图 1—3　洹河流域邑聚分布示意图（殷墟时期）

第二节　商代的气候

气候包含温度（冷暖）和降水（干湿）两方面。古代气候，尤其是史前时期的气候，与今天迥异，同一个时代的气候，因纬度、地形等因素也有差别。气候直接影响当时当地的植被环境、动物群落，从而造成人类不同的经济生活方式。气候变迁，不仅能改变人类的经济生活方式，而且会导致文明的兴衰及朝代的更替。所以研究历史，一定要研究当时的气候，复原古人生活状况，首先要复原当时当地的气候。

---

① 中国社会科学院考古研究所、美国明尼苏达大学科技考古实验室中美洹河流域考古队：《洹河流域区域考古研究初步报告》，《考古》1998 年第 10 期。

最早关注商代气候的是德日进（Pierre Teilhard de Chardin）、杨钟健二氏。1936年，二氏研究殷墟出土的动物亚化石，发现其中有许多现在只见于热带和亚热带，安阳已经绝迹的动物，虽然他们推测这可能是由南方搬运而来，但也不得不承认当时的气候有微小的变化。①

系统研究商代气候的代表性人物有胡厚宣、魏特夫（Karl Auqust Wittfogel）、董作宾，三氏均从甲骨文出发，就其中的气象卜辞和农业卜辞以及殷墟出土的动物遗存加以讨论，但得出的结论却并不一致，甚至是相反的。下面分别阐述三氏的观点。

（一）胡厚宣

其著作有《卜辞中所见之殷代农业》②（1938年）、《气候变迁与殷代气候之检讨》③（1944年）、《论殷卜辞中关于雨雪之记载》④（1945年）。胡氏认为商代后半期，即甲骨文时代，我国北方黄河流域的气候，远较今日热，相当于今天长江流域甚至更南地区，所持证据共八项⑤。

第一，雨雪记载。

在151条带有月份的卜雨降雨卜辞中，记卜雨者137条，记降雨者14条。一至十三月都有卜雨，一、二、三、五、六、九、十一月都有降雨。胡氏认为既然卜雨，就有降雨的可能，因此可以说殷代一年中无月不降雨。又诸月中卜雨次数最多的为一、二、三、五、十三月，降雨次数最多的为一、五月，且卜辞言一月多雨、二月多雨、二月有大雨、三月帝令多雨，知殷代一、二、三月常降雨。殷历一、二、三月相当于夏历十二、一、二月，公历一、二、三月。殷代一、二、三月常降雨与今天安阳一、二、三月恒降大雪，绝不降雨不同。

冬季下雪，但雪不大不纯，或雨雪杂下，或于夜间天气较凉时降下。雨雪杂下的例子如：

---

① ［法］德日进、杨钟健：《安阳殷虚之哺乳动物群》，《中国古生物志》丙种第12号第1册。
② 此文写成于1938年，发表较晚，见《甲骨学商史论丛》二集，1945年。
③ 胡厚宣：《气候变迁与殷代气候之检讨》，《中国文化研究汇刊》第4卷，1944年，又收入《甲骨学商史论丛》二集，1945年。
④ 胡厚宣：《论殷卜辞中关于雨雪之记载》，《学术与建设》第1卷1期，1945年。
⑤ 见《气候变迁与殷代气候之检讨》一文。

庚子卜，雪。[甲]辰卜，[乙]巳雨。甲辰卜，丙午雨。(《后》下 1.13)

按，董作宾认为"雨"可当动词下、落讲，这里的"雨"，意思时下雪，卜辞无雨雪杂下之意。①

第二，联雨刻辞。

卜辞常见"征雨"，征即延，"征雨"即联绵雨。殷代多联绵雨，九月曾连雨 18 日之久，说明当时安阳雨量较今日丰富。

第三，农产栽培与收获。

从卜辞看，殷人种黍、稻有早至一、二月，收获有晚在十二、十三月，黍、稻应为一年两季。

第四，稻的生产。

卜辞中有贞受稻年的，还有与受黍年并贞的，黍为殷代最普通的农产品，稻亦必为最普通的农产品。

第五，水牛的普遍。

卜辞中的"犁"字，胡氏从董作宾、郭沫若释作黎，卜辞中的"犁牛"即黎牛，亦即水牛，殷代北方普遍产水牛。

按，胡氏对"犁牛"的释读是错的，"犁牛"为杂色牛，卜辞又见"犁马"(《合集》29723)、"犁宰"(《合集》6947)。

第六，兕象的生长。

卜辞中"来象"，也有"获象"，证明北方能生长象。又，卜辞中言捕猎兕者，从一头到百头都有，兕也为黄河流域土著。

第七，殷墟发掘所得哺乳类动物群。

德、杨二氏认为殷墟发现的象和貘可能是南方搬迁而来，胡氏认为卜辞中有记猎获兕象的，故象貘等热带动物为北方所产，当时气候较今日为暖。

第八，殷代的森林与草原。

卜辞中田猎所获鸟兽很多，又有以林、麓为名的地方，故知殷代黄河流域必有面积极大的森林和草原。

---

① 董作宾：《再谈殷代气候》，《中国文化研究所集刊》第 5 卷，1946 年，又收入《董作宾先生全集》乙编第 3 册，台北艺文印书馆 1977 年版。

(二) 魏特夫 (Karl Auqust Wittfogel)

其著作有《商代卜辞中之气象纪录》①（1939 年）。

魏氏从 14500 片卜辞中，检出 317 片带月份的刻辞，作为基本材料，统计各月卜雨情况，制表如下：

月份	一	二	三	四	五	六	七	八	九	十	十一	十二	十三
卜辞数	14	12	14	10	9	4	8	4	3	5	3	3	3

魏氏的统计结果与胡氏大同小异。根据魏氏的统计，一、二、三、四、五月卜雨次数最多，六、十一、十二、十三月卜雨次数较少。魏氏认为卜辞卜"月雨"者，是希望此月里有雨，卜者根据从前的经验，假定此月是多雨的，如此，表格显示一月多雨，再加上殷墟出土的喜热动物，可以推断殷代的气候当稍为暖和。关于"月雨"，董作宾的看法与胡、魏二氏正好相反，他认为凡卜"月雨"者，均在十月以后，三月以前，卜者根据从前的经验，知道此月是少雨的；二、三月有卜大雨、多雨的，那是希望下大、多下，而卜者的经验当是这两个月为雨雪少或雨小之月。②

魏氏的论述还有很多，但由于他对一些关键性的甲骨文字搞不清楚，使其论述显得很没说服力，如"月"、"夕"不分；"令众黍"意思是命令众去种黍，魏氏则理解为收割黍；魏氏所谓的"酒"字，一般释作"稻"，绝非"酒"字等。

(三) 董作宾

其著作有《魏特夫，商代卜辞中的气象纪录》③（1943 年）、《殷历谱·

---

① 研究结果最初提出于 1939 年 4 月在美国巴尔的摩所开的美国东方学会的年会上，后经扩充和修订用德文发表在《地理评论》第 30 卷 1 期（*The Geographical Review*，Vol. xxx，no. 1），1940 年，陈家芷中译本，发表于《大学》第 1 卷 1、2 期，1941 年。张秉权对此文所引材料及其中译本中的错误作过校订，《商代卜辞中的气象纪录之商榷》，《学术季刊》第 6 卷 2 期，1957 年。

② 董作宾：《魏特夫，商代卜辞中的气象纪录》，《中国文化研究所集刊》第 3 卷 1—4 期合刊，1943 年；又收入《董作宾先生全集》乙编第 3 册，台北艺文印书馆 1977 年版。

③ 同上。

文武丁日谱》①（1945 年）、《再谈殷代气候》②（1946 年）。

董氏与魏、胡二氏的观点不同，他认为殷代气候与今天黄河流域相同，冬春寒冷，雪雨少，夏秋炎热，雨水多。

董氏反对魏、胡二氏把卜辞记卜雨而有月份的，当作测候所的"雨日"纪录而拿来一并统计，他说："现在我们能看到的卜辞，只是些断简残篇。即如殷墟蕴藏的全部卜辞，都能很完备的保存下来，供我们今日应用，仍是不能把它当作当时的气象纪录看待，像今日各地测候所之纪录，如何能用'统计'。现在的任何一处测候所的雨日及雨量纪录，如果在某一年中，有几个月失去了记载，这一年就不能列入全年雨日及雨量平均数的统计之内，何况在卜辞中二百七十多年之内，失去了，或不记载，或有记载而无月份的气象事实，至少要占全量的百分之九十九以上，又如何用得'统计'。"③ 他认为研究殷代气候，"第一，要深切的认识和了解甲骨文字；第二，要能应用断代方法，精密的分析各时期的卜辞；第三，要彻底解决殷代历法的问题，以与现代测候作比较；第四，要从卜辞的字里行间，推寻卜者经验中所表现出来的气象情况"④。董氏的这些看法是正确的。

董氏研究卜辞，获得以下重要论据：⑤

第一，"月雨"卜辞。凡卜"月雨"，其经验背景是此月少雨。"月雨"卜辞只限于十至三月，无四至九月，故十至三月为少雨季节，相当于今冬春两季，四至九月为多雨季节，相当于今夏秋两季。二、三月有卜大雨、多雨的，则是希望下大、多下，其背景仍是少雨。

第二，"遘雨"卜辞。在雨多季节，有事或出行，往往会有"遘雨"之卜。"遘雨"卜辞集中于四至八月，为多雨季节。"遘雨"卜辞只有一条见于

---

① 董作宾：《殷历谱》，中研院史语所专刊之二十三，1945 年 4 月。董作宾：《再谈殷代气候》，《中国文化研究所集刊》第 5 卷，1946 年，又收入《董作宾先生全集》乙编第 3 册，台北艺文印书馆 1977 年版。

② 董作宾：《再谈殷代气候》，《中国文化研究所集刊》第 5 卷，1946 年，又收入《董作宾先生全集》乙编第 3 册，台北艺文印书馆 1977 年版。

③ 董作宾：《魏特夫，商代卜辞中的气象纪录》，《中国文化研究所集刊》第 3 卷 1—4 期合刊，1943 年；又收入《董作宾先生全集》乙编第 3 册，台北艺文印书馆 1977 年版。

④ 同上。

⑤ 见《殷历谱》、《再谈殷代气候》。

一月者。

> 甲午卜，贞翌乙未不遘雨。
> 贞其遘雨。一月。（《戬》17.10）

此辞乙未出行而甲午日阴云密布，故进行占卜，不在多雨之季，为例外。

第三，"求雨"、"耑雨"卜辞。雨少季节或久旱之后，方有卜求雨或卜某某耑雨之事。卜辞中求雨在一、二月，耑雨在十三月，从不在四至九月多雨季节。

第四，"延雨"、"启"卜辞。"延雨"是连阴雨，见于卜辞的有六、九月。卜"启"的背景是雨天，"启"卜辞在四至九月间。

第五，"大风"卜辞。按董氏所排文武丁日谱，二月三日辛未大风自西，四月五日壬申大风自北（《合集》21021），与今日华北冬春季以西、北风为主类似。

第六，下雪卜辞。卜辞有云四月下雪者。

> 乙酉卜，雪。今夕雨。四月。不雨。（《乙》199）

辞中"雨"为动词，当下、落、降讲。十二至四月，卜辞凡言"雨"者，有可能都是动词"落雪"的意思。"四月卜雪"，说明有下雪的可能。今日黄河流域确有四月下雪的可能，由此可见，殷代气候与近代无异，如谓较今日为暖，将无法解释此版卜辞。

第七，雨霰卜辞。"⟨字⟩"字，胡氏释作雹，董氏释作霰，《说文》："霰，稷雪也。"霰落于冬季一、二、十月，与今日黄河流域亦同。

关于殷墟出土的喜热动物，董氏认为可能同鲸鱼骨、锡块一样是外来的，非当地所产。

应该说，董氏对相关卜辞的研究比较细致深入，他提出的殷代四至九月比十至三月雨水多的看法，现在看来还是正确的。不过董氏的论据并不完全准确、恰当，具体分析如下：

关于"月雨"卜辞，他说只限于十至三月，无四至九月，是不对的。"月雨"卜辞也有四、五、七、九月：

贞及今四月雨。

弗其及今四月雨。（《合集》9608 正）

今五月雨。（《合集》12567）

七月其雨。（《合集》12597）

庚戌卜，弗其及今九月雨。（《合集》12617 正）

由此可见，各月均有"月雨"卜辞（六月卜辞虽未见，但应该有），"月雨"卜辞的背景并非像董氏或魏氏所说的那样，为少雨或多雨季节。"月雨"卜辞不应该作为判断气候类型的依据。

关于"遘雨"卜辞，董氏说多集中在多雨的四至八月，一月遘雨例只有一条，即《戬》17.10（即《合集》24882），且为例外。实际上，卜辞中还有一月遘雨之例：

甲子卜，何，贞王遘雨。一月。（《合集》30078）

十一月也有"遘雨"：

乙亥［卜］，□，贞其……醢衣于亘，［不］遘雨。十一月，在甫鱼。（《合集》7897）

关于"求雨"卜辞，董氏说在一、二月等少雨季节，从不在四至九月多雨季节。而实际上，四、七月也见求雨：

辛丑卜，奏𤉲从甲辰㞢，雨少，四月。（《屯南》4518，此整版卜辞都是有关四月求雨的）

□未卜，其寮雨于𡙻。七月。（《合集》34270）

叀七月酚，有雨。（《合集》29723）

四月和七月求雨，可能表示当年雨水较少，天气较旱。

关于"延雨"、"启"卜辞，董氏说在多雨季节。而事实是，二月也有延雨，一、二、三、十、十一月也有卜启的：

> 癸巳卜，贞旬。二月。之日子羌女老延雨小。（《合集》21021）
> 己丑卜，翌庚启。允。一月。（《合集》20991）
> 癸酉卜，尊伐，其启。二月。（《合集》1000）
> 贞不其启。三月。（《合集》24919）
> 壬寅卜，夫，不其启。小。十月。（《英藏》619）
> 癸巳……狩……启。允启。十一月。（《合集》13120）
> 庚申卜，翌辛酉甫有启，狩。允狩。十一月。（《合集》20989）

《合集》21021中二月连绵小雨。一、二、三、十、十一月也卜启，说明殷代各月都有阴、雨天，并不限于多雨季节。"启"卜辞作为论据不恰当。

关于"☒"字，董氏释作霰，为穊雪，是错的。此字为雷字。

我们赞同董氏关于殷代四至九月比十至三月雨水多的看法，也就是说殷代为夏雨型。① 就殷代降雨的特点——夏雨型，再补充几条：

第一，水害、宁雨卜辞。目前所见记月的有四、五、七月。

> 洹弗乍兹邑祸。
> 其乍兹邑祸。四月。（《合集》7859）
> 洹不羡。五月。（《合集》8317）
> 乙卯卜，贞今☒②泉来水，羡。五月。（《合集》10156）
> 辛卯卜，大，贞，洹引弗敦邑。七月。（《合集》23717）
> 宁雨。在七月。（《英藏》1077）

"洹"即安阳河，"兹邑"指殷墟王都。在多雨季节，洹水暴涨，会危害到王都，因此商王卜问洹水是否会危害王都的月份常在多雨季节。

第二，旱卜辞。此类卜辞有一、二、三、九、十一、十二月。

> 贞我不旱。一月。（《合集》10178）

---

① 邹逸麟主编：《黄淮海平原历史地理》，安徽教育出版社1993年版。
② 此字陈剑释为"早"，参《释造》，《甲骨金文考释论集》，线装书局2007年版。

戊申卜，争，贞帝其降我旱。一月。（《合集》10171 正）

贞不旱。一月。（《合集》10183 正）

甲辰卜，永，贞西土其有降旱。二月。（《续存》下 155）

辛卯卜，敵，贞帝其旱我。三月。（《合集》10172）

贞其旱。三月。（《合集》10182）

辛卯卜，敵，贞其旱。三月。（《合集》10184）

贞帝不降大旱。九月。（《合集》10167）

乙亥卜，大，贞来丁亥酚，其旱吕。十一月。（《合集》25971）

降我旱。十二月。（《合集》10170）

干旱情况多集中在一、二、三、十一、十二月等少雨季节。

而在九月份卜问帝会不会降大旱，表明殷代九月曾发生过旱灾，此例与上引《屯南》4518、《合集》34270、《合集》29723 中四、七月份进行求雨的情况相对照，可知殷代多雨季节也曾不降雨或少降雨，从而导致旱灾。旱灾容易导致蝗灾，蝗灾发生在一、二、四、六、七月份：

乙未卜，宾，贞于……告螽……一月。（《合集》9632）

庚申卜，出，贞今岁螽不至兹商。二月。（《合集》24225）

丙辰卜，贞告螽于丁。四月。（《怀特》22）

庚戌卜，贞有庶螽，告［于］丁。四月。

……卜……螽……至……四月。（《合集》14158）

乙酉卜，宾，贞螽大禹。

六月。

乙酉卜，宾，贞丁宗亡不若。

……十月。（《合集》13538）

乙酉卜，宾，贞螽大禹，唯……

六月。

乙酉卜，宾，贞丁宗亡不若。六。

……十月。（《缀》274，即《合集》19536＋13539）

……螽……禹，至商。六月。（《龟甲兽骨文字》2.15.9）

丁巳……告螽……西……七月。（《合集》9631）

"螽"字，从彭邦炯先生释，为蝗虫。① 《合集》14158 的"庶"字从于省吾先生释，训为盛、多，② "庶螽"与"螽大禹"（《合集》13538 与《缀》274 同文）都是说蝗灾非常严重，蝗灾严重的月份在四至六月份。

正如董作宾所说，要想从卜辞推求当时的气候，必须首先要确定甲骨文字，搞清分期断代以及历法问题，但目前对这三者学界多有歧义，故研究气候还需要动物、植物、古土壤、文献等方面的资料。

新中国成立前，殷墟发掘所获动物亚化石，德日进、杨钟健、刘东生、伍献文、秉志曾作过鉴定，见《安阳殷墟之哺乳动物群》③、《安阳殷墟扭角羚之发见及其意义》④、《安阳殷墟之哺乳动物群补遗》⑤、《记殷墟出土之鱼骨》⑥、《河南安阳之龟壳》⑦。根据统计，新中国成立前殷墟共发现 29 种哺乳动物，数量分布情况如下：

数量	动物种类
1000 以上	肿面猪、四不像鹿、圣水牛
100 以上	家犬、猪、獐、鹿、殷羊、牛
100 以下	狸、熊、獾、虎、黑鼠、竹鼠、兔、马
10 以下	狐、乌苏里熊、豹、猫、鲸、田鼠、貘、犀牛、山羊、扭角羚、象、猴

杨钟健等认为："安阳动物群代表一复杂之动物群，而主要之成分仍足代表本地猎捕或饲养之种类；只有少数可视为由于人工或其他原因混入者；

---

① 彭邦炯：《商人卜螽说》，《农业考古》1983 年第 2 期。
② 于省吾：《释庶》，《甲骨文字释林》，中华书局 1979 年版，第 434 页。
③ ［法］德日进、杨钟健：《安阳殷墟之哺乳动物群》，《中国古生物志》丙种第 12 号第 1 册，1936 年。
④ 杨钟健：《安阳殷墟扭角羚之发见及其意义》，《中国考古学报》（即《田野考古报告》）第 3 册，1948 年。
⑤ 杨钟健、刘东生：《安阳殷墟之哺乳动物群补遗》，《中国考古学报》（即《田野考古报告》）第 4 册，1949 年。
⑥ 伍献文：《记殷墟出土之鱼骨》，《中国考古学报》（即《田野考古报告》）第 4 册，1949 年。
⑦ 秉志：《河南安阳之龟壳》，《安阳发掘报告》第 3 期，1931 年 6 月。

惟此大多数之本地种类，亦有显示与目下不同之象征；此不同之故，恐气候与人工，兼而有之。"① 杨氏将安阳动物群分为土著和外来两部分，土著的有黑鼠、竹鼠，外来的有鲸、貘、扭角羚、象、犀牛，而数量较多的肿面猪、四不像鹿、圣水牛即使不是土著，其来源地也必不甚远。②

安阳的鱼类，能确认的有鲻鱼、黄颡鱼、鲤鱼、青鱼、草鱼和赤眼鳟六种。除鲻鱼外，其余五种均可确定为安阳本地产。鲻鱼产于中国东南沿海江河入海处，可能是外来的，也可能是本地产，而殷商时代当地环境有所不同。③

新中国成立后，殷墟也发现了大量的动物亚化石，惜未进行过全面系统地整理，只有个别单位的分析。

侯连海曾对1987年小屯东北地1号灰坑发现的鸟类骨骼做过鉴定，共发现雕类三种、家鸡、褐马鸡、丹顶鹤、耳鸮、冠鱼狗等八种鸟类。雕类一般栖息于山地林间、平原和开阔草地，也常见于沼泽附近的林地或丘陵高树之巅；现生褐马鸡生活在高山深林中，而繁殖期则下至灌木丛中；现生丹顶鹤栖于草甸和近水浅滩；耳鸮一般在北方繁殖；冠鱼狗栖息山林之间。侯氏认为以上几类生态环境不同的鸟类集中在安阳殷墟，反映了安阳地区当时生态环境多姿多态、丰富多样，高山、森林、丛灌和草原广泛分布，河溪、沼泽草甸亦多，气候温暖湿润。④

袁靖对1997年洹北花园庄遗址出土的动物骨骼做过分析，共发现丽蚌、蚌、青鱼、鸡、田鼠、狗、犀、家猪、麋鹿（即四不像鹿）、黄牛、水牛和绵羊十二种动物。他认为花园庄遗址既出土了属于北方的动物群，如绵羊、黄牛，又出土了属于南方的动物群，如犀牛、麋鹿和水牛，说明当时安阳的气候比现在温暖湿润，具有较多的南北气候过渡带的特点，即类似现在的淮河流域。⑤

---

① 杨钟健、刘东生：《安阳殷墟之哺乳动物群补遗》，《中国考古学报》（即《田野考古报告》）第4册，1949年。

② 同上。

③ 伍献文：《记殷墟出土之鱼骨》，《中国考古学报》（即《田野考古报告》）第4册，1949年。

④ 侯连海：《记安阳殷墟早期的鸟类》，《考古》1989年第10期。

⑤ 袁靖、唐际根：《河南安阳市洹北花园庄遗址出土动物骨骼研究报告》，《考古》2000年第11期。

1. 象祭祀坑(《考古》1987年第12期)　2. 1975年湖南醴陵狮形山出土的象尊　3. 美国弗利尔美术馆馆藏象尊　4. 郭家庄M160出土的亚址方尊　5. 法国吉美亚洲艺术博物馆馆藏象尊　6. 传1933年安阳大司空村出土象首兽面纹觥

图1—4　安阳出土的大象遗存及商代象形铜器

关于殷墟出土的动物，竹鼠毫无疑问是土著动物，竹鼠以竹子为食，现生于南方森林地带。至于象和犀牛，杨钟健等人以为是外来的，恐未必。甲骨文有"来象"(《合集》9172正、9173)，说明象有外来象，但也有"获象"，捕获地点在噩(《合集》37365)、㭪(《合集》37372、37513)、㠱(《合集》37365)、曹(《合集》37368，《英藏》2539、2542)，都在所谓的沁阳田猎区，此一项就完全可以证明殷代黄河流域有野生象生存(图1—4)。① 而犀牛，有学者认为甲骨文"兕"就是犀牛，这是不对的，

---

① 可参阅王国维《敎卣跋》,《观堂别集》卷二；徐中舒：《殷人服象及象之南迁》，中研院史语所《集刊》第2本第1分；王宇信、杨宝成：《殷墟象坑和"殷人服象"的再探讨》,《甲骨探史录》，生活·读书·新知三联书店1982年版。

雷焕章有文驳之①。犀牛不见甲骨文，但其形象见于殷代铜器，如小臣艅犀尊、四祀邲其卣（图1—5）、刀父辛卣。② 殷代黄河流域的环境既然适于竹鼠、亚洲象、肿面猪、圣水牛等喜热喜湿动物的生存，当然也适于犀牛的生存。竺可桢认为"在近五千年中的最初二千年，即从仰韶文化到安阳殷墟，大部分时间的年平均温度高于现在2℃左右。一月温度大约比现在高3℃—5℃"③。

1. 小臣艅犀尊　2. 四祀邲其卣及局部

图1—5　小臣艅犀尊、四祀邲其卣

唐际根、周昆叔通过对安阳水冶镇姬家屯（在殷墟以西10公里外）西周文化层下面的伏生土做磁化率测定、孢粉分析和古土壤微结构分析，认为

---

① ［法］雷焕章：《兕试释》，《中国文字》新8期。雷氏认为甲骨文中兕为成群活动的动物，捕兕有用射的方法，而犀牛一般都是单独活动，犀牛皮坚厚，不适宜用箭射杀，且殷墟1929年第三次发掘所获的刻有"白兕"铭文的兽头骨，经鉴定属于牛科，其特征更像水牛，故兕指野生圣水牛。兕不是犀牛的证据，我们再补充一条，甲骨文"白兕"，指兕的毛色为白颜色，而犀牛的毛色无白颜色。所谓的"白犀牛"，并不是白色，而是蓝灰色或棕灰色，白犀牛名字的来由是南非语"宽"翻译有误所导致，"宽"是就此种犀牛宽平的嘴唇而言，故白犀牛又叫方嘴犀。

② 孙机：《古文物中所见之犀牛》，《文物》1982年第8期。湖南茶陵沅溪山也出土过一件犀牛尊，现藏株洲伏羲仙庄博物馆，其时代有说是商代，恐需进一步证明，参见刘志一《解读双角犀牛尊》，《中国文物报》2003年2月19日。

③ 竺可桢：《中国近五千年来气候变迁的初步研究》，此文首先用英文写成，参加了罗马尼亚科学院一百周年纪念会，以后又有补充修订，中、英文分别定稿于1972、1973年，并分别发表在《考古学报》1972年第1期、《中国科学》1973年第2期上发表。

殷代气候总体特征是温和适宜，平均气温当在16℃左右（现今为13.6℃），年降水量在800 mm以上（现今为700 mm），颇似今天长江流域。①

殷墟出土的植物遗存，除粟、黍、麦、稻农作物外，还有蓼属、莎草属、菟丝子属、藜属、狗尾草、马齿苋、李属种仁等植物，其中蓼属、莎草属等属产于温带或热带，生长在潮湿的沼泽地、水沟或田间路边的草本植物。②

由上述殷墟动物、古土壤、植物三方面的证据证明商代中、后期以殷墟为代表的北方地区，气候较今日温暖湿润，环境适宜，既有茂密的森林，广阔的草原，也有大片的沼泽，丰富的河流，这里的动植物兼有北方和南方两种特征。

商代中、后期，其他地区的情况怎样？商代早期的情况又怎样？

安阳以北的藁城台西遗址属于商代早、中期，出土的动物种类有麋鹿、梅花鹿、麈、圣水牛、乌龟等。它们的习性，麋鹿适合沼地生活，梅花鹿喜欢密林，麈喜欢稀疏树林和灌木草丛，圣水牛离不开潮湿多水的环境，乌龟则为水生或半水生动物。由此可见，三千多年前，藁城一带的气候比今天温暖湿润，附近有森林和草原。③

安阳以东的济南大辛庄遗址属于商代早、中、晚期，出土的动物种类有水牛、马、狗、羊、猪、鹿、鸟、鱼、蚌、龟、鳄鱼等，环境比今天温暖湿润。④

安阳以南的四川三星堆遗址属于商代晚期，1、2号祭祀坑发现大量象牙，⑤当时成都平原的温度比今天高3℃左右，有茂密的阔叶林和大量湿地，

---

① 唐际根、周昆叔：《姬家屯遗址西周文化层下伏生土与商代安阳地区的气候变化》，《殷都学刊》2005年第3期。

② 唐际根、周昆叔：《姬家屯遗址西周文化层下伏生土与商代安阳地区的气候变化》，《殷都学刊》2005年第3期；赵志军：《关于夏商周文明形成时期农业经济特点的一些思考》，《华夏考古》2005年第1期。

③ 裴文中、李有恒：《藁城台西商代遗址中之兽骨》；叶祥奎：《藁城台西商代遗址中的龟甲》，《藁城台西商代遗址》附录一、二，文物出版社1985年版。

④ 山东省文物管理处：《济南大辛庄遗址试掘简报》，《考古》1959年第4期；王振国：《古生物学家推测：商代济南气候似江南》，《齐鲁晚报》2002年4月2日，转引自朱彦民《关于商代中原地区野生动物诸问题的考察》，《殷都学刊》2005年第3期。

⑤ 四川省文物考古研究所：《三星堆祭祀坑》，文物出版社1999年版。

是亚洲象群的重要栖息地。①

商代早期的统治中心在今河南郑洛一带。郑州商城东北是沼泽、湖泊，这里发现的动物种类有牛、羊、猪、鹿、野猪、狗、马、龟、兔、鲟鱼、蚌、螺蛳、海贝、蛤蜊、象（象牙觚和象牙梳）等，②其中有一部分是外来的。又，距商城不远的小双桥遗址（属于商代中期），也发现了象牙、象头以及象形纹饰，此外还有鹤和鲸鱼骨。③ 偃师商城东南部有一方圆1.5公里的水域，出土动物有蚌、鹿、猪、狗、牛、羊、鱼等，植物有水稻、小麦等。④ 就上述材料看（排除外来者，如海贝、鲸鱼等），商代早期的气候与中期一样亦较今天温暖湿润，但商代早、中期的温度低于商代晚期。⑤ 河南洛阳寺河南剖面的孢粉分析证实了这一看法，河南洛阳寺河南剖面相当于商代早、中期，距今3265—3545年的孢粉组合中，藜科花粉含量急剧增加，松属花粉含量减少，孢粉浓度减少，反映当时气候寒冷干旱；相当于商代晚期，距今3090—3265年，孢粉组合中藜科花粉含量逐渐减少，出现了胡桃属、枫杨属、漆树属等喜暖树种以及喜湿的卷柏属、水龙骨科和铁线蕨属等蕨类植物，说明当时气候好转。⑥

商代早、中期和晚期都发生过旱灾或涝灾。

今本《竹书纪年》载成汤十九年至二十四年，连年大旱。《吕氏春秋·顺民篇》："汤克夏而正天下，天大旱，五年不收，汤乃以身祷于桑林，雨乃大至。"今、古本《竹书纪年》文丁三年："洹水一日三绝。"今本《竹书纪

---

① 宋豫秦等：《中国文明起源的人地关系简论》，科学出版社2002年版，第125页；傅顺等：《成都金沙遗址区古环境初步研究》，《江汉考古》2006年第1期。

② 河南省文化局文物工作队第一队：《郑州商代遗址的发掘》，《考古学报》1957年第1期。

③ 河南省文物考古研究所：《郑州小双桥遗址的调查与试掘》，《郑州商城考古新发现与研究（1985—1992）》，中州古籍出版社1993年版；河南省文物考古研究所等：《1995年郑州小双桥遗址的发掘》，《华夏考古》1996年第3期。

④ 中国社会科学院考古研究所河南二队：《1984年春偃师尸乡沟商城宫殿遗址发掘简报》，《考古》1985年第4期；中国社会科学院考古研究所河南第二工作队：《河南偃师商城宫城北部"大灰沟"发掘简报》，《考古》2000年第7期；中国社会科学院考古研究所：《河南偃师商城商代早期王室祭祀遗址》，《考古》2002年第7期。

⑤ 周锋：《全新世时期河南的地理环境与气候》，《中原文物》1995年第4期。

⑥ 孙雄伟、夏正楷：《河南洛阳寺河南剖面中全新世以来的孢粉分析及环境变化》，《北京大学学报》（自然科学版）第41卷，第2期，2005年3月。

年》载帝辛五年"雨土于亳",三十五年"周大饥"。《淮南子·俶真训》:"逮至殷纣,峣山崩,三川涸。"《览冥训》:"峣山崩而薄洛之水涸。"《国语·周语》:"昔伊、洛竭而夏亡,河竭而商亡。"《太平御览》卷十二引《金匮》云武王伐纣时,"阴寒雨雪十余日,深丈余"。甲骨文五期亦见旱灾、涝灾(参《殷墟甲骨刻辞类纂》及上引旱、水害、宁雨卜辞)。有学者认为文丁以后,气候趋向干旱,是正确的。[①]

商代气候与其前后时代的气候比较,情况怎样?兹引王铮做的中国10000年以来气温变化图以说明(图1—6)[②]:

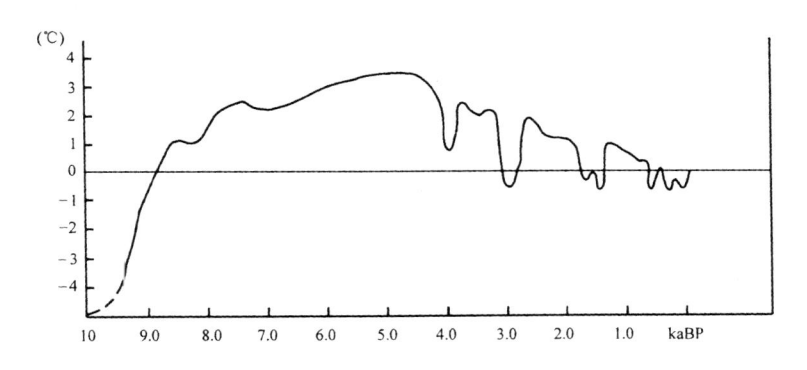

图1—6 中国10000年以来的气温变化图(1996)

由图可见,中国北方地区全新世的气候经历了以下几个阶段:[③]

第一阶段:距今8500—7000年,为波动升温期。

第二阶段:距今7000—5000年,为稳定的暖湿期。

第三阶段:距今5000—4000年,为波动降温期。

第四阶段:距今4000—3200年,为较高温度的温暖期。

第五阶段:距今3200—3000年,为气温波动下降期。气温仍高于现在。

第六阶段:距今3000年以后,大暖期结束。

---

① 王晖、黄春长:《商末黄河中游气候环境的变化与社会变迁》,《史学月刊》2002年第1期;周伟:《商代后期殷墟气候探索》,《中国历史地理论丛》1999年第1期;魏峻:《内蒙古中南部考古学文化演变的环境学透视》,《华夏考古》2005年第1期。

② 转引自宋豫秦等《中国文明起源的人地关系简论》,科学出版社2002年版,第200页。

③ 宋豫秦等:《中国文明起源的人地关系简论》,科学出版社2002年版,第200—202页。

第七阶段：距今 2000 年前后，气候更加干凉。

综上所述，殷代气候总体来说，比较温暖湿润，年平均温度比今天高 2℃左右，降雨类型为夏雨型。这些特征与今天淮河或长江流域的情况都不同，不好比拟。商代早中期（约 300 年）的气候较晚期（约 250 年）冷干，商末文丁以后趋向干旱。商代早、中期和晚期都发生过旱灾或涝灾。

第二章

商代政治地理

商代的政治地理可分为王畿、四土和四至三个层次，王畿相当于内服，四土相当于外服，内外服属于商王朝的政治疆域，四至则为疆域以外的范围。本章从晚商时期军事据点的地理分布考察当时的内外服分界，东界在濮阳地区，东南界在商丘—杞县—禹县一线，西南界在修武至沁阳一线。晚商时期商人势力范围总体上表现为点、块、面的结合。王畿区是一个单纯的由商属地与附属国族形成的最大的聚居区，换句话说，它是以面的状态存在的。而外服区本来只是政治统治的理想概念，在商周时期实际地理分布绝不是理想中呈一个环状分布。事实上，商代外服的军事据点与附属国族和敌族邦方混居在一起。但是如果认为它们是散布的一个个的点，则是进入了另一种误区。从王畿区外围开始，由近及远分布的军事据点是商人控制外服的实体，这些军事组织在驻地屯田。在商都势力的强盛期，附近的一部分国族或因商人势力所迫、或因敌族压力而归附。商属地与附属国族联合对抗附近的敌族，这样就形成一个个的商人势力范围圈。我们把这样的势力圈称为"块"，如果这些势力圈逐渐发展并接合起来，实际上也就等于王畿的扩张了。商王朝还通过置奠置牧的方式经营外服区。

第一节 商代"体国经野"的政治地理构架

《尚书·禹贡》："禹平洪水，定九州，制土田，远近贡入赋柴。"说者往往以此证明夏代已出现所谓贡赋体系，通过规定经济义务确定了政治上的臣属关系。根据《禹贡》记载，夏代不仅存在"贡赋"，还对实际范围有详细的规定，针对各地特点进行了设计，可见是有意识规划安排的体系。是以

《史记·夏本纪》说："自虞，夏时，贡赋备矣。"《禹贡》成书于何时尚无定论，按照辛树帜先生的观点，《禹贡》所代表的是周制。① 到了商代，内外服的体制就正式建立起来，周代商政之后，逐渐把"礼"引入了邦国关系体系，发展出一套由近及远所负义务由重到轻递减的畿服制："邦内甸服，邦外侯服，侯卫宾服，蛮夷要服，戎狄荒服。"此后，又在五服制的基础上形成了九服制。

畿服制在古代中国是一种突出的现象，包括完整成系统的政治统治思想和实际操作的政治制度两方面。研究政治制度思想史的学者认为中国的畿服制始于原始社会末期的部落联合体制，由夏代始至明清时期随着理学运动和政治权力的结合，进入古代哲学全面复兴的时期，畿服制成为体现这一哲学思想的方式重新建立起来，并将明清时期的畿服制概括为三个层次：①朝廷直接管辖的行省，②臣属于中央政府的少数族自治政权，③和中国保持朝贡关系的附属国。② 除了第一层并非行省制，实际上商代的畿服制大体上也可以这么概括。商代的边侯就是"臣属于中央政府的少数族自治政权"，边侯以外的附属国主要也是通过朝贡关系作为象征维持的。

学界对商代政治地理的内部结构关注较少。陈梦家先生首先按照传统畿服制观念把这种结构概括为王畿、四土、四至三个层次，在平面上可以用一组以王邑为核心的同心正方形表现。此后宋镇豪先生对商代"体国经野"的政治体制作了进一步探讨，认为王畿区即商王朝中心区，称作"商"，轴心地为"商邑"，其内部存在以都邑为中心的邑、郊、鄙、奠（甸）体系。③

根据对晚商时期内外服农业区与牧、多奠、多田的性质作用所作的分析，本书认为晚商政治地理结构可以概括为下图（图2—1）：

---

① 辛树帜：《〈禹贡〉新解》，农业出版社1963年版，第一编《禹贡制作时代的推测》，第1—69页。

② 详见陈强：《近代国际关系体系析论——以义和团运动为线索》，《中国文化月刊》184期，1995年。

③ 详见宋镇豪《论商代的政治地理架构》，《中国社会科学院历史研究所学刊》第一集，社会科学文献出版社2001年版，第6—27页。

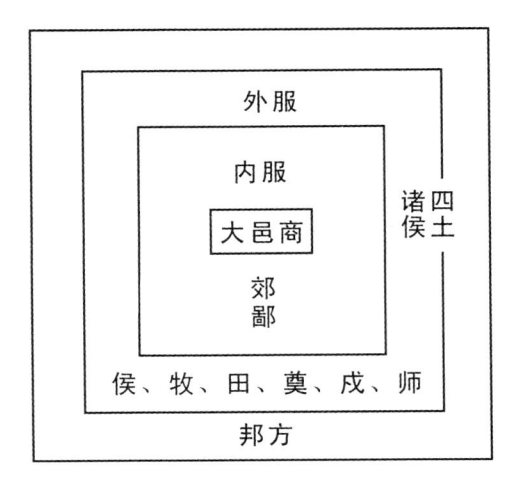

```
┌─────────────────────────────────┐
│        外服                      │
│   ┌─────────────────┐           │
│   │    内服          │  诸 四    │
│   │  ┌─────┐        │  侯 土    │
│   │  │大邑商│        │           │
│   │  └─────┘        │           │
│   │    郊           │           │
│   │    鄙           │           │
│   └─────────────────┘           │
│   侯、牧、田、奠、戍、师          │
│        邦方                      │
└─────────────────────────────────┘
```

图 2—1　晚商政治地理结构

晚商时期外服区主要由戍、师为代表的军事据点、附属国族与多田、多奠组成。附属国族其实就是后世的诸侯，当时虽然零星出现了"子"、"男"等称法，但还未形成等级制的五等爵。不过爵称等级制已初露端倪。"侯"、"牧"的地位显得很特殊。赐封侯、牧与置奠是商人控制附属国族的三种最重要的手段。奠是一种将附属国族的局部领地转化为商属地的手段。而侯、牧是借助附属国族中的强族管理地方事务，控制其他国族。"牧"不过名义上与畜牧业产生关系，其实也相当于边侯，后世有所谓在内称牧在外称侯的说法，正其实证。

第二节　王畿区界定

所谓"王畿区"是后世畿服制体系中的一个概念，商时实无"王畿"之称。但是周初康王二十三年的大盂鼎铭文说，"越在外服，侯、甸、男、卫、邦伯；越在内服，百僚庶尹，惟亚惟服宗工"（图 2—2），这是商时已有内外服之分的实证。"内服"就是王畿，以百官臣卿作为主要的统治手段，是一个以王都为中心形成的稳固势力范围。后人在研究商代历史时就以此对应后世所谓"王畿"。至于这个区域的具体范围，《战国策·魏策》载有吴起的一段话，"殷纣之国，左孟门而右漳、釜，前带河，后被山。有此险也，然为政不善，而武王伐之"。又《史记·孙子吴起列传》曰："殷纣之国，左孟门，右太行，常山在其北，大河经其南，修政不德，武王杀之。"经学家上溯商代"王畿"大多皆源此阐发。

图 2—2　大盂鼎铭文（《集成》2837—B）

商史研究中对王畿区进行综合考查首推郑杰祥《商代地理概论》，该书在章节安排上的一个特色就是将"商代的王畿和都邑"独立出来作为一个地名分布区。《汉书·地理志》曰："河内本殷之旧都，周既灭殷，分其畿内为三国，《诗·风》邶、庸、卫国是也。"郑玄《诗谱》谓："邶、鄘、卫者，商纣畿内方千里之地，其封域在《禹贡》冀州太行东，北逾衡漳，东及兖州桑土之野。"郑氏据此认为西自太行山东，东达河南濮阳市区，北起漳河流域，南至今黄河沿岸，大致上应当就是商代王畿的范围。此外，郑氏通过文献地名比勘，从甲骨刻辞中清理出属于上述范围的二十三个地名。[①] 这是一次重要尝试，价值在于将政治地理架构正式引入商代地名研究。此后宋镇豪先生在文献成说之外，寻找新角度对王畿地域范围进行界说，即从商人历次

---

① 郑杰祥：《商代地理概论》第一章《商代的王畿与都邑》，中州古籍出版社1994年版，第1—79页。

迁都大致的范围以及甲骨文中羁舍的里数两方面推断王都移位不出河南中部偏北及河北南部一带，在北纬34°—38°之间，"王畿"约有方圆直径二三百里，东界大体在今河南省柘城、商丘以西和濮阳迄东一线，南界在淮阳、鲁山一线，西界及于孟津和太行山以东，北界在今河北省邢台、内丘附近。①

以上两种意见都很少从卜辞地名自身的特点进行界说。晚商王畿区以外错杂分布着附属国族、敌国与商属地，王畿区内部则是在行政上表现为统一，地域上以王都为中心的连成一片的较为稳固的整体。这就是内、外服之间最大的区别。相应的，王畿外围地名、族名之间的关系必然与王畿内部地名存在质的区别。从卜辞辞例中找出这个地带是界说王畿区的另一个途径。周初康王二十三年的大盂鼎铭文说："我闻殷遂命，唯殷边侯田粤殷正百辟，率肄于酒，古丧自巳。"周代的畿服制内服治以百官，外服治以诸侯。而大盂鼎铭文"殷边侯田"与"殷正百辟"对称，是内外服体系在商时已成形的确证。此外，"自"即"师"，作为军事组织的代表是统治实体即国家的一个体现，丧师也就代表着统治的灭亡，因此大盂鼎铭文以"丧自"指代殷亡。西周有西六师与殷八师，西周早期的小臣谜簋（《集成》4238）铭文谓："叙东尸（夷）大反（叛），白懋父以殷八师征东尸（夷）"，又西周中期禹鼎（《集成》2833、2834）铭曰："亦为噩侯驭方率南淮尸（夷）、东尸（夷）广伐南国，至于历内。王乃命西六师、殷八师曰：扑伐噩侯驭方"，"唯西六师、殷八师伐噩侯驭方"。殷八师是周初收编殷人原有的军队形成的，而殷墟卜辞中的"师"，张永山、罗琨先生《夏商西周军事史》分为三种用法：一、泛指军队，如"吴师"（《合集》5811/1）②、"雀师"（《合集》8006/1），指某将领统率的军队；二、指军队编制，如"中师"（《合集》5807/1）、右师（《合集》5806/1）；三、指高级军职，如"师般"《合集》6209）。③卜辞中"师某"的用法很值得注意，祖庚祖甲时期特有的一种记录占卜地的辞例是："在师某"或"在师某卜"。包括师允（《合集》24253）、师奠（《合集》24259）、师殷（《合集》24264）、师寅（《合集》24279）、师丙（《合集》

---

① 详见宋镇豪《论商代的政治地理架构》，《中国社会科学院历史研究所学刊》第一集，社会科学文献出版社2001年版，第6—27页。

② 为方便比较辞例，本书在所引著录号后注明按照传统五期断代法本片所属时期。

③ 罗琨、张永山：《夏商西周军事史》，《中国军事通史》第一卷，中国军事科学出版社1998年版，第127—128页。

24345)、师获（《合集》24345）、师襞（《合集》24282）、师糳（《合集》24251)、师羌（《合集》24281）、师非（《合集》24266）、师木（《合集》24270)、师哭（《合集》24249）、师寮（《合集》24272）、师鬲（《合集》24280)、师澅（《合集》24337）、师滴（《合集》24340）、师徣（《合集》22606)、师雇（《合集》24347）等。既称"在师某"，可见"师某"用作地名。现存的这类辞例中有不少出自 1929 年与 1930 年何日章两次发掘所得的两批甲骨。当时何氏受河南省政府指派到安阳招工发掘。后来关百益《殷墟文字存真》① 及孙海波《甲骨文录》② 收录了其中一部分，台湾新近出版的《河南省运台古物甲骨文专集》除拓本外，还发表了过去未著录甲骨的摹本。③ 何氏当年发掘时的具体情况现存资料不多，一般认为不属于科学发掘。按照石璋如先生的推断，出甲骨的地方大概在一个人为造成的所谓大连坑的偏北部。依据遗物出土情形以及在地下分布的状况，可以推测该大连坑内包括四个因为挖掘关系已经失去原状的殷代窖穴。④ 而从这批甲骨本身的情况来看，包括殷、𠭥、骨、旅、喜、出、争、行、宾、扶、𥎦等贞人，以出组为多，在年代上还是比较集中。这批甲骨所见国族名与地名包括旁方（《运台》1.0099，即《合集》6666）、舌方（《运台》1.0864）、𩁹方（《运台》1.0360)、獱（《运台》1.1199、1.1262）、兹商（《运台》3.0669，即《合集》24225）等，但是最多的还是二期的占卜地，有"某"和"师某"两种：

(1) ……在师糳。（《运台》1.1005/2）

(2) 壬辰卜，在师哭。（《运台》1.0056/2）

(3) 戊子卜，在师澅［卜］。（《运台》1.0096/2）

(4) ……师徣卜。（《运台》1.0505/2）

---

① 关百益：《殷墟文字存真》，河南省博物馆 1931 年版。

② 孙海波：《甲骨文录》，河南通志馆 1938 年版，又艺文印书局 1958 年重印本。

③ 于镇洲等编纂：《河南省运台古物甲骨文专集》，育达高级商业家事职业学校出版，2001 年版。含摹本 2764 片、拓本 754 片，摹本部分为由董作宾哲嗣董玉京先生完成。又《甲骨文合集》所录含《真》486 片、《录》727 片（含重片）。《甲骨文合集补编》含《真》43 片、《录》65 片（含重片）。《河南省运台古物甲骨文专集》属于首次发表的主要在摹本部分。

④ 详见石璋如《测释河南民族博物院发掘殷虚的坑位——记董师交办的一件事》，《中国文字》第 51 册，1974 年 3 月。

(5)……王在师雧卜。(《运台》1.0562/2)

(6)……宾……岁亡……在十月。在羊［卜］。(《运台》1.0113/2)

(7)戊辰卜,王曰贞其告其陟。在㘝阜卜。(《运台》3.0559/2)

其中"师某"也可以去掉"师"字单称,如"师佫"也作"佫",《运台》3.0674/2:"壬?午卜,王在佫卜";"师糵"也作"糵",《运台》1.0093/2:"惟今日甲戌,在糵……"但是反过来并非二期所有地名都能加上"师"字,如"夹":

(8)□□卜,王在夹［卜］。(《运台》1.0526/2)

(9)辛巳［卜,王］在夹［卜］。(《运台》1.2653/2)

"夹"又见于《合集》24239—24245,都单称"夹"。商王途经的这类"师某"应该就是原本驻有军事组织的地点。"师某"作为地名并不单纯见于占卜地,有时候也作为田猎地出现,总的来说,二期之后卜辞中很少再出现这种称法。但是三期出现了"戍某"之称,包括戍干(《合集》28059/3)、戍马冒(《合集》27881/3,也称冒戍,见《合集》28026/3)、戍永(《合集》28038/3)、戍𢀖(《合集》27987/3)等。亦见铜器戍㘝觚(《文物》1982年第1期)(图2—3)、戍甬鼎(《三代》4.3)、戍命彝(《钟鼎款识》2.22)、戍嗣子鼎①等铭。戍嗣子鼎(图2—4)出土于安阳后岗的一个商代晚期祭祀坑,铭文中的"戍"有国族名与军事职务两说,以后说为是。② 西周早期中甗③铭文谓:"伯买父乃以厥人戍汉中、州",又兢卣(《集成》5425)铭文谓:"命戍南尸(夷)。"卜辞"戍某"实指某地的长驻军事组织,其人员或为当地归附的原住民,或为自外地征调的兵力。戍㘝觚出土于山东省桓台县东北12里田庄公社史家大队,铭文三行八字:"戍㘝无寿作祖戊彝",王宇信先生认为其形制与铭文文字结构具有殷墟早期铜器特征,受商王之命代王

---

① 中国社会科学院考古研究所编著:《殷墟发掘报告》(1958—1961),文物出版社1987年版,第265—279页。

② 郭沫若:《安阳圆坑墓中鼎铭考释》,《考古学报》1960年第1期;赵佩馨:《安阳后岗形葬坑性质的讨论》,《考古》1960年第6期。

③ 《集成》949:"《薛氏》:'重和戊戌岁(1118年)出于安陆之孝感县。'"

朝成其地者即名为"成某","无寿"则为"成❐"之私名。① 按小屯南地甲骨中有成师连称的用例:

图 2—3　山东桓台出土的成❐觚

图 2—4　安阳出土的成嗣子鼎铭文（《集成》2708）

---

① 王宇信:《山东桓台史家〈成宁觚〉的再认识及其启示》,《夏商文明研究——'97山东桓台中国殷商文明国际学术讨论会论文集》,中国文联出版社 1999 年版,第 15—19 页。

(10) 方其至于戍师。
王其呼戍延卫，弗悔。
弜呼卫，其悔。
弜呼戍卫，其悔。（《屯南》728/3）

"师"字原形作"𠂤"，说者多认为"师"的本义即屯兵之高阜。出土戍甗的史家遗址原为一高埠，高出地面六至七米，遗址中部清理出一段龙山文化城墙基槽，而墙基表面叠压有岳石文化和商文化堆积。因此有意见认为史家遗址是一座始建于龙山文化晚期，岳石文化时期和商代继续加补使用的城址。① 《司马法·用众》："凡战……兼舍环龟"，环龟指地形象龟形中央凸鼓而四周低下。王宇信先生认为史家遗址地形正是适合屯戍的"环龟"形，结合戍甗与史家遗址发现的壕沟、城墙基槽，可证在殷墟早期，山东省桓台一带就出现了商人设置的军事据点。按凡驻军必有相应的军事设施与场所，上引例（10）"方其至于戍师"乃指敌人是否已到达商人戍军营地。二期习用的"师某"也是这个意思。从占卜地与田猎地名的分布区域看，晚商时期商王巡游的范围很大，遍及山东省潍水以西、陕东河渭间、晋南运城盆地、临汾盆地。商王巡游是巩固各地控制势力的一种手段，因此巡行路线与军事据点关系密切。所谓"在师某"，就是停宿于某地驻军营地。孙海波先生曾经说过城邑有戍者即称"师"。② 中甗铭文谓："王令中先省南或（国）贯行……中省自方、登（邓），造□邦，在噩（鄂）师𠂤（次），伯買父迺以厥人戍汉中、州……"噩（鄂）原是西周早期周人控制南方的军事主力，其首领称为"噩侯"，西周中期逐渐坐大后帅东夷与南淮夷反叛，为周王所征伐，见上引禹鼎铭（《集成》2833、2834）。中甗铭所谓"在噩（鄂）师𠂤（次）"与甲骨文"在师某"性质是一样的。

本书认为研究军事据点的地理分布状况可以成为界分晚商内外服的一个新角度。卜辞各期战争关系总体来说以东、西两个方向表现得最明显，因此遗留下来的有关材料也使这两个方向的内外服分界表现得较为清晰。王畿区的外围地带因在政治地理结构中处于特殊位置，所以在国族关系、行政归

---

① 《桓台史家遗址发掘获得大成果》，《中国文物报》1997 年 5 月 18 日。
② 详见孙海波：《释𠂤》，《禹贡》第 7 卷，1 到 3 期合刊，1937 年 4 月。

属、经济形态等方面表现得较为特殊，尤其是帝辛十祀征人方途经区域（孙注：林欢认为征人方所经的"淮"为豫东的获水，征人方路线大致是：安阳—原阳—商丘—永城—宿州，回程稍偏西，与我在第七章"东方方国——人方"考察的征人方路线不同），基本上代表了晚商时期商人主要活动区与东夷、淮夷住地的分水岭，而该区域所涉及的地名与"师"、"戍"、"牧"、"奠"的设置关系密切，我们从政治地理架构的角度考察相关地名，应该能在晚商国族关系、经济制度等方面有所发现。

一　王畿区的东限——濮阳地区

今河南省濮阳地区作为中原龙山文化、先商文化与海岱地区岳石文化的交汇点，在夏商时期地位极其重要。20世纪80年代发掘濮阳马庄遗址之后，邹衡先生首先提出马庄龙山文化层中一些器物属于豫北、冀西南的漳河型先商文化。另一方面，马庄出土遗物中也包含典型岳石文化因素。因此邹衡先生指出濮阳地处菏泽（曹州）地区与漳河地区之间，马庄先商文化遗址的发现"自然就把菏泽（曹州）地区的岳石文化同漳河地区先商文化联系起来了"[①]。20世纪80年代末发掘的杞县鹿台岗遗址，文化层包括龙山—岳石—先商—早商—晚商—东周，发现了两处龙山时期祭祀遗迹。更为重要的是发现了先商文化遗物，这在黄河以南、郑州以东尚属首次。其中细绳纹鬲、橄榄状罐、柱状纽大器盖等文化面貌接近于漳河型先商文化。于是有意见认为豫东地区的漳河型一类先商文化很可能是沿着濮阳、浚县—滑县—长垣—杞县这一夹在岳石文化和辉卫型文化之间的通道南下而来，继而向西发展。商汤建国之后，商族一直以今河南省北部为活动中心，并向四周扩展。在东部地区，商文化呈现出由西东渐的总体趋势，直至商亡。张国硕先生把这种东渐发展过程概括为三个阶段：一、停滞期，相当于二里岗期下层至上层早段；二、发展期，相当于二里岗期商文化上层偏晚阶段，商文化势力已达今津浦铁路沿线，而山东省中部和东部则未见早商文化遗存；三、全盛期，商代后期商文化控制范围遍布除胶东半岛及鲁东南部分地区以外的山东地区。[②]但商文化的东渐并不是说以岳石文化为代表的东夷族全部退到了胶东半岛

[①]　详见邹衡：《论菏泽（曹州）地区的岳石文化》，《文物与考古论集》，文物出版社1986年版。
[②]　详见张国硕《从商文化的东渐看商族起源"东方说"的不合理性》，《夏商文明研究——'97山东桓台中国殷商文明国际学术讨论会论文集》，中国文联出版社1999年版，第203—214页。

和鲁东南，而是在濮阳、浚县—滑县—长垣—杞县以东至潍河以西的大片地域范围内逐渐形成商人与夷族混居局面。而由商人聚居区到商夷混居区之间也存在一个相当于分水岭的地带，濮阳地区位于这个地带的最北端。

二　王畿区的东南限——商丘至杞县至禹县一线

《左传》昭公十七年记载有郯子一段著名的话："我高祖少皞挚之立也，凤鸟适至，故纪于鸟，为鸟师而鸟名：凤鸟氏，历正也；玄鸟氏，司分者也；伯赵氏，司至者也；青鸟氏，司启者也；丹鸟氏，司闭者也；祝鸠氏，司徒也；䲴鸠氏，司空也；爽鸠氏，司寇也；鹘鸠氏，司事也。五鸠，鸠民者也。五雉为五工正，利器用、正度量，夷民者也。九扈为九农正，扈民无淫者也。"所谓少皞之鸟师实际就是远古时期以鸟作为图腾的东方民族。夏商时期在今山东、苏北、安徽江淮之间和淮北地区，以及豫东部分地区与辽东半岛南部分布着夷族的不同分支。从考古文化地域分布来看，近年的研究表明夏代岳石文化区（主要包括照格庄类型、郝家庄类型、尹家城类型、安邱堌堆类型与苏北类型）的西界能到达今河南省东部，从河南东北角的濮阳地区到杞县再到鹿邑形成一条弧线。而到了商代，商文化由西向东逐步推进，王迅《东夷文化与淮夷文化研究》认为，"西部的鲁西南类型的商文化典型器物所占比例最大，地方传统文化因素较少，而其东部的鲁中类型、鲁南类型均包含较多的地方传统文化因素，与中原地区商文化的差异较大。至于胶东类型和丘湾类型均属于别的文化，受商文化影响较小。由此可见，商文化对东方地区的影响是由西向东逐渐减弱的"[①]。按甲骨文地名中有"丹"，地近"襄"（地在今濮阳）、"凤（蠚）"（伐人方所经）、"元"（伐人方所经）、"沮"（伐人方所经），地均在河南省东部与山东的交界地带及安徽省北部，疑即丹鸟氏、凤鸟氏、玄鸟氏与䲴鸠氏。如果将征人方行程与夏商时期东部地区的文化分布进行比较，会发现一个重要现象：往征人方经丘商—永城—宿县一线，回程中稍稍偏西经由杞县、汜水渡过古黄河返回大邑商，往返大体行程非常贴近于夏代岳石文化西界。

我们知道商代东部地区的文化分布可以分成潍东、潍西两部分，潍东地区受商人影响很少，是单纯的夷人文化。而潍西的商文化类型以及南方的江淮地区商文化类型与中原地区商文化之间仍然存在明显的差异，因此研究者

[①]　详见王迅：《东夷文化与淮夷文化研究》，北京大学出版社1994年版，第34—44页。

一般认为这部分文化类型的创造者包括大量夷人。与征人方有关的地名以丘商分为上下两段，丘商南北的地名中不少驻有"师"、"戍"等军事组织，并且均有设"奠"；在丘商以南攸侯领地有设"牧"。我们认为濮阳—原阳—商丘是商王畿的东部外沿，商丘是控制殷南地区的军事重镇，进入这一线往东的潍西地区和往南的江淮地区就是商人与夷人杂居地带。征人方经过"林方"与"危"即危方故地。林方为本次征伐对象之一。危方在廪辛、康丁时已被征服，其地设奠。林方、危方在河南、安徽交界地带，离永城不远。而商丘北面尚有与商人关系较复杂的盂方。另外，回程中过杞县之后就出现了"商鄌"，联系禹县的"师高"，帝辛时期王畿区东南沿大概就在商丘—杞县—禹县沿线。

整个征人方行程涉及近五十个地名，种类上包括农业地、田猎地、边侯、邦方等。四十余个地名中以丘商为界分为畿内地与外服两段。很明显，丘商以北与丘商以南的行程都经过农业地与田猎地，但是性质明显不同。丘商以北的农业地包括王都附近与丘商附近的农田属于王畿内部的农业区，这样的农业区是商人的主体经济来源，本段的乐、丧等常见的田猎地近于王都，属于商王固定田猎区。丘商以南的两个田猎地出自商王在攸地时进行的偶然性的田游活动。而这一段的农业区包括舊田、懋田、下人㚔、盖、吾、京，属于商人在外服为了巩固势力开发的垦田据点，性质大概相当于屯田。开垦农田与设奠都是商人控制边地的重要手段，当我们集中分析上述地区中农业区与奠的分布，就会发现一个明显的现象：即商人一方向的开疆拓土是伴随着由近及远的垦田与设奠活动逐步深入的。

三　王畿区的西南限——修武至沁阳一线

以修武—沁阳为中心的军事据点有：宁、义行、亶行。地处晋南豫西的军事据点还有师非、沁行、师殷、䇂师、夨师、师目。

宁地（黄河北岸修武以东）在当时的殷西局势中相当重要，与其有关的国族有羌方与䖒，都为商人在殷西南的强敌。羌方分布在今山西省南部与河南省西部的广阔地域，拥有不少支系分族与盟族，根据卜辞知道羌方势力前锋在廪辛康丁时期曾一度到达修武地区。卜辞康丁、武乙、文丁期间曾大规模征伐羌方及其盟族，很可能是三期时羌方大举入侵的结果。商人在宁地附近也设有"戍"。根据前文所引戍𡥝觚铭可以知道"戍"在当时是一类正式的职官名，戍官的职责就是常驻当地保证地区安全。宁地一带的这个"戍"

是河南西部黄河以北地区最靠近王都的一个戍，因此我们认为这里是商王畿与殷西外服区之间的一个分界点。

卜辞中"行"往往与地名、族名连称，有义行、𠧨行、𩁺行等，寒峰先生《甲骨文所见的商代军制数则》认为指百人组成的军队行列。① 罗琨、张永山先生《夏商西周军事史》进一步从军队编制的角度指出"行"是商人基层作战单位，在实战中往往以三个军行分左、中、右组合编队，即卜辞所见"东行"（《怀特》1464）、"中行"（《怀特》1504）等，合左、中、右三行的三百人团称为"大行"（《怀特》15081）。② "义"（修武附近）是临近于羌方的一个地名，曾作为抵御羌方的一场战役发生地，而其地附近驻有"戍"，再加上由其族邑人员组成的"义行"，可见"义"本身就是一个军事据点。

从卜辞中𠧨与𩁺、羌方的关系看，其地大概在修武以西的殷西地区。一期时𠧨曾配合征伐基方（《合集》6571正），又《合集》33074/4："己丑卜，贞𠧨以氾或伐𩁺，受佑。""𩁺"不知是否是"𩁺"字或体。𠧨地本身也是一个农业地。

沁阳市在黄河以北，地临山西省、河南交界线，其西北有太行陉，是太行八陉的第二陉。此地历来是河南进入山西的交通要道。殷西军事据点分布于晋南豫西的地理交通要道，商代后期的对方国战争中，伐羌方及其盟国主要见于三、四期特别是康丁、武乙、文丁时期最为突出，此外殷西较大战争还有武丁时期的𢦏𩁺、𢦏亘、伐舌方、伐鬼方等。相应的上述军事据点也主要见于一、三、四期。大体上来说，"宁"可以作为一个分界点，宁地以西即进入商人军事据点与外族犬牙交错的地带，因此可以说修武至沁阳一带是晚商时期王畿西南限。

殷北、殷南两个方向，由于边境压力不如东、西向明显，相对来说现存有关甲骨材料也不多，因此王畿区的南限和北限还是主要依据文献材料以及考古发现。近年来"夏商周断代工程"设立的"商王祖乙迁邢"专题研究应该能对王畿区的北限问题起到推动作用。祖乙迁邢，"邢"或作"耿"、"庇"，旧说有河北邢台、河南武涉、温县之间、山西河津等。早在 20 世纪 50 年

---

① 寒峰：《甲骨文所见的商代军制数则》，《甲骨探史录》，生活·读书·新知三联书店 1982 年版，第 400—404 页。

② 张永山、罗琨：《夏商西周军事史》，《中国军事通史》第一卷，中国军事科学出版社 1998 年版，第 131—133 页。

代，邢台就发现并发掘了商代遗址。而经过"商王祖乙迁邢"专题组对邢台商代遗址进行的调查，至 2000 年 2 月已发现二十多处商代遗址。这些遗址主要分布于邢台市区至市区西南的七里河两岸，是一个规模比较大并且很密集的遗址群。专题负责人段宏振先生认为，邢台商遗址的规模和分布特点类似于郑州和安阳殷墟等商代都邑；更重要的是，以东先贤村为代表的商代文化遗存，显示的是商文化的繁盛时期，与"商王祖乙迁邢"的年代正好相合。另外，在距东先贤村十几里路的葛庄发现了西周邢侯墓地，表明西周的"邢"在邢台。① 商汤建国之后"商邑"经历五次迁移，共立六都，宋镇豪先生《论商代的政治地理架构》一文认为商邑的择立范围与商王畿区界说关系密切，邢台地区在河北省南部，对王畿区北限的深入有待于"祖乙迁邢"的新研究成果。

第三节 政 治 疆 域

一 商代的政治疆域以及政治疆域中的点、面、块

在政治地理研究中，"疆域"总是首先要提到的问题。前文讨论了晚商时期王畿区的大致范围，而传统所谓"疆域"包括王畿与外服两部分，学界一般将《汉书·贾捐之传》所说的武丁、成王时的疆域，"地东不过江、黄，西不过氐、羌，南不过蛮荆，北不过朔方"，作为晚商时期的疆域。

现代科学考古发掘可以告诉我们，商文化的影响范围，各个时代有所差别：②

早商时期。一期，商人主要经略"有夏之居"，统治中心在以偃师商城和郑州商城为核心的伊洛—郑州一线，晚段可到晋南地区，与夏文化的分布范围大体重合；二期，商王朝政治巩固，商族势力大规模扩展，北到冀南的磁县，南到湖北黄陂盘龙城，东到豫东的鹿邑栾台等地；三期，商族势力进一步扩张，往西进到耀县、铜川一线，往东整个豫东地区，商文化开始代替原有的岳石文化，甚至泰沂山脉以北的济南大辛庄都是商族的

---

① 新华社石家庄 2000 年 1 月 29 日电《河北邢台可能是商代首都》，《光明日报》2000 年 1 月 30 日。

② 中国社会科学院考古研究所：《中国考古学·夏商卷》，中国社会科学出版社 2003 年版，第 188、253、305 页。

势力范围，往东南，在江淮地区，商族势力已达巢湖以东的大城墩一带，南部逐渐形成以黄陂盘龙城为中心的庞大遗址群，往北，商文化重返太行山东部，大体覆盖了原下七垣漳河型的主要分布区，甚至远至太行山以北的壶流河流域。

中商时期。商文化分布范围曾一度比早商时期有所扩展，东到泰沂山脉一线，西抵关中岐山、扶风，北面抵长城，南逾长江。

晚商时期。商文化分布范围与格局发生了较大的变化，主要表现在商文化在西、南两面大大收缩，今湖北、陕西、山西、江苏境内的许多原早商和中商文化分布区，至晚商时期不复为商文化势力范围，而为性质不同的其他考古学文化所取代。只有山东境内商文化保持微弱的进取势头，发展到淄河和潍河附近。

我们必须明确一点：商文化的影响范围不等于商人势力的实际控制范围。按照文献典籍中的各种说法，疆域就是成面成片的完整地域，从五帝传说时期直至明清都是这样。同时由于民族意识方面的原因，一向喜欢从"幅员辽阔"方面去强调。但是通过甲骨文材料研究商代疆域时就会对此产生疑问，因此越来越多的研究者倾向于使用"犬牙交错"这种提法。王玉哲先生《中华远古史》直接指出："王朝所能控制的是以一个大邑为都城的中心地区，以及四方远远近近散布着的属于王朝的几个或十几个诸侯方国。每一个方国其实就是王朝所能控制的'据点'。'据点'与'据点'之间，散布着不属于王朝的许多方国。所以，当时人对王朝的国土，只会有几个'据点'的概念，而没有整个'面'的概念。"① 个人以为"面"与"据点"的提法各有所失，晚商时期商人势力范围总体上表现为点、块、面的结合。商代是农业社会，根据对农业地名的梳理，除王畿区内部的农业生产以外，商人非常关注外服区的附属国族、军事据点以及其他属地的农事生产。不仅表现在大量的求年辞例，还包括军事据点的屯田，在附属国族领地进行的垦田和设置田官等等。农业生产实质也是经营外服的一种手段。下文试图通过分析内、外服农业区的分布特点阐述晚商"疆域"中的点、块和面。

（一）王都地区的粮食流通与"南廪"

卜辞常见"省廪"辞例，"廪"即粮仓，其中"南廪"出现的次数较多，

---

① 王玉哲：《中华远古史》，上海人民出版社2000年版，第335页。原书并指出直至春秋战国时期诸侯方国之间才逐渐达到互相接壤的程度，各国疆土由点扩展到面，这时才出现所谓"边界"。

主事者有"束人"(《合集》5708 正/1)、"吴"(《合集》9638/1)、"并"(《合集》9639/1)、"先"(《合集》9641/1) 等。一般认为南廪所在离王都不远，有可能就是王都的专用粮仓，具体地望不详。按卜辞中有卜问"大邑"受禾(《合集》33241)，可证王都附近必分布有农田。《合集》20650 卜问中商"受年"。《诗·殷武》"商邑翼翼，四方之极"，可见在商人的观念中王都就是天下之中。陈梦家《殷虚卜辞综述》谓："安阳于战国属赵，为新中，《春秋地名考略》及《方舆纪要》卷四十九引《都城记》曰：'安阳一名殷中，即北冢也。'中商或是殷中之所本，则中商或是安阳。"① 卜辞"中商"之称见于一、三、四期，与"大邑商"的概念略有差别。商王专属的农田称为"王"，亦曾卜问受年（《合集》28274）。晚商时期人名、地名、族名尚处于混称状态，最明显的例子就是农田地"妇姘"与丘商。妇姘多参与农事活动，曾管理丘商附近的农田，因此那里的农业地或称"丘商"或称"妇姘"。商王专属农田也有这种现象。商王亲自参与经营的农业地主要有"囧"，亦称"南囧"。

(1) 戊寅卜，宾，贞王往以众黍于囧。（《合集》10/1）
(2) 庚辰卜，宾，贞惟王㩁南囧黍。十月。（《合集》9547/1）
(3) 己卯，贞在囧扃来告芍，王黍。
    王弜黍。
    庚辰，贞在囧扃来告芍，王其黍。
    王弜黍。（《合集》33225/4）

"囧"字未有定释，卜辞中均用作地名，事均与农事相关。例（3）"告芍"，裘锡圭先生认为指报告撂荒地上已长满了草。当时这类草木可以割下来经过处理用作下种时的肥料。② 囧地农田为商王亲自经营，其地所产谷物作为祭品祭祀祖先。

(4) □□［卜］，争，贞乙亥蒸囧黍祖乙。（《合集》1599/1）

---

① 陈梦家：《殷虚卜辞综述》，考古学专刊甲种第二号，科学出版社 1956 年版，第 258 页。
② 详见裘锡圭《甲骨文中所见的商代农业》，全国商史学术讨论会论文集，1985 年 2 月殷都学刊增刊，第 198—244 页。

(5) 己巳，贞王其蒸南㘝米，惟乙亥。(《合集》32024/4)

"南㘝"可能与"南廪"有关。《合集》9509/1："呼耤于廪北沚"。卜辞"沚"往往与方位词连称，诸家多以为"沚"为地名，并因此推测其地有"南沚"、"北沚"等分区。按"沚"不仅与方位词连用，也与水名连用，指河对岸，并非具体地名。"廪北沚"指廪之北面河流对岸。大概当时商人在王都南向傍水耕作，河水南岸建有粮仓。而商人求年祭祀对象"滴"、"洹"、"阺京"作为自然地名可能都与王都农业区有关，可证以王都为中心的农业区的收成状况在当时备受重视。此外，王都消耗的粮食似未从各地征调。卜辞所见贡纳物品种类极其丰富，包括牛马、玉石玩器、龟、贝、酒、野兽等等，其中包含少量谷物，《早期奴隶制社会比较研究》第二编《商人奴隶制研究》列有非常详细的"卜辞所见贡纳例表"，其中能找到七例作者认为属于谷物贡纳的。① 但是细审具体辞例，疑大多与进贡谷物无关。

(6) 贞登秋。(《合集》34578/5)
(7) 癸未卜，登来乙酉。(《合集》27826 反/3②)
(8) 贞登黍。
   勿登黍。
   贞甲用𦰩来羌。
   勿𧆞𦰩来羌。二告
   贞惟父乙它。
   惟父庚。二告
   贞惟父庚。
   贞……用……
   二告
   二告 (《合集》235 正/1)

---

① 胡庆钧主编：《早期奴隶制社会比较研究》第二编《商人奴隶制研究》(彭邦炯、宋镇豪)，中国社会科学出版社1996年版，第158—167页。

② 《早期奴隶制社会比较研究》卜辞所见贡纳例表（见上注）尚引一例：《合集》914"登来?"，查原片实为："食来? 二告"、"不其来?"，"来"与"不来"对称，与贡纳谷物无关。

(9) 贞父乙弗它……二告

　　父乙它王。

　　亚以来。

　　父乙来。(《合集》914/1)

(10) 贞曰以来，酒往于敦。(《合集》11406/1)

(11) 壬戌卜，狄，贞有出，方其以来奠。

　　壬戌卜，狄，贞叙，勿以来。(《合集》28011/3)

(12) 壬午卜，争，贞令登取浞黍。(《怀特》448/1)

例（6）至例（8）登秫、登来、登黍是指用谷物作为祭品，"登"通"蒸"。例（8）全组对贞目的，其是确定祭祀对象和祭品，"登黍"的性质显然不是进贡。例（11）中的"来"或以为即"麦"，但是同版卜问"不遘方"、"其遘方"；"惟马亚呼执"、"惟戍呼执"；"及方"、"不及方"；"其有来方"等。"方其以来奠"是否贡纳也很可疑。卜辞"以"、"来"都用作表示贡纳的动词，"以来"连称可能只是一种习惯用法。实际甲骨文中进贡粮食的辞例非常少，在全部的贡纳辞例中只占极少的分量，像例（12）那样带有地名的更是罕见，可见王都在粮食供应方面主要是自产自足。《周礼》曰："以九贡。致邦国之用。一曰祀贡。二曰嫔贡。三曰器贡。四曰币贡。五曰材贡。六曰货贡。七曰服贡。八曰斿贡。九曰物贡。"郑玄分别详细列出了丝织物、矿物、石磬等物，其中未包含谷物类。

（二）边地的仓廪、粮食来源与外服农业地的作用

除南廪外，缶、亘、蓐、陕、崔等地建有"廪"，集中见于一期：

1. 陕（《合集》5708）："省廪"
2. 缶（《合集》1027）："廪我旅"
3. 蓐（《合集》583）："焚廪三"
4. 亘（《合集》6943）："廪亡在亘"
5. 崔（《合集》20485）："崔廪"

这些地名的地理位置分布本身是一个很有意思的问题。《合集》5708："乙未卜，贞令多马亚、伲、遘、㽘省陕廪，至于仓侯。从樀川，从㐃侯"，陕廪所在离王朝路途遥远，可见商王储粮于境内各地，而不只储于王都。① "省陕廪，至于仓侯。从橘川，从𠦪侯"实际是一组行程，与陕廪所在有关。𠦪侯在卜辞中常与"周"同见，可见必在陕西中部周族故地一带。而《左传》哀公四年云："蛮子赤奔晋阴地。司马起丰、析与狄戎，以临上雒。左师军于菟和，右师军于仓野。"仓野为晋地，在今陕西商县东南一百四十里。仓侯的封地即仓野，由此看"陕廪"大约是商人在陕东的一个蓄粮地。我们知道陕东地区确实分布有一系列或属于商人势力或属于附属国族的农业地。陕廪的问题值得进一步深入探讨。

亘廪、蓐廪均位于晋南地区。蓐廪位于临汾盆地，武丁时期该地区是抗击西部强敌吾方的一个缓冲地区，商人曾在其范围内开展一系列垦田活动。"廪亡在亘"可能是卜问建立粮仓的地点，看来粮仓的选地在当时很受重视。卜辞亘方所在，陈梦家先生认为在山西省垣曲县附近，钟柏生先生赞成岛邦男的意见，认为在山西、陕西交界。② 按，1995年"中国商文化国际学术讨论会"上佟伟华先生曾对垣曲商城的文化堆积、城墙、布局等作全面介绍，并判定该城始建于二里岗下层时期而延续使用到二里岗上层时期，有可能是商王朝建于黄河北岸的军事重镇，也有可能是"亘"方或其他方国的都城。③ "亘"一说象山脉环绕之形，④ 一说可能与城垣构造有关。现知垣曲商城为二道门形制，⑤ 或当以后说为是。垣曲位于晋南中部，其西及西南即运城盆地。运城盆地北有峨嵋岭，南及东南有中条山，西则以黄河为界。垣曲正西临运城盆地的东部缺口处。而其西南的即太行八陉最南端的轵关陉，在今河南济源西北。济源一带仍在商控制区内，往东就是修武县、获嘉县境是军事据点"宁"。垣曲往东有长子、微等商属地。由商王朝出发往山西西部，必经太行八陉的南部四陉：除轵关陉外尚有太行陉（今河南沁阳市西北）、白陉（今

---

① 详见周自强主编《中国经济通史·先秦经济卷》上卷第四章《商代的农业》，经济日报出版社2000年版，第272页。

② 陈梦家：《殷虚卜辞综述》，考古学专刊甲种第二号，科学出版社1956年版，第276页。钟柏生：《殷商卜辞地理论丛》，台北艺文印书馆1989年版，第194—195页。

③ 《"中国商文化国际学术讨论会"述要》，《考古》1995年第9期。

④ 今垣曲东向为太行山脉，《博物记》谓："山在东，状如垣。"《史记·魏世家》："二年，城安邑、王垣。"索隐引徐广曰："垣县有王屋山，故曰王垣。"垣县自宋改为垣曲县。详见邹衡《汤都垣亳说考辨》，《夏商周考古学论文集续集》，科学出版社1998年版，第205—207页。

⑤ 详见佟伟华主编《垣曲商城》，科学出版社1996年版。

河南辉县市西），滏口陉（今河北磁县西北）。无论走哪一陉，往运城盆地必经垣曲一带。郇、甫等商属地就在运城盆地西部。可见地理位置非常重要。卜辞有"呼亘"（《合集》190 反/1）、"亘入"（《合集》13645 反/1）、"亘示"的记录（《怀特》102b/1）。亘方曾为商附属国族。其族时叛时服，曾被征伐（《合集》20394/1、《合集》20396/1），征亘是武丁时期一系列晋南豫西战事的重要组成部分。既卜问是否在亘地建"廪"，说明后来亘族已成为较稳定的附属国。

"雀廪"的辞例为：

(1) 戊寅卜，方至，不之日有曰：方在雀廪。（《合集》20485/1）

"雀"在泗水邹城之间，详参下文对"奠"考证的部分。今山东省泗水县与邹城市一带可能就是商人势力的东限。雀廪的性质和地位应类似于殷西的亘、𦎫、陕等地的仓廪。商王朝的社会经济类型以农业经济为主，畜牧业为辅，这和整理卜辞农业地名得出的结果相符合，很明显卜辞农业地的分布范围与战争关系所体现的商王朝势力范围大体重合。张政烺先生曾指出，"古代中国土地广大，社会经济发展不平衡，夏商时期还有许多落后地区停留在采集渔猎或牧畜生活，随着生产斗争的发展，农业经济显示出其优越性，逐渐取得了主要地位"①。这种说法是很有道理的，商人农业区的分布说明商人主要通过发展农业维持偏远地区的统治，战争期间所需粮食很可能主要由当地供应。"缶"的一条辞例有助于理解这种情况。

(2) 己未卜，贞缶其来见王。一月。
己未卜，㱿，贞缶不其来见王。
己未卜，㱿，贞缶其廪我旅。
己未卜，㱿，贞缶不廪我旅。一月。（《合集》1027 正/1）

此处的"廪"用为动词，指供应粮食，汉代晁错《言守边备塞疏》尚有这种用法，"予冬夏衣，廪食"，"廪"指官方供应粮食。"缶"即陶，卜辞中分为两地，一为帝辛十祀伐人方所经，在殷南；一在山西中部，与雀、郇、

---

① 张政烺：《卜辞裒田及其相关诸问题》，《考古学报》1973 年第 1 期。

蚰等地有涉。晋中的"缶"即"基方缶"的省称，与商王朝间的关系较复杂。春秋晋邑"箕"在今山西蒲县西三十里，见《左传》僖公三十二年、文公二年、成公十三年、成公十六年、昭公二十三年、昭二十四年和《国语·晋语》四、六。按蒲县的地理位置在霍山以南，位于临汾盆地北部外围。霍山即霍太山，是东下冯类型夏文化、商文化分布范围的北界。东下冯类型夏文化、商文化以运城、临汾两个盆地为分布中心。临汾盆地在运城盆地以北，盆地内就是史称台骀族居住地的"汾洮之间"，台骀后裔有黄、姒、蓐、沈四姓，"唐人是因，服事夏商"①，唐即陶唐氏，属于晋西南农业区的"唐录"应与陶唐氏有关。春秋"箕"邑就在所谓台骀族活动范围。一期常见"伐缶"、"获缶"辞例，从同版关系的征伐刻辞看，武丁时期曾系列征伐晋南的国族群，如不、𢇇等，常伴随以征缶，主要将领似是子商、雀等。而缶本身也有伐雀、蚰的记载。但是"缶"亦有"见"与"虞旅"、"令缶"等记录，与商王朝间也有贡纳关系，如《合集》9408："己丑乞自缶五屯。𢓜示三屯。岳"，证明武丁时期晋中的"缶"与商王朝的关系表现为时叛时服。

从地理位置分析，缶地所在的临汾盆地接近于商王朝势力范围的北端，其南面隔山脉与晋西南端的运城盆地相望。卜辞有"敦缶于郇"的辞例（《合集》6860—6863），"郇"在今永济县一带，位于运城盆地西端。在这个黄河东岸的三角低地内部集中分布着以甫、郇、舌、葬等商属地，这些属地同时又是重要的农业区。卜辞中有不少郇地参与粮食储备的记载：

（3）□巳卜，争，贞令王族比虞，郇古王事。六［月］。（《怀特》71/1）

（4）乙丑卜，㱿，贞令溯暨凤以束尹比虞，郇古事。七月。（《合集》5452/1）

（5）贞惟多子族令比虞，郇古王事。二告
　　　贞惟……尹令比虞，郇古王事。（《合集》5450/1）

（6）……令多子……比……虞郇……王……（《合集》5451/1）

（7）贞令多子族比犬暨虞，郇古王事。

---

① 见《史记·郑世家》。

贞令多子族暨犬侯凿周,古王事。(《合集》6813/1)

在以上辞例中,郇都是作为"王族"、"多子族"、"束尹"等的协助者,其中例(7)尤为重要,辞中"多子族"、"犬侯"是进行"禀"和"凿周"的主体。犬侯为犬族首领,其族住地在今陕西省华阴县东北,该地与邻近地区水源充足,分布有犬、羽、郑等农业区,近年来泾阳高家堡的发现证明卜辞中隶属于商王朝的重要国族"戈"族也位于这一区域。这个地区在周地以东,其东面黄河对岸就是以郇为中心的晋西南农业区。"凿周"的"周"指某种矿物而非国族名,例(7)大致指商王朝派出的多子族与殷西的犬族联合进行某种与开采矿物有关的活动,由郇地配合进行粮食储备或供应。由上引辞例看,郇地经常参与这类事情,可见外围商属地的农业发展对商王朝维持地方控制起到很重要的作用。① 作为有能力提供人力物力的较稳固的商属地,郇地无疑是沿黄河北上征伐"基方缶"的最佳据点。

而进入临汾盆地之后,出现正反贞问"缶"是否"禀我旅"的辞例不会是偶然的现象,如能就这类问题进行深入研究必然有助了解商代战争中的粮食供应方式。

(三)外服农业区的分布特点

以晋南为例,其东面和东南边缘是连绵不绝的太行山脉,南面和西边为古黄河围绕,而在该地区内部则分布着一系列山脉与山脉围隔形成的临汾盆地、运城盆地以及中南与东南两个河谷地带,商人在本地区的势力地理环境作用下形成了四个中心,晋南分布的农业地概括为四个分区:

1. 晋西南运城盆地——甫(《合集》9779)、郇(《合集》9774)、衁(《合集》9791)、蒳(《合集》9774)

2. 晋中南古沁水流域——罾(《合集》9776)、[绛方](《合集》6)、㦚(《合集》9774)

3. 晋东南古漳水流域——亘(《合集》6943)、长(《合集》9791)、示(《合集》9816)

---

① 我认为这就是先秦畿甸制中"甸"(即卜辞"奠")的意义所在,卜辞中的致奠活动实则就是通过发展农业扩张势力范围,甸一方面是王畿近郊部分,另一方面也就是扩展势力的前锋。见上文政治地理架构部分。

4. 晋西南临汾盆地——唐录（《合集》8015）、缶（《合集》1027）、吕（《合集》811）、爰（《合集》583）、蓐（《合集》583）

这些分布之间甚至在本区内部都混杂着为数不少的敌对国族，一些商属地包括军事据点与附属国族不是呈散点状分布，而是利用地理优势形成了一个个势力圈。近年来，越来越多的研究者认识到晚商时期不存在所谓的整片王朝疆域，商属地往往与敌对国族混处，呈现出一种犬牙相交的状态。农业地的分布方式与上述状态吻合。商代的农业地极少孤立存在，王都附近聚集了大批农业地，形成最密集的农业分布区，而较偏远的农业地点则三五成群地集中出现于地方势力圈。商王往往在同一组辞例中卜问邻近的一系列农业地，如：

(1) 贞𢦏不其受年。
贞𨛭受年。(《合集》9776 正/1)
(2) 贞𢦏受年。
贞𢦏不其受年。二告
贞郇受年。
贞郇不其受年。
癸丑卜，㱿，贞遘受年。二月。
遘不其受年。(《合集》9774 正/1)
(3) 辛巳卜，争，贞𢦏不其受年。
贞郇不其受年。二月。二告 (《合集》9775 正/1)
(4) 甲戌卜，宾，贞甫受黍年。
贞𢦏受……
贞畄受年。二月。(《合集》10022 甲/1)

𢦏、𨛭同处于晋中南沁水流域，郇、遘、畄位于晋西南运城盆地，两个地区地理位置相邻，在商人的意识中，这样的农业区显然是作为一个整体——块来考虑的。

(四) 商人在外服"圣田"的作用

卜辞中所见圣田地名与执行者可以整理为下表：

甲骨文圣田地名表

圣田地名	人物	一期	二期	三期	四期	五期
[先]侯	受	合集9486				
绊方	众人	合集6				
盖永		合集9476				
嬴					合集33209	
下人㐱					合集33211	
矣					合集33209	
西	多尹				合集33209	
京	皁	合集9473				
	罙				合集33220	
	多尹				屯南102	
	犬延				英藏834	
童				屯南650		
虍	犬延	合集9479				
庿	刚				屯南499	

表中地名大部分可由地名系联关系确定其大体方位。先侯为殷西边侯，方为殷西方国；盖、下人㐱、京为殷南由丘商至攸侯领地一带的地名。圣田见于一、三、四期，地点一期多在殷西，三、四期多在殷南，正好与晚商征伐重心的转移相符合：前段在殷西，后段则以东南为主。"圣田"的执行者中包括官员，例如多尹。地名中包括方国与诸侯。前辈学者曾根据圣田出现的人名、族、地指出："商王确实有权派人到王国范围内的任何地方——包括远近的诸侯、方国去垦辟土地。这无疑是全国土地王（国）有的最好说明和实证。"[①] 本文认为商人在附属国族垦田，目的就是为了将附属国族的部分领土转归商人所有。农田开垦之后必定要留下人员管理，实际等于在他族内部形成了一个新的商属地。这样做一方面起到监督作用，一方面客观上加强

---

① 详见《早期奴隶制社会比较研究》第二编第五章《商王国的土地关系》，中国社会科学出版1996年版，第142—145页。

了附属国族与商人之间的联系。此外，商时无论王畿还是外服区的军事据点，粮食生产与消耗以自产自足为主。一旦临时性的战事或者"王事"出现，就往往需要由附近的属地与附属国族"比廪"。因此要在外服建立稳定的粮食生产基地，对保障统治非常重要。而外服的农业区由于与敌族混居，导致"焚廪"以及掳掠人口、抢夺作物等事。在附属国族领地内垦田，也是为利用其势力保证农区的安全。

商人在汾水流域台骀族地域的活动是以上观点的一个例证。① 商人"圃"于唐麓（《合集》8015/1），性质也是在外族垦田。而相邻的蓐族住地则建有粮仓。可以推测这里粮仓也是商人在那里"圣田"的结果。当粮仓被敌族焚毁，马上有官员向朝廷通报（《合集》583反/1）。《合集》583反/1同辞出现了族地名"受"。《合集》10923/1："壬戌卜，争，贞乞令受田于先侯。十月。"对比《合集》9486/1："癸……贞……令受圣［田］于［先］侯。十二月。"可见《合集》10923的"田"也是指农事。又《英藏》326/1、《怀特》360/1亦与在先侯领地的垦田活动有关。这一地区的垦田活动与当地在战争形势中所处地位密切相关。这一时期商人又在唐地建造城邑（《英藏》1105/1）。经过逐步经营，商人在临汾盆地制造出防御舌方的一处基地。

当我们将农业地的分布从"疆域"的角度考虑，就能对商人势力的分布特征有清晰的概念。王畿区是一个单纯的由商属地与附属国族形成的最大的聚居区，换句话说它是以面的状态存在的。而外服区本来只是政治统治的理想概念，在商周时期实际地理分布绝不是理想中呈一个环状分布。事实上商代外服的军事据点与附属国族和敌族邦方混居在一起。但是如果认为它们是散布的一个个的点，则是进入了另一种误区。从王畿区外围开始，由近及远分布的军事据点是商人控制外服的实体，这些军事组织在驻地屯田。在商都势力的强盛期，附近的一部分国族或因商人势力所迫、或因敌族压力而归附。商属地与附属国族联合对抗附近的敌族，这样就形成一个个的商人势力范围圈。我们把这样的势力圈称为"块"，如果这些势力圈逐渐发展并接合起来，实际上也就等于王畿的扩张了。

上述一组观点实际互有关联，晚商王朝作为农业社会，对稳固疆域而言

---

① 林欢：《夏商时期晋南地区考古学文化与汾洮间古台骀族——兼论"马方"、"𐤧"与飞廉及秦赵先祖》，《商承祚教授百年诞辰纪念文集》，文物出版社2003年版。

发展农业与军事战争同等重要。由于外服区处于军事据点，与族、敌族犬牙交错的状态，也就决定了外服区农业地的分布特点，同时在外族领地内开垦农田成为一种控制与族的有效手段。

二　商王朝控制外服的机制与经略方式

（一）"奠"

商代外服的属地分为三类：①以军事据点为中心发展起来的商属地；②在附属国族势力范围内通过垦田占有的土地；③在附属国族分布区通过置"奠"正式建立起来的行政区，统称"多奠"。属于前二类商属地的农业区称为"多田"。军事据点的屯田，可以用"亶"作为实例，亶是殷西南商人与羌方交界地带的一个军事据点，其地驻军称为"亶行"，相应地亶地范围内有一个农业区。早年于省吾先生《略论西周金文中的"六自"和"八自"及其屯田制》一文根据西周金文指出周人存在军事屯田制度，范围在今黄河中游，不离豫西或陕南一带。[①] 军事屯田和在外服圣田，商代设有主事的田官，称为"在某田"[②]。田官管辖地区统称多田。本书认为"多奠"与商人在外族领地垦田有关联。这一类垦田活动，其性质相当于将诸侯领地内部的一部分土地转化为商属地。置奠，本书认为是通过一定的仪式将上述属地的占有权正式化。多田与多奠的形成过程本有关联，在外族领地垦田与置奠实际上是转化土地所有权的前后两个阶段，发展到后来就是周代"甸服"、"畿甸"。在文献中"奠"、"甸"的用法含义原本有互通之处。

> 1. 乃命尔先祖成汤革夏，俊民甸四方。（《尚书·多士》）
> 2. 帝钦罚之，乃伻我有夏，式商受命，奄甸万姓。（《尚书·立政》）
> 3. 禹敷土，随山刊木，奠高山大川。（《尚书·禹贡》）

[①]　详见于省吾《略论西周金文中的"六自"和"八自"及其屯田制》，《考古》1964年第3期。

[②]　"在某田"为田官之说详见裘锡圭：《甲骨卜辞中所见"田"、"牧"、"卫"等职官的研究——兼论侯、甸、男、卫等几种诸侯的起源》，《古代文史研究新探》（中国古文献研究丛书），江苏古籍出版社1992年版。

这类动词用例中甸指"治理",奠指"定",含义上是有分别的。不过春秋早期曾子斿鼎铭(《集成》2757):"百民俾奠",用法似乎与"俊民甸四方"、"奄甸万姓"相类。商代"奠"的用义到周代多少还有所残留,西周早期新邑鼎铭(又名柬鼎,《集成》2682①):"癸卯王来奠新邑,[二旬]又四日丁卯[往]自新邑于柬。王赏贝十朋,用作宝彝。"这一个"奠"也许就是举行某种仪式,表示新邑正式落成。询簋铭(《集成》4321,西周晚期):"王若曰:询。丕显文武受命,则乃祖奠周邦。"乃祖指询的先祖,铭文中周王勉励询承续先祖功业。这里的"奠"与《尚书》"奠"的动词用法明显不同。

4. 王出在应门之内。太保率西方诸侯,入应门左;毕公率东方诸侯,入应门右。皆布乘黄朱。宾称奉圭兼币,曰:"一二臣卫,敢执壤奠。"皆再拜稽首。(《尚书·康王之诰》)

"壤奠"与外服诸侯的职责是联系在一起的,而且奠、壤连称,似乎与土地有关。置"奠"是一种势力扩张的手段,在势力比较稳固的征服地进行垦田,形成一定基础之后进行置奠,置奠之后,土地所属权名义上仍归诸侯所有,但实质的治理已转为商人,因此奠又有"定"的意思。置奠之后该处形成一个向周围辐射、扩展势力的基地。因此置奠也有一个由近及远的过程。例如在殷西诸"奠"中,武丁时期曾卜问是否在黄河北岸郯城、修武、沁阳之间的"目"地置奠(《合集》7239正/1:"令弹祟奠目")。而黄河北岸修武以东地区当时叫做"宁"或者"泞",至晚在武丁时期宁地以北就出现了一个奠(《合集》4464反/1:"奠来宁"),四期时叫做"北奠"(《合集》32277、32278/4:"师般以人于北奠次")。长族住地范围内的󰋔奠是武丁时期开辟的(《英藏》547正/1:"贞长人于󰋔奠。勿于󰋔奠。于󰋔。勿于󰋔。"),这时候同一地域范围内还有"奠豐"(《合集》6068正/1:"癸未卜,永,贞旬亡祸。七日己丑,长友化呼告曰:舌方围于我奠豐。")这一地带隔太行山脉与王畿区相邻,是抵御西北强族舌方最重要的军事基地之一。而到了廪辛康丁时期尤其在对羌方的战役之后,殷西南商人势力得到扩张,于是就在这一时期沁阳以西的济源附近出了󰋕奠,

---

① 传1940年同梁其器一起出土于扶风任家村。

又在今山西省西南端的永济一带增加了郇奠（《英藏》2413/4："辛巳，贞 帚以妻于郇，乃奠"）。而在殷东与殷东南，武丁时期在今山东省东南部泗水一带的"雈"（《合集》10976 反/1："贞呼往奠于雈。勿呼奠于雈"）、"京"（《合集》6/1："癸卯卜，宾，贞令郭兹在京奠"）、河南省濮阳地区的"襄"（《合集》3458 反/1："……奠……在襄。"）、黄河以南的"畚"（《合集》36752/5："在畚，步于□奠"；又《合集》8218 正/1"……争，贞在畚奠"）等地附近都设有奠地。五期征人方曾经过黄河南岸的地名"巳奠"（《英藏》2525/5："癸酉卜，在巳奠河邑，泳，贞王旬亡祸。唯来征人方"）。在今河南、安徽交界地带的危方，一期似已有置奠之事（《合集》7881/1："贞危人率奠于……"），廪辛、康丁时期征服危方之后亦卜问置奠（《屯南》3001/3），而"危方奠"之称最晚在三期时就已出现（《合集》27999/3："其祝于危方奠"）。三期时商王在濮阳以东的"盂奠"卜问是否要在"永"和"元"置奠，《屯南》1092/3："辛巳卜，王其奠元暨永，莤。在盂奠。"又同期卜辞《怀特》1458/3："……永帥，奠。"四期时曾卜问是否在殷南的殳、舟、墅置奠。（《合集》32850/4、32851/4、32852/4："丁卯卜，王令帚奠殳、舟。"又《合集》32854/4："贞王令帚今秋……舟、墅乃奠。"）

综上所述，"奠"的性质主要是王畿扩展的初级阶段，置奠必须有足够的军事势力做为保障，商人的置奠基本上是由近及远逐步进行的。置奠之后在这个地域范围内由商王朝派人直接管理，这是它和单纯的附属国族最大的区别。当这样的奠逐渐连成片的时候，实际上也就达到了扩展王畿的目的，从某方面说有一点类似于明清时期的改土归流。一般认为明清时期的畿服制和先秦时期一样，在畿内以官僚制为主，畿外实行分封制。土司类似于西周分封诸侯，改土归流意味着王畿的扩张。

甲骨文中的"奠"一直是个受关注的问题，而有人又认为这就是"甸"，而有人认为不是。卜辞多见多田、多侯连称，看起来更像是后面的所谓甸服、侯服。卜辞"奠"有一个特殊的现象就是它总是位于商人与外服的混居区，而且这些"奠"不是一开始就在的，经过置奠后才可能称为"某奠"。过去相关研究很少从"奠"的具体地域分布出发，以为指郊"甸"，就笼统把它们划在以都邑为中心的王畿外围。实际就像前文中谈过的盂奠、永奠等等，"奠"总是分布在商人与外服的混居区，就是所谓"犬牙交错"的地带，这是"奠"一个最大的特点。裘锡圭先生认为奠是商人处置归服者的一种方法,① 同时他也注意到是否能将"奠"解释为"甸"的问题,因此在另一篇文章的末尾说,"《国语·周语上》和《尚书·禹贡》的五服说,则把王畿称为'甸服',跟'侯甸男卫'的'甸'实际上是捏合不到一处去的。有的学者认为甲骨、金文里的有些'奠'字应该读为畿甸之'甸'。那么,五服说的'甸'跟九服说的'甸',也许本来并不是一个词"②。这本来是一种折中的说法,但这种提法很有意义。文献中关于"甸"的说法本身就存在矛盾,那么也许对文献材料进行梳理之后能较清晰地分辨出甸制的渊源。在《禹贡》五服制中,甸服和侯服是由内向外的第一、二位,文献中每以甸服、侯服对称。

5. 丁未,祀于周庙,邦甸、侯、卫,骏奔走,执豆笾。(《尚书·武成》)

6. 小臣屏侯甸,矧咸奔走。(《尚书·君奭》)

7. 惟周王抚万邦,巡侯甸。(《尚书·周官》)

8. 惟元祀,十有二月,乙丑,伊尹祠于先王。奉嗣王祗见厥祖。侯甸群后咸在。(《尚书·伊训》)

《尚书》各篇中"侯"、"甸"、"男"、"卫"又经常连称,有时加上"邦伯"或"采"。

9. 越在外服,侯、甸、男、卫、邦伯;越在内服,百僚、庶尹、惟亚、惟服、宗工,越百姓里居,罔敢湎于酒。(《尚书·酒诰》)

10. 予惟曰:汝劼毖殷献臣,侯、甸、男、卫;矧太史友、内史友,越献臣百宗工;矧惟尔事,服休、服采;矧惟若畴:圻父薄违,农父若保,宏父定辟,矧汝刚制于酒。(《尚书·酒诰》)

---

① 详见裘锡圭《说殷墟卜辞的"奠"——试论商人处置服属者的一种方法》,《中研院史语所集刊》第 64 本第 3 分,第 669 页。

② 裘锡圭:《甲骨卜辞中见"田"、"牧"、"卫"等职官的研究——兼论侯、甸、男、卫等几种诸侯的起源》,《古代文史研究新探》(中国古文献研究丛书),江苏古籍出版社 1992 年版,第 362 页。

11. 越七日甲子，周公乃朝用书命庶殷——侯、甸，男、邦伯。（《尚书·召诰》）

12. 王若曰："庶邦侯，甸、男、卫！"（《尚书·康王之诰》）

13. 惟三月，哉生魄，周公初基作新大邑于东国洛；四方民大和会，侯甸男邦采卫，百工播民，和见士于周？（《尚书·康诰》）

按照《禹贡》五服制，侯服分为"采"、"男邦"、"诸侯"三部分，而绥服中则有"二百里奋武卫"。西周初年昭王时期的作册方彝铭："舍三事令：暨卿士僚暨诸尹暨里君暨诸侯：侯、田、男。"而按《左传》襄公十五年的说法，公、侯、伯、子、男是一个系统，甸、采、卫是另一个系统，这里说的是五等爵与都邑郊甸两种体系。

14. 《诗》云"嗟我怀人，寘彼周行"，能官人也。王及公、侯、伯、子、男、甸、采、卫大夫，各居其列，所谓周行也。（《左传》襄公十五年）

按五等爵制度是在商亡之后逐渐形成的，知道这一点就能理解文献中与"甸"并列的爵称为什么这么混乱。但是不管怎么样，"甸"总是和外服诸侯对称的，最简单的是只与"侯"对称，这也最接近商代的情况。我们知道只有内外服之分，五服制的理论是在内外服制的基础上发展起来的，九服制就更晚了。商代外服从管理权上分，就是诸侯（附属国族）所有与商人直接控制两种（多田、多奠），后者就是"甸服"的前身。《禹贡》与《周语》五服制中"甸服"等同于内服，也就是王畿，这是它与九服制之间最大的矛盾。

15. 五百里甸服：百里赋纳总，二百里纳铚，三百里纳秸服，四百里粟，五百里米。五百里侯服：百里采，二百里男邦，三百里诸侯。五百里绥服：三百里揆文教，二百里奋武卫。五百里要服：三百里夷，二百里蔡。五百里荒服：三百里蛮，二百里流。东渐于海，西被于流沙；朔、南暨声教，讫于四海。禹锡玄圭，告厥成功。（《尚书·禹贡》）

16. 夫先王之制：邦内甸服，邦外侯服，侯、卫宾服，蛮、夷要服，

戎、狄荒服。甸服者祭，侯服者祀，宾服者享，要服者贡，荒服者王。（《国语·周语上》）

17. 晋文公既定襄王于郏，王劳之以地，辞，请隧焉。王不许，曰："昔我先王之有天下也，规方千里以为甸服，以供上帝山川百神之祀，以备百姓兆民之用，以待不庭不虞之患。其余以均分公侯伯子男，使各有宁宇，以顺及天地，无逢其灾害，先王岂有赖焉。"（《国语·周语中》）

18. 乃辩九服之国，方千里曰王圻，其外方五百里为侯服，又其外方五百里为甸服，又其外方五百里为甸服，又其外方五百里曰男服，又其外方五百里为采服，又其外方五百里为卫服，又其外方五百里为蛮服，又其外方五百里为夷服，又其外方五百里为镇服，又其外方五百里为藩服。（《逸周书·职方解》）

《禹贡》"百里赋纳总，二百里纳铚，三百里纳秸服，四百里粟，五百里米"，是甸服即王畿与其他各服的最大区别，其他各服没有缴纳粮食的义务。[①] 窃以为商时多田、多奠在地域上属于外服，但是其控制权属于商人，其生产所获和王畿内部地区同样属于"公用"。畿甸的说法即由此演化。公用的性质上引《周语》中晋文公解释得详细。总之，五服制与九服制都各有所据。此外置奠之后土地性质已有转变，可以说是王畿扩展的前沿，这或许也是郊奠说的成因。

19. 及将致政，乃作大邑成周于中土。城方千七百二十丈，郛方七十里。南系于洛水，北因于郏山，以为天下之大凑。制郊甸，方六百里，国西土，为方千里。（《逸周书·作雒解》）

国以外一百里为郊，二百里为甸。后世又由田、奠派生出各种概念，如"甸"又被用为一种土地行政分区，《周礼·地官·小司徒》："乃经土地而井牧其田野：九夫为井，四井为邑，四邑为丘，四丘为甸，四甸为县，四县为都，以任地事而令贡赋，凡税敛之事。"郑玄注曰："甸方八里。"又"甸

[①] 李朝远先生《西周土地关系论》对此有详细论述，见该书第二章《西周领主制封建等级土地所有制的形成》，上海人民出版社1997年版。

人",《左传》成公十年:"六月丙午,晋侯欲麦,使甸人献麦,馈人为之。"甸人即《周礼·天官》中的"甸师";"甸师:掌帅其属而耕耨王藉,以时入之,以共齍盛。祭祀,共萧茅,共野果蓏之荐。丧事,代王受眚灾。王之同姓有罪,则死刑焉。帅其徒以薪蒸役外、内饔之事"。又《周礼·春官》"甸祝","甸祝:掌四时之田表貉之祝号。舍奠于祖庙,祢亦如之。师甸,致禽于虞中,乃属禽;及郊,馌兽,舍奠于祖祢,乃敛禽。禂牲、禂马,皆掌其祝号。"

又《左传》记录的两段话可以帮助理解"甸"的地位。

20. 惠之二十四年,晋始乱,故封桓叔于曲沃。靖侯之孙栾宾傅之。师服曰:"吾闻国家之立也,本大而末小,是以能固。故天子建国,诸侯立家,卿置侧室,大夫有贰宗,士有隶子弟,庶人、工商,各有分亲,皆有等衰。是以民服事其上,而下无觊觎。今晋,甸侯也,而建国,本既弱矣,其能久乎?"(《左传》桓公二年)

21. 及盟,子产争承,曰:"昔天子班贡,轻重以列。列尊贡重,周之制也。卑而贡重者,甸服也。"(《左传》昭公十三年)

杨伯峻《春秋左传注》:"甸,甸服。《国语·周语上》云:'夫先王之制,邦内甸服。'韦《注》云:'邦内谓天子畿内千里之地。《王制》曰:'千里之内曰甸。'周襄王谓晋文公曰:'昔我先王之有天下也,规方千里以为甸服'是也。'顾颉刚曰:'晋何以在甸服?盖汾、沁之域,王季已伐燕京之戎,西伯已勘黎,厉王亦流彘,宣王又料民太原,足证其为周之王畿;叔虞封晋,自在甸服中矣。'说见《史林杂识》。"这段话的起因是按照《国语·周语上》五服制体系甸服在畿内,而晋又似乎很难说到畿内。窃疑原文所谓"甸服"与顾颉刚先生说的不是一个概念。也就是裘先生说的,五服制与九服制的甸不是一个概念。师服与子产的话不过都在强调甸服地位卑下,子产概括为"卑而贡重者"。多田是外服的农业区,这样的农业区有两个来源,一是在各国族之间的隙地开垦出来,二是开垦于附属国族领地内。不管是"多奠"还是"多田",都是直接由商王所控制。甸之所以位卑而贡重者,在于其性质原是外服中的直接控制地。

最后要谈一点是置奠的具体过程,前文在"郼"地部分曾提到过商人置

奠可能存在一些仪式，因为奠郁时有从大邑商派人前往。幸运的是有奠
"㠯"过程较具体的记载：

  （1）癸亥，贞王其奠㠯。（《屯南》862/4）
  （2）己巳，贞商于㠯奠。
    己巳，贞商于㸚奠。
    辛未，贞其告商于祖乙㸚。
    辛未，贞夕告商于祖乙。
    □丑，[贞]……令……侯……（《屯南》4049/4）
  （3）丙寅，贞王其奠㠯侯，告祖乙。
    丙寅，贞王其奠㠯侯，告祖乙。
    □□，贞王其奠㠯侯，告祖乙。（《合集》32811/4）
  （4）乙丑，[贞王其奠㠯]侯，商……告……
    乙丑，贞王其奠㠯侯，商于父丁。
    乙丑，贞王令……
    己巳，贞商于㠯奠。
    己巳，贞商于㸚奠。
    乙亥，贞王其夕令㠯侯商于祖乙门。
    于父丁门令㠯侯商。（《屯南》1059/4）

从癸亥日开始卜问是否奠㠯，然后乙丑、丙寅、己巳继续卜问是否奠㠯，己巳日距癸亥日已隔五日，并且在丙寅日由商王"告"祖乙，乙丑日商王"商"于父丁。又在己巳后两日的辛未日"告商"于祖乙。然后四日之后的乙亥日才算开始正式奠㠯，当晚令㠯侯"商"于祖乙门或父丁门。从癸亥至乙亥共经十三日，可见置奠是很慎重的事情。同期奠郁时于癸巳日卜问："㠯以妻于郁，乃奠"，然后亦于次日甲午告于父丁，令妻步祖乙。又商王商告于祖乙、父丁，㠯侯则商于门，也是值得注意的现象。

（二）"牧"

商属地及诸侯国常向商王朝提供畜牧产品，包括马、牛、羊等。另外商王朝也在一些地方设有固定的牧场，称为"牧"。甲骨文牧字从牛从羊无别，也有加"彳"旁写作"徦"、"徦"的。卜辞中出现的与"牧"有关的地名及牧官见下表：

甲骨文诸"牧"表

牧场名	一	二	三	四	五
在丂牧				合集32616	
在易牧	珠758				
南（于南牧）	合集11395				
叨（牧于叨）	合集11396				
南牧			合集28351		
北牧					
在𠬝牧			屯南2320		合集36969
右牧，𠬝					
中牧，义				合集32982	
右牧昱			屯南2320		合集35345
苋	合集5625				

"在某牧",裘锡圭先生指出与"在某田"的性质一样,是商王指派到某地主管畜牧业的官员。① "牧昱"的称法略有不同,"牧"是官职名,"昱"是人名。这些牧场的所在方位和有关国族详见后文,这里不需赘述。南牧、北牧在晋中南汾水流域原台骀族住地,苋牧在晋南,丂牧则在晋南长子族住地范围内,易牧在晋南长子族住地的西北面山西祈县一带。𠬝牧、义牧在殷南攸侯领地附近,牧昱管理的地域也近于攸侯领地。简单来说,"牧"的总体特征就是离王都较远,《尔雅·释地》云:"邑外谓之郊,郊外谓之牧。"《周礼·载师》:"以牧田任远郊之地。"因此往往一谈到商代的"牧",就势必要提到郊。又因为有"南牧"、"北牧"、"右牧"之称,往往认为商时都邑在不同方向的郊区设有牧场。按近都的牧场确实存在,但是将卜辞中的所有的"牧"都与"郊"联系在一起则未免以偏概全。卜辞中与具体地名有联系的"牧"离王都大多较远,其中像南牧、北牧与𠬝牧可以说已经到了西北与东

---

① 详见裘锡圭《甲骨卜辞中所见"田"、"牧"、"卫"等职官的研究——兼论侯、甸、男、卫等几种诸侯的起源》,《古代文史研究新探》,中国古文献研究丛书,江苏古籍出版社1992年版,第343—365页。

南方向的外服属地的最外围。另外，至少我们可以确定南牧、北牧其实都在隰族住地，南、北之称绝非针对王都而言，并且临汾盆地的黄、隰、闵等族就是文献所称汾水流域的台骀族，原本就以畜牧业著称。其地的南牧、北牧即使与商人有关，应该也是"因其势以导之"的性质。按照现存文字记载，商时台骀族是归附于商人的，大概因为其族善牧就给了牧官的称号。

牧官常见有"称册"、"启萦"等祭祀活动以及通报地方事务、登人、配合军事行动。

(1) □□卜，宾，贞牧称册……登人敦……

□□〔卜〕，宾，贞惟今秋……牧启萦自……（《合集》7343/1）

(2) 于祖乙升徵来羌。（《合集》32014/4）

(3) 辛未，贞在丂牧来告辰卫其比史受……

弜比。（《合集》32616/4）

(4) ……子，贞牧告椒……（《屯南》149/4）

(5) 癸酉卜，戎伐右牧罢启人方，戎有哉。（《屯南》2320/3）

牧官的活动实际以负责边境安全较为突出，真正由牧官负责的畜牧业生产方面的内容倒是极少见到。

卜辞中有"刍"字，并有数量惊人的某族人"刍于"某地的辞例，涉及了很多国族与地名。一般认为"刍"就是放牧，钟柏生先生曾经将卜辞中凡是涉及刍牧的族名与地名作了细致的收集，经过分析之后认为这些族地几乎遍布各地，基本上不存在明确的集中地带。[①] 这是很好理解的，商代在经济形态上属于农业社会，但是并不是说就完全脱离了畜牧业生产，商人祭祀中使用的牛、马、羊动辄数十至上百，大量祭祀中消耗的畜产品数量非常惊人。除部分来源于外族的进贡外，可以推测畜牧业在商人的经济活动中也占有很大比重。钟氏之说较能代表当时的实际情况。

卜辞有合称的"三牧"（《合集》1309/1）、"九牧"（《天理》510）、"二牧"（《甲》1131）等，主要见于一期。四期时亦见，《屯南》1024/4："辛未，贞……三牧告。"宋镇豪先生认为是商王朝利用周围隙辟为牧场，用

---

① 详见钟柏生《卜辞中所见的刍牧地名》，《考古人类学刊》第50期，1995年6月。

数目加以编次,① 这一类的"牧"大多近于王都。按,特别值得注意的是一期有"牧鄙"之称。

(6) 癸酉卜,㱿,贞呼汜取虎于牧鄙。(《合集》11003/1,图2—5)

图2—5 "牧鄙"(《合集》11003)

可见《周礼·载师》所谓"以牧田任远郊之地"确有所据。卜辞各期材料中,"牧"的地点出现了由近及远的发展过程,也就是说从近畿向外服区的外围地带转移。"牧"的性质发生了变化,由实质性的放牧场所转化为一种控制外服附属国族的方式——牧官制。《竹书纪年》说武乙三十四年周王季朝商,而"太丁四年,周人伐余无之戎,克之。周王季命为殷牧师",这里的"殷牧师"未必代表实质性的牧畜业管理。《逸周书·度邑解》:"维王克殷,国君诸侯、乃厥献民征主、九牧之师见王于殷郊",宋镇豪先生曾引此句,联系河北北部燕山山脉南缘的丰宁县出有晚商"亚牧"鼎,陕西西部

---

① 宋镇豪:《论商代的政治地理架构》,《中国社会科学院历史研究所学刊》第一集,社会科学文献出版社2001年版,第26页。

与甘肃相邻的陇县韦家出有"牧正"商尊,四川彭县竹瓦街亦出有商代"牧正"觯,指出"亚牧"、"牧正"可能均是与商王朝曾有过结盟交好关系的边地族落之长,这是一种非常有价值的新说法。不仅于此,原文列举的"牧正"、"亚牧"铜器不仅时代均较晚,而且更重要的是出土地大多超出了传统观念所认为的商代疆域范围,特别是四川彭县竹瓦街出土的商代"牧正"觯(图2—6)。因为近年三星堆文化热点引起较广泛的讨论,一部分学者提出也许过去关于商代疆域的看法过于保守,目前有必要根据新材料扩大视野打破传统观念的局限。本书认为上述现象实际证明了两点:一、"牧"只是一种名义上的称号;二、"疆域"本身就处于不断的变动之中,王畿区与外服最远所至范围总是随着国力的变化膨胀或收缩,商文化的影响范围是渐进的,

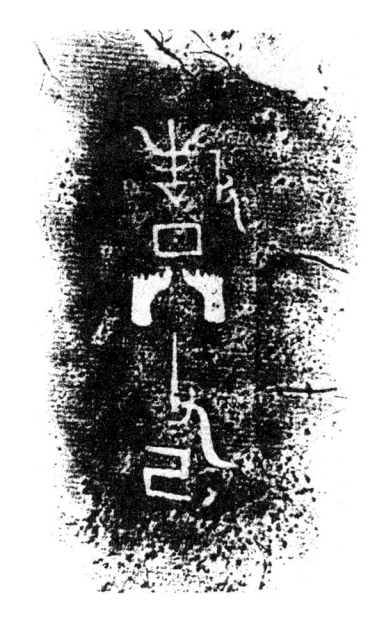

图2—6　四川彭县竹瓦街出土的商代"牧正"觯(《集成》6406)

相应的"牧"的分布也有一个由近及远的过程。不过宋氏认为"随着国土经营的扩张或人口增加造成聚落稠密化等多重因素的作用,牧地逐渐向周边远地外移"还有待新材料的证明。春秋战国以前,即使是中原地区土地利用率都可以说是相当低的,可能尚未出现牧地的转移问题。上表中的"牧场"均离王都甚远,连最近的"在丂牧"也要穿越太行山脉才能将畜产品送达大邑

商。晚商时期的外服是以与敌族犬牙交错为特征的，诸"牧"与王畿区之间的人员、物品的流通很可能长期处于时断时续状态，诸"牧"地理分布的意义并不在于代表了当时畜牧业的分布状况，而在于了解它们在边地控制中所起的作用。

当时的牧官以管理地区行政与边境安全为主，商人通过任命牧官达到控制边境的目的。后世"牧"引申为治理，《逸周书·大匡解》："维周王在酆，三年遭天之大荒，作《大匡》，以诏牧其方，三州之侯咸率。"而诸侯中的强族，势力较大能使一方诸侯听命者也叫做"牧"。《礼记·曲礼下》："九州之长，入天子之国，曰牧。天子同姓，谓之叔父。异姓，谓之叔舅。于外，曰侯。于其国，曰君。"牧是中央王朝对诸侯之长的尊称。商代的赐封牧官大概也有承认其地位的意思，其实就是以牧官的名义加强诸侯强族与大邑商之间的联系，在诸牧与商人之间结成一种不对等的联盟关系。《周礼·春官·宗伯》"八命作牧。九命作伯"。《春官·叙官》开篇即谓："惟王建国，辨方正位，体国经野，设官分职，以为民极。乃立春官宗伯，使帅其属而掌邦礼，以佐王和邦国。"牧是羁绊外服诸侯的一种手段，商时已见其渊源。又《合集》20017/1："□□卜，扶，令夆……罕牧伯林……"商时似已有"牧伯"之称，惜辞残。

第四节　商王朝的周边"四至"

"四至"指中原王朝"四土"之外，其势力及文化波及影响的周边地区，属于政治疆域以外的范围。彭邦炯根据《淮南子·泰族训》中"纣之地，左东海，右流沙，前交趾，后幽都"的记载，认为，商代的"四至"东达海边，西到甘肃、内蒙古，南到五岭地区，北到河北北部和辽宁部分地区。[①]从考古学文化看，这些地区都有本地的土著文化，但也确实与中原商王朝有直接或间接的文化交流。

宋镇豪先生指出甲骨文中的"一邦"、"二邦方"、"三邦方"、"四邦方"、"南邦方"、"多方"以及上博简《容成氏》中的九邦即豐、镐、郍、蘁、于、鹿、耆、崇、密须，基本分布在四至范围，这些邦方与四土并非界线明显，

---

① 彭邦炯：《商史探微》，重庆出版社1988年版，第179页。

而是犬牙交错。① 我们认为《容成氏》九邦，豐在陕西沣河以西，镐在沣河以东，密须氏在甘肃灵台，这些方国可以说在四至范围，但郍在河南新郑一带、䰧在河北获鹿东南、于在河南沁阳西北、鹿在河南嵩县②、耆在山西黎城东北、崇在陕西西安老牛坡③，这些方国在四土范围。而所谓的"一邦"、"二邦方"、"三邦方"、"四邦方"、"南邦方"、"多方"应是一种泛指，并非专指四至范围内的方国。

---

① 宋镇豪：《夏商社会生活史》（增订本），中国社会科学出版社2005年版，第40页。
② 马承源主编：《上海博物馆藏战国楚竹书》（二），上海古籍出版社2002年版。
③ 李学勤：《海外访古记（四）》，《文博》1987年第3期；刘士莪：《西安老牛坡商代墓地初论》，《文物》1988年第6期。

第三章

王畿区和四土地名考订举例

第一节 王畿中心区地名

一 大邑商、王邑、兹邑、邑、大邑、商

卜辞有"商"、"大邑商"（即"天邑商"）、"中商"、"丘商"等称，所指范围各有不同，单是大邑商就是殷墟、商丘、沁阳等说，钟柏生先生曾作详细归纳，① 此不赘述。钟氏依据"洹其作兹邑祸"的常见辞例以及古洹水地望论断"兹邑"即殷墟，至确。但是钟氏主张"大邑"、"大邑商"指丘商则非。文献所称"大邑"，通称时指大的采邑，如《左传》襄公三十一年："大官、大邑，身之所庇也"；特指时地位并同一般，《逸周书·作雒解》："（周公）及将致政，乃作大邑成周于中土。城方千七百二十丈，郛方七十里。南系于洛水，北因于郏山，以为天下之大凑"。卜辞对王都的称法，一期有"兹邑"、"王邑"；二期有"邑"；三四期有"大邑"②，第五期才出现"大邑商"的称法，可见"大邑商"分明是一种逐渐发展逐渐稳固下来的尊称。西周早期的何尊铭文谓："惟武王既克大邑商"（《集成》6014）（图3—1），可见"大邑商"的称法是有传承的。殷亡未久，周人尚习惯这种称法。

---

① 详见钟柏生《殷商卜辞地理论丛》，台北艺文印书馆1989年版，第39—50页。
② 但卜辞所称"大邑"，并非都是当时殷都，如《合集》6783/1："方其敦大邑"、《英藏》1105/1："贞：作大邑于唐土？"都显然另有所指。

图 3—1　何尊铭文（《集成》6014）

二　滴、师滴

三　洹

卜辞中多涉"滴"辞例，可见滴水在晚商时期地位十分重要。滴即漳水，又称降水。二期时有"师滴"，《合集》24340/2（图 3—2）："在师滴卜"。漳水发源于今山西省，师滴可能是漳水水道沿岸一处要地，商人在其地驻有军队。三期卜辞中常见"涉滴"（《合集》27783、28338 等），又《合集》24608/2："王其寻舟于滴"，可见当时有利用降水进行船只航运，其沿岸应有渡口。《尚书·禹贡》："导河积石，至于龙门，南至于华阴，东至于厎柱，又东至于孟津，东过洛汭，至于大伾；北过降水，至于大陆，又北播为九河，同为逆河，入于海。"《禹贡释地》认为"北过降水至于大陆"的河道就是从浚县西南之大伾山折而北，历内黄、汤阴、安阳、临漳、成安、肥乡、平乡、广宗至钜鹿会大陆泽，肥乡为会降水之处，并谓："降水，一作洚水、绛水。《汉书·地理志》：'上党郡屯留：桑钦言绛水出西南，东入海。'《水经注》同此，但作东入漳。其文曰：'绛水径屯留县故城南，东北流入于漳。故桑钦云绛水出屯留西南。'是知降水即漳水上源"[①]。

---

①　李长傅遗著，陈代光整理：《禹贡释地》，中州书画社 1982 年版，第 117 页。

图3—2 "滴"(《合集》24340)

滴在三期时曾作为求年祭祀的对象。

(1) ……耏禾于滴,有大……吉。(《合集》28243/3)
(2) ……耏禾于滴。(《英藏》2287/3)
(3) ……滴耏……(《合集》30877/3)

商时王都的粮食消费主要依赖自产自足,因此王都周围的农业生产很受重视。漳水分清、浊两支,流经安阳的是浊漳。其水浑浊多泥沙,引灌后可以落淤肥田,其流域自古以来就是粮食生产重地。我国北方最早的引水灌溉大型渠系工程"漳水十二渠"即以漳水为源,其位于今河南安阳北、河北临漳西南。"漳水十二渠"又称漳渠、西门渠、引漳十二渠,始建于战国时期,灌区在漳河南岸,属魏国邺县。邺县在今河南临漳西南。东汉末年,曹操亦以邺为根据地,大修渠堰,改称天井堰;灌区在邺城南,大约在今安阳、临漳、魏县的西南及南部。[①] 无独有偶,求年祭祀对象中另外两个自然地名——洹、陁京也与以王都为中心的农业区有关,其中

---

① 见《中国历史大辞典》"漳水十二渠"条,上海辞书出版社2000年版,第3152页。

"洹"的辞例有：

（4）……亘……丘……
……秦年。（《合集》10118/1）
（5）贞秦年。
翌辛未㞢。……
……贞洹……（《合集》10119/1）

两例均为残辞，但是内容涉及求年，"洹"、"亘"应该是祭祀地或祭祀对象。洹水是殷都周边河流，源出林州隆虑山，向东流经安阳至内黄北入卫河。《左传》成公十七年："初，声伯梦涉洹"；《史记·项羽本纪》谓："洹水南殷虚上"，洹水确凿无疑是今安阳河（图3—3）。因此商人常卜问洹水是否作祸，是否影响大邑商的安全。这是前辈学者判定卜辞"洹"为安阳河的主要依据，此不赘述。相应地，洹水也必然对商都周围的农作产生影响。

图3—3 "洹泉"（《合集》34165）

第二节 西方和西南地名

一 宁、㝰

二 㞢

殷墟甲骨刻辞中的"宁"，多用为田猎地名。学术界对其地望意见较统一①，认为即先秦典籍的殷邑"宁"，后改名修武。《韩诗外传》卷三谓："武王伐纣，到于邢丘，楯折为三，天雨，三日不休。……乃修武勒兵于宁，更名邢丘曰怀，宁曰修武，行克纣于牧之野。"古修武在今修武县东获嘉县境内。《括地志》："怀州获嘉县，古修武也。"

殷墟甲骨刻辞又有"㝰"字，也用为地名。研究者一般认为"㝰"与国

---

① 参郑杰祥《商代地理概论》，中州古籍出版社1994年版。

族名或地名"宁"应有关联。先秦时期在今获嘉与修武之间有一"大陆泽",见于《左传》定公元年。它与《禹贡》所言今河北省南部任县、巨鹿隆尧间大陆泽同名,后世又名"吴泽"。此泽为清水所成,清水即今卫河,在故宁地以北汇入大陆泽。① 商代国族名与地名往往无别,如参考文献对古宁地的说法,商代宁族活动于今获嘉一带,依水而居,从水之"泞"可能由此而来。按学者考释"泞"字往往引《说文》所载"泞"、"荥"互训的说法。《说文》"荥"字云:"荥泞,绝小水也,从水,熒省声";"泞"字云:"荥泞也,从水,宁声"。段玉裁《说文解字注》在"荥"字下云:"荥泞二字各本无,今依全书通例补。"段氏又引前人之说谓"濴"、"泞"义同,"濴"即许书之"荥"字,地名"荥泽"、"荥阳"古皆作"熒",后乃作"荥",简化为"荥"。"荥"、"泞"古声叠韵。窃以为"泞""荥"互训、"荥"、"泞"古声相近的说法不仅在字训上有一定参考价值,而且也有可能成为进一步理清"宁"、"泞"地域范围的线索。

先秦时期河南省最著名的大泽是"荥泽",即《尚书·禹贡》之"荥波",又写作"荥播",在今荥阳东北,为沇水所成,现早已无存。② 但这个荥泽在黄河以南,文献古"宁"地在黄河以北,分属不同水域,二者应无关联。然按文献,在清水流域的今淇县一带,另有一荥泽。《左传》闵公二年:"冬十二月,狄人伐卫。……及狄人战于荥泽,卫师败绩,遂灭卫。"杨伯峻《注》云:"此荥泽当在黄河之北,沈钦韩《地名补注》谓:'历考诸书,从无言荥在河北者,盖懿公帅师迎狄师,望风而遁,至河南,狄人追及荥泽,乃尽覆之也。'然核之《传》文,沈说不可信。胡渭《禹贡锥指》八谓:'卫、狄战地,或河北自有一荥泽,如魏献子之所田,别是一大陆(定元年),非《禹贡》之大陆,亦未可知。'胡说较是。"胡渭所说的"别是一大陆"即上文所言河南省之大陆泽,在今修武、获嘉之间,与河北南部的大陆泽同名。关于两个大陆泽的说法现已普遍接受。邹逸麟先生主编的《黄淮海平原历史地理》一书的《先秦时代黄淮海平原湖沼分布表》列有两个大陆泽。③ 在该书所分先秦时期黄淮海平原三大湖沼带中,河南大陆泽位于第一

---

① 见《水经·清水注》。
② 又见于《左传》宣公十二年、《战国策·魏策》等。
③ 邹逸麟主编:《黄淮海平原历史地理》,安徽教育出版社1993年版,第五章黄淮海平原湖沼的演变。

湖沼带，河北大陆泽属于第三湖沼带。第三湖沼带位于河北邯郸至宁晋之间的大行山东麓冲积扇前缘洼地，除大陆泽外尚有鸡泽、泜泽等。而第一湖沼带的地位更为重要，它在今修武、郑州、许昌一线左右的黄河古冲积扇顶部，"黄河出孟津之后，摆脱两岸丘陵、阶地制约，汛期洪流出山之后，漫滩洪水首先在这一地区的山前洼地和河间洼地停聚，从而形成第一湖沼带的诸大湖沼。同时，第一湖沼带所处位置，恰是郑州以西更新世末期所形成的古黄河冲积扇的前缘地带，扇前地下水溢出在低洼的地区滞留，显然也是这一湖沼带形成的另一个原因"。这一带除大陆泽外尚有原阳西修泽、封丘南黄池、郑州与中牟之间的圃田泽、中牟东崔符泽、新郑西洧渊、新郑棘泽、长葛西南浊泽、许昌西狼渊等。典籍中黄河以南的荥泽也在这个范围。该书未提到黄河以北的荥泽，其原因可能是有关荥泽重名的问题未被广泛接受。

有意思的是，甲骨文用作地名"泞"有可能为黄河以北的荥泽提供一个值得注意的旁证。这个荥泽一般以为在今淇县一带，淇县在获嘉县东北面，其地理位置属于第一湖沼带。《史记·魏世家》："通韩上党于共、宁，使道安成，出入赋之，是魏重质韩以其上党也。"《集解》谓："徐广曰：'朝歌有宁乡。'"《正义》："共，卫州共城县。宁，怀州修武县，本殷之宁邑。《韩诗外传》云'武王伐纣，勒兵于宁，故曰修武'。今魏开通共宁之道，使韩上党得直路而行也。"其中晋末徐广《史记音义》所言"朝歌有宁乡"特别值得注意。《史记·周本纪》的《正义》引《括地志》曰："纣都朝歌在卫州东北七十三里朝歌故城是也。本妹邑，殷王武丁始都之。""妹邑"即"沬邑"，在今淇县东北。"泞"、"荥"互训，古音叠韵，淇县附近有"宁乡"，正可为淇县"荥泽"原应作"泞"作一补证。在商代甲骨文中，地名与族名之间的紧密联系使商代地名本身具有流动性。这与后世固定的地名实际存在很大差别。今淇县、获嘉均属于古清水流域，商代宁族大概亦曾在清水、淇河一带活动。先秦时期由此往西直至大陆泽一带地理环境十分优越，湖沼密布，适于动植物生长。这正与卜辞"宁"、"泞"为田猎地相合。

(1) 翌丁亥勿焚宁。
　　翌丁亥勿焚宁。(《合集》11007 正/1，图 3—4)
(2) ……焚宁。(《合集》11008/1)
(3) 丙戌卜，㱿，贞翌丁亥我狩宁。

贞翌丁亥勿狩宁。(《合集》11006 正/1)

(4) 乙未卜……贞左……其稂不夕。

乙未卜，𡧊，贞在宁田黄有赤𨾴其稂……

乙未卜，𡧊，贞辰入驭，其稂。(《合集》28196/3)

(5) 惟在泞田，𡔷示，王弗悔。濩。吉。(《屯南》2409/3)

图 3—4 "宁"(《合集》11007 正)

例 (1)、(2) 的"焚"是一种燃烧林木以驱赶野兽的狩猎方式，从一期起其地已也作为田猎区。可见，黄河以北荥泽之说恐非向壁虚造。"宁"即"宁邑"，早已有前辈们指出。"泞"与"荥"相通，学者在释字时亦必论及，但其与"荥泽"的联系似未引起注意。

宁在一、三、四期中都有作为商人征伐、抵御敌族之地。

(6) 伐……卫……
  自可至于宁偪御。(《合集》27991/3)

(7) □未卜，争，贞我𢦏𨺩在宁。
  勿呼雀夕敦。(《合集》3061 正/1)

(8) 于泞帝，呼御羌方于之，𢦏。(《合集》27972/3)

（9）己亥，贞❅以伐于泞之……（《合集》34041/4）

可见宁地在当时的殷西局势中相当重要，以上各例涉及的国族有羌方与𢀖，都为商人在殷西南的强敌。羌方分布在今山西省南部与河南省西部的广阔地域，拥有不少支系分族与盟族。但是根据例（8）可以知道羌方势力前锋在廪辛康丁时期曾一度到达修武地区。卜辞康丁、武乙、文丁期间曾大规模征伐羌方及其盟族，很可能是三期时羌方大举入侵的结果。而例（8）同版辞例有"其呼戍御羌方于义、𠇗，𢦏羌方，不丧众。"，可见商人在宁地附近也设有"戍"。根据前文所引戍𠟭觚铭可以知道"戍"在当时是一类正式的职官名，戍官的职责就是常驻当地保证地区安全。宁地一带的这个"戍"是河南西部黄河以北地区最靠近王都的一个戍，因此我们认为这里是商王畿与殷西外服区之间的一个分界点。值得注意的是其地北面似乎有设"奠"。

（10）师般以人于北奠次。
　　　人于泞次。
　　　于𦥑次。（《合集》32277/4，图3—5；32278/4）

今修武一带正好是从大邑商南行前往殷西的必经之路，直至五期时仍见为师旅止舍之处，《合集》36949/5："□□卜，在宁𠂤。"师族之止舍为"次"，师旅止舍之处为"𠂤"。例（10）是卜问于何处停宿，北奠、泞、𦥑三地应相隔不远，又一期有：

（11）奠来宁。（《合集》4464反/1）

宁地附近似乎最晚在武丁时期已经设立奠。

图3—5 "北奠"、"泞"、"𦥑"
（《合集》32277）

三 义、义行

"义"地临近羌方，因此曾作为三期时一次伐羌方战役的地点。

(1) 戉其迟毋归于之，若，㞢羌方。

戉其归呼䎽，王弗悔。

其呼戉御羌方于义、即，㞢羌方，不丧众。

于泞帝，呼御羌方于之，㞢。

……其大出。（《合集》27972/3，图3—6）

从"于泞帝，呼御羌方"来看，这一次战役的起因是羌方来袭，泞在修武一带，义地亦应在修武附近。义地本身的军事组织称为"义行"，征伐羌方时由义行配合戉联合行动。

(2) 戉唯义行用，遘羌方，有㞢。

弜用义行，弗遘方。（《合集》27979/3，图3—7）

图3—7　"义行"（《合集》27979）

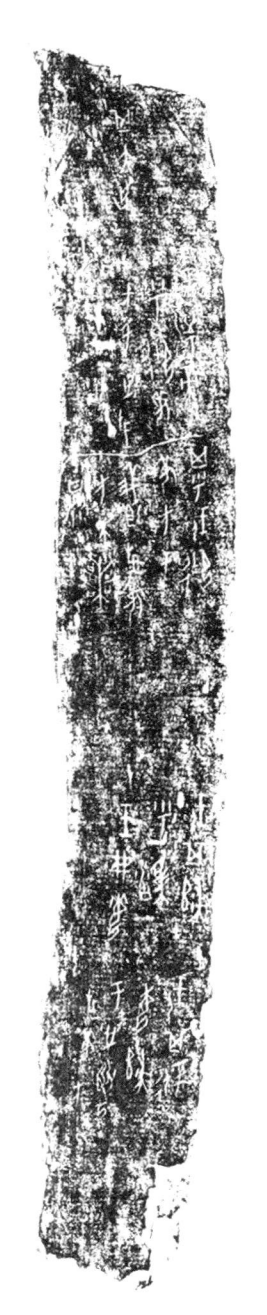

图3—6　"义"、"羌方"、"泞"（《合集》27972）

卜辞中"行"往往与地名、族名连称，有义行、亩行、齱行等，寒峰先生《甲骨文所见的商代军制数则》认为指百人组成的军队行列。① 罗琨、张永山先生《夏商西周军事史》进一步从军队编制的角度指出"行"是商人基层作战单位，在实战中往往以三个军行分左、中、右组合编队，即卜辞所见"东行"（《怀特》1464）、"中行"（《怀特》1504）等，合左、中、右三行的三百人团称为"大行"（《怀特》15081）。② 从例（1）可证"义"本身就是临近于羌方的一个地名，曾作为抵御羌方的一场战役发生地，而其地附近驻有"戍"，再加上由其族邑人员组成的"义行"，可见"义"本身就是一个军事据点。

四 曺（亩）、亩行

五 齱行

从上引《合集》3061正："戈齱在宁"可知齱是宁附近的一个敌族，齱除亩、汕、棘（《合集》6942/1："贞齱伐棘，其戈。"）外，很少与其他族地有涉。汕为殷西国族。棘地望不详。齱现存辞例绝大多数与征伐有关，大体可以分为两次战役，一次为商王亲征，另一次的主力是"曺行"。商王亲征发生在某年六月。

(1) 乙丑卜，王，贞余伐齱。（《合集》6926、6927/1）

(2) 丁丑卜，㱿，贞我伐齱。（《合集》6929/1）

(3) 贞我弗其戈齱其艺。二告（《合集》7076正/1）

(4) □□［卜］，㱿，贞呼雀……

□□［卜］，㱿，贞雀其执……

……王往深伐齱……（《英藏》602/1）

(5) 甲申卜，王，贞余征齱。六月。（《合集》6928正/1）

---

① 寒峰：《甲骨文所见的商代军制数则》，《甲骨探史录》，生活·读书·新知三联书店1982年版，第400—404页。

② 张永山、罗琨：《夏商西周军事史》，《中国军事通史》第一卷，中国军事科学出版社1998年版，第131—133页。

例（4）可证其余各例中的"我"、"余"实为商王自称。又例（4）说明雀有配合作战。而例（5）同版有："丙戌卜，争，贞王有心正……惟子商令。惟子效令西。贞惟王自往西。""惟王自往西"是卜问是否由商王亲征，《合集》6930/1 亦卜问："……自征䕪。""往西"则与"宁"在殷西南相符。而子商、子效等又称"多子"，这一次伐䕪由商王与多子、雀联合进行。

（6）贞惟多子呼伐䕪……（《英藏》601/1）
（7）□□［卜］，□，贞［惟］多［子］呼伐䕪。（《合集》6933/1）
（8）……雀伐䕪。（《英藏》603/1）
（9）庚申卜，㱿，贞呼雀伐䕪。（《合集》6931/1）

又上引例（5）卜日是六月甲申，卜问是否伐䕪。而《合集》6943/1："丁未［卜］，王，贞余获䕪。六月。"其时为六月丁未，与甲申间隔 23 日，伐䕪的战事大概在当月就结束了。似乎后来䕪族又有作乱，《合集》6923/1："贞䕪归，其作捍。"

"亶"又写作"㐭"，当释为"廪"，一期时伐"䕪"。

（10）乙酉卜……贞呼亶比沚伐䕪。（《合集》6937/1）
（11）……亶……𦣞䕪。（《合集》6940/1）
（12）贞亶不𦣞。戋䕪。（《合集》6938/1）
（13）贞……弗其戋䕪。
　　　戊午卜，争，贞亶戋䕪。（《合集》6947 正/1）
（14）癸巳卜，争，贞亶戋䕪。八月。（《合集》6939/1）

以上各例可能均属于八月的一次战役，由亶联合沚族进行，例（14）同版有："□□［卜］，争，贞曰雀翌乙酉至于䇂"、"戈𠦪亘"。按，商王亲征时雀曾参与其事，疑亶戋䕪是在商王亲征之后。雀至䇂与亶戋䕪、戈𠦪亘应该是商人在殷西地区部署的一系列征伐活动。䕪在一期之后似乎不再出现，其族大概或灭或迁了。亶地或亶族的军事组织称为亶行。

（15）……用戋方。吉。

惟𠭯行用㪂羌……大吉
……戍。吉
惟齒行……（《合集》27978/3，图3—8）

齒行也是当时羌方周边的一个商人军事组织，仅见于此例。"戍"可能是名词，一期时宁地附近就驻有一个戍。从𠭯与🄼、羌方的关系看，其地大概在修武以西的殷西地区。一期时𠭯曾配合征伐基方（《合集》6571正），又《合集》33074/4："己丑卜，贞𠭯以沚或伐㽬，受佑。""㽬"不知是否是"🄼"字或体。𠭯地本身也是一个农业地。

图3—8 "𠭯行"、"齒行"（《合集》27978）

(15) 贞呼𠭯归田。二告
    贞勿呼𠭯归田。（《合集》9504正/1）
(16) 庚辰卜，亘，贞𠭯受年。二月。二告
    贞𠭯不其受年。（《合集》9810正/1）

从例（16）看（15）的"呼㐭归田"是指农事而非田猎，其地亦时有贡纳。《英藏》758/1："己亥卜……㐭以鹿。"又《合集》6798："……大方伐……㐭二十邑庚寅雨自南，二……"二十邑应属㐭地所有。

六 斐、师非、斐行

七 师殷

"斐"一至四期均见，地位似乎很重要，商王在其地设有军事组织，祖庚祖甲时期称为"师非"，廪辛康丁时期称为"斐行"。

(1) 王在师非㲋。（《合集》24342/2）
(2) 贞斐行用㦰，不雉众。（《合集》26887/3）

三期有一条重要辞例："贞弜用斐，惟祕行用，㦰羌人于之，不雉人。"（《合集》26896/3），可见斐地的驻军必与抵御羌人有关。地为商王所至，商王并在其地田猎。

(3) 辛酉卜，尹，贞王宾岁，亡尤。在四月，在师非卜。
    辛酉卜，尹，贞王宾叔亡尤。
    辛酉卜，尹，贞王宾叔亡尤。
    辛酉卜，尹，贞王宾岁，亡尤。在师殷卜。（《合集》24266/2，图 3—9）
(4) 翌癸……不步于斐。（《合集》8135/1）
(5) 己丑卜，㱿，在斐虎获……（《合集》10977/1）
(6) 丁巳，贞王步自𡧛于繘，若。
    壬戌，贞乙丑王步自繘。
    乙丑，贞王今日步自繘于斐。（《合集》33147/4）
(7) □午，贞王步自斐于繘。（《屯南》82/4）
(8) ……步自斐……繘。（《屯南》2635/4）

图 3—9　"师非"、"师毁"（《合集》24266）

郑杰祥先生认为"裴"、"非"为一字，"非"与"棐"相通，卜辞"非"地即春秋时郑地"棐林"，在今新郑县东北 10 公里的大范庄一带。按，甲骨文"裴"写作"㊀"、"㊁"等形，上部即"非"字，象两人背向。西周中期有裴鼎铭（《三代》3.7.6）亦见此字，其字形构造正与甲骨文同。而东周货币中有"裴"布，如丁福保《古钱大辞典》图 807、808，其字体与甲骨文构形亦同。丁氏《古钱大辞典》下编引《钱汇》："上半类发字，陈寿卿疑为羿字"，又引《钱略》："右棐字，文十三年杜注：棐，郑地"①。《钱略》所谓郑地"棐"即郑氏所说棐林，其地又称棐邑或斐邑，见《左传》文公十三年、宣公元年。而"羿"是春秋周地，在今河南沁阳一带。两说中以沁阳说为是。古钱文中"裴"、"非"均见，目前钱币学界多以前者当"羿"，后者当"棐"，例如朱活先生《古钱新探》②。又近年《华夏考古》载有张剑先生《关

---

① 丁福保：《古钱大辞典》，中华书局 1982 年版，上编第 90 页图八〇七、八〇八，下编第 47 页。
② 详见朱活《古钱新探》，齐鲁书社 1984 年版，第 24—26 页，附图引自朱书 41 页。

于东周王畿内出土货币的几个问题》① 一文，文中大、中型平肩空首布地名文字及属国统计表引有"𢿜"及"非"两种，定前者为"羿（斐）"，国别为周，即"衣"，在今河南沁阳；后者为"棐"，国别为郑，地在河南新郑东20里彬城，即棐林邑。这种区分是正确的。甲骨文与西周金文、东周钱文的"𢿜"一脉相承，这在字形结构上是很明显的。在甲骨文中，"非"虽与"𢿜"通用，但总的来说"非"多用为虚词，"𢿜"多用为国族名，可见两字用法已开始互有分工。后世"𢿜"由国族名转化为地名，后又讹变作"羿"，"羿"与"衣"、"殷"声同，此当即《水经注》所谓沁阳"殷城"所由来。而春秋地名"棐"实作"非"，地近北林，有"棐林"之称，因此加"木"作"棐"。其字并非由"𢿜"讹变。另外如前引例（6）、（7），"𢿜"与"䜌"地相邻，如将两地置于新郑一带，绝不符合卜辞中"舌方"征䜌的事实（《合集》6352/1），这是"𢿜"不当为"棐林"的有力证据。

四期有商人伐𢿜的记录："其伐𢿜。"（《屯南》503/4），或与三、四期开始的边境不宁有关。根据上引例（3）同一日的占卜地出现了"师非"、"师殷"，可见两者之间距离在一日之内，师殷也是今河南沁阳附近的一个军事据点。

八 囧、南囧

商王专属的农田称为"王"，王亲自参与经营的农业地主要有"囧"，亦称"南囧"。

（1）戊寅卜，宾，贞王往以众黍于囧。（《合集》10/1）
（2）庚辰卜，宾，贞惟王𢦏南囧黍。十月。（《合集》9547/1，图3—10）
（3）己卯，贞在囧𦛗来告芳。王黍。
　　王弜黍。
　　庚辰，贞在囧𦛗来告芳。王其黍
　　王弜黍。（《合集》33225/4）

---

① 张剑：《关于东周王畿内出土货币的几个问题》，《华夏考古》2001年第3期。

图 3—10　"南囧"（《合集》9547）

"囧"字未有定释，卜辞中均用作地名，事均与农事相关。例（3）"告芳"，裘锡圭先生认为指报告撂荒地上已长满了草。当时这类草木可以割下来经过处理用作下种时的肥料。① 芳地农田为商王亲自经营，其地所产谷物作为祭品祭祀祖先。

(4) ……争，贞乙亥蒸囧黍祖乙。（《合集》1599/1）
(5) 己巳，贞王其蒸南囧米，惟乙亥。（《合集》32024/4）

九　盂

十　箫

十一　夫

与"盂"共版的田猎地包括：戠（《合集》28341/3）、㭣（《合集》29156/3）、丧（《屯南》249/3）、乐（《合集》36556/5）、宫（29157/3）、囚

---

① 详见裘锡圭《甲骨文中所见的商代农业》（全国商史学术讨论会论文集），1985 年 2 月殷都学刊增刊，第 198—244 页。

(《合集》28905/3)、向（《合集》28947/3）、斿《合集》33529/4）、𣪘（《合集》29092/3）、𡨴（《合集》29324/3）、阝（《合集》28904/3）、牢《合集》33530/4、䓇、𥃝（《合集》33532/4）、殺（《合集》33537/4）、敦（《合集》33569/4）、䣙（《合集》36663/5）、𩫖（《合集》28919/3）、宣（《合集》37381/5）、丧（《合集》37573/5）、𥃝（《合集》37736/5）、羌（《合集》37564/5）。

李学勤先生认为"盂"在今河南沁阳一带，划出了一个以盂为中心，主要包括盂、宫、丧、向、囚、𣪘、桧七个地名的田猎区，并曾指明盂、丧、宫、𣪘都称为"田"，"植有作物"。① 按这些地名的定点或有可商，但李先生所认为宫、丧、盂必有关联是正确的，商王曾同时卜问"盂"与"宫"的收成，《合集》28216："惟盂先受有年。[惟]宫先[受]有年。"

宫、丧见于一至五期，盂见于三、四、五期，但均以三至五期最为频繁，可见这些地方都是从廪辛康丁时期发展起来的田猎中心，它们作为农业地出现在同一期绝非偶然。该期出现的一些辞例说明"盂"地的地位非同一般，其地不但设有犬官（《合集》27919反），甚至还有"庭"。

(1) 惟庸奏，有正。
　　于盂庭奏。
　　……室……奏。大吉。（《合集》31014/3）
(2) ……庸奏，有正。
　　于盂庭奏。
　　于新室奏。大吉。（《合集》31022/3）

上古从王、诸侯至一般贵族均设有"庭"，从等级上区分有帝庭、王庭、诸侯之庭等不同等次，《诗·有瞽》："有瞽有瞽，在周之庭"；《尚书·金縢》："乃命于帝庭，敷佑四方，用能定尔子孙于下地。""庭"是主事者听取汇报处理政事的重要场所，《诗·小旻》所谓："发言盈庭，谁敢执其咎"；又《尚书·盘庚》："王命众，悉至于庭"。卜辞中出现的"庭"的次数不多，与地名共出的除"盂庭"外主要还有"召庭"。卜辞"䣙"、"䣙"、"䣙"等字形一般释作"召"，以为与地名从"刀"从"口"的"召"为一字。其字用

---

① 李学勤：《殷代地理简论》，科学出版社 1959 年版，第 23—30 页。

为地名，为五期田猎地。辞例绝大部分为："干支卜，贞王迍于召，往来亡灾"，多属择地之卜，因此有同版关系的田猎地极多。可见"召"与"盂"的性质类似，为商王常至的田猎中心。

（3）……在召𠂤……（《合集》36736/5）

"召庭"见于五期：

（4）辛未王卜，在召庭，惟执其令飨史。
癸酉卜，贞牢逐辟祝医麓𤐫犬，翌日戊寅……其……召……
丁丑，贞牢逐辟祝医麓𤐫犬，翌日戊寅王其肉……召，王弗悔，擒。（《合集》37468/5）

癸酉与辛未日隔日，丁丑为辛未的后六日，这两日乃卜问田猎事，都出现了"召"字，虽为残辞，仍可大致判定其为地名。同版有壬辰、丁酉、壬寅日贞问"王迍于召，往来亡灾"均说明"召庭"确指位于召地的某建筑物。"惟执其令飨史"与文献所记载的"庭"在政事上的作用相吻合。

"盂庭"与"新室"对称，"新室"为何至今未有定论。《合集》13563："丁未卜，贞今日王宅新室"，卜辞所见"新室"似只与"盂"同见，除上引两例外尚有几例"盂"、"新"共见的残辞，均见于第三期，如《合集》29153："于盂新……有正"；《合集》29154："……盂新……"；《合集》30803："于盂新……有正"。而就在同一期"新"曾作为地名与"盂"对称。

（5）自新甾，戈。吉。
自盂甾，戈。（《屯南》2119/3）

有意思的是三期中不见其他各期的农业地中就包括"𫞩"：

（6）其㷱年于河，𫞩受年。（《合集》28261/3）

"𫞩"用为地名或族名者仅此一例。铜器铭文中"𫞩"字见于中山王譽器群，张政烺先生认为𡩬从宀新声，为窥异体。① 但是甲文中"𡩬"是"新"的异体字，卜辞一期所见"新宗"（《合集》13547），三期时多写作"𡩬宗"（《合集》30326）。同期辞例《怀特》1391："于师辟寻。于庭𡩬寻。""𡩬"与"庭"又有联系，其性质如何不敢妄言，但是可以肯定例（6）商王卜问收成，并为此举行祭祀的"𡩬"必与盂关系密切。此外武丁时期出现的农田地"夫"地望亦与"盂"相邻。

（7）贞王曰：迻延于夫延至盂……来亡灾。在七月。（《合集》36557/5）

综上所述，盂很可能是由于田猎活动形成的地区中心，其地驻有官员，并在附近发展农业，后来又为了适应需要建造了较正式的建筑物，成为可供商王来往、临时处理政事的场所。然后这些便利条件又反过来促进了附近地域的田猎活动，从这种意义上说农事与田猎也可以认为是相互促进的。

十二 僕（𠂤）

（1）……王宿于𠂤……受年。（《合集》9815/1）
（2）……宿于𠂤，乃帝……受年。（《合集》13572/1）

彭邦炯先生从胡厚宣先生释其字为"僕"，认为僕即"濮"，见《左传》隐公四年："卫人杀州吁于濮"②，其说可从。

十三 虞（獻）

（1）……虞禾于河。吉。（《屯南》50/3）

本例虽是残辞，辞义仍较清楚，是为虞地的农业收成对河进行祭祀。

---

① 详见张政烺《中山王䯮壶及鼎铭考释》，《古文字研究》第一辑，第22页。
② 详见彭邦炯《甲骨文农业资料考辨与研究》，吉林文史出版社1997年版，第606页。

"虞"卜辞中仅用作地名,是三至五期均见的田猎地,其中三期时有:

(2)……翌日壬王其田虞,刚于河,王受祐。(《屯南》626/3,图3—11)

图 3—11 "虞"(《屯南》626)

"刚"是一种祭名,商王为了虞的田猎活动进行祭河,可见虞地必近于当时的黄河河道。虞与其他田猎地同版关系有:雍(《合集》29297/3)、⟨字⟩(《合集》29300/3)、旦(《合集》29373/3)、丧(《合集》33543/4)、⟨字⟩(《屯南》3156/3)、敦(《合集》37403/5)等,多为今河南省北部常见的田猎地。其中"丧"见于帝辛十祀征人方,方位在"河邑"与"丘商"之间,由此可见虞地大概是黄河南岸的一个地名。虞与"羌"对贞:

(3)于羌擒。
　　于虞擒。(《合集》29309/3)

本例的"羌"并非殷西的羌方,而是又写作"浇"的一个地名(《合集》

37533），地近丘商以南的"旧"（《合集》37434）。

十四　鼻

鼻与目近，《合集》8648 正/1："偁惟目呼比。令鼻。"偁与鼻一字。目地在今河南修武与古黄河之间（详见下文），则鼻亦当地殷西沁阳一带。

十五　苋（𦥑）

在四期刻辞中，"裴"、"苋"、"䜈"、"召方"是一组有系联关系的地名组，它们相互间的关系见于以下辞例：

(1) 丁巳，贞王步自苋于䜈，若。
　　壬戌，贞乙丑王步自䜈。
　　乙丑，贞王今日步自䜈于裴。（《合集》33147/4，图 3—12A）
(2) □午，贞王步自裴于䜈。（《屯南》82/4）
(3) ……步自裴……䜈。（《屯南》2635/4）
(4) 丙辰，贞王步于苋。
　　□□，贞王步于䜈。（《合集》33148/4）
(5) 壬申卜，衍召于䜈。（《合集》33030/4，图 3—12B）

图 3—12　"裴"、"苋"、"䜈"、"召"（《合集》33147、33033）

从"苋"到"嚳"最多是 5 日至 8 日路程,这取决于壬戌日是否已到达"嚳",以及在"嚳"停留多少日才启程往"婓"。由"嚳"至"婓"的具体路程不详,但两地必相近。例(2)、(3)同样说明"嚳"与"婓"相近。例(4)说明苋、嚳相近。例(5)说明"召"与"嚳"相近。

从上述四地各自关联的国族名或地名来看,这组地名有两个重要的共同特征:一、其大致地望均在殷西;二、都在不同程度上是或曾是商王朝征讨的对象。下文分述之。先说苋,其字形有"㞷"、"㞷"、"㞷"、"㞷"等,均用为地名或国族名,当为一字,见于一期、四期,除上引辞例外,其较完整的辞例有:

(6) ……自西……舌方围我……苋亦戋舀……(《合集》6062/1)

(7) 贞惟苋令伐。(《合集》4491/1)

(8) 癸酉卜,宾,贞我𠦪苋。(《合集》6910/1)

(9) 癸卯……王固曰……四日丙午……友唐告……入于苋。(《合集》8236/1)

(10) 贞苋擒。(《合集》10777/1)

(11) 贞苋牧。(《合集》5625/1)

(12) ……贞……令苋……取鼓……白执。三月。(《合集》33091/4)

例(6)义为"舌方"入侵商属地,"苋"也同时征伐商属地"舀"。"舌方"在山西中北部,"舀"在晋南,正与辞例所称"自西"相符。例(7)、(8)是商征"苋"的辞例。例(9)"友唐"当是"镸友唐"之残,"镸友唐"见于《合集》6063 反:"……自镸友唐方围……戋舀、示、易、戊申亦有来……自西,告牛家……"与舌方相涉。"镸"是"长"的异体字,"镸友唐"应与商代长族有关,地望在山西省东南部长子县西郊。例(12)是残辞,其"取鼓"的"鼓"应是国族名。卜辞中鼓亦多与西部国族相涉,如亘、郭等:

(13) 壬午卜,㱿,贞亘允其戋鼓。八月。
壬午卜,㱿,贞亘弗戋鼓。
壬午卜,㱿,贞亘允其戋鼓。

壬午卜，殸，贞亘弗🉐鼓。(《合集》6945/1)
(14) 贞郭亡其……在鼓。(《合集》8289/1)

"䛐"的辞例较多，这里不一一列举，"䛐"与较多的地名和国族相涉，如"㕡"、"戉"(《合集》33145/4、《合集》33100/4)、"曺"、"绎方"、"叡方"(《合集》27990/3)，并屡见"至"、"至䛐"、"于䛐"、"出䛐"，"䛐"似位处交通要道。

(15) ……五十在䛐。(《合集》8175/1)
(16) ……雀其惟……在䛐。(《合集》22320/1)
(17) 丁未，贞王令䰜🉐在䛐。(《合集》32883/4)
(18) 丙申卜，𠦪𠂤人……在䛐，若。(《合集》33040/4)
(19) □□〔卜〕，争，贞曰雀翌乙酉至于䛐。(《合集》6939/1)
(20) 呼我人先于䛐。
　　 勿呼我人先于䛐。(《合集》6945/1)
(21) ……贞曰……以……至䛐。(《合集》8176/1)
(22) □□〔卜〕，亘，贞王䈻出于䛐。五月。(《合集》8178/1)

而三期刻辞中"䛐"也称"䛐方"：

(23) 惟可日曺呼🉐绎方、叡方、䛐方。(《合集》27990/3)
(24) ……🉐微䛐方，其呼伐，弗悔，不䀩🉐。引吉。(《屯南》2613/3)

例(24)似为伐"䛐方"的辞例。例(23)"🉐"字不识，"叡方"为"四邦方"——叡方、羌方、羞方、䛐方之一(《合集》36528反)，地理位置应相近。《合集》37392："丁卯卜，在去，贞𠦪告曰：兒来羞，王惟今日塱，亡灾。""羞"即"羞方"，可见四邦方是近于"𠂢"地的。"𠂢"是晋西南的商属地，因此"䛐方"应在晋南。《合集》33019为商王朝同时征伐"绎"与"召方"。"绎方"一般认为在晋南，《合集》8598："舌……其以绎方"，可证"绎方"在舌方以南。《合集》6352："戊寅卜，宾，贞今秋舌其围䛐。""䛐"与"舌方"、"绎方"、"四邦方"均有涉，其地在晋南是没有问题的。

"召方"辞例极多，多为四期刻辞"征召方"辞例，如：

(25) 丁丑，贞王令🅐以众甾伐召，受佑。(《合集》31973/4)

(26) 丁亥，贞王令🅐众甾伐召方，受佑。(《合集》31974/4)

(27) 丁亥，贞王令🅐以众甾……(《合集》31975/4)

(28) 甲辰，贞🅐以众甾伐召方，受佑。(《合集》31976/4)

(29) 辛卯，贞🅐以众甾伐召方，受佑。(《合集》31977/4)

(30) 己亥，历，贞三族王其令追召方及于🅑。(《合集》32815/4)

(31) 癸酉，贞王比沚或伐召方，受佑。在大乙宗……(《合集》33058/4)

(32) 丁卯，贞王比沚……伐召方受……在祖乙宗卜，五月。兹见。弜……

辛未，贞王比沚或伐召方……

丁丑，贞王比沚或伐召……(《屯南》81/4)

(33) 乙未卜，贞召来，于大乙延。

乙未卜，贞召方来，于大乙延。

己亥卜，贞竹来以召方，于大乙束。(《屯南》1116/4)

(34) □□卜，贞竹来以召方……燎于大乙。(《屯南》4317/4)

征召的主力为"🅐"、"沚"、"王族"、"三族"、"甾"族等，《屯南》1049/4："癸丑，贞召……立惟捍于西。"可见"召"也在西方。《合集》33019/4："癸巳……于一月伐绎暨召方，受佑。"为同时征伐"绎"与"召方"。《合集》33025 反/4："丁未，贞王征召方。在戜卜。九月。"可证"召"与"戜"地望相近。如上文所述，"绎"、"戜"同样与"䜌"地相近。

沁阳市在黄河以北，地临山西、河南两省交界线，其西北有太行陉，是太行八陉的第二陉。此地历来是河南进入山西的交通要道。经此穿越太行山脉可进入今山西南部阳城地区。阳城往西可到达今垣曲县一带。垣曲东六十里古有晋地"苕丘"，《春秋》成公十六年："九月，晋人执季孙行父，舍之于苕丘"，《左传》："九月，晋人执季文子于苕丘。"杨伯峻注云："苕音条，《公羊》'苕'作'招'，两字同从'召'声，得通假。"召方可能就在此地。①"众舌"是征"召方"的主力，"舌"的地望一般认为在晋西南，这与召方在垣曲一带相合。卜辞由"裴"可至"嚳"，"召方"则在"嚳"地附近，我们可以推测"嚳"地必在阳城至垣曲间的交通要道上。阳城至垣曲间地理位置极重要。太行八陉最南端的轵关陉在今河南济源市西北。济源则在沁阳西北境。由轵关陉进入山西也必到达阳城、垣曲之间的晋南地区。其地是北上山西中北部，西进山西西南部乃至陕东地区的交通枢纽。卜辞"嚳"地为行至重地，与"嚳"、"召方"相近的"戠"地也同样是交通要地，正符合实际情况。"嚳"在晋南也符合舌方征嚳之辞。

"苋"与"舌方"同辞，其与"嚳"相距的路程最多为5至8天，又与"长"较近，其地当在晋南沁水流域，具体方位不详。

本组地名应处于羌族住地外围。卜辞羌人活动区范围极大，大约处于陕东晋南豫西三省结合部。商人在羌族住地外围设置了一些军事驻地。《合集》26896："贞弜用裴，惟沁行用，戋羌人于之，不雉人。"卜问是否不用"裴"而用"沁行"征讨羌人。上文曾引用此例作为"裴"在殷西的论据。此例属三期刻辞，同期有在"泞"地御羌辞例：

（35）于泞帝，呼御羌方于之，戋。（《合集》27972/3）

卜辞地名"泞"与"宁"同，即先秦典籍的殷邑"宁"，后改名修武。古修武在今修武县东获嘉县境内。廪辛康丁时羌人的势力曾到达修武、获嘉一带。沁阳邻修武西境，同卜问是否用"裴"征伐羌人的辞例必非偶然。

"嚳"、"召方"均与"戠"有同版关系：

（36）丁未，贞王征召方。在戠卜。九月。（《合集》33025/4）
（37）癸巳，贞旬亡祸。

---

① 钟柏生论"召"云："……舌、嚳、戠诸地，皆在殷西，今山西南方一带，故召方亦当在殷西。其地望，岛氏于《研究》中说：'召方即周代召公奭的采地召城（今陕西雍城东有召城）……殷的召方当指这一带地方。'今暂从岛氏之说"，详见钟柏生《殷商卜辞地理论丛》，艺文印书馆1989年版，第232—233页。按，岛邦男有关召在殷西的说法极正确，但陕西雍城过于偏西，召方地望当以垣曲为是。

癸卯，贞旬亡祸。在𣦼旬。

癸丑，贞旬亡祸。在𢆶。

癸亥，贞旬亡祸。在䜌旬。

［癸］酉，［贞］旬亡祸。［在］食旬。（《合集》33145/4）

(38) 呼我人先于䜌。

勿呼我人先于䜌。

不惟丁入𢆶。（《合集》6945/1）

(39) 于䜌师……

乙巳……贞……在𢆶。（《合集》33100/4）

其中例（36）由于"征召方"不一定与"在𢆶卜"存在必然关系，尚不足以说明召方与"𢆶"地相近。其余各例足以说明"䜌"、"𢆶"地望相近，其中例（37）为一组有干支系联关系的卜旬辞例，"𢆶"、"䜌"之间有一旬或少于一旬的路程，"𢆶"至"𣦼"相同。"食"至"䜌"也是最多一旬路程。"食"明确用为国族的有《合集》914 正："食来。二告"与《合集》19504："……弗其比食。"其方位不详。"𣦼"详参下文。这组地名虽有干支系联，实际只对"𢆶"、"䜌"两地关系具有参考价值。例（39）说明四期时商人在䜌地似乎已有驻军。

十六 𢆶

"𢆶"字形体作"𢆶"，一般释为"兹"。郑杰祥先生以"兹"地当春秋古"兹"地，在今山东省临清县一带。此说过于拘泥于文献地名比勘，忽略了卜辞本身的系联关系。卜辞屡见"妇妌先于𢆶"、"众人先于𢆶"、"妇妌以𢆶先于𢆶"的辞例，如：

(1) ……妇妌先于𢆶。（《合集》8023/1）

(2) 呼先于𢆶。（《合集》8028/1）

(3) 贞勿呼妇妌以𢆶先于𢆶。

已巳卜，㱿，贞勿呼妇妌……𢆶……（《合集》8991 正/1）

(4) □□［卜］，㱿，贞勿呼妇妌以𢆶……

□□［卜］，［㱿］，贞呼妇妌以𢆶先于𢆶。

壬申卜，㱿，贞呼妇［妌］以𢆶先。（《英藏》162 正/1）

(5) 贞勿呼众人先于𢆶。(《合集》40/1)
(6) 己巳卜,争,贞呼众先于𢆶。
贞勿呼众先于𢆶。(《合集》41/1)

同类辞例《合集》6344、6347的同版有征伐"舌方衡"的辞例。

(7) 甲申卜,㱿,贞勿呼妇妌以𠬝先于𢆶。二告。
乙酉卜,㱿,贞舌方衡王其勿告于……乙。(《合集》6344/1,图3—13)

图3—13 "𢆶"、"舌方"(《合集》6344)

(8) □□[卜],㱿,贞舌方衡率伐不,王其征,告于祖乙勾佑。
□□[卜],㱿,贞舌方衡率伐不。王告于祖乙其征勾佑。七月。
□□[卜],㱿,贞呼妇妌以𠬝于𢆶。(《合集》6347/1)

"舌方衡"为舌方将领,"妇妌以𠬝先于𢆶"与"舌方衡"的入侵直接相关。可见"𢆶"很可能就在商王朝抵御舌方的进军路线上。这样,"𢆶"不会在殷东。卜辞中与"𢆶"关系最紧密的是"衡"。

(9) □□〔卜〕，㱿，贞我🅐衒在🅑。（《合集》6897/1）

(10) ……衒……我在🅑。（《合集》6899/1）

(11) 甲辰卜，㱿，贞今我其🅒衒不……🅐于🅑。（《合集》6892正/1）

(12) 辛丑〔卜〕，内，贞我🅐衒于🅑。（《合集》6895/1）

(13) □酉卜，㱿，贞我🅐衒于🅑。一月。
　　……我在……（《合集》6896/1）

(14) □□〔卜〕，□，贞衒其……🅑。（《合集》6900/1）

(15) □□〔卜〕，□，贞衒……🅑。（《合集》6901/1）

"衒"为国族名，与商处于敌对关系。其他有关"衒"的辞例亦多为"敦衒"、"执衒"、"捍衒"等，均属第一期刻辞，可见"衒"在一期已被征服甚或歼灭。"衒"从"行"从"步"，写作"衒"。卜辞又有"徣"、"彶"等字，隶定为"徒"，现存辞例仅《合集》16301、18703、19276等数例残辞，字意已无从稽考。按"衒"、"徒"均像人行于大路，足印一前一后进行之形，"止"的左右方向应无别。甲骨文从"行"与从"彳"亦无别。"徒"与"衒"应是一字。1968年河南温县小南张村曾发现一处商代墓葬，出土三套觚爵及鼎、斝、铙等器，其中一件方鼎及其他四件铜礼器上均铭为"徒"（图3—14）。^①考古工作者根据出土器类及器物形制认为墓主是商代中等贵族奴隶主，墓葬年代约为殷墟二期。^②温县恰在沁阳南面，其境与沁阳相接，西北则离济源不远。沁阳、济源为进入晋南的太行陉、轵关陉通道口，"裴"地在沁阳西北，"箸"在"裴"北，大约在晋南阳城至垣曲间。而"箸"与"🅑"有一旬或少于一旬的路程，"🅑"又近于"衒"。由考古发现已知"衒"在温县一带。这样我们可以推断"🅑"亦当在济源北轵关陉或沁阳太行陉北入晋南的通道上，有理由认为在商人调动军队前往抵御南侵的舌方时，此地正位于其中一个重要进军路线上。小南张商墓属殷墟二期，与卜辞"衒"仅见于一期相符合，其墓主很可能就是"衒"族贵族。

---

① 详见杨宝顺《温县出土的商代器物》，《文物》1975年第2期。

② 杨宝成、刘森淼：《商周方鼎初论》，《考古》1991年第6期。

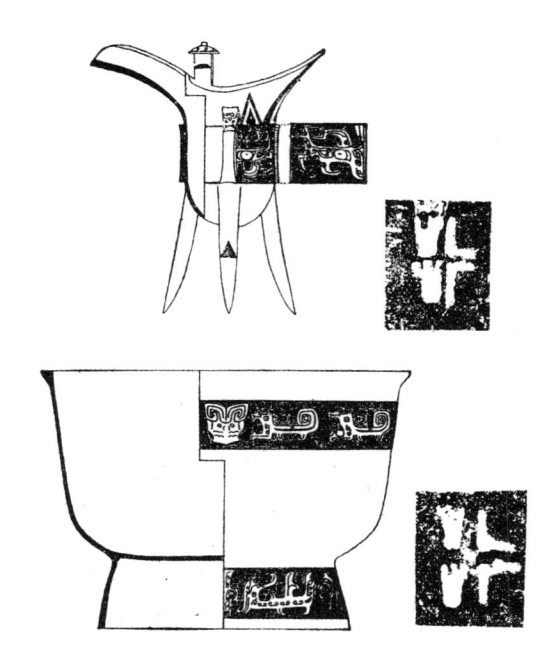

图 3—14　河南温县小南张出土的"徙"铭铜簋、铜爵

十七　矣、矣师

十八　🅇

矣地与戋的距离在一旬行程之内：

(1) 癸巳，贞旬亡祸。
　　癸卯，贞旬亡祸。在矣旬。
　　癸丑，贞旬亡祸。在🅇。
　　癸亥，贞旬亡祸。在䜌旬。
　　[癸]，酉[贞]旬亡祸……食旬。(《合集》33145/4，图 3—15)

其地望大概也在晋中南一带，为商王所至：

(2) ……在矣。(《合集》8296/1)

图 3—15　"矣"、"𦥑"、"𩰋"、"食"（《合集》33145）

（3）己亥，贞王在兹矣遷。（《屯南》2845/4）

卜辞有"矣师"，曾驻于㕻地：

（4）癸巳……矣师在㕻。
　　　……日矣师在㕻。（《合集》13517/1）

"㕻"大约与矣地相邻，具体地望不详。

十九　目、师目

"师目"除大多数见于二期外，一期也有个别用例，例如：

（1）□子卜……在师目……（《合集》21740/1）

族地名"目"主要见于一期，亦见于三期。"目"在一期时曾被征伐：

（2）贞呼雀围目。（《合集》6946 正/1）

这次征目使目成为商人附属国族，一期有目来羌、呼目、令目等辞例：

（3）辛巳［卜］，宾，贞……甲申用目来羌自……（《合集》229/1）
（4）呼目于河，有来。（《合集》8326/1）
（5）呼目于河，有来。（《合集》14787 正/Ⅰ）
（6）贞傅惟目呼比。
　　贞令雋。（《合集》8648 正/1）
（7）贞呼目。（《合集》14097/1）

从例（3）、（6）来看，目可能近于羌族、傅族住地。例（3）指用目地进贡的"羌"作为人牲。过去族地考订中凡出现"获羌"、"来羌"、"执羌"必谓该族地与羌族相邻，20世纪90年代罗琨先生《殷商时期的羌和羌方》一文论证卜辞所获"获羌"是掳掠人口的通称，并非专指羌族人，[①]其观点可纠正过去不少错误看法。上引"目来羌"或可作为一点佐证。《合集》5177曰/1："戊寅，羌目示三屯。叙。""羌目"连称，目殆为羌支族，是则"目来羌"的"羌"不当为羌族人。又例（5）则可证其地在古黄河沿岸。"师目"之称见于一期，大概是在征服目族之后在其住地所设，形成一个控制附近国族的军事据点。与之相应地，同期出现了"奠目"：

（8）令弹祟奠目。二告（《合集》7239 正/1）

"奠目"是指在其地置奠，此后三、四期目只用作田猎地：

（9）……惟目麋逐。（《合集》28374/3）
（10）惟目田，亡灾。（《合集》29286/3）
（11）……其田目，擒有鹿。
　　甲子卜，翌日乙王其田目，亡灾。吉。（《合集》33367/4）
（12）王其田毁至于目北，亡灾。（《合集》29285/3，图3—16）

---

① 详见罗琨《殷商时期的羌和羌方》，《甲骨文与殷商史》第三辑，上海古籍出版社1991年版。

图 3—16　"敩"、"目"（《合集》29285）

可见在设置师、奠之后其地统治逐渐稳固。《合集》32929/4："惟王令侯归。惟王令目归。"所卜问的"目"疑指驻师目或目奠的商人。而例（12）"田敩至于目北"可证"目"与"敩"地相邻，敩地也是三期以后出现的田猎地，见于三、四、五期：

(13) 戊申卜，王其田敩，亡灾。（《合集》29293/3）

(14) 弜田敩。（《合集》29294/3）

(15) 戊辰……贞王……敩亡……
　　 辛未卜，贞王其田盂，亡灾。（《合集》33537/4）

(16) 辛丑王卜，贞田㗊，[往]来亡[灾]。
　　 壬寅王卜，贞田㗊，往来亡灾。王固曰："吉"。
　　 戊申王卜，贞田宪，往来亡灾。王固曰："吉"。御。
　　 辛亥王卜，贞田丧，往来亡灾。王固曰："吉"。
　　 壬子王卜，贞田敩，往来亡灾。王固曰："吉"。（《合集》

37661/5)

三期刻辞中又有"毁方":

(17) 戊辰卜，戍執围毁方，不往。(《屯南》2651/3)

可见"毁"原本也是一个方国或称邦方，商人在其地附近驻有"戍"。伐"毁方"很可能与廪辛康丁时期征伐羌方与其盟族有关。陈梦家先生认为毁为田猎区，与盂同版；而盂在沁阳，毁必近于沁阳，又谓："《沁水注》：'又东南出山迳郊城西，城在山际。……京相璠曰河内山阳西北六十里有郊城。《竹书纪年》梁惠成王元年赵成侯偃、韩懿侯若伐我葵，即此城也。'据此，可知郊在山麓，故又名郊麓。地在今修武西北。"① 按以盂为代表的"沁阳田猎区"目前在学术界存在较多异议，而且上引例（15）、（16）均无验辞，不能作为地名系联的依据。不过就单个地名而言，陈梦家先生关于"郊"的说法是正确的。而从上引"田毁至于目北"来看，目当在毁以南。郊城在修武西北，沁阳在其东境。目、师目当在郊城与古黄河水道之间。

二十　陘、陘行、陘京、陘南小丘

二十一　麓（廫、廟、唐、庐）、麓师

"陘"或称"陘京"，见于求年祭祀辞例：

(1) 其秦……陘禽。(《合集》28245/3)
(2) 其延，秦年于陘。(《合集》28245/3)
(3) 其秦禾于陘……(《合集》28247/3)
(4) ……秦陘。(《合集》29991/3)

"陘"字从阜从心，殆其地近山，"陘京"之称足以说明其字形构造的本义。陘京作为求年祭祀对象与"滳"出现于同期。《合集》28178/3 谓："陘，

---

① 详见陈梦家《殷虚卜辞综述》（考古学专刊甲种第二号），科学出版社1956年版，第260—261页。

惟今夕于滳"，其地与滳即漳水流域必相近。"阤京"之称一期已出现（《合集》8040/1），商王曾行至阤，《合集》8039/1："乙卯卜，宾贞王往于阤，若。六月。"其地作为田猎始见于二期：

（5）戊辰卜，旅，贞王其田于阤，亡灾。
　　戊寅卜，[旅]，贞王其[田于]阤，亡灾。在四月。（《合集》24457/2）

而作为商王固定的田猎区是在三期，商王在其地设有犬官，《合集》27916/3："王惟阤犬……"与其共版的田猎地包括"滳"、"盂"（《合集》28904/3、《合集》29098/3）、"羌（洀）"（《英藏》2289/3）、"磬"（《合集》28894/3）、"戫"（《英藏》2290/3）等。旧说以为阤在今沁阳，因沁水得名，阤与戫、盂等均在所谓沁阳田猎区。按盂地是否在沁阳一带尚可商，而无明确系联的共版关系也只能作为一种参考。《合集》8310正："丁亥卜，由，贞唐乂于滳"，"唐不乂于滳"。"唐"在卜辞中用为地名，甲骨文地名往往加"口"旁作为区别。唐又写作啺、嘼、唐等，所从之"口"的数量一至三都有。其字或谓即"鹿"的异体，可从。"鹿"见于花园庄东地甲骨，用为祭祀地：

（6）庚辰岁妣庚小牢，子祝。在鹿。一
　　甲申岁祖甲小牢，𤔲鬯一，子祝。在鹿。一二
　　乙酉岁祖乙小牢，䇂，𤔲鬯一。一二
　　乙酉岁祖乙小牢，䇂，𤔲鬯一，㚔祝。在鹿。二三四（《花东》291，图3—17）

《汉书·地理志》上党郡条曰："长子，周史辛甲所封。鹿谷山，浊漳水所出，东至邺入清漳。"《上党记》曰："有鹿谷山，浊漳所出。"联系鹿与滳的关系，"鹿"或即鹿谷山。古长子在今山西省东南长子县。其地东靠太行山脉，从大邑商北行可经由太行各陉到达。卜辞中鹿地常为商王所至，《合集》8220正/1："贞出于唐"，《合集》8221/1："贞王于唐"，《合集》8225/1："贞在唐"，《合集》8232/1："往唐"，《英藏》66正/1："……呼……郇……唐"，"郇"在卜辞用为地名，地在晋西南；而《合集》8231/1："……惟王往甾。在唐。"地名"甾"亦位于晋西南。上述两例可作为"鹿"位于

由大邑商前往晋西南的交通要道上。其地驻有军队：

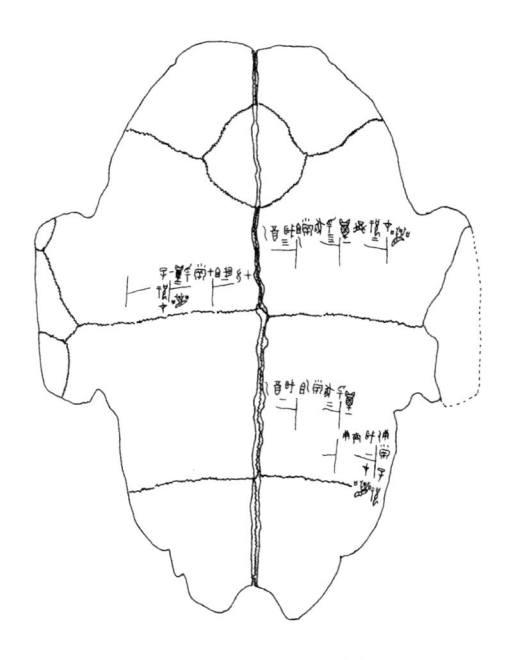

图 3—17 "鹿"（《花东》291）

(7) □□〔卜〕，㱿，贞王往于鹿师。（《合集》8219 甲/1）
(8) □〔卜〕，子，贞令……师在鹿。（《合集》33103/4）

按照典籍之说，太行山脉就是商王畿西界，在太行山西麓长子一带鹿谷山驻军，正是为了控制出入王畿的门户。《合集》32979/4："多尹在鹿"可见鹿师的地位非同一般。商时有师滴，由其名可知为滴水沿岸一军事据点，很可能也在太行山麓。我们知道长子县一带是长族住地，商人在长地附近设有"戍"，见《合集》28029/3："丁卯卜，戍允出，弗伐长。"《屯南》463/3："□卯卜，戍￼长御……大吉。"这一军事基地估计在武丁时期已存在。结合鹿师、师滴来看，商人在晋东南太行山西麓安插了一系列军事据点，在豫北王畿区以西形成一个防御网。

《水经注》："沁水出上党沮县谒戾山。"沮县注者均谓乃"涅县"之误。《后汉书·郡国志》上党郡涅县条下注："山海经云：'谒戾之山有金玉，沁水出焉,南流注于河。'郭璞曰在涅。"涅县为西汉所置,治今山西武乡县西北,又作涅氏县,属上党郡,北魏时废,也就是沁水源于今山西武乡县西北。武乡在长子北面,沁水与浊漳水在各自离源头处共享同一个流域。卜辞阤京应该是沁水上源的一处地名。求年祭祀中祭阤京与祭滴的意义其实是一样的。四期时有一条很重要的材料:

(9) ……滴北……九录。(《合集》33177/4)

"九录"即九麓,而花园庄东地甲骨出现的新地名中有"阤南小丘"。

(10) 乙酉卜,子又之阤南小丘,其眔获。一二三四五
乙酉卜,弗其获。一二三四五。
乙酉卜,子于翌日丙求阤南丘豕,冓。一二三四。
乙酉卜,既阜往敉,冓豕。一二。
弜敉。一二。
冓阤鹿。子固曰:"其冓"。一二(《花东》14,图3—18)

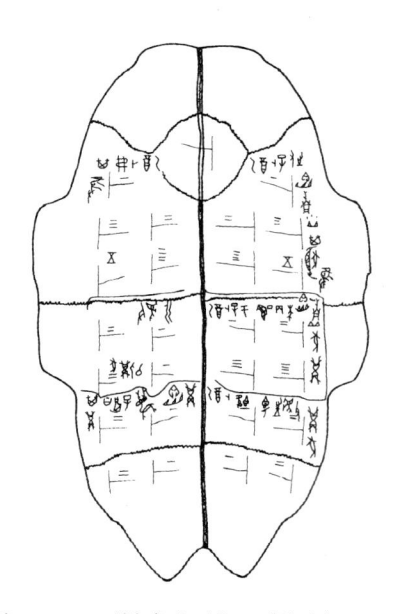

图 3—18 "阤南小丘"(《花东》14)

"阝南小丘"当指"阝"南面小丘。阝本又称"阝京",其地本为山地。所谓"小丘"可能就是针对"阝京"而言。"既阜往敽","阜"疑指阝南小丘。"敽"应为动词,指捕虎。辞例大致是到达阝南小丘后将进行的捕虎之类的田猎活动,卜问将遇上的兽种。从长子北向至武乡一带本属山区,阝南小丘与阝京殆与所谓滴北九录有关联。

又滴与阝作为田猎地均以猎鹿为特色:

(11) 王其涉滴射□鹿,亡灾。(《合集》28338/3)
(12) 王涉滴射有鹿,擒。(《合集》28339/3)
(13) 王涉滴射戠鹿,弗擒。(《合集》28340/3)
(14) 弜 敽阝。
 惟盂田省,亡灾。(《合集》29098/3)
(15) 戊寅卜,王其𤔲阝……
 〔辛〕巳卜,□,贞王其田羌,亡灾。擒鹿十又五。(《英藏》2289/3)
(16) ……王其𤔲阝,亡灾。
 辛王其田戠,擒。
 不擒。(《英藏》2290/3)

例(14)至(16)中敽、𤔲、𤔲均为动词,指猎鹿。疑沁水与浊漳水上源一带商时盛产鹿,商代的"鹿"与后世鹿谷山之得名概源于此。晚商早期西北有舌方、土方等强敌,后期战争重心转向殷东南,相应的阝、滴、戠也是在二期时才形成田猎区。

"阝行"见《合集》26896:"贞弜用裴,惟阝行用,𢦏羌人于之,不雉人。"

二十二 唐

卜辞地名"唐"即古唐国,应无疑问。"唐"与方有涉:

(1) □□卜,㕣,贞王狩唐若。
 ……舌方其大……
 □辰……王固曰:"戠……"(《合集》10998反/1)

又,《合集》2863/1:"贞唐弗爵竹妾。"辞义不明,"竹"一般认为即渤海湾"孤竹国"。《史记·郑世家》记子产之语谓:"高辛氏有二子,长曰阏伯,季曰实沈,居旷林,不相能也,日操干戈以相征伐。后帝弗臧,迁阏伯于商丘,主辰,商人是因,故辰为商星。迁实沈于大夏,主参,唐人是因,服事夏商,其季世曰唐叔虞。当武王邑姜方娠大叔,梦帝谓己:'余命而子曰虞,乃与之唐,属之参而蕃育其子孙。'及生有文在其掌曰'虞',遂以命之。及成王灭唐而国大叔焉。故参为晋星。由是观之,则实沉,参神也。昔金天氏有裔子曰昧,为玄冥师,生允格、台骀。台骀能业其官,宣汾、洮,障大泽,以处太原。帝用嘉之,国之汾川。沉、姒、蓐、黄实守其祀。今晋主汾川而灭之。由是观之,则台骀,汾、洮神也。"《正义》引《括地志》云:"故唐城在绛州翼城县西二十里。徐才《宗国都城记》云'唐国,帝尧之裔子所封。《春秋》云"夏孔甲时有尧苗胄刘累者,以豢龙事孔甲,夏后嘉之,赐曰御龙氏,以更豕韦之后。龙一雌死,潜醢之以食夏后。既而使求之,惧而迁于鲁县。"夏后盖别封刘累之后于夏之墟,为唐侯。至周成王时,唐人作乱,成王灭之而封太叔,迁唐人子孙于杜,谓之杜伯,范氏所云在周为唐杜氏也'。《地记》云'唐氏在大夏之墟,属河东安县。今在绛城西北一百里有唐城者,以为唐旧国'。"

"唐"在今山西翼城东,今翼城西北有塔儿山,卜辞则有"唐录"之称,《合集》8015/1(图3—19):"□□卜,由,贞𡙕在唐录。二告"。"𡙕"一释"圃",谓指商人在其地开垦农田。卜辞常见商人在外族领地"圣田","𡙕在唐录(麓)"亦类似。商人甚至在唐族住地建造城邑,《英藏》1105/1:"贞作大邑于唐土。"文献说唐国"服事夏商",从商人在唐地的经营来看,唐国与商人之间的联系非同一般。周初成王时唐人作乱,正可证其与商人渊源颇深。《正义》记载,刘累之后受封为夏后"为唐侯"。而卜辞则有"侯唐"

图3—19 "唐录"(《合集》8015)

之例：

(2) □亥卜，王……唐。不惟侯唐。(《英藏》186/1)

而晋东南长子族将领中有"长友唐"：

(3) 癸卯……王固曰……四日丙午……[㐭]友唐告……入于苋（《合集》8236/1）
(4) ……自㐭友唐，舌方围……戋畄、示、昜，戊申亦有来……自西，告牛家……（《合集》6063反/1）

"苋"为晋南国族，长子族住地以晋东南长子县为中心。长子在翼城东北方向，长友唐之得名或因其领地近于唐。卜辞现存有关唐国的内容多为贡纳：

(5) 唐来四十……（《合集》5776反/1）
(6) 唐来。（《合集》12869甲反/1）
(7) 唐入二。庭。（《合集》9269/1）
(8) 唐入十。（《合集》9811反/1）

二十三　薜

二十四　叟

"薜"有薜、隌、隌、薜等写法，其字或从"阜"，可见近于山地。薜乃台骀之后，《左传》昭公元年所谓"沈、姒、薜、黄实守其祀"。薜与叟、⌖有涉：

(1) 王固曰："有祟，㪤光其有来艰"。迄至六日戊戌允有……有僕在叟宰在……薜亦焚廪三。十一月。（《合集》583反/1）
(2) 丁未……薜呼……
　　甲寅卜，王，惟薜示⌖。五月。（《合集》10474/1）

叟、⌖均为殷西国族。从例（1）来看，薜地设有粮仓，曾被敌族掠夺后焚毁。联系上引《合集》8015/1"㪤在唐录"，与《英藏》1105/1："贞作大邑于唐土。"可以推测商人在归附的台骀族领地内开垦农田，建造粮仓和城邑。李伯谦先生曾将晋陕高原青铜文化划分为两个文化系统，一个是以山西石楼、陕西绥德等地出土的青铜器为代表的具有草原特色的且与商文化并行发展的青铜文化系统；一个是以灵石旌介铜器群为代表的青铜文化系统，是商文化在发展过程中在当地形成的一个地方类型，其遗存属于与商王朝有着较稳定臣属关系的包括灵石一带丙族在内的友好方国。石楼—绥德类型青铜文化"或者是单一的舌方文化，或者是该地区包括舌方在内以舌方为主体的与商王朝基本上处于敌对状态的诸敌对方国的文化"①。按这一论断对我们理解临汾盆地台骀诸族与商王朝的关系很有意义。石楼、灵石都在霍山以北晋中地区。霍山是夏文化东下冯类型与早商文化东下冯类型的北限，后来商文化能够越过霍山形成一个以灵石旌介为代表的地方类型，恐怕与台骀族的归附很有关系。子产说"唐人是因，服事夏商"，是临汾盆地内部夏文化东下冯类型与早商文化东下冯类型的最好说明。临汾盆地与汾水以西石楼地区之间为吕梁山所阻隔，内部族属统一。商人经营其地的目的也就是利用归附的台骀诸族，把汾洮之间作为一处抵御西北强敌的缓冲地带。而台骀的服事夏商，也未必不是附近存在强族威胁的结果。

此外蒢地仅见于三期，为商王田猎地。

（3）于蒢擒。（《屯南》2061/3）
（4）壬戌卜，殼，贞呼多犬网鹿于蒢。八月。
壬戌卜，殼，贞取豖呼网鹿于蒢。（《合集》10976正/1）
（5）辛未……贞今日……隮田……（《合集》28087/3）
（6）隮鹿其南牧擒。吉。
于北牧擒。吉。（《合集》28351/3，图3—20）
（7）惟隮鹿其擒。（《合集》28352/3）
（8）弜田隮，其雨。（《合集》28900/3）

例（6）特别重要，"南牧"、"北牧"之称说明隮地一带曾设"牧"。台骀原是以畜牧业著称的。所谓刘累豢龙事也是因其善于驯养动物派生出来的

---

① 详见李伯谦《从灵石旌介商墓的发现看晋陕高原青铜文化的归属》，《中国青铜文化结构体系研究》，科学出版社1998年版。

传说。商人在其地域设牧，大概是因势地导，或者仅仅是在名义上赐予台骀诸族的一种封号。

图 3—20 "陦"（《合集》28351）

二十五 黄、潢

其地是四、五期时用为田猎地：

（1）……于黄……

乙丑卜，惟往陷……（《合集》33167/4）

（2）己酉卜，贞王其田，亡灾。在黄师。

庚戌，贞王其田亡灾。

辛亥，贞王其田亡灾。（《屯南》2182/4）

（3）己亥卜，在潢，贞王今夕亡祸。（《合集》36589/5）

（4）戊午卜，在潢，贞王其塈大兕，惟豻暨鼺，亡灾，擒。（《合集》37514/5，图3—21）

（5）……田于潢，往来……获麋十又

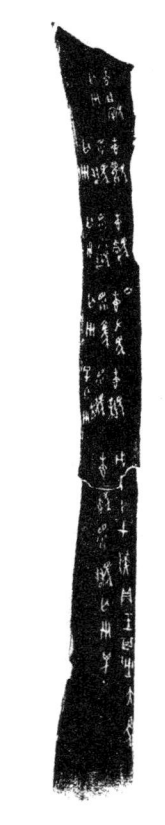

图 3—21 "潢"（《合集》37514）

八。(《合集》37459/5)

黄、潢见于一、四、五期,原作"黄",五期时增作"潢"。族氏"黄"文献中有两处,俱为嬴姓:一在今河南潢川西十二里,后灭于楚,见于《左传》桓公八年、庄公十九年等;① 二为台骀之后,后灭于晋,地在今山西汾、洮之间,甲骨文中的黄国当在此处。卜辞中"黄"与殷西国族"长"、"羽"、"戈方"有涉:

(6) 戊申卜,㱿,贞惟黄呼往于长。
　　戊申卜,㱿,贞惟师呼往于长。(《合集》7982/1)
(7) 癸丑卜,宾,贞令羽郭以黄执宰。七月。(《合集》553/1)
(8) 贞惟黄令戈方。二月。(《合集》8397/1)

长族的分布区域以晋东南长子县为中心,羽、戈俱在陕东。此外"黄"曾与"舌方"共版:

(9) 贞惟黄……
　　往出狩。
　　贞舌方不亦出。(《合集》6121/1)

前文曾引《合集》10998反/1:"□□卜,甾,贞王狩唐若。……舌方其大……□辰……王固曰:'舌……'"用词与内容似乎与例(9)有联系。一期时商王曾在汾水流域田游,并为此卜问是否会遇到舌方袭击。足证甲文中的"黄"实在殷西北。又《合集》22/1:"癸卯卜,贞……田,令皋取黄丁人。",具体含义不详,皋在武丁时常活动于殷西北。除上举各例此外,未见黄与其他国族之间的联系,因此很明显殷南古黄国之说并无实据。其地又称"潢麓"。

(10) 甲申卜,贞王田在潢麓,往来亡灾。兹御。获狐……麀二。

---

① 齐文心先生主张商代黄国即此,详见《商殷时期古黄国初探》,《古文字研究》第 12 辑,中华书局 1985 年版。

(《合集》37452/5)

临汾盆地由峨嵋岭、吕梁山等山脉围隔而成，依山靠水，"潢麓"之称正符合其地理环境。卜辞"唐"有"唐麓"；"蓐"则又写作隯，从阜旁；再加上潢麓，应该不是偶然的现象。《史记·郑世家》的《集解》引贾逵曰："唐人谓陶唐氏之胤刘累事夏孔甲，封于大夏，因实沉之国，子孙服事夏商也。"台骀诸族为商人附属国族。卜辞有"令黄"（《合集》4302/1）之例。但是黄族的归附是通过武力达成的，《合集》5909/1："贞勿执黄……"贾逵所谓"服事夏商"，可知台骀族原为夏人的附属国，夏亡之后陆续归附商人。归附之后的黄国与商人关系相当亲密。

(11) 壬寅卜，争，贞黄入岁，翌癸……用。(《合集》15482/1)
(12) 贞勿赐黄兵。(《合集》9468/1)
(13) 贞翌乙亥令黄步。(《合集》7443/1)
(14) ……贞亚以王族暨黄……王族出……𠦪亚庚……东𠂤在……(《合集》14918正/1)

从例（12）、（13）来看，黄似乎与军事有关。例（14）中，黄族配合王族共同行动，"亚"是武官，其事殆亦征伐。"赐黄兵"或者即类似于赐兵器，是给予征伐权的做法。黄族住地邻近舌方、马方、基方等殷西北方国，归附后即成为商人倚仗的一支军事力量。因此商王很关心其首领的安危，曾专为其进行贞卜《合集》13912/1："贞黄不……骨凡……"，《合集》17905/1："……黄死。"一般以为，黄除用作田猎地外，基本不见其他活动，这正与武丁之后西北方向已无强敌的史实相符。

二十六 闵

此地在霍山以北，不属于临汾盆地，但与本区形势有关。卜辞"闵"的辞例不多。

(1) 闵燎，惟小宰。(《合集》27160/3)
(2) 弜燎于闵，亡雨。
    其燎于雪，有大雨。

　　　　弜燎，亡雨。
　　　　惟閵燎酚，有雨。
　　　　雪暨閵燎酚，有雨。（《英藏》2366/3，图3—22）
　（3）戊王其射閵狐，湄日亡灾，擒。吉。
　　　　其呼射閵狐，擒。吉。（《合集》28318/3）

前两例为祭祀辞例，意不明。例（3）的"閵"可以确定为地名，其地曾为商王所田猎。古地名中有"蔺"，战国时原为赵邑，后入秦，在今山西省离石县西。《史记·赵世家》："赵疵与秦战，败，秦杀疵河西，取我蔺、离石。""蔺"在古货币文写作"閵"，战国时期赵国货币中有"閵分布"，写法为臱、臱等①。侯马盟书的委质类被诛讨对象中有"閵舍"。卜辞"閵"即蔺地。

从以上临汾盆地台骀族诸地的分析可以知道，在"唐"唯一的一次田猎是在武丁时期。"蓐"虽然在一期时曾作为田猎地，但用例很少，绝大多数的田猎辞例集中在三期。而"黄"则是四五期出现的田猎地。离石甚至在石楼—灵石地区以北，依据李伯谦先生的分法，灵石已是商人势力的北沿，也就是说离石地区已进入𡆥方分布区。我们知道𡆥方

图3—22　"閵"（《英藏》2366）

是武丁时期商人在西北的强敌，此后祖丁祖甲时期还有零星活动。三期时商王到"閵"地田猎，正说明其时离石一带已不再为𡆥方所控制。

---

　　①　见石永士、石磊《燕下都东周货币聚珍》，文物出版社1996年版；朱活：《古钱新探》，齐鲁书社1984年版。

二十七 郇（✶、✶、✶、✶）

"郇"字用为国族名或地名，字形作"✶"，或增"口"写作"✶"、"✶"等形，又作"✶"。孙诒让、王襄、叶玉森、商承祚、姚孝遂、肖丁等先生主张释"蜀"，就其地望又有以三星堆文化所代表的四川古蜀国与鲁国蜀地两说；陈梦家、饶宗颐、裘锡圭、陈汉平等主张释"旬"，认为即今山西临猗县西南的"郇城"，即《说文》所谓"周武王子所封国，在晋地"。① 释"旬"正确，本书为了与一般写法的'旬'区分通作'郇'。从卜辞本身的国族系联来看，其地不能在殷东，山东说首先可以排除。一期卜辞《怀特》71 与《合集》14912 是卜问郇协助王族服事：

(1) □巳卜，争，贞令王族比廪，郇古王事。六［月］。（《怀特》71/1）
(2) ……令犀以王族比廪，郇古王事。六月。（《合集》14912/1）

后一例同版有"……王亘于西。六月。"，这也是郇在殷西的一个旁证。戈在今陕西泾阳高家堡一带，犬位于陕东，另雀、凤、羽、缶等也在晋南陕东，因此郇也正和文献晋南的"郇"地理位置相合。卜辞有不少郇"古王事"、"受年"的记录，如：

(3) 乙丑卜，允，贞令溺暨凤以束尹比廪，郇古事。七月。（《合集》5452/1）
(4) 贞惟多子族令比廪，郇古王事。二告
　　贞惟……尹令比廪，郇古王事。（《合集》5450/1，图 3—23）
(5) 贞令多子族比犬暨廪，郇古王事。
　　贞令多子族暨犬侯凿周，古王事。（《合集》6813/1）
(6) 贞郇受年。
　　贞郇不其受年。（《合集》9774 正/1）
(7) 贞郇不其受年。二月。（《合集》9775 正/1）

---

① 诸说见李孝定《甲骨文字集释》，北京光华书店 1983 年翻印本；于省吾主编：《甲骨文字诂林》，中华书局 1996 年版。

商王朝关心郇地的农业收成情况，郇也常常协助中央王朝的多子族、王族等从事粮食供应、开采铜矿等活动。① 可见"郇"与商王朝关系十分密切，处于商王朝的直接控制下。又一期、四期常见"在郇"：

图 3—23　"郇"（《合集》5450）

（8）贞雀亡祸。在郇。二月。（《合集》20170/1）
（9）戊午卜，呼戈比……在郇。二月。（《合集》20171/1）
　　　丁巳卜，令雀即雀。在郇。二月。（《合集》20171/1）
（10）在郇。（《合集》20385 正/1）
（11）……亡祸。在郇。
　　　……在郇。
　　　癸巳……在郇。（《合集》20584/1）
（12）……亡祸。在郇。（《合集》20598 正/1）

---

① 关于"凿周"辞例，晁福林先生《从甲骨卜辞看姬周族的国号及其相关问题》一文认为不是征伐辞例，"周"用其本义，"凿周"指开采铜矿，见《古文字研究》第18辑，中华书局1992年版。

(13) 癸巳卜，贞旬。在郇。(《合集》33141/4)
(14) 癸巳卜，贞旬。在郇。(《合集》33142/4)

由这些辞例看来，郇不大可能是地理位置十分偏远的方国。而在上述"在郇"的辞例中，《合集》20584应特别予以注意。这片甲骨上有"癸巳……在郇"的记录，同版又云"癸卯卜，旬亡祸。癸卯卜，王入于商……"这里的"商"应指商王都。如果入商的"癸卯"日是在郇的"癸巳"日的十天以后，郇地离商不应过远。以为卜辞"郇"即四川古蜀国的说法主要的依据是文献上关于助周伐商的"西土之国"的记载。但是西土古蜀毕竟偏处西南，交通不便。四川古蜀国的客观地理位置上与卜辞"郇"无法相融。近年来因为三星堆文化受到重视，商代西南古蜀之说关注者日众。我们认为开阔视野是对的，但是地望考证还是应该首先依据卜辞本身的实际情况。《左传》僖公二十四年："师退，军于郇。辛丑，狐偃及秦、晋之大夫盟于郇。"《国语·晋语四》同。郇为文王子始封，《诗·曹风·下泉》所谓"四国有王，郇伯劳之"，后灭于晋。据《大清一统志》记载，郇地在今山西临晋与临猗之间，约在临晋东北十五里处。郇地往西渡过黄河即进入陕东境内，卜辞郇与陕东地区犬族、戈族、羽族关系密切，可谓若合符节。郇地为地位相当重要的商属地，其地农业生产与陕东与晋中晋南的稳定性关系密切。上引例（3）至例（5）中郇与陕东附属国族联合"比廪"、"暨廪"，廪指供应粮食，又卜辞有多例"敦缶于郇"，郇是作为向北征伐缶族的基地（《合集》6860/1等）。又《合集》6858/1："□寅卜，殻……奴人[于]郇"，《合集》6859/1："□寅卜，殻……王奴人[于]郇"，可见郇地不仅提供粮食，也提供人力资源。廪辛康丁时期商人在其地置奠：

(16) 辛巳，贞王……𢆶比……
　　□巳，贞𢆶以妻于郇，乃奠。(《屯南》866/4)
(17) 辛巳，贞𢆶以妻于郇，乃奠。(《英藏》2413/4)

武丁时期多在殷西活动，"𢆶"是征伐"方"的主力之一（《合集》6192、6298等），同期又有"小臣𢆶"之称（《合集》5572），各期之中其族人亦活动于殷东、殷南各地，似乎其族在商人中势力很大。上引两例中𢆶、妻是人名，当时置奠似乎有一个过程，大概就是由大邑商派人前去当地，并

二十八　长（𠂉、𠂆、𠂊、𠂋）

二十九　示䜅、示䜅田、示

长族居于今晋东南，其西北、东北分别有𠮷方、土方两大强族。因此𠮷方、土方南下侵扰时长族往往首当其冲。正是因为这样，卜辞中保留了不少有关长族内部地名系统的材料，包括奠、牧、邑、鄙等，对了解殷商时期外服国族的内部结构很有帮助。首先，农业区的问题。"长"有卜问受年辞例，可证其地有发展农业。其境内见于记载的具体农业地点有"示䜅田"：

> （1）癸巳卜，殼，贞旬亡祸。王固曰："有［祟］，其有来艰。"迄至五日丁酉允有来［艰自］西。沚馘告曰："土方围于我东啚，𢦏二邑；𠮷方亦侵我西啚田。"
>
> 王固曰："有祟，其有来艰。"迄至七日己巳允有来艰自西。𡉀友角告曰："𠮷方出，侵我示䜅田七十人五。"（《合集》6057 正/1）

"示䜅田"或应断开，读作示、䜅田，即示田与䜅田。土方所征"我东啚"对应二邑，而方所侵"西啚田"对应示䜅田。啚即鄙，这里是长族住地中相对于都邑的边鄙，也就是说在都邑外有邑有田。邑是族人聚居地，有一定的兵力和管理组织，因此称作"𢦏"。啚田周围大概只有农人的零星住地，敌族一般只能掠夺人口与粮食作物，因此只称作"侵"。而四期长地一带有"䜅"地：

> （2）乙未卜，令长以望人䜅于䜅。（《屯南》751/4）

"望人"是商时一种专用于观察敌情的军事组织，常见"望"某族某方就是指观察其地敌情。"䜅"从示与双至，疑即一期的"示、䜅"的合称。又：

> （3）……自𡉀友唐，𠮷方围……𢦏甾、示、易，戊申亦有来……自

西，告牛家……（《合集》6063 反/1）

盙、示、昜并称，盙与昜是晋中晋南属地或附属国族。甼友唐为长族一将领，疑其地可能在长族西北境，近于"唐"族。由此可见示地必在长子县西北。郑杰祥先生谓，示地即春秋时期晋国祁地，昜即战国时期魏国的阳邑。《说文》："祁，太原县，从邑，示声。"《史记·晋世家》："饿人，示眯明也。"《索隐》："邹诞云：'示眯为祁弥，即《左传》云提弥明也。《史记》作示，邹为祁者，盖由示、祁、提音相近，字遂变而为祁也。'"祁地在今山西祁县东南约 3 公里，阳邑在今山西太谷县东阳邑镇。① 其说至确。

三十　丂（柯）

(1) 癸丑［卜，在］长……步……
　　　□□卜，在丂……王步于……亡灾。（《合集》36777/5）

"丂"（丂），《甲骨文字诂林》按语谓："卜辞丂字与金文形体同。《说文》以为'丂，气欲舒出，勹上碍于一'，支离牵付，不可据。金文以为'考妣'之'考'。卜辞用为地名。'丂'当为'柯'之本形。甲文'斤'、'老'诸字均从'丂'可证"②。其说可信，《左传》襄公十九年："齐及晋平，盟于大隧。故穆叔会范宣子于柯。"卜辞柯地辞例有：

(2) 贞……莫盙……以勻……于丂。（《合集》101/1）
(3) 丁酉卜，争，贞在丂，妥来……二人延……丁用。（《合集》228/1）
(4) 辛未，贞在丂牧来告辰，卫其比史，受……（《合集》32616/4）
(5) □□卜，戈在丂徵。（《合集》35240/4）
(6) 癸未卜……成衣于……川丂弜。（《合集》39465/5）

---

① 郑杰祥：《商代地理概论》，中州古籍出版社 1994 年版，第 302—303 页。
② 于省吾主编：《甲骨文字诂林》，中华书局 1996 年版，第 3457 页。

例（2）"奠𠂤"是在𠂤地的奠，柯地与长均与𠂤地近。例（3）可证商王曾到过柯。"柯"未与其他地名有系联关系。例（4）"在丂牧"可证在当地设有牧场。例（5）"戈在丂徵"，"徵"是"牧"字或体。"戈"为主事者，商时戈族在今陕东泾阳一带。

三十一　▨奠

三十二　奠豐

(1) 贞长人于▨奠。

勿于▨奠。

于▨。

勿于▨。（《英藏》547 正/1）

(2) 癸未卜，永，贞旬亡祸。七日己丑，㚔友化呼告曰："舌方围于我奠豐。"七月。二告（《合集》6068 正/1，图 3—24）

图 3—24　"奠豐"（《合集》6068 正）

(3) 癸未卜，㱿，贞旬亡……祟，其有来艰，迄至七日……允有来艰自西，叀戈……告曰：舌方围于我奠……（《合集》584 正甲/1）

例（1）卜问是否让长人在▨地置奠，无验辞。例（2）、例（3）应是一事，例（3）的"我奠"可能是"我奠豐"。"奠豐"是长族境内的一个奠，被西北的舌方侵扰。奠豐当在长族住地西北边境。叀友化是长族的一个将领。

三十三　耑

三十四　葡

三十五　娟

(1) 丁未卜，㱿，贞耑受年。
　　贞耑不其受年。三月。
　　葡受年。
　　不其受。
　　娟受年。
　　娟不其受年。
　　贞西土受年。
　　贞西土不其受年。（《合集》9741 正/1）

耑、葡、娟、西土同时卜问是否受年，可见三地同在殷西。娟地的农田是甫人开垦出来的，其地当在晋西南，离甫不远。由此看来耑、葡大概也在晋南豫西交界地带。

三十六　冥

(1) 贞冥受年。
　　贞娟受年。（《英藏》808/1）

冥与娟对称，地域上应有一定关联，冥地很可能也在晋南。彭邦炯认为冥与鸣通，冥可能就是文献"鸣条"，《书》序"汤伐桀战于鸣条之野"，一说认为鸣条在今山西安邑北。① 其说可备一说。但是甲骨文自有"鸣"字，用为人名与族名，"冥"不应是鸣条。《左传》僖公二年："乃使荀息假道于虞，曰：'冀为不道，入自颠軨，伐鄍三门……'""鄍"为虞地，在今山西平陆东北二十里。钟柏生先生曾指出"冥"有可能是虞地"鄍"，但是从耕作条件考虑，他倾向于认为"冥"是《史记·廉颇蔺相如列传》所载"渑池"，在今河南省渑池一带。② 按，渑池在河南省西部古黄河南岸的羌族控制区。商时冥为黄河的一个渡口：

（2）王从冥涉，延于河。
　　勿延于冥，王……（《丙》238/1）③

"冥"近于黄河东岸运城盆地"甫"，平陆在甫的东南面黄河沿岸。武丁时期冥为王所出入。商人在河南西部的控制范围以沁阳一带为西限，渑池甚至已在洛阳以西，可见不会是商王所经的"冥"。"冥"当在平陆，《夏本纪》："太史公曰：禹为姒姓，其后分封，用国为姓，故有夏后氏、有扈氏、有男氏、斟寻氏、彤城氏，褒氏，费氏，杞氏，缯氏，辛氏，冥氏，斟（氏）戈氏。""冥"或即"冥氏"。

三十七　羽、溮

"羽"、"有羽"用为祭祀动词。有些辞例"羽"的用法难以区分，如有关"有土"、"羌方"的辞例。可以确定与羽相关的国族有：凤、郁、郭、黄、戈、舌方、龟。"羽"在晋南地区可以确定，具体方位，可能在晋南的西部地区。

（1）贞……羽……方……𢦏……
　　于……𢦏伐羌方。（《合集》27983/3）

---

① 详见彭邦炯《甲骨文农业资料考辨与研究》，吉林文史出版社1997年版，第68—69页。
② 详见钟柏生《冥地考》，《于省吾教授百年诞辰纪念文集》，吉林大学出版社1996年版。
③ 钟柏生先生原文注云："《丙》238释文为'王从娩于河'，漏释一'征'，笔者已核校过原龟版。"

上辞"羽"如用为国族名,则亦当与"羌方"相邻,由羌方的地望可证羽确在陕西东部或山西南部。由于该辞是残辞,只能作为一个旁证。

羽有"受年"、"牧"、"取豕"等例,为王出入来往呼令,统属关系稳固,有"呼小多马羌臣"、"以戈人伐舌方"之例,似为地方首脑。有关"牧"的辞例值得重视。卜辞蓐、羽、苋有"牧"例,唐、周、黄等又有取牛马事,文献载周为牧伯,可见山西为商重要的牧区,并存在相关建制。羽一、三、四期均见,第四期有"……羽令以𢽎于龟"(《合集》32920/4),而羽唯一明确用为地名的辞例是第三期的辞例:"□亥卜,口……今夕……祸。在羽。"(《合集》31579/3)可与三、四期商王于晋南陕东的戈、蓐、黄田猎的辞例互相印证。

(1) □亥卜,口……今夕……祸。在羽。(《合集》31579/3)
(2) 于羽受年。(《合集》9780/1)
(3) 乙巳卜,㱿,贞羽受年。(《合集》9789/1)
(4) 乙巳卜,亘,贞羽不其受年。(《合集》9790 正/1)
(5) 乙丑卜,㱿,贞令湖暨凤以束尹比廩,郇古事。七月。(《合集》5452/1)
(6) 癸丑卜,宾,贞令羽郭以黄执宰。七月。(《合集》553/1)
(7) 辛丑卜,宾,贞惟羽令以戈人伐舌方,𢽎。十三月。
　　己亥卜,宾,贞翌庚子步戈人不橐。十三月。(《英藏》564 正/1)
(8) 丁亥卜,宾,贞惟湖呼小多马羌臣。十月。(《合集》5717 正/1)
(9) 贞□令羽以𢽎。(《怀特》958/1)
(10) 己酉,贞王其令山……我工。
　　己酉,贞山古王事。
　　束尹羽。(《合集》32967/4)
(11) 辛巳卜,贞王惟羽令以束尹。(《屯南》3797/4)
(12) 乙酉,贞其令羽告于……(《合集》32916/4)

三十八 奠

奠有时用为辖区名称,即郊甸的"甸"的本字;用作具体地名时,通"郑",是一期农业地,彭邦炯认为即西周郑国地。《汉书·地理志》:"郑,周宣王弟郑桓公邑。"《括地志》谓:"郑故城在华州郑县西北三里。"其地在今陕西华县西北①,其说是。

三十九 庞(厐)、龚

庞地是商属地,与商王朝之间存在贡纳与婚姻关系,商人为其地农业收成进行贞卜,并曾为其首领卜问灾祸:

(1) ……庞不其受年。(《合集》9771/1)
(2) 丙午……庞示十屯。(《合集》14008 臼/1)
(3) ……庞示四…… (《合集》14545/1)
(4) 己亥,妇庞示二屯。宾。(《合集》17393 臼/1)
(5) 贞庞有蛊。(《合集》19527/1)

《史记·魏世家》:"(魏文侯)十三年,使子击围繁、庞,出其民";"(魏惠王)九年,伐败韩于浍。与秦战少梁,虏我将公孙痤,取庞。"《集解》"徐广曰:'一作宠'。"《越世家》的《正义》:庞,楚邑,出粟之地。"其地在今陕西东部韩城一带,钱穆《史记地名考》谓:"《韩城县志》:'繁庞在县东南。'即庞城也。"② 庞也写作厐:

(6) ……黍于厐。
    庚辰卜,争,贞黍于厐。(《合集》9538/1)
(7) 贞于厐。
    贞勿□厐。(《合集》891 正/1)

卜辞写作"龚"的农业地名也是"庞"的异构。龚与奠地近。

(8) □□卜,㱿,贞我在奠,从龚受年。(《合集》9770/1)

奠地在今陕西华县西北,与韩城恰好同处洛水流域,即有名的"河洛之

---

① 彭邦炯:《甲骨文农业资料考辨与研究》,吉林文史出版社1997年版,第583页。
② 钱穆:《史记地名考》,三民书局1984年版,第235—236页。

间",可证卜辞庞确为文献中的庞城。其地位于黄河左岸河谷地带,自然条件适合耕作,由《正义》的记载来看其地有粮食生产传统。妇好曾在其地"登人":

(9) 甲申卜,㱿,贞呼妇好先登人于庞。
甲申卜,㱿,贞呼妇好先登人于庞。(《合集》7283/1)
(10) 乙酉卜,㱿,贞勿呼妇好先于庞登人。(《合集》7284/1)
(11) 乙酉卜,㱿,贞勿呼妇好先于庞登人。(《合集》7285/1)
(12) 乙酉……贞勿呼妇先于庞登人。(《合集》7286/1)
(13) 丙戌卜,㱿,贞勿呼妇好先登人于庞。(《合集》7287/1,图3—25)
(14) 乙酉卜,争,贞呼妇好先登人于庞。(《合集》7288/1)
(15) 乙酉卜,争,贞勿呼妇好先……人于庞。(《合集》7289/1)

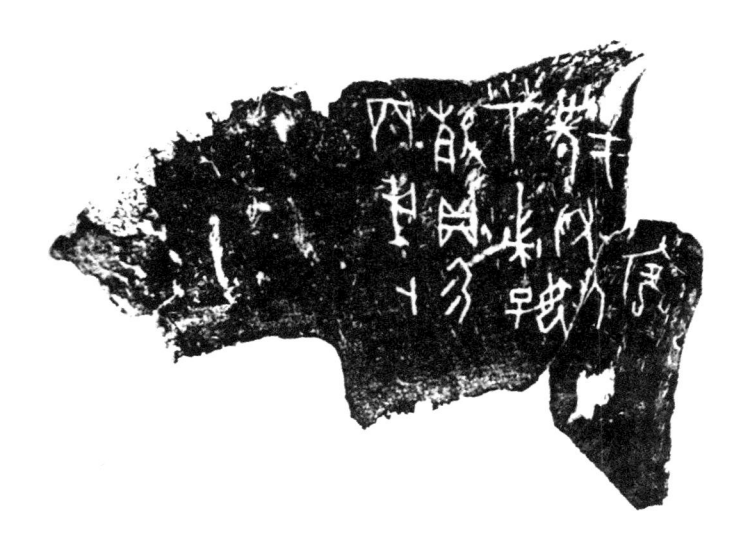

图3—25 "庞"(《合集》7287 正)

登人多与征伐活动有关,商王曾卜问是否由妇好"比沚㱿伐巴方"(《合集》6478 正/1、6479 正/1)。沚族是商人在晋中汾水流域的附属国族,是征伐晋北、晋南、豫西敌对方国的重要军事力量之一。沚㱿是武丁时期沚族的首领,妇好的任务是联合沚㱿征伐?方(巴方),配合商王的军事活动:

(16) 辛未卜，争，贞妇好其比沚㪤伐巴方，王自东罙伐，戎陷于妇好立。

……妇好其［比沚］㪤伐巴方，王勿自东罙伐，戎陷于妇好立。（《合集》6480/1）

商王"自东罙伐"，联系妇好在庞地的登人活动，可见当时方位关系是商王在东，沚㪤居中，妇好的基地则在西面陕东黄河沿岸的韩城一带。庞是商人在陕东势力的北端，与晋中汾水流域隔黄河相望，是商人由来往于陕晋的通道之一：

(17) 贞余于庞次。八月。（《合集》7358/1）
(18) 丁卯卜，王于庞……（《合集》33102/4）
(19) 丁卯卜，王于庞……（《屯南》2782/4）
(20) 乙巳，贞令多射。在庞。（《英藏》2422/4）

有趣的是商王在庞地的行至发生在第四期。《史记·殷本纪》："武乙猎于河渭之间，暴雷，武乙震死。"韩城正好就在河渭之间，应该是一个值得注意的现象。

四十　雈（潅、雚、藿）

四十一　麓

四十二　犾

(1) 惟在庞田，封示，王弗悔……大吉。
惟在禨田，侑示，王弗悔。潅。吉。
惟在汅田，㝱示，王弗悔。潅。吉。（《屯南》2409/3）

潅在卜辞中或为人名，或为地名。花园庄东地甲骨有地名"雈"：

（2）壬申卜，在䖵，其御于妣庚，酯十宰十牝。用。在麓。（《花东》95，图3—26）

"䖵"、"麓"相距应不远，"麓"以往未见，在花东甲骨中则是常见地名。值得注意的是，一期王卜辞《合集》5111/1："贞翌……申呼……好往……䖵"，"好"应即"妇好"。又《合集》39652正/1："□申……勿呼妇好往于麓"。可见麓与䖵是一个字的不同写法。

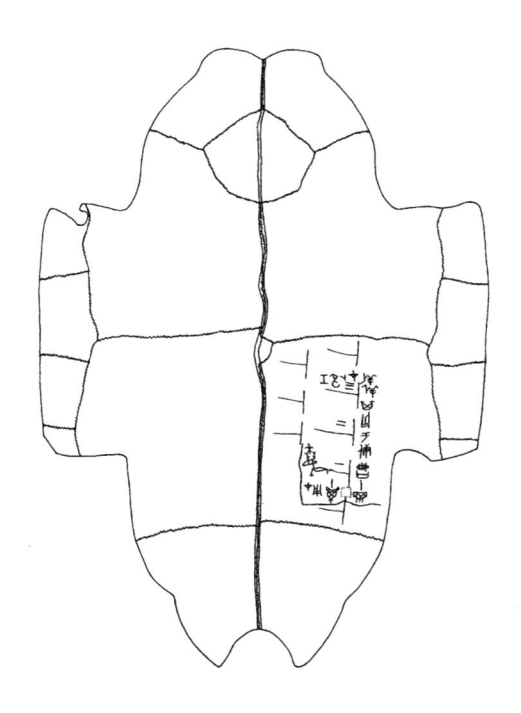

图3—26　"䖵"、"麓"（《花东》95）

妇好曾在"䖵"地接见多妇：

（3）贞呼妇好见多妇于䖵。（《合集》2658/1）

卜辞人名"望䧅"（《合集》6952正）又写作"望䧴"（《合集》13506正），䖵、䧅、麓、䧴实际都是一个字的异构。同期有人名"子䧅"（《合集》

5755、17070），与"望𤄏"可能是一个人。其封地大约离庞不远，《合期》21434/1："□酉卜，庞……暨𦰩"，其地开辟有农田（《合集》9609/1）。卜辞中𦰩与沚族关系密切，武丁时期有关于沚族"捍𦰩"的记载（《合集》6995—7001），其中《合集》7000："……沚不捍目𦰩"；《合集》7001："……沚不捍目𦰩。二告"，窃疑"目𦰩"即"望𦰩"。甲骨文"望"从目从人，写作"𦣝"。又《英藏》192/1："……𦰩暨沚"；《英藏》618/1："丁巳卜，𦰩……捍暨沚"。我们知道武丁时期妇好曾经在庞地大量登人，配合沚𢦏征巴方。

例（3）同版有："贞呼吴取"，而同期吴恰好曾到过庞：

(4) 曰吴次于庞。（《合集》7359/1）

由此可见妇好往𤰫与在𤰫地接见多妇，以及在庞地的登人、联合沚𢦏伐巴方等等是一系列互有关联的事件。《花东》37："壬子卜，子以妇好入于狀"。"狀"为武丁时期的人名，又称为"子狀"。

(5) □□卜，争，子狀于母𠧪嬶小宰，又𠬝女一。
贞勿𧁑用𠧪嬶，酋小宰，又𠬝女一于母丙？（《合集》728/1，图3—27）

(6) 己卯卜，宾，贞子狀骨凡。
贞子狀骨凡有疾。
王固曰：子［狀］……（《合集》13874正甲/1）

卜辞中"狀"主要只用作人名，《合集》3191/1："壬辰……𤇾其……狀……"𤇾即"先"，为晋南国族，其首领称"先侯"，可见子狀的封地也在殷西。似乎妇好曾来往殷西诸子封地。妇好在𤰫地接见的诸妇属于什么性质，是有待深入研究的问题。

四十三 陕廪

《合集》5708："乙未卜，贞令多马亚、倪、遘、袚省陕廪，至于仓侯。从檎川，从𢆶侯"，"陕廪"所在离王朝路途遥远，可见商王储粮于境内各地，

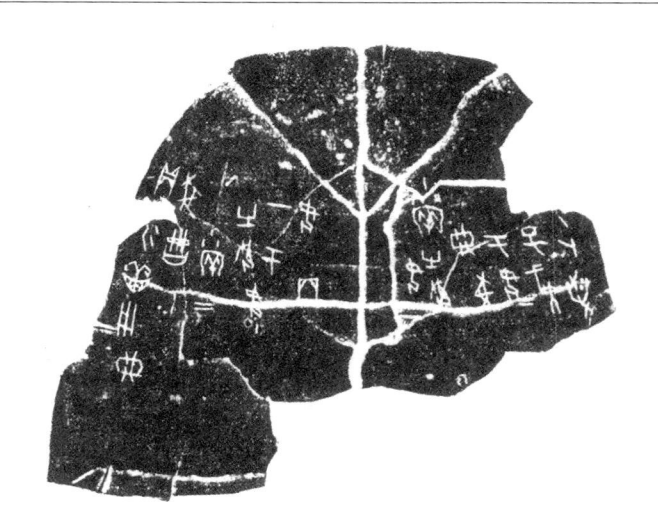

图 3—27 "子𣥎"（《合集》728）

而不只储于王都。① "省陕廪，至于仓侯。从楢川，从㞢侯"实际是一组行程，与陕廪所在有关。㞢侯为㞢族首领，㞢族为商人附属国族。

（1）贞呼取㞢臣。（《合集》938 正/1）

㞢与"周"同见，可见必在陕西中部周族故地一带：

（2）……令周取巫于㞢。（《合集》8115/1）

而《左传》哀公四年："蛮子赤奔晋隆地。司马起丰、析与狄戎，以临上雒。左师军于菟和，右师军于仓野。"仓野为晋地，在今陕西商州市东南。杨伯峻注云："仓野一作苍野，据清《一统志》，在商县东南一百四十里。"商县于 1988 年 6 月改为商州市。仓侯又称为"仓侯虎"（《合集》6554/1），封地即仓野，卜辞中常与"周"同见，正与仓野在陕西地区相符：

---

① 详见周自强主编《中国经济通史·先秦经济卷》上卷，第四章《商代的农业》，经济日报出版社 2000 年版，第 272 页。

(3) ……贞令旗比囗侯凿周。

……允，贞令龚♀敦。(《合集》6816/1)

(4) ……以多……囗侯……凿周，古王…… (《合集》6817/1)

(5) ……比囗……周古…… (《合集》6818/1)

(6) 戊子卜，㱿，贞王曰：余其曰多尹其令二侯上丝暨囗侯其……周？(《合集》23560/2)

由此看来"陕廪"大约是商人在陕东的一个蓄粮地。我们知道陕东确实分布有一系列或属于商人势力或属于附属国族的农业地，其中就包括上文讨论过的龚（庞）。

四十四 毕(𢆉)

其字象捕之网，诸家释"毕"，至确。《说文》："畢，田纲也，象形"。春秋时有毕国，《左传》僖公二十四年："……毕、原、酆、郇，文之昭也。"今陕西省西安市西北旧有毕原，即毕国所在。商时毕西邻周方，像周方一样向商人贡纳，《合集》4735反："毕入四十"，商人又曾卜问其地是否受年，《合集》9802："贞毕受年。"

四十五 橐

"橐"见于一期与五期：

(1) 橐入三十。(《合集》7239反/1)
(2) 橐入三十。(《合集》12439反/1)
(3) 橐入三十。(《合集》13696反/1)
(4) 庚申卜，贞王宾橐，亡尤。(《合集》38718/5)

商代铜器逦方鼎（或称尹光鼎，《集成》2709）（图3—28）铭文中"橐"用为地名，为商王所经，"乙亥，王𬁽，在橐𩠧。王饗酒，尹光逦。惟各，赏贝，用作父丁彝。惟王征井方。△"。而1959年出土于陕西蓝田县寺坡村的西周晚期询簋（《集成》4321）铭文谓："王若曰：询，丕显文武受命，则乃祖奠周邦，今余令汝嫡官嗣邑人，先虎臣后庸，西门尸（夷）、秦尸（夷）、京尸（夷）、橐尸（夷）、师笭、侧新（薪）、□华尸（夷）、弁豸尸

（夷）、酓人、成周走亚、戍、秦人、降人、服尸（夷）……"霎夷与其他四夷并称，可见晚期霎夷为夷族的一支。

四十六　䰜

（1）辛巳卜，在䰜，贞王步于𠭯……灾。（《合集》36775/5，图3—29）

（2）庚辰卜，在甫……王步于䰜……灾。（《合集》36962/5）

图3—28　遹方鼎铭文（《集成》2709）

图3—29　"䰜"、"𠭯"、"长"（《合集》36775）

例（1）可证"𠭯"、"䰜"应有地域关联，而同版有："癸巳卜，在长，贞王迖于射，往来亡灾。牧㠯十终。"并有两个干支残辞"丁丑"、"戊□"。有理由推测"䰜"与"长"之间的行程约为十二日。"长"在今山西长子县西郊。"甫"与"䰜"亦有地域联系。卜辞"甫"即春秋时晋地"蒲"，在今山西南部永济一带。可见"䰜"地大抵在长子以西、永济以东的晋南地区，且必与长子极近。甲骨文其字从"郭"从"卑","郭"为形符,"卑"为声符。一般释作"埤",按其构形当释作"鄟"。春秋时有晋邑"鄟邵",见《左传》襄公二十三年:"张武军于熒庭,戍鄟邵,封少水,以报平阴之役,乃还。"又作"鄟",见《左传》文公六年:"贾季亦使召公子乐于陈,赵孟使杀诸鄟。"地在今河南济源西百里。济源西北轵关陉为太行第一陉,是通往晋南的门户。卜辞"甫"即春秋时晋地"蒲",在今山西南部永济一带。例(2)乃卜问商王是否由甫地取道鄟地返回王都。

四十七 凤

(1) 乙丑卜,㱿,贞令㳃暨凤以束尹比廪,鄟古事。七月。(《合集》5452/1)

看来凤地离㳃、鄟不远,应在山西省西南部。除该例外,还有数例贡纳辞例:

(2) 凤入……(《合集》9244反/1)
(3) 凤入百。(《合集》9245/1)
(4) 凤入十。(《合集》9246/1)

第三节 东方与东南地名

一 单(干)、南单、西单田、东单、戍干、单行、軝

卜辞有单丁人、南单、西单田、单行、东单、軝等称,其中"单"、"西单田"、"南单"均有可确认为地名的辞例:

(1) ……步于单。(《合集》8303反/1)
(2) 庚辰,贞翌癸未㞢西单田,受有年。十三月。(《合集》9572/1)
(3) ……入从南单。(《合集》28116/3)
(4) 岳于南单。(《合集》34220/4)
(5) 己卯卜,于南单立岳,雨。(《屯南》4362/4)

甲骨文又有"北单"合文，惜为残辞（《合集》17917/1）。彭邦炯根据于省吾商都四周远郊有"四单"即"四台"之说，认为"西单田"即商都西边远郊地方的农田。① 按卜辞"单"、"干"实为同一字的繁简形，铜器铭文中与"单"（干）相关的族徽所出甚多，宋镇豪先生曾通过综合比较铜器铭文与甲骨文出现的相关材料，论证商时诸"干"是一个包括不少支系的国族，"据《诗·邶风·泉水》：'出宿于干，饮饯于言……遄臻于卫'，郑笺：'干、言，所适国郊也。'孔疏：'干亦地名。'朱熹《诗集传》亦云：'干、言，地名，适卫所经之地也。'周代卫国领地在今河南淇县一带，干地当在其附近。《路史·国名记》谓：'卫县南有干城。'今淇县东濮阳东北约二十里外有古干城"②。《合集》3271："御单子于母庚"，可证"单"确是地名，于氏之说恐误。饶宗颐先生疑即《左传》所谓"单伯邑"，在河南近畿，其说至确。③《汉书·地理志》："故《春秋》经曰：'卫迁于帝丘'。今之濮阳是也。本颛顼之虚，故谓之帝丘。夏后之世，昆吾氏居之。"商人在单地设有"戍"、"行"等军事组织，称为"戍干（单）"与"单行"。

（6）取单行女。（《合集》21457/1）
（7）弜令戍干卫，其……（《合集》28059/3）

又廪辛、康丁时期有"来执自敤"：

（8）戊辰卜，壴，贞有来执自敤，今日其延于祖丁。（《合集》27302/3）
（9）……执自敤。（《合集》31787/3）

"敤"是单的一个支族，"执"指外族俘虏，祭祀祖丁时很可能作为人牲杀掉了。从上两例与"单行"、"戍干"看，诸单所居近于商敌族。

---

① 彭邦炯：《甲骨文农业资料考辨与研究》，吉林文史出版社1997年版，第616页。
② 详见宋镇豪《商周干国考》，《东南文化》1993年第5期。
③ 饶宗颐主编：《甲骨文通检》第二分册《地名》卷，香港中文大学出版社1994年版，前言部分第10页。文中引甲骨文"东单"、"南单"、"西单"诸例，谓："《水经·淇水注》引《竹书纪年》：'帝辛五年，筑南单之台。'旧谓南单是鹿台之异名，古时有此一说；观上引诸例，则单是地名。"

二 ↘

三 高、高师

四 师羌

上述地名与卜辞中的"盂方"有系联关系：

(1) 乙巳，王，贞启呼祝曰：盂方登人……其出伐↘师高，其令东会于……高，弗悔，不苎戈。王固曰……（《合集》36518/5）

"↘"字不识，一说释为"屯"字，无实据；其地为商属地，且与盂方相近，地望不详。例（1）诸家所读断句不一，"↘师高"似应连读，是则"师高"可能是与↘地有关的一个军事据点。《左传》成公十七年："卫北宫括救晋，侵郑，至于高氏。"高氏为郑地，其地在今河南禹县西南。禹县在河南省中部，自1986年起划归许昌市管辖。商人的"师高"殆即此处。五期所伐盂方一说在河南睢县。《春秋》僖公二十一年："秋，宋公、楚子、陈侯、蔡侯、郑伯、许男、曹伯会于盂。执宋公以伐宋。"宋地"盂"在今河南睢县一带，其地在许昌地区东北向，即卜辞"盂方"。

卜辞中"高"与"洗"见于同版：

(2) 戊寅卜，在高，贞王田，衣逐，亡灾。
    壬□卜，……王田洗，衣，亡灾。（《合集》37533/5）

田猎地"洗"又写作"羌"，与羌方羌族的异地同名。《合集》24281/2，"戊戌卜，王在一月，在师羌。"可见其地有驻军，其地望在禹县以东豫东地区。

五 㑷录

六 澡

伐盂方所经地点目前仅发现"㑷录"、"澡"两地，其中㑷录为田猎地。

（1）……于惊录获白兕，敊于……在二月，惟王十祀，彡日，王来正盂方伯□。(《合集》37398/5，图 3—30)

图 3—30 "惊录"、"盂方"（《合集》37398）

"惊录"即惊麓，惊麓为田猎地，仅一见，地望不明。除惊录外，伐盂方所经地名尚有"澡"。

（2）……在澡，贞旬亡祸……引吉。在三月，甲申祭小甲……惟王来正盂方伯炎……（《合集》36509/5）

(3) □未卜，在溹……亡祸。在三月……䘒大甲，惟……（《合集》35532/5）

(4) 癸未卜，在溹，贞王旬亡祸。（《合集》36785/5）

(5) □□卜，在溹……王固曰："吉"。（《合集》36786/5）

(6) □□王卜，在溹……亡祸。王固曰："吉"。（《合集》36787/5）

除此外，一期时有"涉溹"，可证"溹"为水名。

(7) 贞涉溹。二告（《合集》7320/1）

"溹"的用例主要见上，未见与其他地名之间的联系，地望不详。

七 雇、师雇

八 雇

雇地，王国维先生谓文献、"扈"、"顾"，其地在今河南省原阳县。① 《左传》庄公二十三年："公会齐侯盟于扈"，杜预注云："荥阳卷县北有扈亭"。《夏本纪》："太史公曰：禹为姒姓，其后分封，用国为姓，故有夏后氏、有扈氏、有男氏、斟寻氏、彤城氏、褒氏、费氏、杞氏、缯氏、辛氏、冥氏、斟（氏）戈氏。"夏启与有扈曾战于甘，甘地一说即在今河南省原阳县原武镇西北。而《国语·郑语》谓："己姓昆吾、苏、顾、温、董"；《诗经·商颂·长发》云："韦、顾既伐，昆吾、夏桀。"征人方卜辞中，雇地在"河邑"以南。《水经·河水注》曰："河水又东北，迳卷之扈亭北。"《竹书纪年》："晋出公十二年，河水绝于扈。"卜辞有"师雇"之称。

(1) 辛丑卜，行，贞王步自🔲于雇，亡灾。

癸卯卜，行，贞王步自雇于勳，亡灾。在八月。在师雇。

己酉卜，行，贞王其步自勳于来……亡灾。（《合集》24347/2，图3—31）

---

① 详见王国维《殷虚卜辞中所见地名考》，《观堂集林·观堂别集》，中华书局1959年版，第1154—1155页。

第三章　王畿区和四土地名考订举例　135

"㣇"为商属地，卜辞中有用为农业地，"㣇"至"雇"的行程在两日之间，"雇"至"勎"在六日之间。而在近年出土的花园庄东地卜辞中"㣇"为最常见的地名之一。

（2）甲午岁祖甲牡一，子祝。在㣇。
　　乙未岁祖乙牡，子祝。在㣇。
　　弜巳祝，叀之，用于祖乙。用。
　　叀子祝，岁祖乙牡。用。
　　丁酉岁妣丁牡一。在㣇。
　　乙巳岁祖乙牝，子祝。在㣇。
　　乙巳岁祖乙牝一，子祝。在㣇。
　　……岁……（《花东》13，图3—32）

图3—31　"㣇"、"雇"、"勎"、"来"
（《合集》24347）

（3）庚午卜，在㣇，御子齿于妣庚，[曹]牢、勿牝、白豕。用。
　　……又齿于妣庚，曹牢、勿牝、白豕至牝一。用。（《花东》163）
（4）甲戌卜，在㣇，子有令……（《花东》480）

在上例中，"㣇"是用作祭祀地点。《花东》13从甲午至乙巳至少用了十六日的时间对祖甲、祖乙、妣丁进行了一连串的祭祀。据发掘者介绍，"㣇"是"本坑卜辞较常见的地名之一"①，可见"㣇"在占卜主体"子"的活动中

---

① 刘一曼：《殷墟花园庄东地甲骨坑的发现及主要收获》，《甲骨文发现一百周年学术研讨会论文集》，台湾师范大学国文系暨"中研院"史语所编辑，1998年。

图 3—32 "✱"（《花东》13）

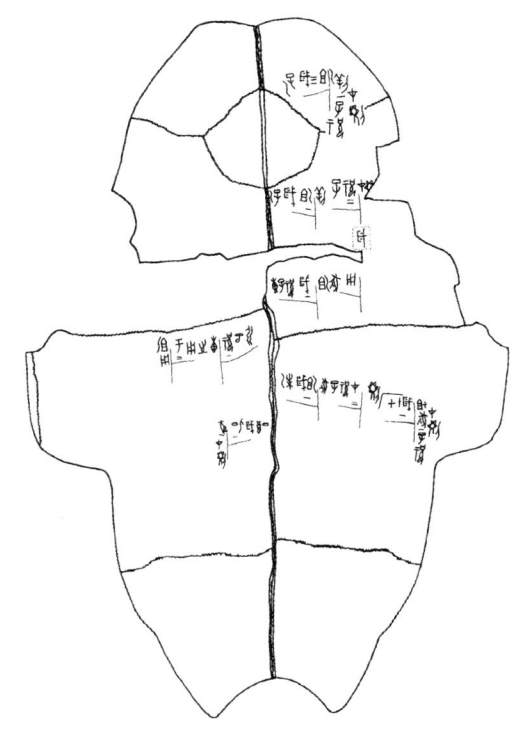

占有重要地位。"✱"以往并不少见，其地有"✱丘"之称，《合集》8119 正："贞呼宅✱丘。"《合集》8119 反："……翌其……✱丘。"可见为山地，其地为商王所至：

(5) ……卜……旬……十月，在✱。（《合集》8120/1）
(6) ……九月，在✱。（《合集》8121/1）
(7) ……在十月，在✱。（《合集》24371/2）

《合集》9329："……入三，在✱"，"✱"似为贡品中转地。其地多与农业活动关联，如：

(8) 丙寅卜，争，贞今岁我受年。
    □寅卜，争，贞今岁我不其受年。在✱，十二月。（《合集》

9668 正/1)

(9) 己巳卜，㱿，贞我受黍年……𢆶。
……受𢆶年。
贞我受𢆶年。在𢆶。
……弗其受𢆶年。(《合集》9946 正乙/1)

上述辞例中"𢆶"为占卜地，商王在其地卜问受年事项。《合集》9584："壬□［卜］，由……屌……𢆶……"，惜为残辞，但从"屌"字看似乎也与农事有关。很明显"𢆶"也是在王朝控制区内。

九 冒

"冒"近于"商"即商丘，为来征人方时所经。

(1) 乙酉卜，在香，贞王今夕亡祸。
丁亥卜，在丧，贞王今夕亡祸。
己丑卜，在乐，贞王今夕亡祸。
辛卯卜，在冒，贞王今夕亡祸。
癸巳卜，在冒，贞王今夕亡祸。
乙未卜，在冒，贞王今夕亡祸。
己酉卜，在缶，贞王今夕［亡］祸。(《合集》36553/5，图 3—33)

(2) ……王正……在冒……(《合集》36932/5)

(3) 丙申……冒，贞……夕亡……
［壬］寅卜，在商……王今夕亡……(《合集》36549/5)

(4) 甲午卜，在冒，贞……从东，惟今日，弗悔。在十月。兹御。王正……惟十祀。(《合集》37856/5)

例(2)无干支，从其他各例可以知道由十月辛卯至十月丙申，商人至少在冒停留六日以上，"乐"至"冒"有二日或少于二日的路程。例(3)"在商"的干支纪日可以据排谱补为"壬寅"，然则"冒"至"商"为六日或少于六日行程。

"冒"字无定释，用作动词时似与杀伐有关，用作名词时是国族名与地

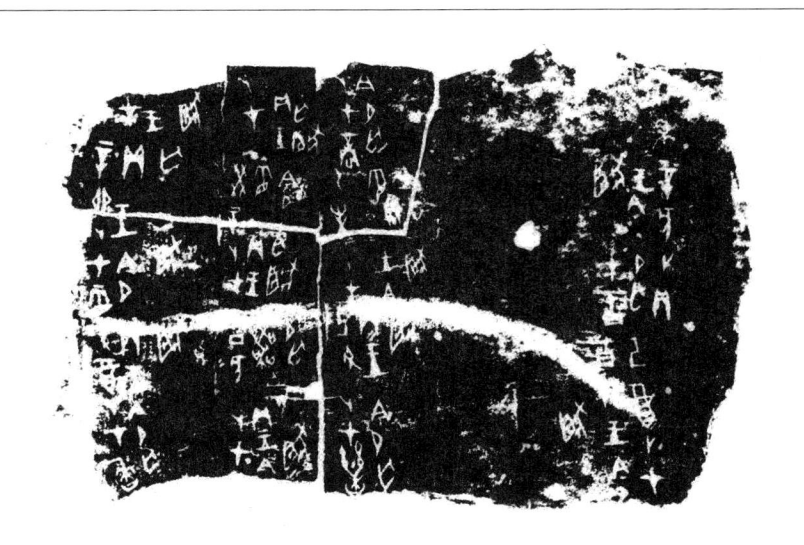

图 3—33 "香"、"乐"、"丧"、"胃"、"缶"(《合集》36553)

名,见于一、三、五期,是较稳定的商属地,活跃于一期,有取、入等辞例:

(5) 胃入……(《合集》9294 反/1)

(6) 胃入。(《怀特》549/1)

(7) □未卜,宾,贞呼取胃……(《合集》7065 乙/1)

一期有胃人"御方"的记录:

(8) 壬午卜,师,贞王令多胃御方于……
　　壬午卜……呼御方于商。(《合集》20450/1)

"方"是商王朝东南方向的敌国,以"御方于商",并结合征人方中"胃"地与"商"之间的关系,可以肯定商丘北面的"胃"地就是胃人的族住地。商王征舌方时,这部分胃人参与其事:

(9) 贞惟王征舌方。
　　□□卜,争,贞……以多胃……(《合集》6313/1)

一期曾卜问"鸣"及"戍"使冒：

(10) 丙子卜，㱿，贞勿呼鸣比戍使冒。三月。(《合集》1110 正/1)
(11) 呼鸣比戍使冒。
    贞勿呼鸣比戍使。(《合集》4722/1)
(12) 贞呼鸣比戍。
    呼鸣比戍使冒。
    贞勿呼鸣比戍。(《合集》4723/1)
(13) ……戍使冒……(《英藏》730/1)

"鸣"、"戍"常在殷西活动，以其人使"冒"，此处"冒"似指冒人在殷西的戍地。同期辞例《合集》7348也值得注意。

卜辞商属国族住地与戍地之间的关系，有待进一步深入研究，就地名研究而言，两者混淆可能会造成地望考订上的谬误。

十　商、丘商

十一　鸿

征人方经过的"商"一般认为即卜辞"丘商"，而丘商的地望现主要有商丘、濮阳两说。对"丘商"的看法，基本可以决定对征人方路线的大致看法。反对商丘说的论据主要有两个：一是今商丘一带未发现先商文化遗存；二是"商丘"之名最早见于春秋时期，而卜辞中有地名"宋"，似乎能证明今商丘一带在商时称为"宋"。关于第一点，以往不少学者曾指出可能与本地区古时大泽密布，又屡经黄河泛滥等地理因素有关。至于第二点，王国维先生《观堂集林》卷十二《说商》曾论宋初本名商，并谓："余疑'宋'与'桑'声相近。初本名商，后人欲以别于有天下之商，故谓之宋耳。"陈槃先生引孙志祖论断，"古木字有桑音。《列子·汤问》篇，越之东有辄木之国，《注》音木字为又康反；《山海经·东山经》，南望幼海，东望榑木，《注》扶桑二音，是也。字书木字，失载桑音，人多如字读之，误矣"；又引杨宽之谓，宋，古从木声，而木古有桑音，《大荒东经》之"扶木"，即《海外东经》之"扶桑",《淮南·时则》篇"榑木",《注》云:"榑木,榑桑。"① 陈氏谓王、孙、杨三家之言可以互证,所言极是。此外《史记·燕世家》:"(燕王喜四年)燕军至宋子。""宋子"为赵邑,《集解》引徐广曰"属钜鹿",在今河北赵县东北宋城村。卜辞"宋"为国族名,其首领称为"宋伯"(《合集》20075/1),曾为商人的附属国,地望不详。窃疑此"宋"未必就一定是周初的"宋"。

濮阳说的倡导者之一郑杰祥先生本人认为征人方中段的"商"不是丘商,而是淇县的"商","商"以南的"亳"、"鸿"分别是郑州商城与鸿沟。这是根据郑亳说提出的新看法。郑亳目前有很大争议,俞伟超先生提出"郑亳"一来无文献依据,二来引为论据的陶文都是战国晚期的,其字形也很难邃定是"亭"、"京"还是"亳"。郑州战国属"管京",而非"亳"。② 我们认为俞说是正确的,征人方途经的"亳"是北亳。"三亳"出自《尚书·立政》,指周初殷民聚居之地。北亳春秋时属宋,《左传》庄公十二年:"群公子奔萧,公子御说奔亳。南宫牛、猛获帅师围亳",其地在今山东曹县;一名"景亳",《左传》昭公四年:"商汤有景亳之命";又名"薄",《春秋》僖公二十一年:"十有二月癸丑,公会诸侯盟于薄,释宋公",《左传》哀公十四年:"薄,宗邑也。"南亳为商汤之都,在今河南商丘,《国语·楚语上》:"昔殷武丁能耸其德,至于神明,以入于河,自河徂亳,于是乎三年,默以思道。"西亳在今河南偃师,春秋时属郑,《左传》襄公十一年:"围郑,观兵于南门,西济于济隧。郑人懼,乃行成。秋七月,同盟于亳",同年《春秋》则称为"亳城":"秋七月己未,同盟于亳城北"。征人方辞中,商至缶(定陶)只有四日行程,四日后在亳,亳与鸿之间行程极短。

(1) ……商,贞……于亳,亡灾。
　　甲午王卜,在亳,贞今……鸿,亡灾。(《合集》36555/5)
(2) 乙[巳]卜,在商,贞今日于亳,亡灾。
　　甲寅王卜,在亳,贞今日……鸿,亡灾。

---

① 陈槃:《春秋大事表列国爵姓及存灭表譔异》,"中研院"史语所专刊之五十二,"中研院"史语所1997年版,第117—118页。
② 其文见《夏商周断代工程简报》第七十期,1999年10月30日。

乙卯王卜,在鸿,贞今日往于徹,亡灾。(《合集》36567/5)

(3) 癸□[卜],贞其……亳……兕……在七……有佑。王……(《合集》37394/5)

(4) 癸卯王卜,贞旬亡祸。在十月又一,王征人方,在商。

癸丑王卜,贞旬亡祸。在十月又一,王征人方,在亳。

癸亥王卜,贞旬亡祸。在十月又一,王征人方,在雈。

癸酉王卜,在……贞旬亡祸。在十月又二,王征人方。(《英藏》2524/5,图3—34)

图3—34 "商"、"亳"、"雈"(《英藏》2524)

根据《合集》36565① 可以知道甲寅日已在鸿,也就是说亳与鸿之间不超于一日行程。不应撇开亳、鸿之间的关系孤立看待商(丘商)。《左传》昭公二十一年:"丙寅,齐师、宋师败吴师于鸿口,获其二帅公子苦雉、偃州员。"鸿口为宋地,在今河南省商丘市东,虞城县西北。我们认为如果亳是北亳,"商"就不太可能在濮阳地区,因为由濮阳地区至山东曹县距离过远,还是将商——商丘、亳——曹县、鸿——鸿口这样组织较符合行程。

商人在南行至丘商之后并没有继续南行,而是折而向北,至亳后停留不足一日。近年,罗琨先生根据亳的特殊地位即宋景公所谓"薄,宗邑也",对商王绕道于亳进行了解释,并认为出师时经"商"停留约一旬与大战前的准备有关,预示商代晚期的"商"是镇抚东南,尤其是淮泗地区诸夷人方国的基地,反映了晚商时商丘的地位上升。商文化进入菏泽地区之后,则从早商的偏晚阶段开始就一直牢固地占有鲁西南地

---

① 《合集》36565无"征人方"字,但是卜辞中"鸿"的辞例并不多,因此本书认为该片可以补入日谱。

区,"更晚一些时候,商文化在山东的大部分地区取代岳石文化,商代晚期濮阳、菏泽、商丘地区文化面貌渐趋一致,菏泽安邱堌堆晚商文化与殷墟更是大同小异。从而印证商代晚期所伐夷方为淮夷,'商'的地位超过'亳',是和战略重点南移,即从济兖的九夷转向淮泗的淮夷有关"①。上述观点的提出是非常有价值的,而实际上还可以利用有关丘商地区的农业材料进行补证。武丁时期丘商一带农业生产由妇妌主持。妇妌又称"妌"或"妇井",为武丁诸妇之一,曾主持祭祀等活动,地位显赫。但是妇妌最突出的活动是在农事方面,卜辞中有关辞例目前发现的已将近四十例,包括卜问其地"受年"(《合集》9756)、"受黍年"(《合集》9968正)、妇妌"往黍"(《合集》9531正)、"田藿"(《合集》9607)等,特别重要的是以下两例:

(5)□□卜,□,贞妇妌呼黍于丘商,受……(《合集》9529/1)
(6)辛丑卜,㱿,贞妇妌呼黍丘商,受……(《合集》9530/1,图3—35)

图3—35 "丘商"(《合集》9530)

---

① 罗琨:《"汤始居亳"再探讨》,《殷商文明纪念暨三星堆遗址发现70周年国际研讨会论文集》,社会科学文献出版社2003年版。

可见妇姘与丘商附近的农田管理有关,其他称为"妇姘"的农业地的各例实指丘商一带由妇姘主事的农业区。大量有关妇姘的农业刻辞正可说明商王极其重视丘商一带的农业生产,作为当时南方势力范围的中心,农事活动是商人经营丘商的一个重要方面。

十二 徹、徹京

徹,一称"徹京",见于一、三期:

(1) 勿往徹京。五月。(《合集》8072/1)

(2) ……徹京……受……(《合集》8073/1)

(3) ……巳惟……十二月,在徹。(《合集》8074/1)

(4) 辛亥……王往……徹。一月。(《合集》8077/1)

(5) ……妇宰在徹……(《合集》8302/1)

(6) ……之日王往于田,从徹京。允获麋二,雉十七,十月。(《合集》10921/1,图3—36)

(7) 王其田徹,延……大吉。(《合集》29357/3)

其地为商王所经,一、三期均曾作为田猎地,一说其地在河南省鹿邑一带。

图3—36 "徹京"(《合集》10921)

十三 瀧（▨、▨、▨）

"瀧"字考释参下文"攸侯"条。瀧地是邻近林方的商属地。

(1) 丙戌……淮……于……
庚寅卜，在瀧師，貞王毌林方，亡灾。
壬辰卜，在瀧，貞王其……亡灾。
甲午卜，在瀧師，貞今日王步……簟，亡灾。（《合集》36968/5）

(2) 庚寅王卜，在瀧師，貞毌林方，亡灾。
壬辰王卜，在瀧師，貞其至于犅，觀沮師，往來亡灾。
甲午王卜，在瀧師，貞今日步于簟，亡……十月二，惟十祀，彡。
丁［酉王卜］，在……師，［貞］今日……从……往來亡灾。在正月。
己亥王卜，在春師，貞今日步于淩，亡灾。（《英藏》2563/5）

由上两例可以知道"瀧"地北距"淮"有四日路程，其地与"犅"、"簟"相近。诸家对其地望的考证往往系于对"淮"的不同理解。林方亦称"林"。

(3) 呼取女。
呼取女于林。（《合集》9741 正/1）
(4) ……在黄林師……商公宮衣……（《合集》36547/5）

上两例均不称"方"，例（4）属残辞，辞义不明。例（3）说明一期时林族曾与商王朝交好，并有一定程度的统属关系。五期时林方可能与人方存在联盟关系。《逸周书·史记解》："昔有林氏召离戎之君而朝之，至而不礼，留而弗亲，离戎逃而去之，林失诛之，天下叛林氏。"

十四 永（▨、▨、▨、▨、▨、▨）、攸侯喜鄙永

十五 鳶

"永"被称为"攸侯喜鄙永"，可见在攸侯领地外围。卜辞贞人中有

"永"，骨臼记事刻辞官员签名中也有"永"字，如《合集》6527 臼/1："奠示十屯又一。永。"《合集》10199 臼/1："癸酉卜，妇㚔示一屯。永。"《合集》2354 臼/1："戊申，妇息示二屯。永。"这些"永"大概是永地之人在商朝为官者，因此卜辞中有"永"在殷西活动的记载，如《合集》3317 反/1："……比呼侯遘……永比㐬侯……九……"。《合集》5618/1："辛卯卜，贞令周比永止。八月。"《合集》1076 正甲/1："贞遘暨永获鹿。允获。"《合集》1076 正乙/1："贞遘暨永不其获鹿。"㐬侯、遘、周都是殷西国族，以上各例中的"永"应与作为族地的"永"区别对待。"永"又称为"永方"（《合集》33189/4），其族在一期时已是商人附属国族，曾向商人贡纳畜产品、人口等，并为商王所使令。

(1) 永入十。（《合集》18911 反/1）
(2) 丁丑卜，争，贞来乙酉酯用永来羌自元……五月。（《合集》239/1）
(3) ……呼✸永共牛。（《合集》8940/1）
(4) 戊□卜，贞令永取牝。（《合集》4909 正/1）
(5) 乙未卜，宾，贞令永途子央于南。（《合集》6051/1）
(6) 丙申卜，贞令永。（《合集》4911 正/1）
(7) 惟永令。（《合集》31678 正/3）

例（5）"途子央于南"中，可证这里的"永"在殷南。商人对"永"的控制是逐步加强的。一期时开始在其地垦田：

(8) □丑卜。我。贞……永耤于……（《合集》21595/1）
(9) 戊辰卜，宾，贞令永圣田于盖。（《合集》9476/1）

例（9）的"盖"当为永族住地的一个地名。最晚从二期开始，其地出现了"永行"、"戍永"等军事组织：

(10) 辛未卜，行，贞其呼永行有遘。（《合集》23671/2）
(11) 戍永其遘捍。（《合集》28038/3）
(12) 惟戍永令，王弗悔。（《屯南》1008/3）

(13) 戍永……于义……立有……（《屯南》4197/3）

而三期时商王曾田游至其地，并在其地置奠：

(14) 既薾，王其田永。（《合集》29382/3）
(15) 辛巳卜，王其奠元暨永，燮。在盂奠。王弗……羊。大吉。（《屯南》1092/3，图3—37）
(16) ……永師奠。（《怀特》1458/3）

图 3 — 37　在永地置奠（《屯南》1092）

攸地的首领称为"攸侯"，其地望有安徽桐城、山东滕县后黄庄等说。①陈梦家认为，"攸"即《左传》定公四年中所说的鲁国所分殷民六族的條氏，其地在今河南永城南部，安徽宿州西北一带，② 其说至确。商人在攸停留了

---

① 见郭沫若《卜辞通纂》，《郭沫若全集·考古编》第二卷，科学出版社1983年影印本，第574片；王恩田：《山东商代考古与商史诸问题》，《中原文物》2000年第4期。
② 陈梦家：《殷虚卜辞综述》，考古学专刊甲种第二号，科学出版社1956年版，第306页。

二十八日，加上在所谓"攸侯鄙永"停留的时间，在攸领地包括边地在内超过一个月，但是征人方的主要战役非常迅速就结束了。

(17) 辛亥卜，在攸，贞大左族……擒。（《合集》37518/5）

(18) 丙午卜，在攸，贞王其呼……延执冑人方，虢焚……弗悔。在正月，惟来征……（《合集》36492/5）

"冑"字写作"冑"，象头部顶戴头盔形，卜辞中用为方国名。西周晚期询簋（《集成》4321）："今余令汝嫡官嗣邑人，先虎臣后庸，西门尸（夷）、秦尸（夷）、京尸（夷）、䚄（夷）、师笭、侧新（薪）、□华尸（夷）、弁豸尸（夷）……"其中京、䚄都是甲骨文中的地名。"弁"铭文中写作"甘"，象帽形，弁字原作"皃"，篆文作"覍"，"弁"字原是或体，后或体行而正字废。《说文》："覍，冕也，从皃，象形"，段玉裁《说文解字注》谓"象形"指"八"："盖象皮弁之会，郑曰：'会，缝中也。'"《说文》引"兜"字，谓："籀文皃，从廾，上象形。"按覍与八的上部与金文甘均象皮弁形，与甲骨文"冑"——"冑"的上部极相似。所谓"弁豸夷"就是商人在攸地征伐的"冑人方"。

"攸"自一期起就是重要的附属国族：

(19) 辛未卜，㱿，贞令攸令……𤉢。（《合集》4340 正/1）

(20) 甲戌卜，宾，贞攸侯令其㱿舌曰寿若之。五月。（《合集》5760 正/1）

(21) 贞……取……于攸。（《合集》7899 正/1）

(22) 癸未卜……姇……仲丁……廼步……①七……在攸。（《合集》19835/1）

(23) □巳卜……在攸。（《合集》20593/1）

"攸"为商王所使令，其地亦为商王所经。"边侯"在商代的外服统治中是非常重要的一环，攸侯对于商人在殷南的控制尤其重要。

(24) 丁卯卜，尹，贞今夕亡祸。
　　戊辰卜，尹，贞今夕亡祸。

己巳卜，尹，贞今夕亡祸。在十一月，在师攸。
庚午卜，尹，贞今夕亡祸。
辛未卜，尹，贞今夕亡祸。在师攸卜。（《合集》24260/2）

(25) 己酉卜，攸亢告启商。（《屯南》312/4）
(26) 其大出。吉。
醜其驿至于攸，若。王固曰："大吉"。
其迟于之，若。（《合集》36824/5）

例(25)、(26)似乎均与军事活动有关，"攸亢"殆即"攸侯亢"的省称。从例(24)来看，二期时其地设有商人的军事组织，称为"师攸"。另外，"攸侯喜鄙永"以西有商属地"󰀀"，隶定作"濦"，见前文。其字或不从水旁作"󰀁"，又写作"󰀂"。

(27) 癸□〔卜，黄，贞〕……王……又……惟……
癸巳卜，黄，贞王旬亡祸。在十月又二，惟征人方，在󰀁。
癸卯卜，黄，贞旬亡祸。在正月，王来征人方。在攸侯喜鄙永。
……祸。在正月，王来人方，在攸。（《合集》36484/5）
(28) 癸巳……󰀂……王旬……
癸□……攸……旬……征……
……王旬……王来……人方。
癸酉卜，在攸，永，贞王旬亡祸。王来征人方。（《合集》36494/5）

对比以上两例，可确证󰀁与󰀂为一字。"󰀂"或隶定作"󰀃"，从鬲从火，"爿"为声符。

应该引起注意的是三、四期时商人在攸侯的边地"爿"设有牧官。

(29) 戊戌，贞右牧于爿，攸侯古畐。
中牧于义，攸侯古畐。（《合集》32982/4）
(30) 甲辰卜，在爿牧徣微有……邑……。在󰀄。引吉。
弜悔。吉。

癸酉卜，戍伐右牧⬚启人方，戍有⬚。引吉。

……⬚。引吉。

中戍有⬚。

左戍有⬚。吉。

亡⬚。

右戍不雉众。

中戍不雉众。吉。

左戍不雉众。吉。（《屯南》2320/3）

"爿"地所设牧官称为"在爿牧"，又称为"右牧"。例（29）"攸侯古"是四期时攸族首领。例（30）与"在爿牧"同辞，并出现了地名"⬚"，其字从水从皿。我们知道金文中"皿"字旁往往写作⬚。是则⬚等字形的下部，即所谓"从鬲从火"实为从"皿"之误，其字实质从皿、爿声。也就是说五期的地名⬚，就是三、四期的地名"爿"。此字又写作⬚，下部是"⬚"的讹变。从"在⬚"看来，大概其地附近有河流，因此又或增水旁写作"⬚"。例（30）可证在爿牧附近设有戍军，按编制分为左戍、中戍、右戍。有战事发生时，牧与戍互相配合参加军事行动。作为控制殷南的重要力量，"攸"地重要性还表现在攸侯领地附近开展的农业活动：

（31）告攸侯耤。（《合集》9511/1）

（32）甲寅［王卜，］在贏，［贞］……⬚……陆……亡灾。［在］十［又二］。

己巳王卜，在贏，贞今日步于攸，亡灾。在十月又二。（《合集》36825/5）

（33）癸亥，贞于𢀜圣……

癸亥，贞王令多尹圣田于西，受禾。

癸亥，贞多尹㢸作，受禾。

癸亥，贞其𦱤禾自上甲。

乙丑，贞：王令圣田于京。

于贏圣田。

戊辰，贞𦱤禾自上甲，其燎。（《合集》33209/4，图3—38）

（34）……王令……圣田［于］贏。（《合集》33212/4）

图 3—38 "于羸圣田"　　图 3—39 "媾"、"杞"、"吕"、"畾"、
　　　　（《合集》33209）　　　　　　　"剢"（《合集》36751）

例（32）可证"羸"是攸附近的一个地名。四期曾在"羸"地开垦农业地，见例（33）、（34）。此外还有"永"地一带的垦田，见上条。这一类农事活动是商人拓土南疆、巩固势力的一个表现。

十六　吕（吕、吕、吕）

十七　畾

"畾"地驻有军队，见《合集》36751/5："癸巳卜，在吕，贞王迭畾，往来亡灾。于师北。"（图 3—39）武丁时期诸妇中有"妇吕"，见于《合集》14431臼、17534、17535臼等。又：

(1) 乙亥卜，我……吕……入豕于羸。（《合集》22075/1）

辞残，"嬴"为地名，在攸侯的领地一带。似乎在武丁时期，㠱与嬴地之间已有联系。"畾"地仅一见，地近于㠱。㠱字，郑杰祥先生从于省吾先生释"诇"，认为诇与侦古通用，侦与俚同，㠱地即《水经·渠水注》之圣女渊，在今开封市西北，① 可备一说。

十八 雷（䨻）𡿝商鄘

(1) 癸巳卜，在䨻𡿝商鄘，泳，贞王旬亡祸。唯来征人方。
癸酉卜，在巳奠河邑，泳，贞王旬亡祸。唯来征人方。
癸巳卜，泳，贞王旬亡祸。
癸丑卜，在𩱐，泳，贞王旬亡祸。（《英藏》2525/5，图3—40）

图 3—40 "㠱"、"䨻𡿝商鄘"、"巳奠河邑"、"𩱐"（《英藏》2525）

"䨻𡿝商鄘"在诇地附近，"商鄘"的"商"应该不是指丘商，"商鄘"疑指王畿区外围。

---

① 郑杰祥：《商代地理概论》，中州古籍出版社1994年版，第377—378页。

十九 㓞

征人方回程中曾卜问是否要步"索":

(1) 庚寅卜,在𡠦,贞王步于杞,亡灾。
壬辰卜,在杞,贞今日王步于㫃,亡灾。
癸巳卜,在㫃,贞王迍𢍰,往来亡灾。于师北。
甲午卜,在㫃,贞王步于㓞,亡灾。(《合集》36751/5)

20世纪70年代在山东省兖州县嵫山区发现一批晚商青铜器,其中带有铭文的一爵一卣族徽均为"㓞"(图3—41)。《左传》定公四年:"分鲁公以大路、大旂,夏后氏之璜,封父之繁弱,殷民六族,條氏、徐氏、萧氏、索氏、长勺氏、尾勺氏,使帅其宗氏,辑其分族,将其类醜,以法则周公。"因此,研究者认为山东所出索氏器在西周初年鲁国之内:"鲁国先公的坟墓即位于阚邑(今汶上县南旺湖中),距器物出土地很近。显然,这里是鲁国统治最初就比较巩固的地区,作器者所属的索氏族当是附伯禽东来时被安置在这一带的殷民六族之一……"[①]"殷民六族"的性质与来源一向是备受注意的问题,近年一些学者根据山东所出铜器铭文认为,所谓殷民六族就是周初时臣服的山东土著族属,并非由外地徙来,征人方所经"㓞"与山东铜器铭文的"㓞"为一地。[②] 按春秋时有郑邑"索氏",其地在今河南荥阳,见《左传》

图3—41 山东兖州李宫村出土的"㓞"族铜卣铭文

---

① 郭克煜、孙华铎、梁方建、杨朝明:《索氏器的发现及其重要意义》,《文物》1990年第7期。

② 如李学勤《海外访古续记》(九),《文物天地》1994年第1期。

昭公五年。索氏东距昌地（今开封市西）不远，卜辞勑当在此处。卜辞有"勑仲妇"之称（《合集》2857/1），其地一期已见：

(2) 庚辰卜，宾，贞联刍于门。
　　贞联刍于丘勑。
　　贞联刍于门。
　　贞联刍于勑。（《合集》152 正/1，图3—42）
(3) 贞莫于丘勑。（《合集》780/1）
(4) 贞莫于丘勑。（《合集》4248/1）
(5) 至勑⋯⋯至。（《合集》21477/1）

图3—42　"联刍于丘勑"（《合集》152 正）

从例（2）、（3）、（4）看来其地临门，又称"丘勑"，一期时已在其地设莫。二期时"勑"为田猎地：

(6) 戊辰卜，□，贞王其田于勑，亡灾。（《合集》24459/2）

(7) 壬辰卜，出，贞王其田……剢，亡灾。(《合集》24460/2)

二十　𩁹

二十一　巳奠河邑

(1) 己酉……樂……于丧……
　　庚戌王卜，在丧，贞今日步于香，亡灾。
　　辛亥卜，在香，贞今日步于𩁹，亡灾。
　　□□王卜，[在] 𩁹，[贞] [今日] 步 [于] □，[亡] 灾。
(《英藏》2565 正/5)

(2) 辛亥卜，在香，贞今日王于𩁹，亡灾。
　　甲寅卜，在𩁹，贞今 [日] 王步于奠，亡灾。(《合集》36752/5)

由例（2）可证"𩁹"距"香"不超过三日行程，其字在卜辞中或用为动词，或为地名、国族名。"𩁹"族是商的附属国族：

(3) 贞勿令𩁹比我称册。十月。(《合集》7418/1)
(4) ……勿令𩁹比我称册。(《合集》7419/1)
(5) 丁卯，贞于𩁹，若。(《合集》8217/1)
(6) 贞勿……往于𩁹。(《合集》8216/1)

例（2）中的"奠"乃武丁时期所设置：

(7) ……争，贞在𩁹奠。(《合集》8218 正/1)

"𩁹"距"巳奠河邑"则有约两旬行程（《英藏》2525/5）。"巳"疑即文献"汜水"。古汜、氾本二水，后通作"氾"，于是书传中多互混。现文献中上古地名称"汜"者有三处：一为南汜，在今河南襄城南，见《左传》僖公二十四年、昭公五年、《国语·晋语四》；一为西汜，在今河南汜水西，见《左传》成公四年、七年；三为郑水名，在今河南汜水东南，见《左传》襄公二十六年。又"氾南"，一称"东氾"，在今河南中牟南三十里，见《左传》僖公三十、襄公九年。氾水所在，清人王舟瑶《默庵集》[①] 辩之甚详，引《广韵·六止》"氾，水名，在河南成皋县东有氾水"，谓在今河南汜（氾）水县南者为古氾水。

谭其骧先生认为，在战国中叶下游河道全面筑堤以前，黄河的基本流向都是流径河北平原（包括今豫北、冀南、冀中、鲁西北），在渤海湾西岸入海。[②] 具体说来，文献上仍保存的汉以前流路明确的黄河下游河道有三条，"一条是《山海经·北山经》里记载的大河，大致从今河南荥阳县广武山北麓起，经过新乡、滑县、浚县，沿着太行山东麓北流，东北流至永定河冲积扇南缘，折东而流，经今大清河北一线，至今天津市区入海。一条是《尚书·禹贡》记载的大河，在今河北深县以上（即以南）与山海经大河相同，自深县以下河道偏东，流经今冀中平原，在今天津市区南部入海。另一条是《汉书·地理志》里记载的西汉时还见在的大河，实际是一条春秋战国以来早已形成的大河。其流经在今河南浚县西南古宿胥口以上，与《山海经》、《禹贡》大河相同，自古宿胥口以下，东北流经今濮阳西南，折北经馆陶东北，又东经高唐南，北经东光西，又东北流经今黄骅县东入海"[③]。大体来说，商时的黄河水道在出今河北南境北流以前是能确定下来的。商时"巳奠"是在古黄河南岸氾水一带所设的一个奠，"巳奠"与"河邑"连称，河邑很可能是巳奠范围内的一个城邑，因在古黄河沿岸得名。

二十二 ✡（✡）

"✡"又写作"✡"，在宾组卜辞中较常见，为商王田猎之地，如《合集》10950"乙巳卜，王获在✡兕。允获。"近年来又见于花园庄东地甲骨：

　　丁卜，在✡，其东狩。
　　丁卜，其。
　　不其狩，入商。在✡。

---

① 王舟瑶：《默庵集》卷二，谭其骧主编《清人文集地理类汇编》第四册，浙江人民出版社1987年版，第389—390页。
② 详见谭其骧《山经河水下游及其支流考》，《中华文史论丛》第七辑。
③ 邹逸麟主编：《黄淮海平原历史地理》第四章《黄淮海平原的水系变迁》，安徽教育出版社1993年版，第98—100页。

丁卜，其涉河狩。

丁卜，不狩。

不其狩。

其涿河狩，至于箕。（《花东》36，图3—43）

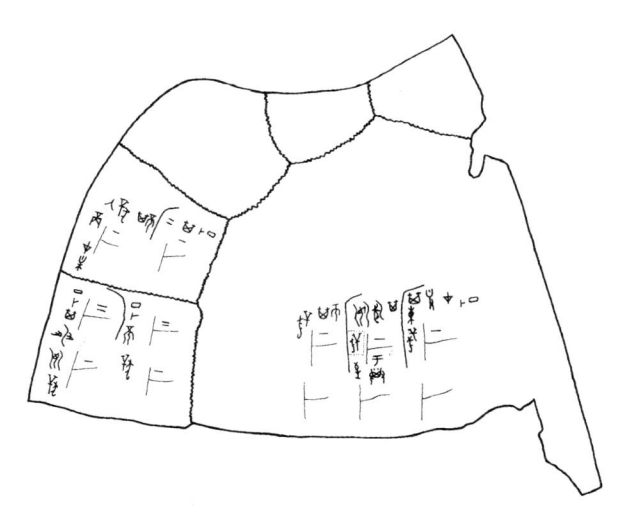

图3—43　"㵳"（《花东》36）

刘一曼、曹定云认为，"㵳与㵳同为一字，地名"。由此辞可知，"㵳"离"商"不远，且在"河"附近。卜辞"河"恒指黄河。古黄河在今安阳以东北流，上辞所称"东狩"当与"涉河狩"同意，"㵳"可能在商都与古黄河之间。"㵳"离"商"不远，且在河附近，由上辞知"箕"亦近河。谭其骧《中国历史地图集》将"箕"定在安阳西北。但是我们认为《花东》所见"箕"是淇河的"淇"。花园庄东地甲骨出现了不少地名，因此很受关注。党相魁先生亦引《花东》上例考订箕即淇，并引饶宗颐考证㵳即未字，郑杰祥谓㵳、㵳同字，即昧字，上所从○即日字，昧地即后世典籍中之妹地和沫地，而认为""的㵳地望在今淇县北十多公里的古城村东。①

---

①　党相魁：《释㵳》，此文只有提要，见于《殷商文明暨纪念三星堆遗址发现70周年国际研讨会论文提要》。

二十三　懋田

弜……丧舊田，不受佑。
弜……灾，惟懋田彡，受佑。
(《合集》29004/3，图3—44)

其地在今河南省商丘与永城之间。

二十四　盖

（1）戊辰卜，宾，贞令永圣田于盖。(《合集》9476/1)

图3—44　"懋田"、"舊田"
（《合集》29004）

"永"又称为"攸侯喜啚永"(《合集》36484/5)，其地当在今河南东部与安徽之间，盖地必近于永。

二十五　襄（𢑓、𢑓、𢑓、𢑓）

二十六　𢑓师、戍𢑓

𢑓、𢑓、𢑓、𢑓等形均为甲骨文"襄"字异构。写法一期通作𢑓，二期作𢑓、𢑓，三期作𢑓、𢑓，五期作𢑓，可证其字所加横画确属装饰。"襄"用作地名，见于一、二、三、五期，与"河"有涉：

（1）贞王其田于襄，剐于河。吉。(《合集》30439/3)
（2）王其田襄，剐于河。(《合集》30431/3)

"襄"在古黄河沿岸应无疑问，张秉权先生认为在沁阳附近[①]，于省吾先生则以为在春秋卫地襄牛[②]，两说中以于说为是。按于老的论述主要在字形

---

① 张秉权：《殷墟文字丙编考释》，中研院史语所1992年重印本，第155页。
② 于省吾：《甲骨文字释林》，中华书局1979年影印本，第133—134页。

考释方面，而甲骨文中不少"襄"地的用例可以作为佐证。武丁时期，襄地是商王一个常见的田游行至之地，商王还曾在其地进行祭祀：

(3) ……宰又羌二十，在襄。(《合集》343/1)
(4) 贞翌丁巳侑十羌，在襄。(《合集》449/1)
(5) 贞商至于奏。十月。在襄。(《合集》8195/1)
(6) ……出……奏……襄。(《合集》8196/1)
(7) 获麇两百……在襄。(《合集》10990/1)
(8) 贞于乙酉陷麇在襄。(《合集》10991/1)

商代铜器铭文中也有商王行至襄地的记录，小子䍙鼎铭（《集成》2648）（图3—45）："乙亥，子赐小子䍙王商（赏）贝在襄帥（次），䍙用乍（作）父乙宝尊，𠂤"。卜辞中"襄"与"方"、"人方"有涉：

图3—45 "在襄帥"（《小子䍙鼎铭》，《集成》2648）

(9) 壬辰卜，扶，执令勿入，不涉。
　　甲午卜，扶，令去襄崇方。(《合集》20464/1)
(10) 弜益襄，人方不出于之。
　　 弜益涂，人方不出于之。
　　 王其呼卫于𡄹，方出于之，有𢦏。(《合集》28012/3)

人方即夷方，襄地临近夷族分布区。襄牛见于《左传》襄公十年："卫侯救宋，师于襄牛。"又名襄丘，其地在山东濮县东（濮县现已并入河南范县）。例（10）中"益襄"、"益涂"应指在其地增援以抵御人方，值得注意的是商人在同期曾卜问"将🕉于襄"：

（11）其将🕉……又夕……
弜将🕉师。
其将🕉于。襄。
……将🕉……（《合集》27988/3，图3—46）

"将"即率领，"🕉"显然是"🕉师"的省称。卜辞中除"🕉师"外，又有"戍🕉"：

（12）……及羌……戍🕉，弗𢦏。（《合集》27987/3）

从例（12）看戍🕉似原在羌方周边地区。结合例（10）的"益襄"来看，当时可能因为人方大出造成边境压力，于是将原在羌方边境的一支军事组织调往襄地增援。"将🕉

图3—46　"将🕉于襄"
（《合集》27988）

师"与"益襄"实为一事。🕉师调动之后至四期时似仍驻于殷东边境：

（13）□寅卜，方其至于🕉师。（《合集》33045/4）

"🕉"字有释"煴"、"燭"者，均不可据。按《左传》昭公二十年："夏，曹公孙会自鄸出奔宋。""鄸"春秋时为曹邑，地在今山东菏泽西北三里。"鄸"为形声字，从"夢"音。"夢"，《说文》谓："不明也。从夕，瞢省声。"段玉裁《说文解字注》曰："《小雅》：民今方殆，视天梦梦。《传》曰：王者为乱，梦梦然。《释训》曰：梦梦，乱也。按故训释为乱。许云不明者，由不明而乱也。以其字从夕，故释为不明也。梦之本义为不明。今字假为癚寐字。梦行而癚废矣。""夢"，今简体字简化为"梦"。段玉裁已经说得很清楚，"夢"本义为"不明"，非"梦寐"本字。陈汉平先生谓🧿字形象人持灯烛形，此说至确，释"燭"则非。①疑🧿为"夢"本字，持灯烛即"不明"之义。小篆从"夕"，与甲骨文人持灯烛用意为一。甲骨文中有寢字，写作🧿、🧿等形，象人倚床之形。《说文》："寢，寐而觉也。从宀，从丬夢声。"段玉裁《注》云："宀者，覆也。丬者，倚著也。夢者，不明也。夢亦声。"🧿、🧿正象倚著形，其字与🧿的关系为：

🧿 → 夢

→ 夢

🧿、🧿寢

是则🧿师驻地在菏泽西北，在濮阳地区东南。而襄地作为殷东边境重地，本身也有驻扎军队，称为"师襄"：

(14) 王在师襄🧿。
　　 王在师🧿🧿。(《合集》24255/2)

🧿见于帝辛十祀征人方，方位在丘商以南与攸侯领地以北。襄地不仅有驻军，似乎也曾置奠：

(15) ……奠……在襄。(《合集》3458反/1)

本例惜为残辞，只能推测辞义可能与置奠有关。置奠必在边地。商代的"奠"是一种特殊行政区域，奠的设置是巩固与扩充王畿的手段。

二十七　瀼

二十八　膏鱼、膏

卜辞田猎地名中又有"瀼"：

---

① 详见陈汉平《古文字释丛》，《出土文献研究》，文物出版社1985年版，第227—228页。

（1）丙寅卜，王其田瀼，惟丁往戊围……大吉。
　　惟戊往己围，亡灾，泳王。大吉。
　　惟壬往曾围，亡灾，泳王。吉。
　　王其田瀼，延射䢼兕，亡灾，泳王。吉。（《屯南》1098/3）

按濮县位于豫东与鲁西的交界地带，西邻河南省东北角的濮阳市。濮县、濮阳均以濮水得名。"瀼"当即"濮水"。濮水一称濮渠水，流经春秋卫地，即所谓有名的"桑间濮上"。《汉书·地理志》："卫地有桑间濮上之阻，男女亦亟聚会，声色生焉，故俗称郑、卫之音。"根据前人的研究，濮水首受河，又受汴，东北至离狐分为二，俱东北至巨野入济。上下游各有两支：上游一支首受济水于今河南封丘县西，东北流；一支首受河水于今原阳县北，东流经延津县南；二支合流于长垣县西。东流经肥北至滑县东南，此下又分为二：一支经山东东明县北，东北至鄄城县南注入瓠子河；一支经东明县南，又东经菏泽市北注入巨野泽。历代上下游各支时或通彼支，时或此塞彼通，因此《汉书·地理志》、《左传》杜预注、《水经注》、《元和郡县志》所载流经不尽相同。后因济水枯涸，黄河改道，故道渐堙。明清之际余流犹残存于长垣县、东明县一带，俗称普河。

（2）自瀼至于膏，亡灾。大吉。（《合集》28188/3，图3—47）

"膏"殆与"瀼"近。一期田猎地则称"膏鱼"：

（3）戊寅，王狩膏鱼，擒。（《合集》10918/1）

《左传》襄公二十六年："遂袭我高鱼"，其地在今山东郓城西。"膏鱼"即"高鱼"。卜辞中也称为"膏"。又商代铜器中有瀼尊，铭文曰："王由攸田𤉑，作父丁尊。瀼。"① 商时"攸"在今河南省永城与安徽省北部宿州之间。铭文中的"瀼"是人名，作器原因或为从商王出行，或为商王出行时经其领地，现已难以确证。

---

① 见《集成》9821号，原名"王甗"。

图 3—47 "自瀼至于膏"(《合集》28188)

二十九　齐

三十　𠂤

"齐"为五期地名，其辞例有：

(1) 癸巳卜，贞王旬亡祸。在二月，在齐𠂤。惟王来征人方。(《合集》36493/5)
(2) 癸巳……在齐……(《合集》36803/5)
(3) 庚寅卜，在齐𠂤，王迍往来亡灾。(《合集》36804/5)
(4) [癸]巳王卜，贞旬亡祸。王固……夕在齐𠂤。惟王十[五]……(《合集》36805/5)
(5) 癸巳王……齐，贞……祸。引吉。(《合集》36806/5)
(6) 癸巳……在齐……亡祸。(《英藏》2537/5)
(7) 癸巳王[卜]，贞旬亡[祸]。在𠂤。
癸卯王卜，贞旬亡祸。在𠂤。
癸丑王卜，贞旬亡祸。在齐𠂤。(《合集》36821/5，图3—48)
(8) 癸巳王[卜]，贞旬[亡祸]。在十月。在……
癸卯王卜，贞旬亡祸。在十月。在𠂤𠂤。

癸丑王卜，贞旬亡祸。在十月又一，在齐𠂤。

□□［王］卜，贞［旬亡］祸。在十月……齐𠂤。（《怀特》1886/5）

依据干支可以把以上辞例分为两组，例（1）至例（6）为一组，属于帝辛十五祀"来征人方"时路经地点；例（7）、（8）为另一组，包含的地名序列为：

（一）↙—10—徆—10—齐；

（二）？—10—㾴—10—齐。

"㾴"、"徆"是同一字的不同写法，其地与"齐"有至少一旬路程，具体地

图3—48　"↙𠂤"、"㾴𠂤"、"齐𠂤"（《合集》36821）

望已难推定。例（8）癸巳日所缺地名当可补订为"↙"，因此例（7）、（8）实际是一组相同的地名序列。"齐"与"↙"则相隔至少两旬路程。"↙"上文已经谈过，在今河南禹县附近，从↙、齐的关系来看，帝辛十五祀来征人方也还是在今河南省与山东省交界地带。殷商齐地所在目前争议较大，有山东临淄与河南陈留两说。陈留说是陈梦家先生提出的，《水经·汳水注》谓陈留有大小齐城，郑杰祥先生指出《大清一统志·河南开封府》古迹条有"临济城在陈留县西北五十里"，可以补证陈梦家之说。[①] 按齐地所在之所以一直聚讼不休，主要因为关系到征人方究竟是否到达山东省临淄一带，以及商人临淄一带是否属于商人势力范围。

按齐地为征人方所经，根据主要是上引例（1）例（4），这两例都有"征人方"字样，其中例（1）为二月癸巳，例（4）也是癸巳日，年份不全，补为十祀与十五祀均可。如果要把"在齐"排入帝辛十祀征人方日谱，根据月份只能排入回程中。但回程二月癸巳应在"🙰"。二月癸巳在🙰的辞例目前有三例，更重要的是《合集》36751有甲午日："在🙰，步于剌。"主张山东说

---

① 临淄说最早出自郭沫若、董作宾、岛邦男，两说的主要观点论据见王宇信师《山东桓台史家〈戍宁觚〉的再认识及其启示》一文，《夏商文明研究——'97山东桓台中国殷商文明国际学术讨论会论文集》，中国文联出版社1999年版，第26—28页。

的学者又往往举此例论征人方经过"劇",而索氏铜器出于山东。显而易见,在昌与在齐是不能同时排入日谱的。帝辛时期征人方有十祀与十五祀两次已是共识,近年孙亚冰根据晚商金文论证黄组征人方卜辞中一部分包括"在齐"属于帝辛十五祀征人方,其说是。[①] 另外卜辞常见"画"与"潚"地,即春秋时期临淄附近的"潚",桓台地区又出有戍甪觚,无论齐地是否在临淄,商时临淄地区属于商人势力范围都是毫无疑问的。

三十一 亳

三十二 缶

征人方所经"缶"与商西地名"缶"异地同名,其地在今山东定陶,卜辞中与"鬶"、"熗"两地有系联关系。

> (1) 癸丑卜,在上鬶,贞王旬亡祸。
> 癸亥卜,在鬶,贞王旬亡祸。
> 癸酉卜,在鬶,贞王旬亡祸。
> 癸未卜,在熗,贞王旬亡祸。
> 癸巳卜,在缶,贞王旬亡祸。(《英藏》2532/5,图3—49)

"上鬶"与"熗"、"熗"与"缶"均相隔一旬路程。"熗"仅见于本例。另外,卜辞有"䁖侯缶"之称,或与"缶"地有关。

> (2) 癸未卜,在師,贞禽巫九禽,王于䁖侯缶師王其在䁖䚛正……(《合集》36525/5)

征人方中"商"至"缶"只有四日路程,四日后在"亳"(参后文征人方部分)。

---

① 孙亚冰:《殷墟甲骨文中所见方国研究》,中国社会科学院研究生院2001年硕士学位论文,第44—45页。

图 3—49 "上𠂤"、"𠂤"、"缶"（《英藏》2532）

三十三 雚

(1) ……旬亡……十月……人方……
癸卯王卜，贞旬亡祸。在十月又一，王征人方，在商。
癸丑王卜，贞旬亡祸。在十月又一，王征人方，在亳。
癸亥王卜，贞旬亡祸。在十月又一，王征人方，在雚。
癸酉王卜，在……贞旬亡祸。在十月又二，王征人方。（《英藏》2524/5）

"雚"亦见于一期，用为族名，如"取雚"（《合集》10607/1）、"将雚郭于京"（《合集》13523 正/1、《英藏》1113 正/1）等。

三十四 舊、人方邑舊、舊田

"舊"在三期时被称为"人方邑舊"。

(1) 王族其敦人方邑舊，右左其䧇。

　　弜䧇，其㘸舊于之，若。

　　……右旅……雉……众。（《屯南》2064/3，图3—50）

(2) ……吉，在舊。

　　王其以众合右旅……旅疐于舊。
（《屯南》2350/3）

上两例为一事，王族以其族众联合右旅征伐人方，并卜问是否往右旅加插人员，"舊"是当时人方的一个邑。经过这次征伐后，"舊邑"一带纳入商人控制范围。

图3—50　"人方邑舊"（《屯南》2064）

(3) 弜……丧舊田，不受佑。

　　弜……灾，惟懋田彡，受佑。（《合集》29004/3）

懋田、舊田对称，地望应相近。卜问是否丧舊田，可见其时舊已入商，商人并在其地开辟有农田。征人方行程中舊在危方以南，而我们知道危方在一期时已有置奠，也就是武丁时期危方已在商人控制范围，可见三期伐舊实际也就是在逐步拓展在南方的势力。其后五期时舊为来征人方所经，十二月己巳在"危"（《合补》11142），癸未日在舊（《合补》11232），又：

(4) 壬午卜，舊立，贞王今夕不震。

　　其震。（《合集》36442/5）

壬午为癸未前一日，虽本片无征人方字样，但与行程无矛盾，应该也可排入日谱，是则壬午日已在舊。又：

(5) 丙辰王卜，在□，[贞]今日步于□……

　　戊午王卜，在羌，贞田舊，往来亡灾。兹御。获鹿狐。

　　己未王卜，在羌，贞今日步于𦧕，亡灾。

庚申王卜，在☐，贞今日步于☐，亡灾。

☐☐王卜，在☐，贞……淮……（《合集》37434/5）

从上辞得出地名关系：羌（田舊）—1日—羌（步于☐）—1日—☐（步于☐）。"羌"近于"舊"、"☐"，两地均见于帝辛征人方，"☐"北向距"雇"（在今河南原阳县）为十日以内行程，可见以上一组田猎刻辞大致是走由南往北的路线，"羌"肯定也在豫东，与西南"羌"族异地同名。五期田猎地又有"浇"：

(6) 壬☐卜，在……贞王田浇，衣亡灾。（《合集》37533/5）

《甲骨文字诂林》按语谓："'浇'为田猎地，卜辞'羌'与'浇'有别，'浇'不得为'氐羌'之'羌'"①，其说是，但有一点忽略了，就是"浇"实际也有写作"羌"的。此羌大概临水而居，因此亦名"浇"。一期时有"师羌"："戊戌卜，王……在一月，在师羌"（《合集》24281/1），应是驻扎在浇地的军队。"师羌"也是豫东一个临近夷族的军事据点，方位在舊邑以北，也早一步进入商人控制范围。

三十五 浇、麦

"麦"与"宫"、"丧"同见：

(1) 壬申王［卜，贞］田麦，往［来］亡灾。王［固曰］："吉。"兹御……白鹿……

乙亥王卜，贞迍丧，往来亡灾。王固曰："吉。"

丁丑王卜，贞田宫，往来亡灾。王固曰："吉。"

［戊］寅王卜，贞☐丧，往来［亡］灾。王固曰："［吉］。"（《合集》37448/5）

壬申至乙亥为三日，但是四日的占卜中只有壬申日卜"田麦"有验辞，尤其是乙亥日卜"迍丧"、丁丑卜"田宫"之后，［戊］寅又卜丧，可见实际

---

① 于省吾主编：《甲骨文字诂林》，中华书局1996年版，第1281页。

乙亥可能未成行。麦与宫、丧之间的行程不能依此断定，"麦"仍有可能是地理较南的"淩"。西周早期有麦盉（《集成》9451），铭文谓："井（邢）侯光厥吏麦䚄于麦宫，侯赐麦金，作盉，用从井（邢）侯征事，用旋走凤夕，䚄御事。"与《集成》9893的井侯方彝、《集成》2706的麦方尊等铭所记为一事。

2005年中国社会科学院考古所安阳工作站和安阳市文物工作队在安阳安钢第二炼钢厂西南发现一处墓葬，包括3座大墓和7座车马坑，其中在M11墓室北部二层台上发现了3条骨片，有1条骨片用绿松石镶嵌成16个文字，下部残①："壬午，王迖于召𨗒，徂田于麦录，获兕，亚赐……"所记之事与著名的"宰丰骨"（《合补》11299反、11300反）所记事应为同一件事："壬午，王田于麦录，获商戠兕，王赐宰丰，寝小𣪘祝。在五月，惟王六祀彡日。"

三十六 澫

三十七 ⿱日丮

澫地距淩为一日行程，地望不详。

（1）庚子王卜，在淩𠂤，贞今日步于澫，亡灾。在正月。获狐十又一。

辛丑王卜，在澫𠂤，贞今日步于⿱日丮，亡灾。（《合集》37475/5，图3—51）

⿱日丮地距澫也是一日行程。一说以为⿱日丮即"呈"字，又写作"𣦌"、"𠮷"，误。"呈"是三期、五期时常见的田猎地名，其辞例有：

图3—51 "淩𠿳"、"澫𠿳"、"⿱日丮"（《合集》37475）

---

① 刘忠伏、孔德铭：《安阳殷墟殷代大墓及车马坑》，《2005中国重要考古发现》，文物出版社2006年版。

（2）丁亥卜，翌日戊王唯🔲田……引吉。 兹用。 王擒狐三十又七。（《合集》28314/3）

（3）翌日乙王唯🔲田，亡灾。大吉。
　　唯斿田，亡灾。吉。
　　王其燎于廼麓，王于东立，犬出擒。大吉。
　　弗擒。吉。（《合集》28799/3）

（4）唯🔲田，亡灾。擒。（《合集》29349/3）

（5）惟🔲田，不……（《合集》29350/3）

（6）己亥……🔲宿，亡灾。
　　弜宿，亡灾。
　　王其田在鼉。吉。
　　于🔲宿，亡灾。大吉。（《合集》29351/3）

（7）……贞田🔲……王固曰："吉。"……获狐三鹿二。（《合集》37419/5）

（8）□□王卜……🔲，往［来］亡灾。［王固］曰："吉。"兹……获……鹿一。（《合集》37447/5）

（9）□□卜，贞田🔲，往来亡灾。……引吉。兹御。获狐二十五……。（《合集》37486/5）

（10）戊申王卜，贞田🔲，往来亡灾。王固曰："吉。"兹御。获狐九。（《合集》37501/5）

（11）戊午卜，在🔲，贞王田，衣逐，亡灾。
　　辛酉卜，在敦，贞王田，衣逐，亡灾。（《合集》37532/5）

（12）□□卜，在🔲……田，衣……亡灾。
　　□亥卜，……🔲，贞……衣逐……灾。（《合集》37553/5）

（13）戊申卜，贞王……🔲往……亡……（《合集》37641/5）

（14）辛巳……贞王……🔲……来亡
　　□□卜，贞王……🔲，往［来］亡灾。
　　□卯卜，贞……🔲，往［来］亡灾。（《合集》37642/5）

（15）辛未卜，翌日壬王其田虔，亡灾。在🔲卜。（《屯南》3156/3）

很明显"呈"在三期时写作🔲，五期时写作🔲。而征人方的"🔲"则从未用作田猎地名，可见并不是一个字。又例（11）中"呈"与"敦"相距三日行程，例（14）中与"曹、丧"共版，例（15）可证其地近与"霥"。"霥"是三期时的田猎地，亦与"敦"共版（《合集》37403/5）。《屯南》626/3："……翌日壬王其田霥，刚于河，王受佑。"《屯南》50/3："……霥禾于河"，可见"霥"临近黄河，并证"呈"与"𠭖"必非一地。

三十八　濉（𣲙、𣴲、𣴲、𣴲）

濉水又写作雍水、灉水，古史中有两处：一见《尚书·禹贡》："雷夏既泽，灉沮会同"，据《括地志》与《元和郡县志》其水在雷泽县西北，雷泽县即今山东菏泽东北，卜辞"雍"即此；一见《吕氏春秋·察今》："荆人欲袭宋，使人先表濉水"，指今河南商丘县以东汲水下游故道获水。许慎《说文》："汲：汲水，受陈留浚仪阴沟，至蒙为濉水，东入于泗。"卜辞"濉"应该是古濉水流经的一个地名。汲水故道自今开封市东北分狼汤渠东流至今商丘市北，下接获水。汲水、获水自晋以后通称汴水，"汴"始见于《后汉书》，段玉裁《说文解字注》以为魏晋时都洛阳，恶其从"反"而改。征人方途中"濉"前后相接的地名多有水旁，这应该是一个值得注意的现象。古时交通条件不利，军队往往循水源而行，所以才有"先表濉水"。甲骨文从水的地名或为水名，或为近水的地名。汲水、濉水是沟通黄河流域与泗水流域的要道，所以才有楚人袭宋先表濉水之说。巧合的是，"舊邑"附近有田猎地"羌"亦从水作"洗"（《合集》37533/5），可见这种推测并非向壁虚造。获水一作雅水，而商代时有兄丁雀觯（《集成》6354）、甗雀觚（《集成》7020）、甗雀爵（《集成》8283）等铜器。

《史记·殷本纪》："汤归至于泰卷陶，中𧻞作诰。既绌夏命，还亳，作《汤诰》：'维三月，王自至于东郊……曰："古禹、皋陶久劳于外，其有功乎民，民乃有安。东为江，北为济，西为河，南为淮，四渎已修，万民乃有居。……"'"其中"东为江"的"江"有沂水和泗水两说。李民先生结合全文内容认为"东为江，北为济，西为河，南为淮"实际指商代初年的中心区域。① 杜金鹏先生则认为系指先商疆域，并云中原文化推进到淮河沿岸是商代中期以后的事情，"南为淮"也不是淮水。《春秋》僖公十六年："公会齐侯、宋公、陈侯、卫侯、郑伯、许男、邢侯、曹伯于淮。"同年《左传》谓："会于淮，谋鄫，且东略也。城鄫……"杜预曰"鄫，郑地，在陈留襄邑东

---

① 详见李民《〈尚书〉与古史研究·"汤始居亳"考》，河南人民出版社1981年版。

南",其地在今宁陵县南。杜金鹏认为,"鲁僖公所会诸侯,其国均在今淮河之北,绝大部分在黄河两岸。且又由淮城鄑'东略也',则此淮流经当时陈留一带。这一地区的河流自古均由西北流往东南,故此淮水约应过商丘南。春秋时宋地有睢水,过陈留北,商丘南,东入泗。如果近鄑之淮不是一条与睢水并行且相去不远的河流,就很可能是睢水之别名。"① 按汳水在商丘北接获水,然后东南经今虞城县及安徽砀山、萧县北,至江苏徐州市北入泗水。

三十九　沮

四十　下人𣥸

《英藏》2563/5:"在瀹𠂤,贞其至于𥎦,观沮𠂤"。或以为"𥎦观沮"为一个地名,误。"𥎦"地望不详。"观"卜辞中习见。《尚书·禹贡》:"九河既道,雷夏既泽,灉、沮会同。"沮为济水别流。

四期圣田地名中有"下人𣥸"。"𣥸"一释"刖",彭邦炯先生认为下人(夷)刖即"夷仪",刖与仪为一声之传,《春秋》僖公元年"邢迁于夷仪",其地在今河北邢台西。② 按卜辞自有"刖"字,象以刀具锯除人足形(《合集》581/1),"𣥸"不当释"刖"。五期征人方有地名"沮",其行程关系为:
瀹—2日—瀹(至于𥎦,观沮𠂤)—2日—瀹(步于蘁)—5日—春(步于淩)。瀹在丘商以南,"𣥸"与"沮"疑为一字,所从之"俎"之本字象切肉砧板形。"下人𣥸"的圣田辞例为:

甲子,贞于下人𣥸圣田。
[甲子],贞于□方圣田。(《合集》33211/4)

方前一字缺,或即"人方"。典籍所载鸟族图腾氏族中有鴡鸠氏,见于《左传》昭公十七年,疑与卜辞的"沮"地有关。

四十一　蘁、师蘁

蘁亦见于二期:

---

① 详见杜金鹏《先商济亳考略》,《殷都学刊》1988年第3期。
② 详见彭邦炯《甲骨文农业资料考辨与研究》,吉林文史出版社1997年版,第644页。

(1) 壬申卜……在师羞。(《合集》24251/2)
(2) ……惟今日甲戌在羞。(《合集》24254/2)
(3) 王在师襄奔。
王在师羞奔。(《合集》24255/2，图3—52)

从例（3）看，其地有军事组织，称为"师羞"。

图3—52　"师襄"、"师羞"（《合集》24255）

四十二　鉃

四十三　曾

四十四　温
攸地附近有地名"鉃"：

(1) 丙午卜，在攸，贞王其呼……延执冑人方，鉃焚……弗悔。在正月，惟来征……(《合集》36492/5)

中甗（《集成》949）铭文谓："王令中先省南或（国）贯行，蓺位于曾"，地名"曾"也见于甲骨文：

(2) 乙巳卜，㱿，贞王勿次于曾。（《合集》7353/1）

(3) □巳卜，㱿，贞王次于曾。七月。（《合集》7354/1）

(4) □□[卜]，㱿，贞王次于曾，迺呼𢦏屮……（《合集》6536/1，图 3—53）

(5) □丑卜，曾令归。（《合集》22294/1）

图 3—53　"曾"、"屮方"（《合集》6536）

例（4）中"𢦏"用为动词指征伐。屮即"屮方"，为武丁时期在殷南的重要敌国，商王曾进行征伐（见于《合集》6543、6541 等），"曾"可能邻近于"屮方"。丁山先生认为曾读为溱。《水经》："溱水出郑县西北平地，东过其县北，又东南过其县东，又南，入于洧。"郦《注》云："史伯答桓公曰，君若克虢郐，主芣、騩而食溱、洧，修典刑以守之，可以少固。《诗》所谓溱与洧也。"溱洧，今本毛《诗》本作"溱与洧"。溱水介于今河南省新郑与密县之间，正是周初经营南国必经之路。① 丁氏释"曾"即層，有重义。查三期时有一例田猎卜辞：

(6) 丙寅卜，王其田瀼，惟丁往戊围……大吉。
惟戊往己围，亡灾，泳王。大吉。
惟壬往曾围，亡灾，泳王。吉。
王其田瀼，延射麃兕，亡灾。泳王。吉。（《屯南》1098/3）

戊是丁的下一日、戊的次日是己，所谓"惟壬往曾征"大概就是说隔一日。这里的"曾"不是地名，是"重"的意思。可见丁氏之说至确。卜辞中曾与麦对称：

(7) 于□冒麦，陷，亡灾，泳王，擒。
惟冒曾，于之擒。吉。（《屯南》815/3）

"冒"指捕猎，曾与麦在本例中均为田猎地。征人方亦曾经过"凌"，其地在攸侯领地以北，当在河南商丘与永城之间。

按洧水源出今河南密县崇山南麓，溱水源出密县东北，二水在新郑会合后为双洎河，东流入贾鲁河，从周家口入淮。征人方所经溫地在攸侯领地周围，永与元之间，离永有两日行程（《英藏》2562正/5）。疑溫即"双洎水"。《说文》："洎，灌釜也，从水自声"，段玉裁《说文解字注》云："灌者，沃也。沃今江苏俗云燠。乌到切。《广韵》三十七号云：燠釜，以水添釜也。《周礼·士师》：洎镬水。《注》云：洎谓增其沃汁。《吕览》多洎之、少洎之。《左传》：去其肉而以其洎馈。正义云：洎者，添釜之名，添釜以为肉汁，遂名肉汁为洎。"洎又引申为润意，《管子·水地篇》："越之水重浊而洎"。甲骨文"溫"，从水从血自声，血实象往器皿内添加液体，溫当释"洎"。甲骨文中亦有"洎"，仅一见：《合集》7047："贞……洎……"惜为残辞。但"双洎水"之名起于明代，暂存疑。

---

① 详见丁山《甲骨文所见氏族及其制度》，中华书局1988年版，第105—108页。

四十五 雔

"雔",彭邦炯先生以为即春秋鲁地"趡",《春秋》桓公十七年:"公会邾仪父,盟于趡",其地在今山东泗水邹县之间。① 商王曾卜问雔地的是否"受年",又:

(1) 戊寅卜,方至,不之日有曰:方在雔廪。(《合集》20485/1)

"廪"即仓廪,"方"用作泛称时指某一邦方,用作专指时是殷东的一个方国又称"方方"。传世器中有西周早期后段的趡罍(《集成》9817),族徽为"雔","雔"象二鸟相对册,山东泗水邹县正属于以鸟为图腾的夷族分布地,可证彭氏之说至确。武丁时期其曾为田猎地,并曾置奠:

(2) 呼田于雔。(《合集》10983/1)
(3) 贞呼往奠于雔。
　　 勿呼奠于。(《合集》10976 反/1)

四十六 京(京夷)

"京"在一期与四期均有圣田记录,在四期中与"矗"对称:

(1) 乙丑,贞王令圣田于京。
　　 于矗圣田。(《合集》33209/4)

"矗"在攸侯领地一带,因此"京"应亦在殷东南河南省东部或山东省西部。1959年出土于陕西蓝田县寺坡村的西周晚期询簋(《集成》4321)铭文:"王若曰:询,丕显文武受命,则乃祖奠周邦,今余令汝嫡官嗣邑人,先虎臣后庸,西门尸(夷)、秦尸(夷)、京尸(夷)、𢍰尸(夷)、师笭、侧新(薪)、□华尸(夷)、弁豸尸(夷)、酓人、成周走亚、戍、秦人、降人、服尸(夷)……"铭文中诸夷均夷族支系,"𢍰"亦见于卜辞,详参上文。春秋鲁地有"秦",见《春秋》庄公三十一年,

---

① 详见彭邦炯《甲骨文农业资料考辨与研究》,吉林文史出版社1997年版,第636—637页。

其地在今河南范县东二十里。疑卜辞"京"即西周晚期京夷之地。商人从武丁时期起已在其住地圣田。另一方面武丁时期商人曾在京地有置奠、祭祀等活动。

(2) 癸卯卜，宾，贞今郭兹在京奠。(《合集》6/1)
(3) 丁卯，贞［王］令郭……刚于京。
　　丁卯，贞王令鬼骨刚于京。(《怀特》1650/4)
(4) 癸卯卜，宾，贞将雚郭于京。(《合集》13523 正/1，图 3—54)
(5) ……将雚郭于京。(《英藏》1113 正/1)

图 3—54　"将雚郭于京"(《合集》13523 正)

四十七　舟

四十八　古、攸侯鄙古

四十九　殳

五十　偼

《合集》655 正："古取舟"，又《合集》8956 正："呼辠共于◻古？"研究者往往与《合集》11462 正并举，作为进贡船只的实证，误甚。卜辞中则有"攸侯古鄪"，又至西周时尚有位于东部的"古师"。可见"古"是商周时期东部地区一个军事重地。辠族自武丁时期起就相当活跃，活动区域在殷西、殷东、殷南等区域。小臣中也有"小臣辠"，到了五期殷东南尚有"牧辠"，其地与古地均在攸侯领地外围。1986 年安康出土西周晚期铜器史密簋[①]，其铭文曰："唯十又一月，王命师俗、史密东征，敆南夷。卢、虎会杞夷、舟夷观不坠，广伐东土……"张懋镕先生认为，铭文大意指周王命令师俗、史密两员将领东征，分兵合击南夷。南夷集团的两个方国——卢方与虎方会合杞夷、舟夷，阵容齐整，全面入侵周王朝东方领土[②]。杞夷在山东省南部，与商时的"杞"非一地。不过商杞在当时也是商人的附属国族。

从卜辞舟、古的关系来看，"舟"地望应在豫、鲁、徽三省交界处。《国语·郑语》载商时有国名舟，其地在今河南密县附近，后为周所灭。但是这一个"舟"肯定不是史密簋铭中与南淮夷相近的"舟夷"所在，可见商周时期在淮夷分布区另有一"舟"族，又《合集》32851、32852、32850 有"辠奠殳、舟"：

（1）丁卯卜，王令辠奠殳、舟。（《合集》32850/4）

说者或以为与舟楫有关，但是"殳"在商时也是殷南一个附属国族，又：

（2）□□，贞王令辠今秋……舟、壘乃奠。（《合集》32854/4）

《合集》9049/1："偼以百"，可见偼是附属国族。《合集》28231/3 卜问"下偼"是否受禾。卜辞族地名中有"下危"、"下人⺁"等，地望都在殷南。所谓"下"可能是指代南方的固定说法。偼、壘一字，疑所谓

[①] 张懋镕等：《安康出土的史密簋及其意义》，《文物》1989 年第 7 期。
[②] 详见张懋镕《卢方、虎方考》，《文博》1992 年第 2 期。

的奠殳、舟及奠舟、疊应解为在殳、舟、疊三族住地置奠。卜问"下𠭯"见于三期，四期卜问在疊置奠，所反映其实就是控制力的逐步加强。另外同期在殷西奠鄏，"𠃢"似乎又是主事者，大概其人作为商王的代表长期来往于各地。

五十一　喦（𠃢、𠂤）

此字诸家皆释"喦"①，辞例单一：

(1) ……乞自喦二十屯，小臣中示……𢀛。（《合集》5574/1）
(2) ……乞自喦二十。（《合集》6233 白/1）
(3) ……允乞自喦二十。（《合集》9433/1）
(4) ……喦乞二十。（《合集》9434/1）
(5) ……喦二十……（《合集》9435/1）
(6) 己酉，喦示十屯。兑。（《合集》15515 反/1）
(7) ……二十屯喦示。犬。（《合集》17599 反/1）
(8) 辛丑乞自喦……（《英藏》2440/2）

"喦"为商属国或属地。《左传》哀公十二年："宋、郑之同有隙地焉，曰弥作、顷丘、玉畅、喦、戈、锡。"其地在今河南陈留镇、杞县、通许县之间的三角地带，东南距商丘不远，从地理位置上看也属东夷淮夷分布区。

第四节　待考地名

一　人

甲戌其……惟豕。用。
祝，于白一牛用，𢀛岁祖乙用，子祝。一二三
祝，于二牢用，𢀛岁祖乙用，子祝。一二三
乙亥𢀛岁祖乙二牢，勿牛，白彘，犾邑一，子祝。一二三

---

① 裘锡圭先生曾就字形演变作了详细考释，参看《说"喦""严"》，《裘锡圭自选集》，河南教育出版社1994年版，第56—64页。

戊子岁妣庚一犬。一二
辛卯宜豕一。在入。一二
……丁，壬午丁各。用。二三四
……子祝。(《花东》142)

除上例外，《花东》还有 97、170、178、197、240、340、376、493 等例也有"入"地。

二 虍

其字无考，《屯南》499："甲戌，贞王令刚圣田于虍"。

三 ⌘

字不识，《合集》32937："□亥，贞在⌘卫来（麦）"。

第四章

商代的经济地理

本章论述了地名的经济功能：农业、田猎和贡纳。

第一节 农业地理

集中论述甲骨文农业的专著目前所见不多，前后主要有胡厚宣《卜辞中所见之殷代农业》农业区域部分①、张秉权《甲骨文与甲骨学》②、杨升南《商代经济史》③、彭邦炯《甲骨文农业资料考辨与研究》④、周自强主编《中国经济通史·先秦经济卷》的商代农业部分⑤。其中彭氏一书属于分类刻辞研究，通局整理了农业刻辞，所附《卜辞所见农业地名辑要考略表》对甲骨刻辞所见农业地进行了全面的搜集和考释。

《考略表》共收地名120个。该书出版之后，中山大学中文系陈炜湛一位研究生曾对彭氏考略表进行了修订⑥，认为其中有误收的，修订所成的《甲骨文各期农业地名表》共收97个地名。彭氏《考略表》的内容很丰富，

---

① 胡厚宣：《卜辞中所见之殷代农业》，《甲骨学商史论丛》二集上册，成都齐鲁大学国学研究所专刊，香港文友堂书店，1970年影印本。
② 张秉权：《甲骨文与甲骨学》第十六章《农业与社会》，台湾"国立"编译馆1988年版。
③ 杨升南：《商代经济史》第三章《农业》，贵州人民出版社1992年版。
④ 彭邦炯：《甲骨文农业资料考辨与研究》，吉林文史出版社1997年版。
⑤ 周自强主编：《中国经济通史·先秦经济卷》上卷第四章《商代的农业》，经济日报出版社2000年版。
⑥ 林海俊：《甲骨文农业刻辞探论》，中山大学硕士学位论文，1999年。

包含辞例辑要和地望考略，林氏重订表不作地名考释，重点在于各期农业地名和辞类的排比对照。① 前后两次以表格形式对农业地进行核理，对深入研究商代农业区地理分布创造了有利的条件。以下附表在彭氏《考略表》和林海俊分期修订表的基础上进行了修订，并结合个人对地名考释的相关看法进行了分区。

下表共收 98 个地名，比《考略表》少 32 个，主要原因是合并了一部分地名（如庞、龚），删去了《考略表》所收部分无地名用例的人名（如㞢妻笠）、求年的祭祀对象（对滴）以及部分田猎地名（如桧）。另外《考略表》收录的"上田"、"湿田"（《屯南》175），最新有研究根据《尔雅·释地》："下者曰隰"、"下隰曰隰"以及散氏盘铭文："我既付散氏湿田、墙田"，认为上田、墙田均指地势较高的农田，对称的湿田则地势偏低。② 因此"上田"、"湿田"为农田类型，非农业地名。

从附表中可以看出各期农业地在数量上存在极大差异。另一个明显的差异在于除统称外，各期农业地名极少重合。这种明显现象致使不少研究者产生怀疑，或以为甲骨文中出现的农业地不能真正代表同时期的农业分布状况，或以为晚商时期农业地域曾有大的变动。实际上两种看法都是因为未能充分注意各期农业刻辞本身的特征而产生的误解。

传统分期中的第二期、第五期除统称之外几乎不出现农业地；而三期也就是无名组中除统称以外出现了一批新的农业地，均不见于其他各期；四期也出现了这种情况，只是不如三期明显。这些地名中有半数左右出现次数极低，亦无系联地名可供参考，往往无法考证地望。对比各期农事刻辞的内容可以发现，武丁时期习惯于使用统称与具体农业地名作为贞问求年的对象，武丁之后很少再为单个的农业地卜问年成情况，也较少记录一般性的农业事

---

① 该文为中山大学学位论文，未正式发表，现征得作者同意简述其主要比较结果：（一）武丁时期的农业刻辞占全部农业刻辞的大部分，涉及地名 78 个。（二）祖庚、祖甲时期的农业刻辞 28 片，地名仅见"南（南土）"、"商"。（三）廪辛、康丁的农业刻辞时期 180 片，地名 14 处。除"南方"、"西方"二地亦见于他期外，另外 12 个农业地名为此期独有。（四）武乙、文丁时期的农业刻辞 256 片，地名有京、䁥、大邑、享等 10 个。（五）帝乙、帝辛时期的农业刻辞 12 片。另外，求年辞例中"东土"、"西土"之类的称法，三、四期未见，五期又重现。

② 周自强主编：《中国经济通史·先秦经济卷》（上），经济日报出版社 2000 年版，第 245—246 页。

甲骨文农业地名表

类		地名	分期					辞例类别
			一	二	三	四	五	
统称	1	东土	合集9733				合集36975	受年
		东方	合集14295					秦年
		东				合集33244		受禾
	2	南土	合集9738	合集24429			合集36975	受年
		南方	合集14295		屯南2377			秦年，受年
		南		合集24430			合集36976	受年
		南田			合集28231			受年
	3	西土	合集9743				合集36975	受年
		西方	合集14295		屯南2377	合集33244		秦年、受年、受禾
		西				合集33209		圣田
	4	北土	合集9745				合集36975	受年
		北方	合集14295			合集33244		秦年、求禾
		北	合集9535					呼黍、受年
		北田	合集9750					受年
	5	商	合集9661	合集24427			合集36980	受年
	6	我	合集641正					受年
陕东	7	奠	合集9768					受年
	8	庞	合集9538					乎黍
		龚	合集9770					受年
	9	徉	合集9609					萑（穫）
	10	羽	合集9789					受年
	11	犬	合集9793					受年
	12	戈	合集8984					受年
	13	陕	合集5708					省廪
	14	阜	合集9802					受年
晋中晋南	15	唐录	合集8015					囿在唐录
	16	缶	合集1027正					廪我旅
	17	吕	合集811					受年
	18	聱	合集583					焚廪三

续表

类		地名	分期					辞例类别
			一	二	三	四	五	
晋中晋南	19	爰	合集 583、9486					焚廪、圣田
	20	先侯	合集 9486					圣田
	21	汦	合集 18805					受年
	22	甫	合集 9779、10022、20649					受年、受秂年、受黍年
	23	姐	合集 9471 正					受年
	24	喃	合集 9471 正					受年
	25	蔔	合集 9471 正					受年
	26	冥	英藏 808					受年
	27	郋	合集 9774					受年
	28	舌	合集 9791					受年
	29	萬	合集 9774					受年
	30	侯	合集 9934					受年
	31	亞	合集 9788					受年
	32	雀	合集 9763					受年
	33	𠅘	合集 9536					呼黍、受年
	34	徉方	合集 6					圣田
	35	酱	合集 9776					受年
	36	戠	合集 9774					受年
	37	亘	合集 6943					廪*
	38	长（示、𥟖田）	合集 9791 正、6057 正					受年、舌方出侵我示𥟖田
	39	示	合集 9816					受年
	40	正	合集 22246					受禾
豫西	41	龙囿	合集 9552					受年
	42	舟歔	合集 9772					受年
	43	酋	合集 9810 正、9504 正					受年、秂、归田
	44	鼻	合集 20653					受年
	45	中商	合集 20650					受年
	46	大邑				合集 33241		受禾

续表

类		地名	分期					辞例类别
			一	二	三	四	五	
豫北豫中	47	王			合集 28274			受年
	48	囧	合集 10			合集 33225		黍、告艿
		南囧	合集 9547					刈南囧黍
	49	西单田	合集 9572					屌田
	50	凫	合集 9815					受年
	51	夫	合集 9681 正					受年
	52	丧			合集 28250			黍年
	53	孟			合集 28216、28231			受年、受禾
	54	酒①			合集 28231			受禾
	55	蓢			合集 28261			受年
	56	宫			合集 28216			受年
	57	宝			屯南 50			……宝禾于河
	58	敦	合集 9783 正					受年
	59	囊	合集 20654					受年
	60	雍	合集 9798					受年
	61	享				苏德 58		受禾
	62	𡨄	合集 9556					受年
	63	𡨅	合集 9668					受年
	64	入	合集 9982					受黍年
	65	丘商	合集 9530					呼黍，受年
	66	妇姘	合集 9757、9968 正、10143					受年，呼黍，受黍年
	67	懋田			合集 29004			惟懋田彡
	68	旧田			合集 29004			丧旧田
	69	盖	合集 9476					圣田、受年
	70	雷	合集 9503					受年
	71	名	合集 9503					耤
	72	羸				合集 33209		圣田
	73	戻				合集 33209		圣田
	74	下人彡				合集 33211		圣田
	75	陮	合集 9783					受年，呼耤

① 《合集》28231："在酒，孟田受禾"，"酒"为占卜地。"酒"地仅此一见，未知与"孟"关系如何，现暂收入。

续表

类		地名	分期 一	二	三	四	五	辞例类别
鲁	76	画	合集 9811 正					受年
	77	崔	合集 20485					崔廪
	78	京	合集 9980					受黍年
			合集 9473			合集 33209		圣田
	79	弓	合集 10029					受年
	80	景	合集 9570					屌田
	81	鲁	合集 9979					受黍年
	82	余	合集 21747					受年
	83	蔡	法录 23					黍受年
	84	弓	合集 9800					受年
	85	妇好	合集 9848					受年
	86	盉	合集 9797					受年
	87	邘	合集 9804					受年
	88	甹	合集 9801					受年
	89	萬	合集 9812					受年
	90	嵩	合集 9785					受年
	91	昌	合集 9796					受年
	92	吼	合集 9803					受年
	93	孔	合集 9805					受年
	94	毓			合集 28274			受年
	95	童			屯南 650			圣田
	96	下偻				合集 28231		受禾
	97	虐				屯南 499		圣田
	98	邑				合集 32937		卫麦

项。换句话说，武丁时期涉及具体农业地的辞例以求年为主，而三期、四期出现的具体农业地的辞例却是"圣田"、"卫麦"等具体农事活动占

较高比例。以四期为例，该期除统称地名之外有：㚈、𣪊、大邑、囧、禽、京、享、下人㸚、虞、囡。其中大邑即商都，囧为王都附近商王亲自经营的农田（详参下文），禽为一期常见的农业地，京也同见于一期。余下的享、𣪊、㚈、下人㸚、虞、囡六地均为本期仅见，除享的辞例为"受年"外，𣪊、㚈、下人㸚、虞的辞例是"圣田"，囡的辞例是"卫麦"，可见这些活动是作为特殊事件进行卜问的。其中下人㸚、虞、囡卜辞中仅一见。

𣪊、㚈见于同版，商王贞问了一系列圣田活动，包括"于㚈圣田"、"多尹圣田于西"、"于𣪊圣田"和"圣田于京"，并且为求年进行了祭祀（《合集》33209/4）。四地中"西"是统称，"京"在一期时已经有开垦农田，𣪊、㚈仅见于四期。圣田是特殊的活动，往往与扩展势力范围有关。以无名组与历组卜辞为主的三期、四期出现的两批他期罕见的农业地，应该就是新开垦的农业区。而武丁时期常见，其余各期不见的农业地并不是凭空消失了，只是由于辞例特点的改变而不再提到。

商代是农业社会，农业地名是甲骨文地名中的大类。不少研究者先后试图利用有关材料复原商代农业区域。对此持怀疑态度的以饶宗颐先生为代表，饶氏谓："陈梦家取此大略，钟氏乃分四方，分期加以罗列，求其农业区分布情况，而讶其前后期之不均匀，致疑于其农业地域有所改变，以此知在材料不充分之下，勉强断代，正如刻舟求剑，于理难以自圆，于事殊觉无备，故从几个地名而欲以推寻殷代整个农业区域，不足以得其真相，自不待论。"① 甲骨学发展至今，在商代农业区域研究方面的发展诚如饶先生所作概括，直至近期彭氏《考略表》作为最新的研究成果共列出属于今河南省境内46个地名，山西20个，山东17个，陕西5个，河北5个。如上所述，各期农业地名的差异是由于辞例特点的改变造成的。地区性的主体经济活动往往具有持续性，农业区不会随王世变化产生巨变，武丁时期的情况可以大体代表晚商时期的农业区分布状况。

甲骨刻辞中凡是具体农事活动，如耤田——"耤"、施肥——"屎田"等，所涉及的地名毫无疑问应属商人的农业区域。除此之外，在农

---

① 见饶宗颐主编《甲骨文通检》第二分册《地名》卷，前言部分，香港中文大学出版社1994年版，第24页。

业刻辞中占最大比例的求年刻辞属于何种性质也是一个有争议性的问题。有意见认为求年涉及的地名包括不少方国，未必均与商王朝存在隶属关系。饶宗颐先生谓："卜辞记某地受年者，备见于《合集》第四册，无劳详举。说者每谓此类即农业地理之资料。余谓《周礼》言：'凡国，祈年于田祖'《周礼·籥章》盖所以祈求丰岁，所有方国均有祈年之事，言某方受年者，但记其名耳；焉得专目此某方即为农业区域。"①

实际梳理出来的结果，农业地名中与商王朝有过明确敌对关系的只有"绛方"。"绛方"属于晋南的"四邦方"，曾被商人征伐，卜辞有商人入"绛方"圣田的记录，可证商人农事活动是在征服该国族之后进行的。其他可以考证方位的地名绝大多数是商的与族或者商人控制区范围内的属地，这都可以通过征伐关系大致得出。特别是王都附近聚集的一批农业地，不少地名与近年出土的花园庄"子"族卜辞出现的地名重合。这些现象都说明，农业地名的情况确实与商人聚居地有密切关系。

研究农业区域究竟有没有价值呢？卜辞涉及地名辞例主要可以归为几大类：一、农事；二、田游（行至）；三、贡纳；四、征伐。其中征伐发生在商人控制区的外围，田游主要在商王行至的范围，且以田猎活动为主，贡纳主要在外服（下文将论及），都有其局限性。只有农事地名能够覆盖王畿与外服。商代是农业社会，把农业地作为线索研究商代地理，能起到纲举目张的作用。

第二节　田　猎　地　理

殷墟甲骨刻辞中有多少田猎地，各家的统计不尽一致。陈炜湛《甲骨文田猎刻辞研究》是近年来出版的分类刻辞研究专著，根据他的整理田猎地部计可达 276 个②，这是目前最新的数字。现各期田猎地可统计如下：

---

① 见饶宗颐主编《甲骨文通检》第二分册《地名》卷，前言部分，香港中文大学出版社 1994 年版，第 24 页。

② 陈炜湛：《甲骨文田猎刻辞研究》，广西教育出版社 1995 年版，第 40—59 页。

田猎地统计表①

	地名	一期	二期	三期	四期	五期
1	京	合集 10919				
2	盂	合集 10965				
3	沚	合集 9572				
4	斿	合集 10196	合集 24465	合集 28347	合集 33399	合集 37396
	斿彔			合集 29412		
5	尭	合集 10196				
6	敂	合集 10198 正				
7	而	合集 10201				
8	澅	合集 10206		合集 29287		合集 37787
	澅彔			屯南 1441		
	画	合集 10925	合集 24467	合集 28348		
9	莫	合集 10227		合集 33545		
10	郒	合集 10229 反				
11	函	合集 10244 正		合集 28372		合集 37545
	涵			合集 29345		
12	丧	合集 10250		合集 28326	合集 33530	合集 37379
13	敝	合集 10970 正		合集 29403		
14	膏鱼	合集 10918				
15	魯	合集 267 反				

---

① 本表以陈炜湛《甲骨文各期田猎地名表》为基础重新修订,《甲骨文田猎刻辞研究》,广西教育出版社 1995 年版,第 40—59 页。原表共收地名 276 个,其中包括不少可以合并的地名,并有将同一字的不同写法分列成几个地名,所引辞例包括不少《合集》与其他著录书的重片。本表使用《甲骨文合集来源表》进行了整理。又原表地名收录中自重的问题包括:(1) 123 号三期田猎地名"𢂇",引自《粹编》989,而 141 号三期地名"𨒅",引自《合集》29377,实际上,《粹编》989 就是《合集》29377,𢂇隶定作𨒅,原表误将原字与隶定字分为两个地名;(2) 三期地名 96 号"系"引自《合集》28401,144 号"𥎦"引自《屯南》4451、《甲》3636,其中《甲》3636 即《合集》28400,字形与 28401 均作"𥎦",亦重;(3) 159 号"盥"(《屯南》217)原字写作"𥂴",与 126 号"𥂴"(《合集》29395)、200 号"眫"(𥂴)其实是一个字,而原表 187 号又重复引用《屯南》217 号,将原形"𥂴"列为一个地名,亦重;252 号"天"(《合集》37750)与 274 号"夫"(《合集》41767)只是一个字的不同隶定写法,重。

续表

	地名	一期	二期	三期	四期	五期
16	磬	合集 10500		英藏 2293	合集 41570	合集 37727
17	冊	合集 10514				
18	酱	合集 10938 正				
19	㝬	合集 10939				
	㝬土	合集 10942				
20	萬	合集 10946				
	澫	合集 20768		合集 29399	合集 37786	
21	羊	合集 10950	合集 24458			
22	箕	合集 10956			屯南 663	
23	河	花东 36				
24	井	东京 S1033			合集 33570	
25	芦	合集 10961				
26	皿	合集 10964				
27	蓑	合集 10976 正				
	醇			屯南 2061		
	隓			合集 28900		
28	鼎	合集 10978				
29	丞	合集 10977				
30	崔	合集 10983				
31	風	合集 10984				
32	受	合集 10924				
33	宫	合集 10985	合集 24462	合集 28365	合集 33556	合集 37616
34	鲛	合集 10993		合集 29376	合集 33574	
35	唐	合集 10998 反				
36	宁	合集 11006				
	泞			屯南 2409		
37	敦	合集 11171				
38	麦	合集 13568	合集 24404	合集 28311		合集 37448
39	蠡	合集 1022 甲				
40	盖	合集 10967				
41	徹（敫）京	合集 10921		合集 29357		

续表

	地名	一期	二期	三期	四期	五期
42	⿱	合集 10968		合集 29400		
43	蚰	合集 10950				
44	㦰	合集 199				
45	乂	合集 10969 正				
46	⿱	合集 10934				
47	⿱	英藏 834				
48	双	合集 20757				
49	矢	合集 11016				
50	心	合集 14022 正				
51	⿱	合集 10979				
52	⿱	合集 10981				
53	⿱	合集 10982				
54	襄（⿱）	合集 10991		合集 29352		
	⿱、⿱			合集 28403		合集 37600
	⿱			屯南 625		
	瀼			屯南 1098		
55	秂	合集 10997				
56	率	合集 10197			合集 34185	
57	⿱	合集 11009				
58	燓	合集 7		合集 29228	合集 33547	
59	商	合集 10670	合集 24476			合集 36501
60	阤		合集 24457	合集 28346		合集 37784
61	剆		合集 24459			
62	兑		合集 24464	合集 29244	合集 41563	合集 37480
63	谷		合集 24471			
64	良		合集 24472			
65	危		合集 24395			
66	行		合集 24391	合集 28320		
67	杞		合集 24473			
68	目		七集 W46	合集 29286	合集 33367	合集 37478

续表

	地名	一期	二期	三期	四期	五期
69	慶		合集 24474			
70	隅		合集 24454			
71	来		英藏 2041			
72	𠂤		新缀 70			
73	牢		合集 24457	合集 29263	合集 33530	合集 37362
74	囚		合集 24452			
75	木		合集 24444			
76	藪		合集 24495	合集 28809		
77	戠				合集 33369	
	戟			合集 28897	合集 33369	合集 37405
	砍			合集 29343	合集 33557	
78	㞢			合集 28314		合集 37419
79	白			合集 28315	合集 33383	
	柏			合集 29246	合集 33517	
80	癸			合集 28317		
	哭			屯南 2386		
81	滴			合集 28338		
82	宸			合集 28349	合集 33567	
	焚					合集 37403
83	冯			合集 28375		
84	商			合集 28409		
	滴			合集 29221		
85	商			合集 29398		
86	関			合集 28318		
87	穆			合集 28401		
88	晹			合集 28402		
89	吕			合集 28566		
90	狄			合集 28577		
91	霍			合集 28767		合集 37362
92	兑			合集 28801		
93	衣（存疑）			合集 28877		合集 37552

续表

	地名	一期	二期	三期	四期	五期
94	◯			合集 28907	合集 33529	
95	盂			合集 28914	合集 33527	合集 37414
96	椋			合集 28908	合集 33529	合集 37462
97	向			合集 28943	合集 33530	合集 41810
98	凡			合集 28945		
99	沓			合集 28982		
	循			合集 29288	合集 33560	
100	盉			合集 29268		合集 37380
101	宕			合集 29256		
102	毁			合集 29285	合集 33537	合集 37661
103	椒			合集 29289		
104	羌			合集 29310		合集 37408
	洗					合集 37533
105	◯			合集 29313		
106	◯			怀特 1447		
	◯			屯南 2386		
107	虘			合集 29319	合集 33363	
108	师			合集 29377		合集 36834
109	辰			屯南 3599		
110	餐			合集 29328		
111	◯			合集 29395		
112	獣			合集 29334		
113	成			合集 29334		
114	门			合集 29341		
115	宋			合集 29358		
116	◯			屯南 4045		
117	豆			合集 29364		
118	毁			合集 29385		
119	斩			合集 29365		
120	淮			合集 29366		合集 37437
121	窒			合集 29368		

续表

	地名	一期	二期	三期	四期	五期
122	旦			合集 29372		
123	鼓			屯南 658		
124	遠			屯南 3759		
125	上下录			屯南 2116		
126	狄			屯南 3777		
127	利			屯南 2299		
128	鸡			合集 29031		合集 37363
129	宋			屯南 1098		
130	嵩			合集 29375		
131	雀			屯南 2739		合集 37409
132	亚			屯南 888		
133	庞			屯南 2409		
134	戈			屯南 4033		
135	豐			怀特 1444		
136	智			合集 28962	合集 33560	
137	渒			合集 28298		
138	𩻩、𩻩			合集 28917、28922		
	𩻩				合集 33532	
139	臺（臺）			屯南 2136	合集 33373	合集 37711
	臺（臺）					合集 37363
140	小臺					合集 37718
141	骈			合集 29237		
142	猴			合集 29239		
143	𤝗			合集 29273		
144	𤝗			合集 29279		
145	芋			合集 29334		
146	曾			屯南 815		
	𩁹					合集 37383
147	㵞			屯南 2116		
148	香			屯南 4490		
149	大录			屯南 1098		

续表

地名		一期	二期	三期	四期	五期
150	䋣			屯南 2150		
151	禂			屯南 2409		
152	𠂤			屯南 217		
153	黾			合集 29351		
154	安			合集 29378	合集 33550	合集 37568
155	犬堡			合集 29388		
156	渊（㴇）			屯南 722		
157	㽙			合集 29401		
158	楮录			合集 29408		
159	𠂤			合集 29411		
160	束			合集 29031		
161	㹜			英藏 2302		
162	鹿米			英藏 2327		
163	𣪠（存疑）			合集 27459		
164	宜			南师 1170		
165	西沚			合集 30439		
166	𦏆			屯南 2170		
167	从（存疑）				合集 28576	
168	隹				合集 33384	
169	𣪠				合集 33532	
170	𠂤				合集 33378	
171	𠂤				合集 33572	
172	菁（𠂤）			合集 29371		
173	奚				合集 33573	
174	麟				屯南 1021	
175	云				合集 33375	
176	彡				合集 33382	
177	召					合集 37429
178	去					合集 37392
179	㐱录					合集 37398
180	灉					合集 37406

续表

	地名	一期	二期	三期	四期	五期
181	玖					合集 37408
182	王					合集 37430
183	瑨					合集 37455
184	琽					合集 37660
185	萑					合集 37434
186	爵					合集 37458
187	目					合集 37458
188	汏					合集 37459
189	亡					合集 36641
190	弋					合集 37473
191	享京					合集 37474
192	溇					合集 37475
193	妞录					合集 37485
194	啟					合集 37492
195	𩵋					合集 37777
196	高					合集 37494
197	潢					合集 37514
198	往					合集 37517
199	攸					合集 37519
200	喜					合集 37662
201	元					英藏 2562 正
202	柳					英藏 2566
203	师东					合集 37410
204	旁					合集 37791
205	累					怀特 1858
206	㠯					合集 36753
207	小東					合集 37719
208	㽙录					合集 37451
209	宋					合集 41829
210	墉					合集 37363
211	夫					合集 41767

续表

	地名	一期	二期	三期	四期	五期
212	考					合集 37649
213	吴					合集 37474
214	朱					合集 37363
215	瀧	合集 199				
216	𡨄			合集 29384		
217	羋			英藏 2327		
218	乇			合集 28589		
219	繘					合集 37411

本表新增吴、朱、瀧、𡨄、羋、乇、繘、河等八个地名。过去田猎地名的整理中难免含有误收的部分，有时候是因为各家观点不一，有时则是出于过分求全求多。以下所举各例见于多部有关论著，几乎已经成沿袭性的错误：

1. 区（㔻）等字，孙海波、金祥恒、李孝定均释为"区"，《甲骨文字诂林》认为释"区"可从，卜辞皆用为与狩猎有关之动词，盖假作"驱"，无用作地名之例。①《甲骨文田猎刻辞研究》误以为地名。②

2. 麑，又写作敝、獻等，卜辞中指狩鹿，用为动词，如《屯南》1441/3："王其田，麑遘录，擒，亡灾。"

3. 宿，《合集》29384："……其田，宿于𡨄"，"宿"后面接介词与地名，是一种与田猎有关的活动。《合集》29351/3："己亥……𡨄宿，亡灾。弜宿，亡灾。王其田在龜。吉。𡨄宿，亡灾。大吉。"从"弜宿"来看，"宿"应是动词，田猎地研究中往往误引作地名。

4. 遷，是一种交通方式，《合集》29084/3（《甲》3919）："丁丑卜，狄，贞王其田，遷往。"

5. "忐"字或以为田猎地，如《合集》20737/1："辛巳卜，侑于忐三羖，有擒。"按"忐"又作心，一般隶定为"忐"，卜辞中均用为祭祀对象，例如《合集》3190/1："壬戌卜，贞呼子狀侑于忐犬。""……殷……呼子狀

---

① 详见于省吾主编《甲骨文字诂林》，中华书局 1996 年版，第 746—747 页。

② 陈炜湛：《甲骨文田猎刻辞研究》，广西教育出版社 1995 年版，第 42 页。

侑于🜨犬又羊。"《合集》14346/1："贞侑于🜨"、"侑于‖"、"贞不其延雨。"可见上引《合集》20737乃为田猎活动对"🜨"进行祭祀，"🜨"的性质绝非田猎地名。

作为商代地名研究重要的组成部分，田猎地为数众多，涉及大量辞例，研究历史也很长，但迄今为止能考订的地名却极少。其主要原因有两点：一是很大一部分地名缺乏地名系联关系，二是通过地名系联建立的地名网无法落实到具体的地图上。目前从事田猎地名研究必须注意两点，一是实事求是，以建立地名网为前提，文献地名比戡不应过度；二是注意地名系联的辞例标准。这主要是指所谓"择地"田猎刻辞的问题，这类辞例有带干支与不带干支两种，以下引辞例为例：

(1) 王［惟］丧［田］省，亡［灾］。
惟盂省，亡灾。
惟官田省，亡灾。（《合集》28980/3）

(2) 壬午［卜］，贞王［其］田盂，亡［灾］。
乙酉卜，贞王其田㭒，亡灾。
戊子卜，贞王其田旆，亡灾。
辛卯卜，贞王其田囚，亡灾。（《合集》32529/4）

甲骨文地名考订自王国维首创，之后田猎地研究的开拓者李学勤先生、岛邦男先生都在领究方法上带动了地名研究的发展。但是早期研究者往往都有一弊病，就是以例（2）类型的带干支的辞例计算各地相隔日数。20世纪80年代末，钟柏生先生指出这类辞例缺乏占卜地点、验辞，及其田猎地区的补充说明，以此作为日程推算依据势必造成偏差。① 陈炜湛《甲骨文田猎辞研究》一书亦提出类似看法，并举《合集》33542、《屯南》660、《合集》41819、《续》3.16.7、《续》3.18.2 五例论证仅凭同版干支关系推断田猎行程所造成的混乱。② 上述看法代表了卜辞地理研究方法上的新进展，必须引起研究者的重视。

各期田猎地的数量和辞例特点有很大差别。祖庚祖甲时出现的田猎地

---

① 钟柏生：《殷商卜辞地理论丛》，台北艺文印书馆1989年版，第30—31页。
② 陈炜湛：《甲骨文田猎刻辞研究》，广西教育出版社1995年版，第42页。

较少。三、四期地名数量大,特别是廪辛康丁时期为各期之冠。但是,三、四期出现同版地名的辞例绝大多数是择地卜辞,不带占卜地与验辞。五期地名数量仅次于三期,而且辞例较完整,是建立地名网的主要材料。另外,一期田猎刻辞往往卜问所获兽类的数量,常带有验辞,也能找到一些地名系联关系。

第三节 贡纳地理

下文附表中以"以"、"取"、"共"、"入"、"来"的辞例为主。卜辞专用于整治龟甲兽骨的"示若干屯"和贡龟的"入龟若干"涉及大量妇名、官名、人名、族名,其性质较为特殊,并非单纯的贡纳关系,表中不收。

卜辞所见贡纳地名、人名、族名表(＊为人名)

地|人＊|族	出处	物种
南	合集 7076、京人 311	(以)龟
象	合集 7239 反:"象入三十"	
旱＊	合集 8975	(以)牛
	合集 13868	(以)新𢍂
	合集 17303 反	(以)齿
古	合集 17305 反	(以)齿
杞	合集 22214	(共)责
危方	合集 33191	(以)牛
画	合集 952 反(入)、6648 反(来)	
	合集 9172 正	(来)马
	合集 9172	(来)兕
弜	合集 8939	"呼弜共牛"
	合集 20631	(取)马
	合集 9175	(来)马
	合集 9174	(来)兕

续表

地｜人*｜族	出处	物种
邑	合集 9433	
雀*	合集 8984	（以）象
	合集 8984	（以）猱
	合集 9774	"雀入龟五百"
	合集 12487："雀入二百五十"	
龟	合集 500 正	（以）马
㱃	英藏 527	"入射于㱃"
沚馘*	英藏 126	（至）十石
㞬	合集 8797 正	（取）马
唐	合集 892 反："唐入十"	
竹	合集 902 反："竹入十"	
先	合集 9427："先见"	
亚*	合集 914	（以）来
向	合集 40061	（以）鹿
奚	合集 9177	（来）白马
竝	合集 9247："竝入十"	
犬	合集 21562	（以）龟
戈	合集 17308	（以）齿
	合集 11432	（来）豕、贝
凤	合集 9245："凤入百"	
郑（奠）	合集 8936	"共牛于奠"
	合集 151 反（入）、9613（来）、9080："奠以"	
周（周方）	合集 4884	（乞）牛
㠭	合集 4735 反："㠭入四十"	
	合集 11462 正	（来）舟
龙	合集 9076："龙来以"	
	合集 22075	"入马于龙"
鸣	合集 528	（以）多方牛
方	合集 28011	"方其以来奠。勿以来。"
方囧	合集 8796 正	（来）马

续表

地|人*|族	出处	物种
多奠	合集 8938 甲、乙	"呼共牛多奠"
牧	合集 14149："牧入十"	
伯□	合集 9079："伯□……百，以"	
午	合集 22249	"惟午卤以"
商	合集 17302、17300 正	（以、来）齿
车	合集 11442	（以）十朋
偅	合集 9049："偅以百"	
殳	怀特 53 反："殳以三百"	
贮	合集 371 反："贮入三"	
鼓	合集 9253 反："鼓入四十"	
我	合集 116："我以千"、合集 9200 反："我来三十"	
我	合集 6571 反	"我来贮骨"
克	合集 8952："克共百"	
吴	合集 8937	"呼吴共马"
吴	合集 3979 反："吴入五"	
吴	合集 9827	"呼吴取弓"
枼	合集 8934、8935 正	"共牛于枼"
贝	合集 9263 反："贝入百"	
禽	合集 4720	"取玉于禽"
师般*	合集 826	呼师般取珏
甶	合集 945 正	（来）马
甶	合集 945 正	（来）犬
皿	合集 21917	（至）豕

上表最明显的特征是，晚商时期的贡纳关系以边侯、商属地、奠牧等行政领地、附属国族以及常驻或经常到外服执行王事的官员、将领为主，畿内地几乎不见（整治龟甲与入龟的辞例不计）。而在人名中，如吴、师般、氿戜等，有时是贡纳者，有时只是征取贡纳的执行者。《合集》8934、8935 正："共牛于枼"；《合集》8938 甲、乙："呼共牛多奠"；《合集》8936："共牛于奠"；《合集》28011："方其以来奠"；《英藏》527："入射于酉"；《合集》22075："入马于龙"；《英藏》528：鸣"以多方牛"。辞例中奠、枼、酉、龙、

鸣等都是进贡时的中转地。多奠是商人在外服的行政区，枼、🉂、龙、鸣等是外服边侯与附属国族。可见，当时大概也存在一个由近及远的贡纳体系，由驻扎在外服的将领、奠牧与较稳定的附属国族负责征收运送。

  贡纳在当时主要是用于控制外服的一种手段，而不是主要的经济手段。《左传》桓公十五年："春，天王使家父来求车，非礼也。诸侯不贡车服，天子不私求财。"直到周代，外服所纳贡赋在名义上仍然是为了王室作为代表进行祭祀时所需的用品，而不是用来维持王畿开支所需的。所以《左传》僖公四年记载的昭王南征楚国的借口，只能是"尔贡苞茅不入，王祭不共，无以缩酒，寡人是征"。上文已论述过，商时王畿与外服的粮食消耗的特点是自给自足，外服向王畿贡纳谷物的记录极其罕见。从附表中可能看到牛、马、羊等畜牧业产品的贡纳较为常见，究其原因大概与商人以农业为主有关。

第五章

商代的交通地理

本章主要利用考古学材料，考证商代四个方向的交通干道，兼考察商代的"铜路"。

第一节 道路交通网络

有关商代交通网路的研究，由于文献材料缺乏，以往学者的研究往往寥寥数语、语焉不详。但随着考古新材料的不断发现，揭示出来的商代历史也愈来愈丰富，使我们有可能利用考古资料来复原商代的交通状况，考古材料中蕴涵有大量的交通方面的信息。文化面貌相似者，必有文化之间的交流，有交流就有道路可通，文化面貌越接近，文化交流就越频繁，道路利用率就越高；另一方面，道路具有历史延续性，也为复原商代交通提供了可资借鉴的信息，我们现在仍在使用的道路大多就是古人开辟出来并沿用至今的。当然，由于政治文化经济中心的变迁，道路的利用是不均衡的。20世纪80年代，彭邦炯先生利用甲骨文提供的资料和商代遗址的分布，罗列出了商代的六条交通干道，分别是：

1. 东南行。是通往徐淮地区的大道，即甲骨文中征人方的往返路线，其经过的地方可能与今天的陇海路郑州至徐州、津浦路的徐州至淮河北的某些地段有关。

2. 东北行。是通往今卢龙及其更远的辽宁朝阳等地的交通干道，可能经过今邯郸、邢台、石家庄、藁城、北京、喀左等地。

3. 南行。通往今天湖北、湖南、江西等地的交通干道。

4. 西行。通往周等方国的干道，即武王征商所走的路线，沿渭水而东出陕西入河南，在孟津渡河，东北到淇县（即朝歌）到安阳。

5. 东行。通往渤海之滨的古蒲姑（可能在今山东益都地区）的道路。若走水路，则沿古黄河或济水而下。

6. 西北行。逾太行，通往吾方、西北土方等方国。①

彭先生的研究基本上涵盖了以商都郑州、安阳地区为中心的各个方向的交通干道，是可信的。然近20年已经过去，新的考古材料不断涌现，我们看到商代的交通远非今人所能想象，商文化以优势文化向四方传播、商王征讨叛敌、方国进贡以及各种商业贸易都要依靠四通八达的交通网络，商代拥有发达的交通工具与一套较完整的交通制度②，是商代交通的基础与保障。本书讨论的商代道路交通网络以商王都郑州、安阳为中心，在前人的研究基础上，考察商代道路交通的详细情况。

一 商与周、蜀之间的交通道路

商文化在早商时期进入关中西安至铜川一线，形成了早商文化北村类型（以耀县北村和西安老牛坡遗址为代表）；其后，深入关中西部，中商阶段抵达扶风、岐山一带；晚商阶段商文化虽然退回西安至铜川一线（此时形成了商文化老牛坡类型，代表遗址有西安老牛坡和袁家崖遗址），并最终退出关中地区，③ 但商都（今安阳地区）与周邑（今周原地区以及邻近地区）之间的交通仍很频繁，如武丁多次征伐周方。"（武乙）三十四年，周王季历来朝，武乙赐地三十里，玉十瑴，马八匹。"④ "武乙猎于河渭之间，暴雷，武乙震死。"⑤ "（帝乙）二年，周人伐商。"⑥ 周文王时，"伯夷、叔齐在孤竹，闻西伯善养老，盍往归之。太颠、闳夭、散宜生、鬻子、辛甲大夫之徒皆往归之。……帝纣乃囚西伯于羑里。闳夭之徒患之，乃求有莘氏美女，骊戎之文马，有熊九驷，他奇怪物，因殷嬖臣费仲而献之纣。……乃赦西伯，赐之

---

① 彭邦炯：《商史探微》，重庆出版社1988年版，第268—269页。
② 宋镇豪：《夏商社会生活史》，中国社会科学出版社1994年版，第207—215页。
③ 中国社会科学院考古研究所：《中国考古学·夏商卷》，中国社会科学出版社2003年版。
④ 见古本《竹书纪年》。
⑤ 见《史记·殷本纪》。
⑥ 见古本《竹书纪年》。

弓矢斧钺，使西伯得征伐"①。周武王二年（即文王九年），东观兵，至于孟津；武王四年（即文王十一年），开始伐商。

武王伐商所经路线应是商周之间频繁往来的交通路线之一（因平原地区交通便利，所以过崤函古道后，应有多条交通路线），其具体路线是：

武王伐纣大军从宗周（今西安一带）出发，沿渭河河谷东行，越潼关，过崤函古道，师渡孟津（在今孟津县东。或曰师渡汜水，即今荥阳汜水）②，北上至邢丘③（今温县东15公里的北平皋村④）至怀⑤（今武陟县的古怀城），勒兵于宁⑥（今获嘉县），至共头山（今辉县北九里），选马而进，朝食于戚（在今河南辉县境），暮宿于百泉（今辉县西北百泉），甲子朝战于牧野（今新乡、卫辉间⑦），从戊午日孟津渡河到甲子朝布阵牧野，中间行6日

---

① 见《史记·周本纪》。

② 《尚书·泰誓序》、《史记》、《汉书》、《淮南子·览冥训》等书均载武王从孟津渡河伐商，而《荀子·儒效》记："武王之诛纣也，行之日以兵忌，东面而迎太岁，至汜而泛，至怀而坏，至共头而山隧。霍叔惧曰：'出三日而五灾至，无乃不可乎？'周公曰：'刳比干而囚箕子，飞廉、恶来知政，夫又恶有不可焉！'遂选马而进，朝食于戚，暮宿于百泉，厌旦于牧之野。鼓之而纣卒易乡，遂乘殷人而诛纣。"于省吾先生据此认为武王伐纣于汜（氾）水渡河（《武王伐纣行程考》，《禹贡》第七卷第1、2、3合期），陈昌远先生亦持相同观点（《从〈利簋〉谈有关武王伐纣的几个问题》，《河南师大学报》1980年第4期，又《再谈武王伐纣进军路线》，《河南大学学报》1988年第4期）。彭邦炯先生试图调和这两种观点，认为周军先至汜水，因遇水汛和风暴而返孟津渡河（《武王伐纣探路——古文献所见武王进军牧野路线考》，《中原文物》1990年第2期），这种观点恐不可信。

③ 《韩诗外传》卷三第十三章云："武王伐纣，到于邢丘……"

④ 此地已发现春秋时期的晋国邢邑城址，出土了大量带有"邢公"、"邢"字样的陶器，见《河南温县发现晋国邢邑遗址》，《中国文物报》2003年1月22日。

⑤ 《韩诗外传》卷三第十三章云："武王伐纣，到于邢丘……更名邢丘曰怀……"按《韩诗外传》所云失实，邢丘与怀为两个地名，陈昌远先生已有考辨（《再谈武王伐纣进军路线》，《河南大学学报》1988年第4期），《左传》宣公六年云："赤狄伐晋，围怀及邢丘"，为其证。

⑥ 《韩诗外传》卷三第十三章云："武王伐纣，到于邢丘……乃修武勒兵于宁，更名邢丘曰怀，宁曰修武……"

⑦ 关于牧野所在，传统观点认为在淇县南，据孙作云先生考证，牧野在今河南新乡汲县（即卫辉）一带，今新乡牧野村，见《古牧野地名考辨》，《孙作云文集》第4卷，《美术考古与民俗研究》。1930年，卫辉西山彭镇出土了两件成王时的青铜簋小臣谜簋，同铭，云"复归在牧师"，此牧地即武王伐纣之牧野，两器的出土地正在今河南新乡汲县（即卫辉）一带。

250余里，日均行40余里。①

周在商代虽然是小邦，但晚商时期，他在西部活动频繁，文献记载也颇多，因此在这里附带谈一下以周为中心的交通状况。

周族起源于今甘肃东部陕西西部泾渭流域，周族的迁徙以及周族在今陕晋豫鄂川的军事行动，极大地促进了各地之间的交通。周人先族后稷居邰（今陕西武功县），至公刘迁到豳（今陕西彬县、旬邑②），古公亶父时受到戎狄的逼迫，与私属离开豳地，度漆、沮③（在今麟游东南），踰梁山④（在岐山东北），止于岐下。周族从古公亶父始逐渐强大，古公亶父子季历之时，开始用武力征讨周边戎狄。今本《竹书纪年》武乙二十四年，"周师伐程，战于毕，克之。"程在今咸阳市东北。古本《竹书纪年》载：

> （武乙）三十五年，周王季伐西落鬼戎，俘二十翟王。
> 大丁二年，周人伐燕京之戎，周师大败。
> 四年，周人伐余无之戎，克之。
> 七年，周人伐始呼之戎，克之。
> 十一年，周人伐翳徒之戎，捷其三大夫。

顾颉刚先生认为，季历所伐的西落鬼戎可能是鬼方，燕京之戎因居燕京之山而得名，燕京山即管涔山，在山西北部。⑤ 余无之戎在陕西屯留西北余

---

① 武王伐商的记载亦见《容成氏》50—53简："武王于是乎作为革车千乘，带甲万人，戊午之日，涉于孟津，至于共、滕之间，三军大范。武王乃出革车五百乘，带甲三千，以小会诸侯之师于牧之野。……武王素甲以陈于殷郊……"

② 陕西旬邑发现过商代青铜器墓葬，具体时期不详，但它为研究豳地的历史提供了材料，见《陕西旬邑发现商代青铜器墓》，《中国文物报》2003年11月21日。

③ 《史记》集解引徐广曰："水在杜阳岐山。杜阳县在扶风。"

④ 《史记》正义引《括地志》曰："梁山在雍州好畤县西北八十里。"引郑玄云："岐山在梁山西南。"

⑤ 顾颉刚：《从古籍中探索我国的西部民族——羌》，《社会科学战线》1980年第1期。《淮南子·地形训》云："汾出燕京。"高诱注："燕京，山名也，在太原汾阳。"《山海经》的《北山经》则云曰汾水出于管涔山，郝懿行《山海经笺疏》认为，《北山经》中的"管"当为"营"。"燕"与"营"为同音通假字。

无镇，始呼之戎、翳徒之戎可能在滹沱河流域。① 在古代交通条件不发达的情况下，遇到高山峻岭，人们往往利用山间的河谷地带穿行，久而久之就形成了跨越地域之间的交通孔道。季历征伐山西地区的戎狄当是越过黄河，利用汾河或涑水等水道的河谷，其具体所经路线已不可考。

《周本纪》载文王一年，虞、芮两国争地致讼，"有狱不能决，乃如周。"虞国在今山西南部平陆县北。芮国一说在陕西大荔北洛水与渭水交汇处，一说在山西南部芮城县，芮国邻近虞国，因此我们认为芮城说较为可靠。此二国在晋南，进入岐周要过黄河，渡口当以芮城县西南的风陵渡为捷径。

《后汉书·西羌传》载："及文王为西伯，西有昆夷之患，北有猃狁之难，遂攘戎狄而戍之，莫不宾服。乃率西戎，征殷之叛国以事纣。"文王对西戎东国的征伐，起初是打着"征殷之叛国以事纣"的旗号，后来战争范围扩大到了殷之属国。《周本纪》载："明年，伐犬戎。明年，伐密须。明年，败耆国。……明年，伐邘。明年，伐崇侯虎。而作丰邑，自岐下而徙都丰。"犬戎即犬方，在今陕西武功、兴平一带。密须即密国，在泾水上游灵台县西南，周原甲骨文 H11∶136："王囟克往密"，说的就是文王征伐密国之事。耆国即《尚书》西伯戡黎之黎，《殷本纪》作"饥"，《宋世家》作"阢"，春秋时期尚存，为侯国，在今山西黎城县东北。邘，《殷本纪》载："以西伯昌、九侯、鄂侯为三公"。《史记》集解引徐广云，鄂"一作邘，音于。野王县有邘城"。野王县即今河南沁阳，武王灭商后封子邘叔于此。耆国与邘国为殷之属国，也是商王朝越过太行山，通往晋境西方方国的两个重要关口，② 控制住耆国、邘国，就等于切断了商与晋境西方方国的联系。③ 文王败耆，就其方位看，当是穿过山西抵达耆国的；而伐邘，一种可能也走山西境内，另一种可能走河南境内。这样就控制住了河南西部的部族。崇国在今西安附近，李学勤、刘士莪先生认为老牛坡

---

① 见王晖《古文字与商周史新证》，中华书局 2003 年版，第 60 页。

② 耆国所在黎城境内的壶口关，春秋时期是晋国与东方交通的重要隘口，见白寿彝总主编《中国通史》第三卷上古时代，上海人民出版社 1994 年版，第 724 页。邘国所在沁阳可以沿今沁河、丹河河谷向北走，其西北有太行八陉之一的太行陉。

③ 罗琨、张永山：《中国军事通史》第一卷夏商西周军事史，军事科学出版社 1998 年版，第 224—226 页。

遗址可能是崇国遗址,① 崇国是商王朝的西方门户,崇国的失守标志着商王朝在西方陕晋地区的统治一去不复返。文王的这一系列征伐不仅稳定了后方,切断了西方与商王朝之间的交通而且还荡平了征商途径中的障碍,使得武王征商途中未遇任何反抗。

文王还与唐人联合伐贾人,山西曲沃北赵晋侯墓地 M31 中出土了一件玉环,铭曰(图 5—1):

文王卜曰:我暨唐人弘战贾人。

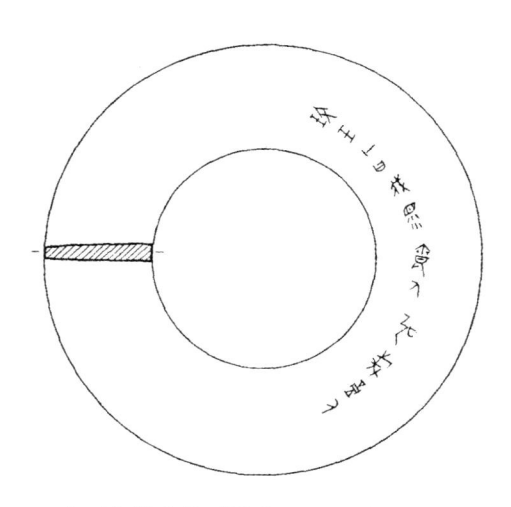

图 5—1　山西曲沃北赵晋侯墓地 M31 中出土的玉环铭文

李学勤先生认为唐在文王时为周的盟国,贾在山西襄汾东,从地理位置上讲,周距贾比距耆、邘要近,推断伐贾的时代不会太晚。②

周族与南方也互有往来,文王时期,开始征伐南方江汉流域的方国,周原甲骨有:"伐蜀。"(H11:68)(图 5—2)这条卜辞,学者大都认为应属文王时期。蜀在川西地区的成都平原,文王伐蜀当是利用了"褒斜道"和"金

---

① 李学勤:《海外访古记(四)》,《文博》1987 年第 3 期;刘士莪:《西安老牛坡商代墓地初论》,《文物》1988 年第 6 期。另外,彭邦炯先生认为老牛坡遗址是骊山氏的文化遗存(《西安老牛坡商墓遗存族属新探》,《考古与文物》1991 年第 6 期),此说有待商榷。

② 李学勤:《文王玉环考》,《华学》第一辑,中小大学出版社 1995 年版。

牛道"（参下文）。

图 5—2　"伐蜀"（周原甲骨 H11：68）

图 5—3　"征巢"（周原甲骨 H11：110）

周原甲骨的"征巢"（H11：110）（图 5—3），有学者也认为是文王卜辞，一说巢在卫国境内，① 《左传》哀公十一年云："卫大叔疾出奔宋……卫

---

① 缪文远：《周原甲骨所见诸方国考略》，《四川大学学报》丛刊第 10 辑。

庄公复之，使处巢。"杜注云巢在卫地。二说巢即南巢，在安徽巢县①，《尚书序》云："巢伯来朝，芮伯作《旅巢命》"，《伪孔传》："巢伯，殷之诸侯，伯爵也，南方远国。武王克商，慕义来朝"，陈全方则认为巢是周公东征淮夷时讨伐的国家之一②，"征巢"系成王卜辞。"征巢"究竟是文王卜辞，还是成王卜辞，目前还无法断言，但巢国在西周早期确实受到周的征伐。1964年陕西张家坡墓葬中出土一件西周早期的铜鼎，铭文记载了征伐巢国的史实："**玆**侯获巢，俘厥金胄，用作旅鼎。"（《集成》2457）（图5—4）

武王时期，南方方国随武王伐纣的有庸、蜀、髳、羌、微、卢、彭、濮。羌在周族之西北，今陕甘交界。蜀在成都平原。庸、髳、微、卢、彭、濮诸地，自古以来，多有论述。徐中舒先生认为皆在汉水流域：庸、卢、彭、濮、微在今湖北境内，髳稍靠北在晋楚之间。③顾颉刚先生认为微在陕西眉县。④汉水流域诸国之所以助周伐商，是因为他们早与周族互有交通，建立了同盟关系。楚国在丹阳，即今河南内乡附近，周原甲骨云："楚子来告"（图5—5），《史记·楚世家》记："周文王之时，季连之苗裔曰鬻熊，鬻熊子事文王，蚤卒。"

图5—4　陕西张家坡墓葬出土西周早期的铜鼎铭文"获巢"（《集成》2457）

楚武王熊通又言："吾先鬻熊，文王之师也，蚤终。"这些材料足以说明周人与楚国之间的交通由来已久。周人与汉水诸国的交通道路，越过秦岭，沿丹江进入汉水，楚国是必经之地。⑤

---

① 徐锡台：《周原出土的甲骨文所见人名、官名、方国、地名浅释》，《古文字研究》第一辑。
② 陈全方等：《西周甲文注》，学林出版社2003年版，第76页。
③ 徐中舒：《殷周之际史迹之检讨》，《徐中舒历史论文选辑》，中华书局1998年版。
④ 顾颉刚：《牧誓八国》，《史林杂识初编》，中华书局1963年版。
⑤ 这是史念海先生考订周初由沣镐通东南的道路，由此上推至商末，也是可行的。见白寿彝总主编：《中国通史》第三卷上古时代，上海人民出版社1994年版，第712—713页。

图 5—5 "楚子来告"（周原甲骨 H11：83）

从商都出发，向西的道路至周原后，继续向南到汉中盆地，从汉中又到川西地区。

汉中地区的商遗存主要分布在城固、洋县、紫阳、汉阴、石泉境内，城固宝山遗址是其中心聚落。以宝山商时期遗存为代表的，普遍分布于汉水上游的同类考古学文化，称其为宝山文化。宝山文化从二里岗上层延续至殷墟三期，它是以陶高柄豆、高颈小平底尊、尊形小底杯、高柄器座、大口深腹罐、有銴圈足尊、有柄尊、扁腹壶、釜、甗、簋和铜三角援戈、深銎钺、"镰形器"、面具、尖顶泡、透顶泡等典型器物为主体的地方性文化（图 5—6），但"宝山文化青铜器中的鼎、鬲、甗、瓿、壶、觚、爵等，皆为中原传统礼器的常见器类。其中一部分器物与郑州、殷墟出土商代青铜器的形制、纹饰等特征相同，当来自中原地区；一部分器物与中原地区同类器在形制或纹饰、制作技术方面表现出一些差异，应为当地所仿制"[①]。宝山文化的陶器主要受到关中地区商文化的影响[②]，宝山文化受到关中地区文化的影响，说明关中与汉中地区交往甚密，关中自然是典型商文化输入汉中地区的中转站。

---

① 西北大学文博学院：《城固宝山——1998 年发掘报告》，文物出版社 2002 年版，第 183 页。
② 同上书，第 184 页。

图 5—6　城洋地区出土的铜器

汉中与关中之间横亘秦岭,当时人们是通过什么途径往来两地呢?汉中关中之间的道路,见于史书的最早记载是褒斜道。褒斜道依循褒、斜二水之河谷而得名。《华阳国志》卷三《蜀志》云:"周显王(笔者按:公元前368—前321年在位)之世,蜀王有褒、汉之地。因猎谷中,与秦惠王遇。"

褒、汉分别指褒中、汉中（南郑）①，谷指褒谷②。褒中为西汉置县，治在今汉中市西北褒城镇东，即古褒国所在。③ 褒水源于秦岭正脊，南流经太白县、留坝县，至褒城北出谷，再南流汇入汉水。蜀王在褒谷打猎与秦惠王相遇，秦惠王当是由斜谷南行。④ 斜水（今名石头河）源于太白山支脉鳌山，东流至老爷岭北折，于斜谷关出山谷，北流至眉县入渭河。褒斜道应是商代乃至西周时期沟通秦岭南北的交通要道。殷末周初，宝山文化的一支迁徙至宝鸡地区，形成了强国文化。⑤ 宝山文化迁徙的途径有可能也是利用这条通道或嘉陵江河谷（通过褒谷进入今宝成铁路宝鸡—凤县段，即陈仓道）。

宝山文化与分布在峡江地区的三星堆文化朝天嘴类型和路家河文化⑥接近，两地之间大概是通过大宁河河谷相联。⑦

广泛分布于川西成都平原的三星堆文化是典型的蜀文化，三星堆文化的遗存包括城址（图5—7）、台坛、居址、墓葬、祭祀坑，出土了大量的铜器、玉石器、象牙器、骨器、漆器、陶器等（图5—8），其时代从夏代晚期一直延续至商代末年或西周早期。三星堆文化的地方性特征鲜明，它虽然地处交通不利的西南边陲，但从三星堆文化中含有二里头文化因素看，三星堆自夏代开始就已经与中原地区有文化交流。进入商代，三星堆文化中的中原文化因素更多，如青铜尊、罍、盘、器盖；玉石戈、璜、琮、璧、瑗、璋等；陶将军盔；零星的与甲骨文属于同一系统的文字。⑧ 那么商文化是如何到达川西地区的？

---

① 刘琳：《华阳国志校注》，巴蜀书社1984年版，第188页。

② 同上。

③ 《中国历史大辞典·历史地理卷》，上海辞书出版社1996年版，第1005页。

④ 白寿彝总主编：《中国通史》第三卷上古时代，上海人民出版社1994年版，第736页。

⑤ 田仁孝等：《西周强氏遗存几个问题的探讨》，《文博》1994年第5期，此文认为强非方国，强氏部族只是散国范围内的一个部族；张文祥：《宝鸡强国墓地渊源的初步探讨》，《考古与文物》1996年第2期。

⑥ 中国社会科学院考古研究所：《中国考古学·夏商卷》，中国社会科学出版社2003年版，第508—523页。此书将峡江地区夏商时期的考古学文化分为三星堆文化朝天嘴类型和路家河文化，分别是蜀族和巴族文化的代表。

⑦ 西北大学文博学院：《城固宝山——1998年发掘报告》，文物出版社2002年版，第183页。

⑧ 中国社会科学院考古研究所：《中国考古学·夏商卷》，中国社会科学出版社2003年版，第491—508页。

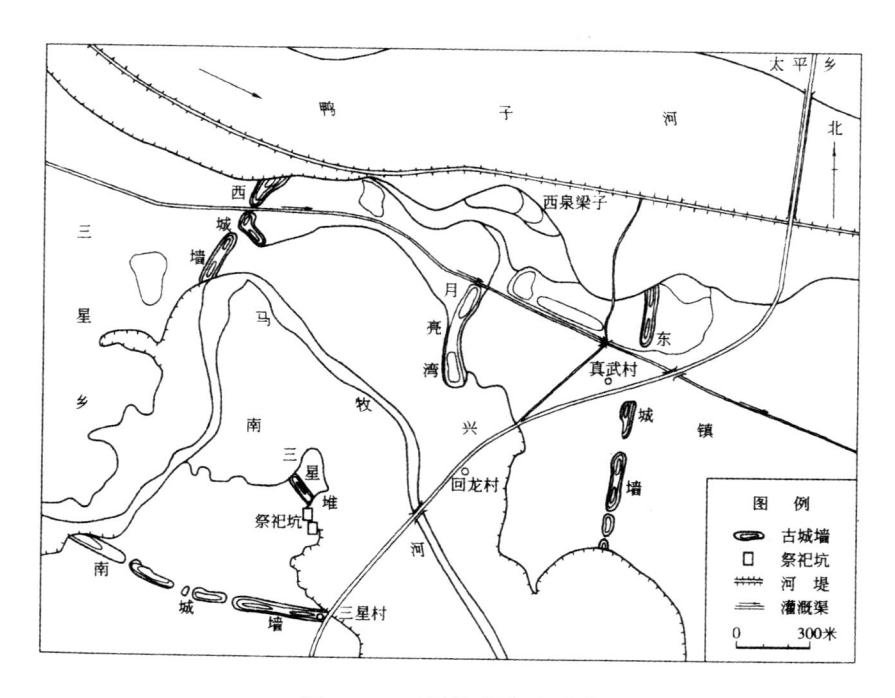

图 5—7　三星堆古城平面图

　　一方面，三星堆文化与宝山文化联系密切，二者之间有很多共同点，如都含有陶高柄豆、尖底盏、尖底杯、平底盘、盉、圈足状纽器盖、觚形器座等；铜尊、罍、三角援戈和带刺异形戈等。可见，成都平原与汉中盆地之间在商代已有道路可通，商文化因素可以通过汉中盆地传入成都平原。① 成都平原与汉中盆地之间只要越过大巴山的阻碍，就能实现交通。战国时期这里有著名的"金牛道"，从汉中盆地今勉县西南行，越过今宁强县、七盘关，至川北广元的朝天驿，进入嘉陵江谷地，到广元西南的剑门关。② 这条道路至今仍在使用，为川陕公路的一段，商代有可能也是利用此道。

---

　　① 张玉石：《川西平原的蜀文化与商文化入川路线》，《华夏考古》1995 年第 1 期；魏京武：《陕南巴蜀文化的考古发现与研究》，《三星堆与巴蜀文化》，巴蜀书社 1993 年版，文中指出远在原始社会时期，陕南汉水上游就是黄河中游与长江中上游地区新石器时代文化的交汇带。

　　② 王育民：《中国历史地理概论》，人民教育出版社 1987 年版，第 402 页。

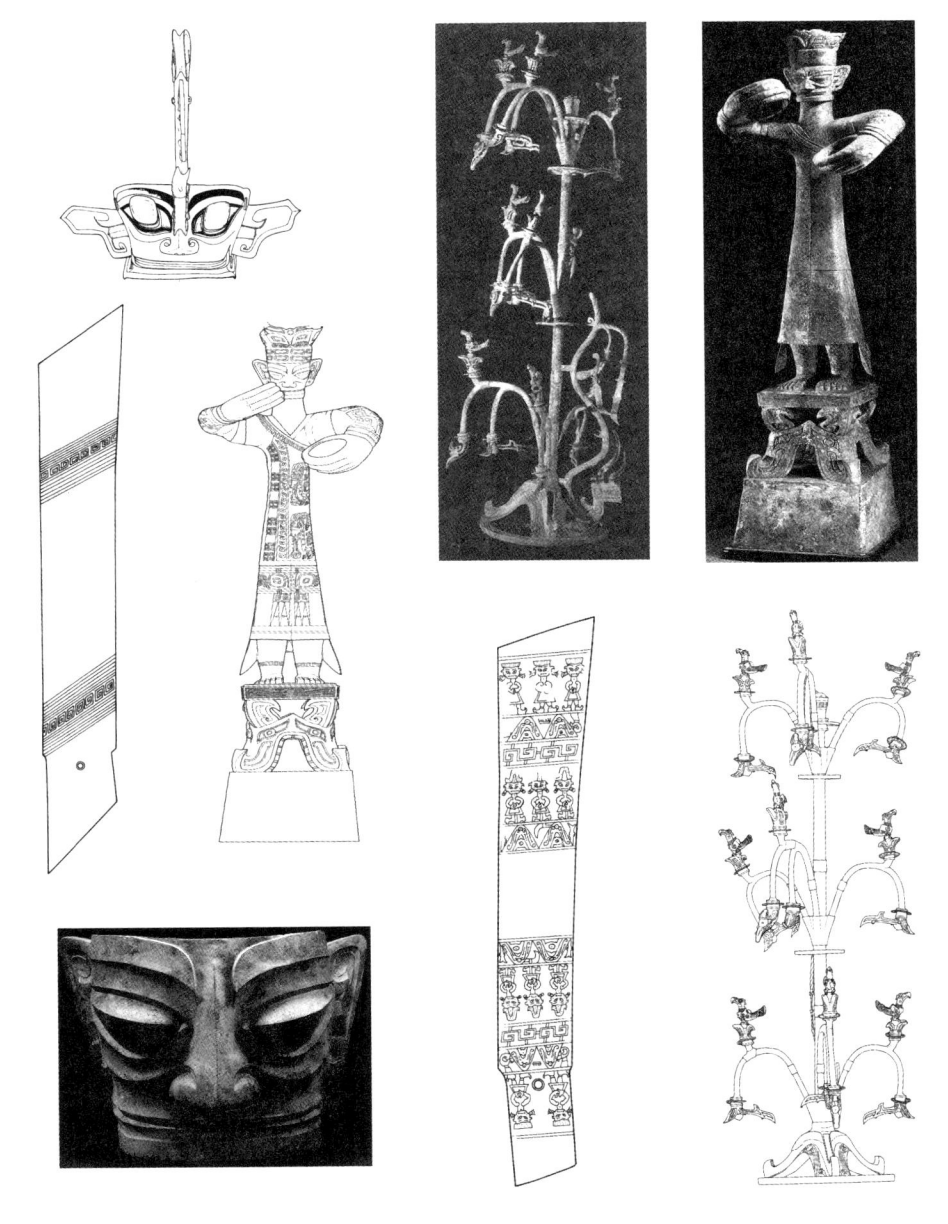

图 5—8 三星堆文化中的典型器

另一方面，峡江地区夏商时期有一支考古学文化，与三星堆文化共性显著，称其为三星堆文化朝天嘴类型，它分布于峡江地区的川东、鄂西，包含三组文化因素：A 组为成都平原三星堆文化常见器类，还有源于中原夏商文化的陶觚、陶盉、铜罍、尊等，在三星堆文化中属常见器类；B 组为中原和江汉地区常见器类，而少见或不见于成都平原；C 组是由峡江地区龙山时代文化发展而来的土著文化因素。[1] 朝天嘴类型既有中原文化因素，又有三星堆文化中常见的中原器类，因此有学者认为夏文化即是通过峡江地区传入成都平原，"二里头文化先是由中原腹地推至淮河上游的驻马店一线，然后二里头文化继续向南推进，直至抵达长江中游的鄂西一带，随后由东向西沿长江三峡逆江而上进入四川，最终抵达成都平原"[2]。商文化当然也有可能利用长江进入成都平原。三星堆遗址出土的青铜器有一部分与湖北、湖南和安徽出土的有些青铜器风格类似，就是其证。[3]

二 商与西方方国的交通主干道

这里所说的西方方国主要指位于今山西省以及晋陕高原的方国。山西地区的商文化早、中、晚三期分布各有中心，早商在晋西南，中商在晋东南，晚商在晋陕高原（该地区的商代文化称之为李家崖文化，是一支土著文化，与商文化有区别）。

商代早期，商王统治中心在豫西的郑洛一带，豫西与晋南隔黄河毗邻，交通往来并非难事，从考古发现看，当时主要有两处渡口：一、垣曲古城（图 5—9）。1984 年地处黄河北岸的古城镇南关发现了一处商代城址，它始建于二里岗下层时期，沿用至二里岗上层时期，与偃师商城、郑州商城的年代相当，平面呈梯形，南北长约 400 米，东西宽约 350 米，总计 13 万平方米。垣曲商城属于商文化的二里岗类型，垣曲地区直接为商王控制，[4] 此地当是早商时期商王朝与山西地区交通的主要通道。二、平陆前庄。前庄遗址位于平陆坡底乡黄河北岸，此遗址地层简单，性质单一，耕土层下只有商文

---

[1] 中国社会科学院考古研究所：《中国考古学·夏商卷》，中国社会科学出版社 2003 年版，第 509—513 页。

[2] 方燕明：《关于二里头文化与三星堆文化的几个问题》，《殷商文明暨纪念三星堆遗址发现 70 周年国际学术研讨会论文集》，社会科学文献出版社 2003 年版。

[3] 李学勤：《商文化怎样传入四川》，《当代学者自选文库：李学勤卷》，安徽教育出版社 1999 年版。

[4] 中国历史博物馆考古部等：《垣曲商城》，科学出版社 1996 年版；中国社会科学院考古研究所：《中国考古学·夏商卷》，中国社会科学出版社 2003 年版，第 188、234 页。

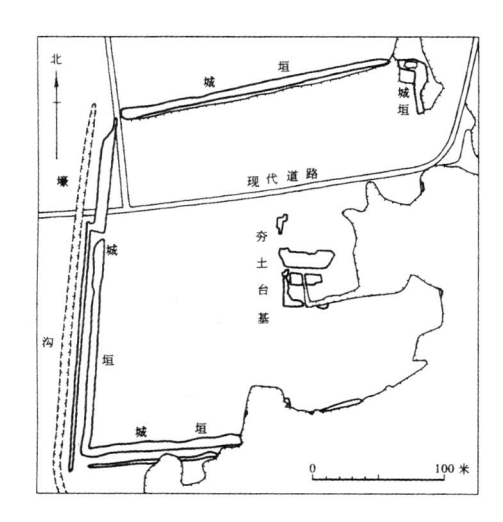

图 5—9 垣曲商城平面图

1. 1974年河南郑州张寨南街出土铜鼎 2. 郑州商城南顺城街H1上：1铜鼎 3. 1990年山西平陆前庄出土铜鼎

图 5—10 山西平陆前庄与郑州商城出土的铜方鼎

化层，遗迹有灰坑和房址，遗物有陶器、石器、骨器和铜器，铜器中的一件方鼎、两件圆鼎和一件铜罍个体很大，堪与郑州商城出土的大型铜器媲美。①（图 5—10）据研究，前庄遗址时代相当于二里岗上层晚段②（前庄遗址以北还发现过两处二里岗时期的遗址，规模小于前庄，出土过青铜戈、矛；③ 前庄附近的大祈也发现与其文化面貌基本一致的遗址④），存在时间不长，可能作为渡口，只是一时之需。前庄遗址以西 40 公里处即是著名的茅津渡，自古至今，一直是晋豫交通的重要渡口。文献记载的商末虞国在今平陆县北。平陆以北的夏县东下冯遗址（图 5—11），是晋西南商文化东下冯类型⑤的代表，东下冯遗址发现了城墙，其在晋西南的地位不同寻常，从平陆渡河到夏县，十分便利（图 5—12）。

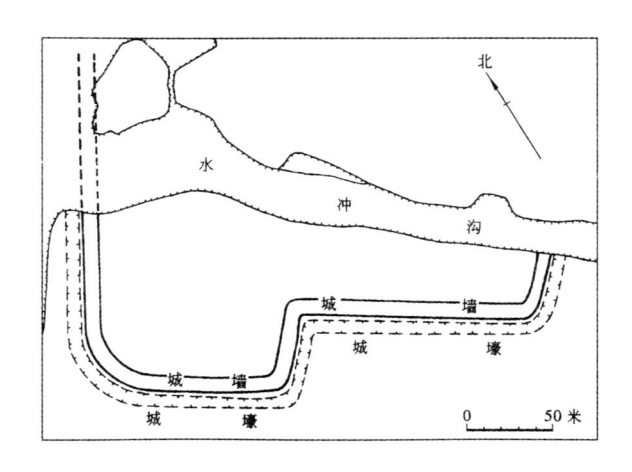

图 5—11 东下冯商城平面图

---

① 卫斯：《平陆县前庄商代遗址出土文物》，《文物季刊》1992 年第 1 期；李百勤：《山西平陆前庄商代遗址清理简报》，《文物季刊》1994 年第 1 期。

② 张崇宁：《山西平陆前庄商代遗址分析》，《三代文明研究》（一），科学出版社 1999 年版。

③ 陶正刚、范宏：《山西平陆前庄村商代遗址及青铜方鼎铸造的研究》，《2004 年安阳殷商文明国际学术研讨会论文集》，社会科学文献出版社 2004 年版。

④ 周有安：《山西商代前庄遗址又有新发现》，《中国文物报》2000 年 6 月 18 日。

⑤ 商文化东下冯类型是从二里头文化东下冯类型发展过来的，主要分布在汾河中、下游和涑水流域，见中国社会科学院考古研究所：《中国考古学·夏商卷》，中国社会科学出版社 2003 年版，第 196—197 页。

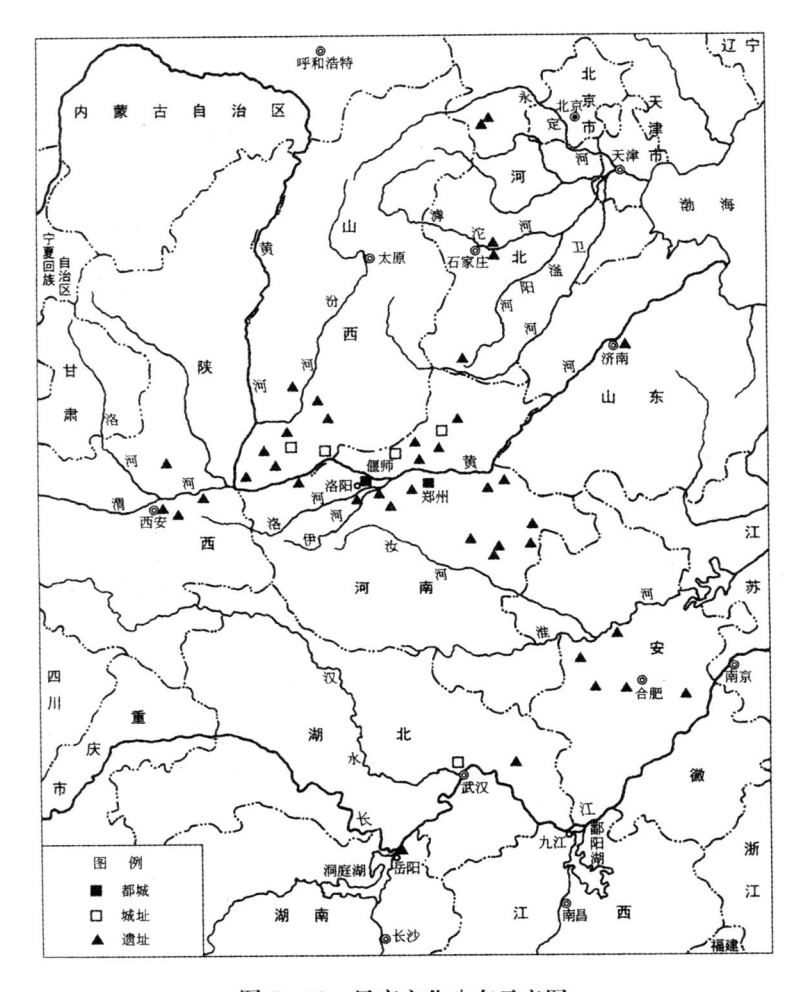

图 5—12　早商文化分布示意图

中商时期，山西地区的商文化遗存主要分布在晋东南长治、屯留、潞城、长子一带和晋中汾阳等地，考古学上称之为小神类型，分期上属于中商二期和三期。与其同时的商文化主要是分布在豫北冀南的曹演庄类型，曹演庄类型是中商文化的核心类型，其中以邢台曹演庄、东先贤遗址和洹北商城遗址的规模最大，都邑"相"、"邢"和"殷"与该类型有关。[1] 小神类型与

---

[1] 中国社会科学院考古研究所：《中国考古学·夏商卷》，中国社会科学出版社 2003 年版，第 255—271 页。

曹演庄类型距离最近，交通往来应最频繁，二者之间虽有太行山阻隔，但有漳河河谷相连，今河北武安南是太行八陉之一的滏口陉，也是主要交通孔道（图 5—13）。这两条道路至今仍在发挥着重要作用。从晋东南沿浊漳河诸源可抵晋中太原盆地（图 5—14）。

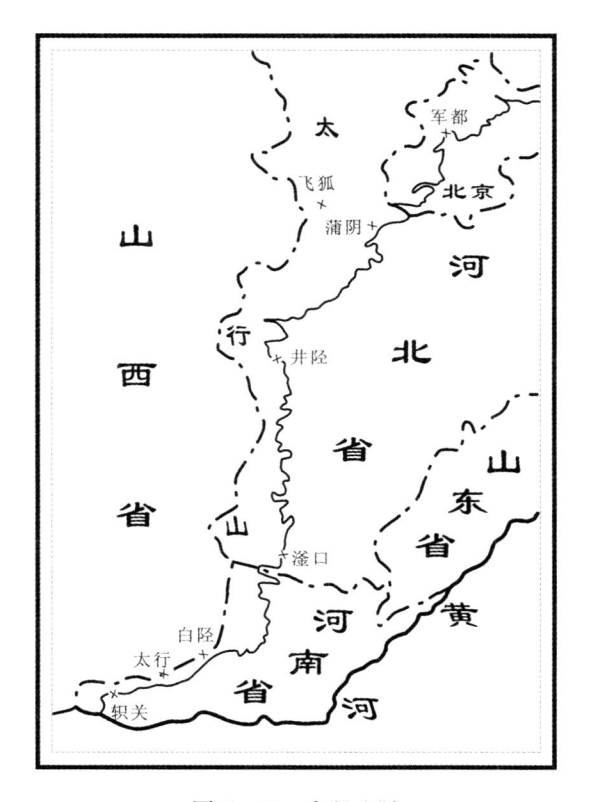

图 5—13　太行八陉

晚商时期，山西境内的商文化遗存主要有灵石旌介村、浮山桥北、临汾庞杜和屯留上村、潞城（图 5—15）。灵石旌介村发现三座商代墓，规模属于中等，但随葬品丰富，铜器多带"囚"铭，[1] 现藏伦敦大英博物馆的尹光鼎

---

[1] 山西省考古研究所、灵石县文化局：《山西灵石旌介村商墓》，《文物》1986 年第 11 期；最近又公布了旌介村 1986 年发现的一座墓和一座车马坑，见山西省考古研究所：《灵石旌介发现商周及汉代遗迹》，《文物》2004 年第 8 期。

是传世"⊡"族器中较为重要的一件,铭云:

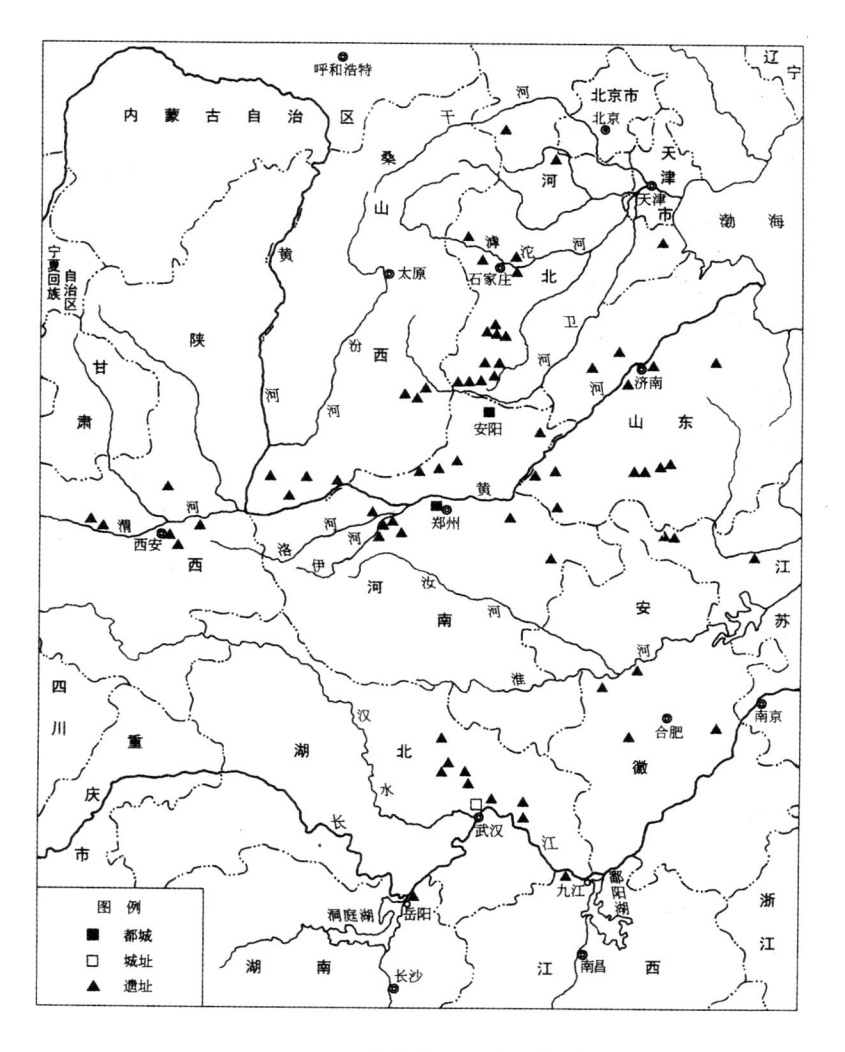

图5—14 中商文化分布示意图

乙亥,王悚,在彙師。王饗酒,尹光遹。惟各,赏贝,用作父丁彝。惟王征井方。⊡。(《三代》4.10.2)

铭文揭示"⊡"族中有一位名叫"光"的在商王朝任"尹"官。有学

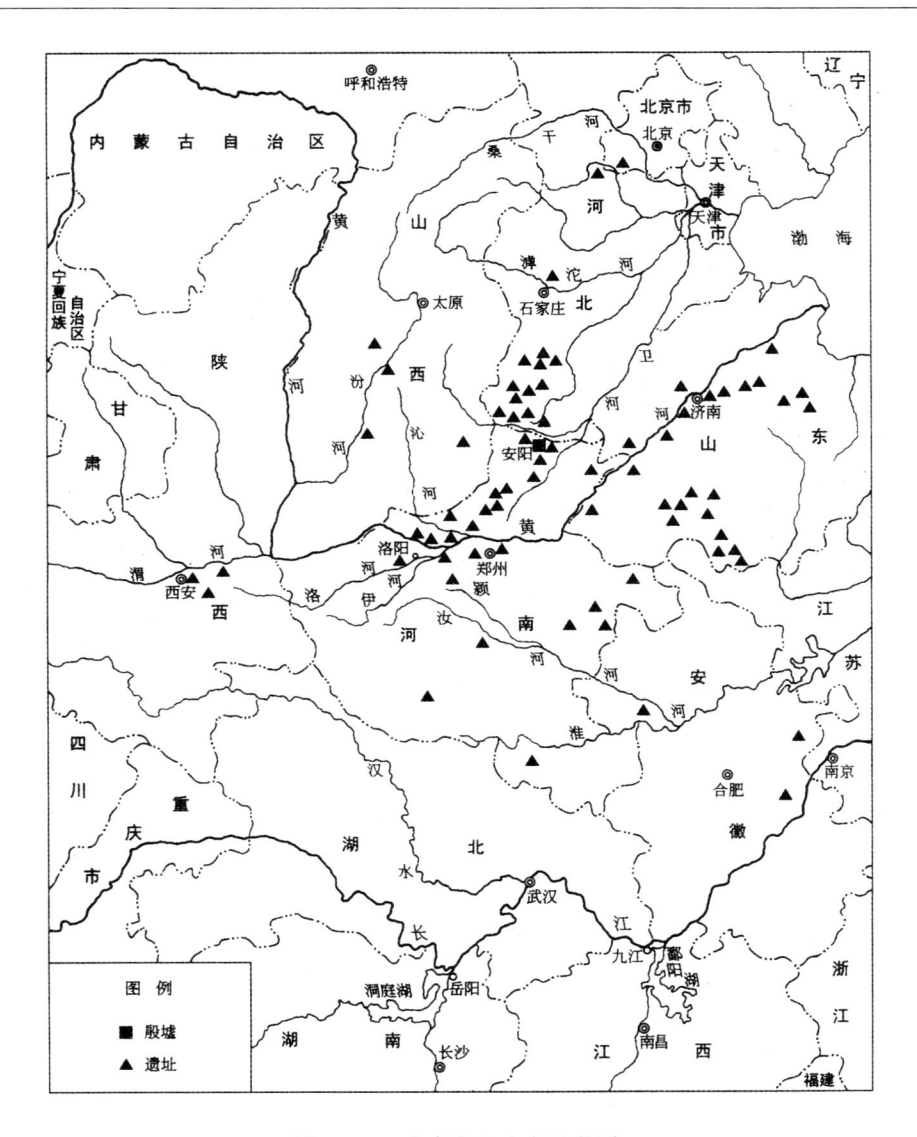

图 5—15　晚商文化分布示意图

者将"囧"释作"丙",认为灵石旌介村这三座商墓属于丙国贵族及其宗族,丙国是商王朝的诸侯国,延存至西周时期。[①]

---

① 殷玮璋、曹淑琴：《灵石商墓与丙国铜器》,《考古》1990 年第 7 期。

浮山桥北发掘了一批商至春秋时期的墓葬，大、中型墓的年代上限在商代晚期，下限不晚于西周中期。五座大型墓，均有墓室和墓道组成，比灵石旌介商墓的规格高，墓主应是商王朝管辖下的方国首领，出土的铜器屡见"先"铭。①《集成》收有三件带"先"铭的铜器，分别是先鼎（1030）、先壶（9458）、先弓形器（11866），先鼎 1932 年出于安阳殷墟，这是浮山桥北与安阳交通往来的文字证据。据悉，与浮山距离不远的临汾庞杜村也发现了规格极高的商周墓葬，有学者提出以桥北墓地为代表的临汾盆地的商遗存就是唐文化（晋取代唐以前的文化），② 唐文化圈里应该有多个方国存在，如唐（实际上，晋所取代的唐是甲骨文中的易国，非甲骨文中的唐）、贾、先等，商王朝与该地联系紧密，所以二者文化面貌基本一致。安阳与临汾盆地之间的交通主要通过屯留地区，屯留上村发现有一座晚商墓葬，出土了 5 件铜器和 1 件陶鬲。③ 距屯留不远的潞城发现过商周古城遗址。④

汾河以西以北，晋陕之间黄河两岸的高原地区，以山西石楼、永和、柳林，陕西绥德、清涧、延长等地为中心，集中出土了一批晚商时期的青铜器，这批铜器大多出自墓葬，按特征可以分为三群：

  A 群　是殷墟常见的器形。大多是礼器，少数是武器和工具。

  B 群　具有鲜明的地方特征，器类和数量多于 A 群，是该文化类型主要成分。其中的礼器多是仿商式改进型，武器、工具和饰品等则大部分不同于商文化，少部分也见于殷墟，当数量很少，应是由此输送或仿制而成的。

  C 群　数量最少，是北方卡拉苏克文化向南传播的产物。⑤

A、B 群铜器从器物学的角度证明了汾河以西以北晋陕高原与中原的联系，从 B 群铜器多饰兽首看，当时活动在晋陕高原的是与中原农业民族不同

---

① 《山西浮山桥北商周墓》，《2004 中国重要考古发现》，文物出版社 2005 年版。
② 田建文：《初识唐文化》，《古代文明研究通讯》2004 年第 21 期。
③ 长治市博物馆：《山西屯留县上村出土商代青铜器》，《考古》1991 年第 2 期。
④ 《潞城发现商周古城遗址》，《中国文物报》1991 年 11 月 17 日。
⑤ 李伯谦：《从灵石旌介商墓的发现看晋陕高原青铜文化的归属》，《北京大学学报》（哲社版）1988 年第 2 期。

的游牧民族，他们建立了众多方国，如舌方、沚方、土方、鬻方、叔方、羞方、轡方、羌方、絴方、召方、巴方、龙方、商方、卉方、鬼方、马方、亘方、基方、井方、湔方、㗊方等，与商王朝维持着或战或和的松散关系。其交通路线是从商都安阳越太行至屯留，向西走到达汾河中游地区，再向西北行抵晋陕高原。

下面一段与本章主旨无关，因为是探讨山西商代交通时的偶得，故附记在此：

我们研究山西地区晚商文化时，发现以汾河中下游为界，文化面貌明显有区别，后读史念海先生的文章，① 了解到战国以至汉初，今山西地区的经济形态一直都是以汾河为界，以西以北是游牧经济，以东以南是农业经济，与晚商类似。由此可以推断晚商时期的农牧分界线与战国—汉初一样，也是由今河北昌黎县北碣石山起循燕山山脉南麓西南行，再越太行山，历汾河中游而至今陕西韩城与山西河津之间的龙门山。

三　商与北方方国的交通主干道

今冀南豫北地区是殷商的"龙兴"之地，自契至商汤灭夏，商族主要在此地区活动，② 汤伐夏即循由北向南之交通路线，可见中原地区与北方地区交通往来之久远。河北地区的商周（指周初）考古发现很多，主要集中在一下几个地点：

邯郸地区。有商代早期的遗址，晚商时期邯郸地区邻近王都安阳，属于王畿区，自然是常来常往之地，发现的商遗存也很多，附近的磁县、武安、永年、临漳亦发现商遗址③。其中1966年磁县下七垣发现了一批铜器，三件铭"受"，二件铭"启"④，"受"、"启"族的器物在殷墟也出土过（图5—16），两族在甲骨文中也有见其活动。

---

① 史念海：《战国至唐初太行山东经济地区的发展》，《河山集》，生活·读书·新知三联书店1963年版。
② 商族灭夏以前的文化称先商文化，即下七垣文化，中心在冀南豫北地区。
③ 河北省文物研究所、河北文化学院：《武安赵窑遗址发掘报告》，《考古学报》1992年第3期；中国社会科学院考古研究所：《中国考古学·夏商卷》，中国社会科学出版社2003年版。
④ 罗平：《河北磁县下七垣出土殷代青铜器》，《文物》1974年第11期。

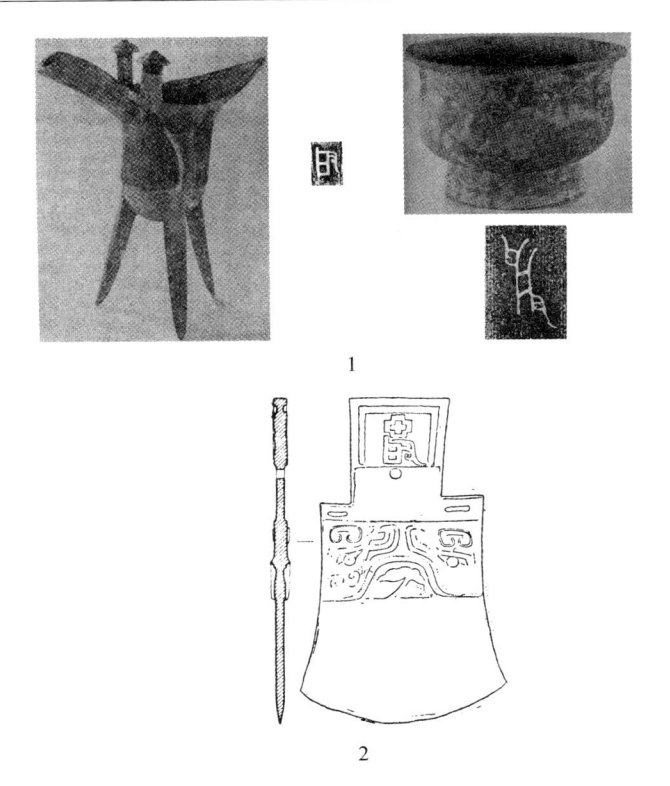

1. 河北磁县下七垣出土的铜爵、铜簋　2. 妇好墓出土的铜钺

图 5—16　河北磁县下七垣与殷墟出土的"受"、"启"族铜器

邢台附近。祖乙迁邢即在邢台，此地出过晚商铜器，有先商至晚商时期的多处遗址，其附近的隆尧、内丘、临城、柏乡、沙河也都有商遗存。①

石家庄地区。包括藁城、正定、赵县、灵寿②、新乐、无极③、平山④、

---

① 唐云明：《隆尧、内邱古遗址调查》，《文物参考资料》1958 年第 6 期；《河北商文化综述》，《华夏考古》1988 年第 3 期；中国社会科学院考古研究所：《中国考古学·夏商卷》，中国社会科学出版社 2003 年版。

② 正定县文物保管所：《河北灵寿县西木佛村出土一批商代文物》，《文物资料丛刊》5 辑；陈应祺：《河北灵寿县北宅村商代遗址调查》，《考古》1966 年第 2 期。

③ 文启明：《河北新乐、无极发现晚商青铜器》，《文物》1987 年第 1 期。

④ 河北省文物研究所：《河北平山县考古调查简报》，《文物春秋》1990 年第 3 期。

获鹿①、元氏、高邑、栾城②等地的多处遗址，其中藁城台西村有一处规模较大的商代遗址，而距台西村不远的前西关遗址出土的铜器上带有"心守"、"守"铭文，"守"铭亦出于殷墟（图5—17），侯家庄西北岗1001大墓和武官村大墓都发现带"守"字的铜器，YH266出的一件陶罍上刻有"妇妌，守"铭文，可见守族与王族关系密切，二者有通婚。正定新城铺遗址出的铜器数量较多，其中有带"羍"、"羍册"铭文的，"羍"铭常见，较为著名的是帝辛二十五年的宰椃角，其铭："庚申，王在𩫖，王格，宰椃从，赐贝五朋，用作父丁尊彝，在六月，惟王廿祀翌又五。"鋬下铸"羍册"（《集成》9105）（图5—18）。1942年安阳出一爵，亦铭"羍册"（《集成》8875）。羍族也是商代的要族，族中有人在中央王朝任宰，辅佐商王。③

1. 殷墟出土的铜觯　　　　　　　　　　2. 藁城前西关出土的铜壶铜爵

图5—17　河北石家庄前西关与殷墟出土的"守"铭铜器

---

① 唐云明：《河北商文化综述》，《华夏考古》1988年第3期。
② 同上。
③ 石家庄地区文化局文物普查组：《河北省石家庄地区的考古新发现》，《文物资料丛刊》1辑；刘友恒、樊子林：《河北正定出土商代青铜器》，《文物》1982年第2期；《河北正定新城铺出土商代青铜器》，《文物》1984年第12期。

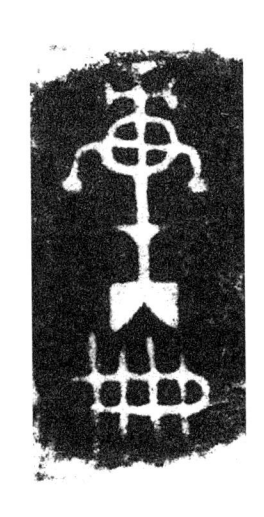

图 5—18　宰梂角铭文（《集成》9105—1、2）

定州。1991年定州北庄子发现42座商代墓葬，其大致年代约当殷墟二、三期，个别墓可能晚至四期。发掘者认为"这批墓葬排列有序，没有相互叠压或打破现象，其墓坑制作规整，等级森严，普遍流行残酷的殉人、殉狗制度，随葬品亦较丰富，显然在商代非一般平民所拥有，应当是一处规模较大的奴隶主贵族墓群，而且是方国贵族墓群"①。所出铜鼎、觚、爵、戈上普遍铸"嬰"，此铭并不罕见，目前所知有出土地点的共两件：一是1974年安阳出的嬰爵（《集成》7498）（图5—19）；二是传出安阳的嬰戈（《集成》10674）。安阳出"嬰"铭器，说明嬰国族与商王朝关系紧密。

满城。夜藉和要庄城子附近1970年曾发现过一件早商斝和一件晚商爵，爵铭"木祖"，1974年又出一件晚商爵，铭"子父乙"。② 夜藉和要庄城子的商周遗址是规模较大的一处遗址。③ 满城的交通地位由此可见一斑。满城以东的保定亦发现过商遗存。④

---

① 河北省文物研究所、保定地区文物管理所：《定州北庄子商墓发掘简报》，《文物春秋》1992年增刊。

② 刘超英、裴淑兰：《河北商代带铭铜器综述》，《三代文明研究》（一），科学出版社1999年版。

③ 郑绍宗：《商周金文和河北古代方国研究》，《北方考古研究》（三），中州古籍出版社1994年版；河北省文物研究所：《河北满城要庄发掘简报》，《文物春秋》1992年增刊。

④ 唐云明：《河北商文化综述》，《华夏考古》1988年第3期。

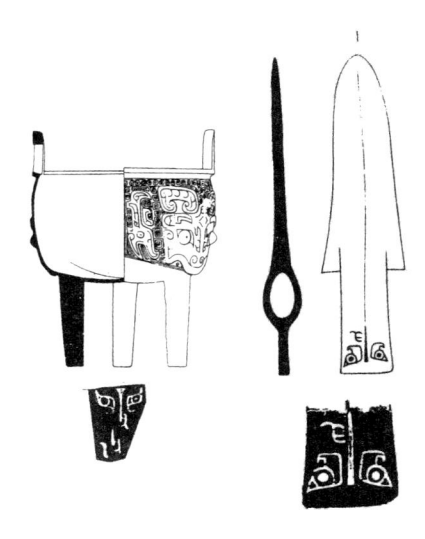

图 5—19 河北定州北庄子出土的"䧹"国铜器

易县、涞水地区。易水流域是先商时期有易国所在，文献记载王亥宾于有易而淫，有易杀王亥，王亥之子上甲微假师河伯灭有易，杀其君绵臣。易县清末出土了著名的"商三勾兵"，即大祖、大父、大兄三件直内戈（《集成》11401、11403、11392）（图5—20），王国维考证，"当为殷时北方侯国之器，而其先君皆以日为名，又三世兄弟之名先后骈列，皆用殷制，盖商之文化，时已沾溉北土矣"①。涞水富位、渐村亦发现商代遗址。② 易县、涞水以东的定兴、容城也有商遗址，③ 但从目前的资料看，它们的规模很小，其地位不如易县、涞水。

再往北走，就到了今涿县、北京地区，北京地区发现的商代遗存，主要

---

① 王国维：《观堂集林》卷十八"商三勾兵跋"。
② 拒马河考古队：《河北易县涞水古遗址发掘报告》，《考古学报》1988年第4期；河北省文物研究所：《河北涞水渐村遗址发掘报告》，《文物春秋》1992年增刊；仇凤琴、吴东风：《河北商代遗存初论》，《三代文明研究》（一），科学出版社1999年版。
③ 唐云明：《河北商文化综述》，《华夏考古》1988年第3期。

在昌平雪山，房山刘李店、琉璃河，平谷刘家河、韩庄。①

图5—20　河北易县出土的"商三勾兵"（《集成》11401、11403、11392）

把上述地点连起来，就是通向北方的交通路线，这条路线与今天的京广线北段大致相同，但满城—保定以北，稍靠西，这一现象与战国时代的交通路线类似。史念海先生在分析战国时代太行山东麓的交通时，指出沿太行山东麓的交通道路是当时的干线，这条道路大致就是现在的京广铁路北段，而小有违异，即有些地方稍偏西一点（主要指易县、保定西南的旧完县），目的是为了避免沿途各河的泛滥。②

向北的交通到北京后，并未终止，从北京东行至卢龙、迁安一带。卢龙

---

① 中国社会科学院考古研究所：《中国考古学·夏商卷》，中国社会科学出版社2003年版，第605页；北京市文物研究所：《北京房山琉璃河遗址发现的商代遗迹》，《文物》1997年第4期；郑绍宗：《商周金文和河北古代方国研究》，《北方考古研究》（三），中州古籍出版社1994年版。

② 史念海：《战国至唐初太行山东经济地区的发展》，《河山集》，生活·读书·新知三联书店1963年版。

是商代孤竹国所在，境内的东阚各庄发现过商代遗址和墓葬，出了一批青铜器、陶器，其风格有典型的商文化因素，反映了孤竹国与商王朝的密切关系，①甲骨文中孤竹称为竹侯，向王纳贡，与商王朝通婚。迁安马哨村发现有商墓，出土的一件鼎和一件铜簋，分别铭"卜"和"箕"，或以为与箕子有关。②卢龙、迁安所处的冀东地区是古代中国农牧区的一处分界点，商时是燕山以北夏家点下层文化与燕山以南各种文化的交汇点，从此地沿滦河河谷，在喜峰口一带的卢龙塞出塞，折东趋大凌河流域的喀左、凌源、朝阳、义县一带，此道即著名的卢龙塞道，它是唐代以前关内与东北地区最主要的交通道路。③辽宁喀左、凌源、朝阳、义县出过大量的商周青铜器，④唐兰先生认为喀左地区属于孤竹国范围，⑤喀左附近另有𡧑国与孤竹相邻，𡧑在商代为侯国，周初臣服于燕。

四 商与东方方国的交通主干道

这里所说的东方方国包括东夷和淮夷地区的诸方国，夏商时期的夷人文化可以分为东夷文化和淮夷文化，东夷文化分布在山东和苏北地区，淮夷文化分布的中心地区在安徽江淮一带，淮河以北可能也有淮夷文化。⑥文献记载商王朝对东方方国的征伐有汤伐三（《史记·殷本纪》），仲丁征兰夷，河亶甲征兰夷、班方（古本《竹书纪年》），见于卜辞的东方方国主要有夷方、旁方、林方等。中原地区与东方地区都处于黄淮中下游，二者之间没有交通阻碍；从史前时期开始，中原与东方之间的交通就很频繁；商代建立以后，商文化极力向东方推进，土著文化退居到边缘地区。

考古学上显示安徽地区在早、中商时期有商文化的一支地方类型——大城墩类型，它主要分布在江淮之间，霍山—巢湖一线以北的地区，典型遗址有含山大城墩、孙家岗，六安众德寺，寿县斗鸡台，霍丘洪墩寺、绣鞋墩，

---

① 文启明：《河北卢龙县东阚各庄遗址》，《考古》1985年第11期；《冀东地区商时期古文化遗址综述》，《考古与文物》1984年第6期。
② 李宗山、尹晓燕：《河北省迁安县出土两件商代铜器》，《文物》1995年第6期。
③ 李孝聪：《中国区域历史地理》，北京大学出版社2004年版，第411—412页。
④ 魏凡：《就出土青铜器探索辽宁商文化问题》，《辽宁大学学报》1983年第5期。
⑤ 唐兰：《从河南郑州出土的商代前期青铜器谈起》，《文物》1973年第7期。
⑥ 王迅：《东夷文化与淮夷文化研究》，北京大学出版社1994年版。

肥西大墩子等。到了晚商时期，商文化在江淮之间的势力有所削弱，但彼此仍有大量接触。①卜辞记载的帝辛十祀商王朝征伐夷方所走的路线，应是商与淮夷之间的主要交通干道：从殷都安阳出发，在古黄河岸边的雇地（今河南原阳县原武镇西北）渡过黄河，向东南进发到达河南商丘地区，继续向东南走过河南永城、安徽宿州，转而向南到淮河流域，渡过淮河，与江淮地区的诸淮夷方国实现往来。

山东地区的商文化，早商时期仅分布在黄河以南，泰沂山脉以西地区，中商时期才得以长足发展，晚商时期更由津浦线扩展到潍河—沂河一线，中原与东夷地区的交通也不断巩固发展。中商、晚商时期的商文化分布可分为三个区域。②

1. 泰沂山脉以北地区。中商时期为大辛庄类型，主要遗址有济南大辛庄（图5—21），禹城蒋芦、周尹、齐河尹屯、曹庙，章丘马彭北，长清归德乡前平村，茌平南陈庄，阳谷，东阿等。晚商时期商文化东扩至淄河、潍河，并形成了苏埠屯类型，苏埠屯类型的分布范围远远超过了大辛庄类型的分布范围，西起鲁西北阳谷、东阿一带，沿泰沂山脉北侧分布，东不过潍河，北界约在滨州市一带。其中最具代表性的济南大辛庄③、长清兴复河④、益都苏埠屯、寿光古城遗址，或遗址规格高，或出土遗物丰富，是方国都城遗址。从殷都安阳出发过古黄河、古济水，到济南、长清一带，沿泰沂山脉的山前平原或峡谷地带可以顺利到达益都、寿光地区。从济南、长清到益都、寿光这段道路也是春秋战国时期齐国通向中原的主干路线。⑤《左传》成公二年载鞌之战，晋师追齐师到莘，战于鞌，入于丘舆，莘在山东莘县北，鞌在

---

① 中国社会科学院考古研究所：《中国考古学·夏商卷》，中国社会科学出版社2003年版。

② 以下材料大多引自中国社会科学院考古研究所《中国考古学·夏商卷》，中国社会科学出版社2003年版。

③ 山东大学东方考古研究中心等：《济南市大辛庄商代居址与墓葬》，《考古》2004年第7期。

④ 1957年长清兴复河北岸出土了99件商代青铜器，1964年山东省博物馆征集到的长清出土的青铜器，铭文多为"举、䒁"，推测长清为"举、䒁"族建立的方国都城。见山东省博物馆《山东长清出土的青铜器》，《文物》1964年第4期；高广仁：《海岱区的商代文化遗存》，《考古学报》2000年第2期。

⑤ 以下两例引自白寿彝总主编《中国通史》第三卷上古时代，上海人民出版社1994年版，第724—725页。

济南西北，丘舆在益都；《左传》襄公十八年晋中行偃舆鲁、卫两国从濮阳出发伐齐，齐侯御于平阴，联军攻克京兹、邿、卢，遂长驱直入临淄，平阴在仅今山东长清县孝里镇，邿在长清南大沙河上游，卢在长清南大沙河下游，^① 长清县距离济南不远，这里是齐国的门户。

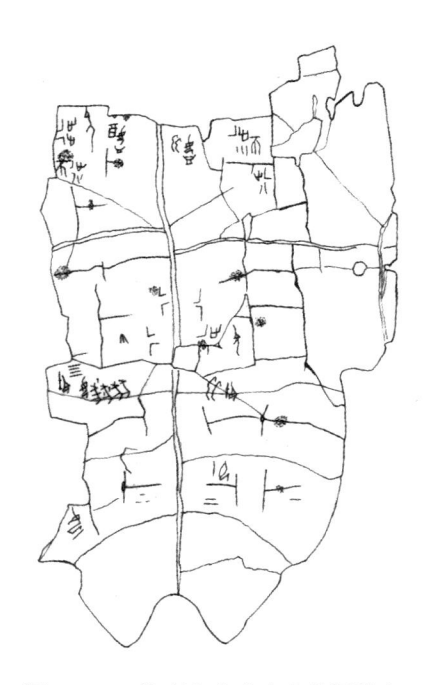

图 5—21 济南大辛庄出土的甲骨文

2. 鲁西南一带。中商时期为潘庙类型，代表遗址有济宁潘庙、凤凰台，菏泽安邱堌堆，曹县莘冢集，泗水天齐庙、尹家城，邹县西朝阳村等。晚商时期有安邱类型，分布区主要在苏鲁豫皖交界地区的鲁西南和豫东一侧，代表遗址有山东菏泽安邱堌堆、梁山青堌堆，河南虞城马庄、柘城山台寺、淮阳冯塘村、鹿邑栾台等。鲁西南地区在地势低，古代有著名的大野泽（位于今巨野县东北）和菏泽（位于今定陶县东）、雷夏泽（位于今山东菏泽东北）[2]，这里交通恐怕主要依靠水上网络。陆路交通，梁山在当时可能是中原

---

① 任相宏：《山东长清县仙人台周代墓地及其相关问题初探》，《考古》1998年第9期。
② 王育民：《中国历史地理概论》，人民教育出版社1987年版，第107—108页。

王朝通往鲁南地区的门户之一。清道光二十三年发现过一批西周早期窖藏，即著名的"梁山七器"，这批铜器除小臣艅犀尊为晚商器物外，其余都与西周召公奭有关，器物属于召公奭的子辈，① 召公奭是成康时代重要的政治人物，其子辈的封邑也绝非一般地点。

3. 鲁南地区。苏北鲁南地区亦分布有中商时期的遗址，如山东郯城店子乡小麦城、归义乡南泉东和南泉北，江苏徐州高皇庙、铜山丘湾、沭阳万北等，但并未形成具有鲜明特点的地方类型。晚商时期为前掌大类型，分布范围以曲阜、滕州一带为中心，西界不过今大运河、昭阳湖、微山湖一线，东界或可及临沂地区西部，包括江苏北部部分地区。滕州前掌大墓地规模宏大，出土了众多铜礼器，这里是一处方国首领家族的墓地。其他地区济宁、兖州、邹县、枣庄、泗水、费县、苍山等地也都有重要发现，如兖州李官村的数件"索"氏铜器、邹县化肥厂的"子保"铜器墓②、泗水窖堌堆"史"族铜器和寺东台的铜器墓、传出费县的28件"举，叙"族铜器③、苍山东高尧的11件"犾"族铜器④，以及滕州井亭村和后黄家庄的30余件"爻"族铜器⑤、种寨村"眉工子"铜器⑥，等等，这些地点都是重要的居住点，他们与中原王朝来往密切，推测其路线是从安阳出发，渡古黄河，到山东梁山，渡古济水，东南行至兖州，分南北两路，北路走泗水、费县，南路走邹县、滕州，会于苍山。

五　商与南方方国之间的交通主干道

这里讨论的南方方国主要指分布在河南南部及长江中游地区湖北、湖南、江西的方国。考古发现证明早在商代初期，中原地区与长江中游地区有频繁来往，并一直持续到商末。中原向南方输入陶器、青铜器及其制作工艺，南方向中原输入龟甲、陶瓷以及矿产资源等。

---

① 陈寿：《大保簋的复出和大保诸器》，《考古与文物》1980年第4期。
② 齐文涛：《概述近年来山东出土的商周青铜器》，《文物》1972年第5期。
③ 程长新等：《北京拣选一组二十八件商代带铭铜器》，《文物》1982年第9期。
④ 临沂文物收集组：《山东苍山县出土青铜器》，《文物》1965年第7期。
⑤ 孔繁银：《山东滕县井亭煤矿等地发现商代铜器及古遗址、墓葬》，《文物》1959年第12期；中国社会科学院考古研究所编辑：《新出金文分域简目》，中华书局1983年版，第157页。
⑥ 齐文涛：《概述近年来山东出土的商周青铜器》，《文物》1972年第5期。

长江中游地区湖北、湖南、江西三地的商文化地方类型或受商文化强烈影响的遗址分别是盘龙城遗址、铜鼓山遗址和宁乡青铜器群、吴城遗址。

盘龙城遗址（图5—22）位于湖北省武汉市黄陂区滠口镇叶店村境内，发现的遗迹有内外城垣、宫殿、房基、灰坑、窑址、墓葬，出土器类有陶器、石器、玉器、铜器。盘龙城遗址划分为七期，一期至三期的大致年代相当于二里头时期，四期至七期相当于商代前期的二里岗文化，城垣始建年代在盘龙城四期偏晚阶段，即商前期。盘龙城遗址出土的陶器以具有中原商文化特征的陶器数量最多，具有江汉土著文化特征的陶器次之，具有江南商代文化及印纹硬（釉）陶文化因素的陶器占少量，具有长江下游湖熟文化因素的陶器为微量，因此盘龙城遗址的商代文化性质属于商文化系统，它是一支南下的中原商文化为主体，融合本地石家河文化，吸收江南印纹陶及宁镇地区湖熟文化因素形成的一个商文化地方类型。① 盘龙城类型主要分布在汉水以东、汉水下游等区域，最南到湖南岳阳铜鼓山遗址。

盘龙城遗址所处位置交通便利，是中原文化向南传播的重要驿站。盘龙城与中原地区的交通主干道主要有两条：一是沿熊耳山东麓，通过南阳盆地，穿越随枣走廊，抵达鄂东；二是基本与现在的京广铁路线平行，越过大别山、桐柏山隘口，然后沿滠水、澴水，到鄂东。② 这两条路线春秋时期也是楚国与中原地区交往的两条主要通道。③

鄂西地区也分布有许多方国，如庸、卢、彭、濮、微等，鄂西的商代考古学文化是荆南寺文化，它的时代与盘龙城类型相当，但文化面貌以土著特色为主，并受到峡江地区三星堆文化的影响，④ 这一点证明了商文化与二里头文化一样也通过鄂西传入成都平原。中原文化通过南阳盆地，跨越汉水，就能到达鄂西地区。⑤ 鄂西与鄂东通过长江或汉水等水路也互有交通。

交通路线到盘龙城后，一方面，继续沿长江逆上，到达洞庭湖。洞庭湖

---

① 湖北省文物考古研究所：《盘龙城》，文物出版社2001年版。
② 何介均：《商文化在南方的传播》，《湖南先秦考古学研究》，岳麓书社1996年版。
③ 白寿彝总主编：《中国通史》第三卷上古时代，上海人民出版社1994年版，第716—717页。
④ 中国社会科学院考古研究所：《中国考古学·夏商卷》，中国社会科学出版社2003年版，第474—476页。
⑤ 何介均：《商文化在南方的传播》，《湖南先秦考古学研究》，岳麓书社1996年版。

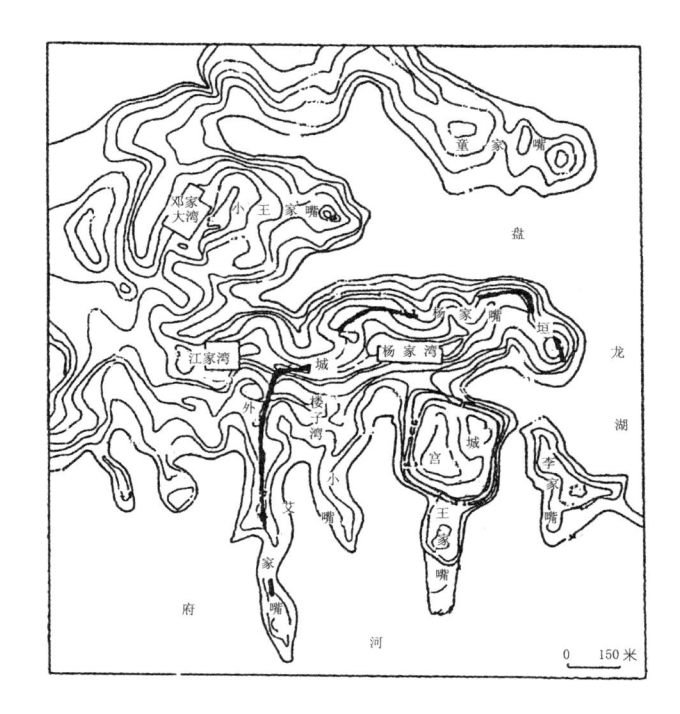

图 5—22　盘龙城商城平面图

岳阳地区的铜鼓山等遗址属于商文化的盘龙城类型，时代相当于二里岗时期。二里岗时期南方地区的陶器深受中原陶器的影响，但到了殷墟时期，土著文化兴起，陶器中典型的商文化器型不见踪迹，但却出现了大量的商青铜器或带有商文化因素的青铜器。[①] 湖南地区出土的青铜器以沩水宁乡为最（图5—23）。[②] 这些情况说明商代晚期商与南方方国交通未断，中心在沩水流域，而且交通路线一直南伸到湘江中上游地区。

另一方面，沿长江下行，进入鄱阳湖，再沿赣江南行，在赣江中下游和鄱阳湖西北地区形成了以清江吴城遗址（图5—24）为代表的吴城文化。吴城遗址位于江西樟树市（原清江县）西南35公里的山前乡吴城村，中心区是一座土城，平面近似圆角方形，城垣在现在地面上尚存一定高度，城垣周

---

① 何介均：《商文化在南方的传播》，《湖南先秦考古学研究》，岳麓书社1996年版。
② 湖南省文物考古研究所等：《湖南宁乡炭河里西周城址与墓葬发掘简报》，《文物》2006年第6期。

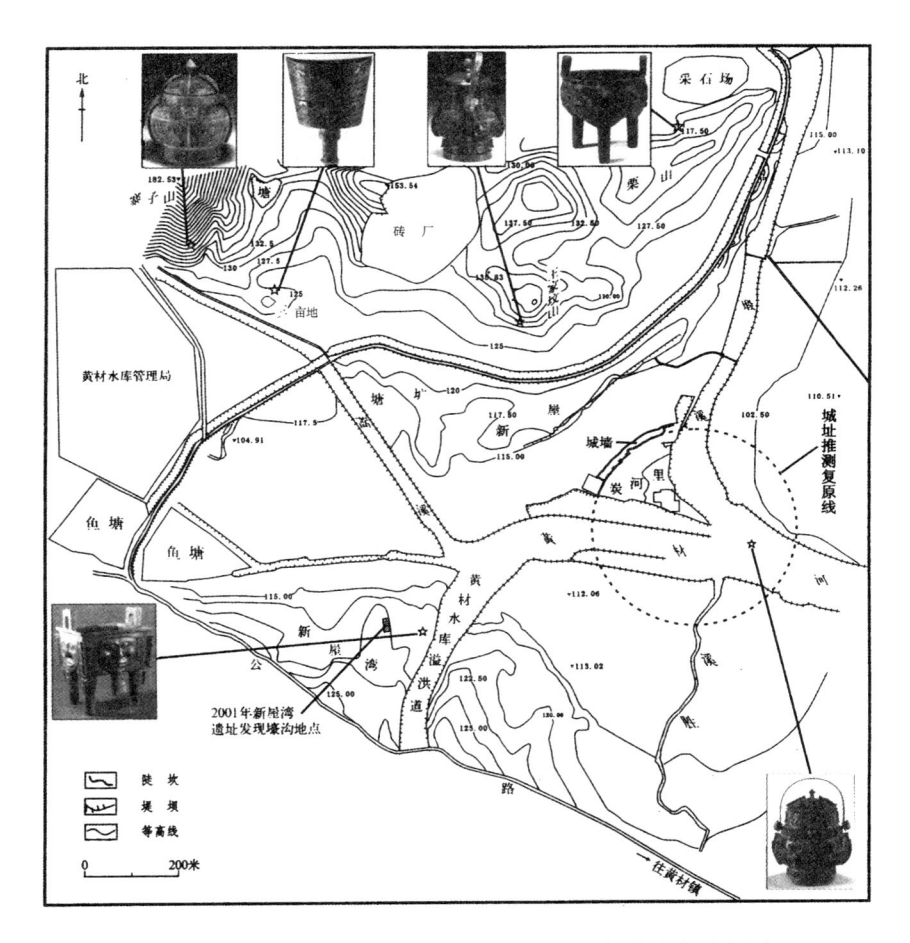

图 5—23　湖南宁乡炭河里城址及附近出土铜器地点示意图

围有城壕，城内面积 61.3 万平方米，城内有居住区、祭祀遗迹群、铸铜区、制陶区，因此可以肯定吴城遗址是方国都邑。[①] 吴城遗址可分为一、二、三期，分别相当于二里岗上层、殷墟期和商周之际，其间经历了四五百年的发展过程。吴城遗址南约 20 公里处发现的新干商代大墓（图 5—25），属于吴

[①]　黄水根、李昆：《略论吴城遗址商代城墙的性质》；许智范、黄水根、申夏：《吴城文化再认识》，同见《2004 年安阳殷商文明国际学术研讨会论文集》，社会科学文献出版社 2004 年版。

城二期，墓主可能就是吴城方国的最高统治者或其家族成员。①

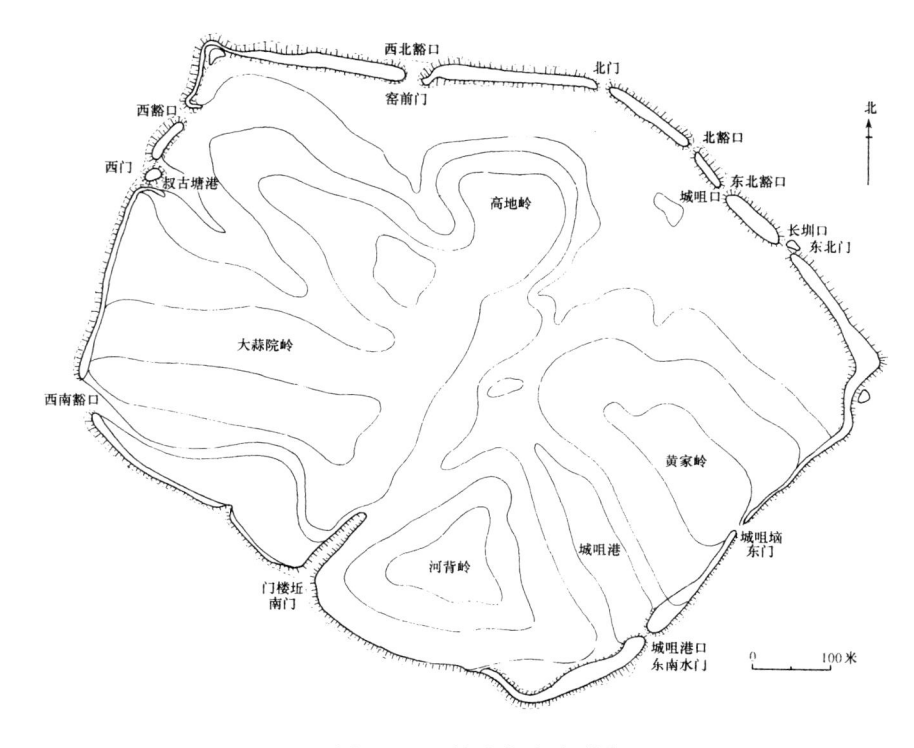

图 5—24　吴城古城平面图

至于长江下游的安徽东、南部和江苏南部，江北和江南商代末期是两种不同的文化传统，因此这里不是南北文化交流的重要通道，中原地区的商文化主要是通过长江中游扩散到长江下游的。② 长江下游受中原文化的影响甚

---

① 江西省文物考古研究所等：《新干商代大墓》，文物出版社 1997 年版，第 203 页。也有学者认为新干大墓的墓主可能是牛头城遗址的统治阶级，见孙华《关于新干大墓的几个问题》，《商代江南——江西新干大洋洲出土文物辑粹》，中国社会科学出版社 2006 年版。牛头城遗址西距新干大墓 3 公里，城址有大、小城之分，小城位于大城的西南部，其西城墙和南城墙与大城共享，城址整体平面形似乌龟东西约 1100 米、南北宽约 600 米，面积约 50 万平方米。牛头城遗址未进行正式发掘，具体情况还需后续研究。

② 水涛：《试论商末周初宁镇地区长江两岸文化发展的异同》，《长江流域青铜文化研究》，科学出版社 2002 年版。

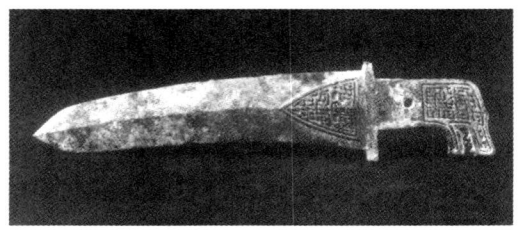

图 5—25 江西新干商代大墓出土铜器

微，当地土著文化占主导地位。江苏南部的江阴佘城遗址发现了一处商代早中期的城址，带有城壕、城内池塘和大型干阑式建筑，发掘者认为这是一处方国城址。① 有关此城址的材料只发表了考古简报，其详细情况以及它与中原文化的关系，还有待于进一步研究。

总结前文，商代的交通主干道大致是这样的（图5—26）。

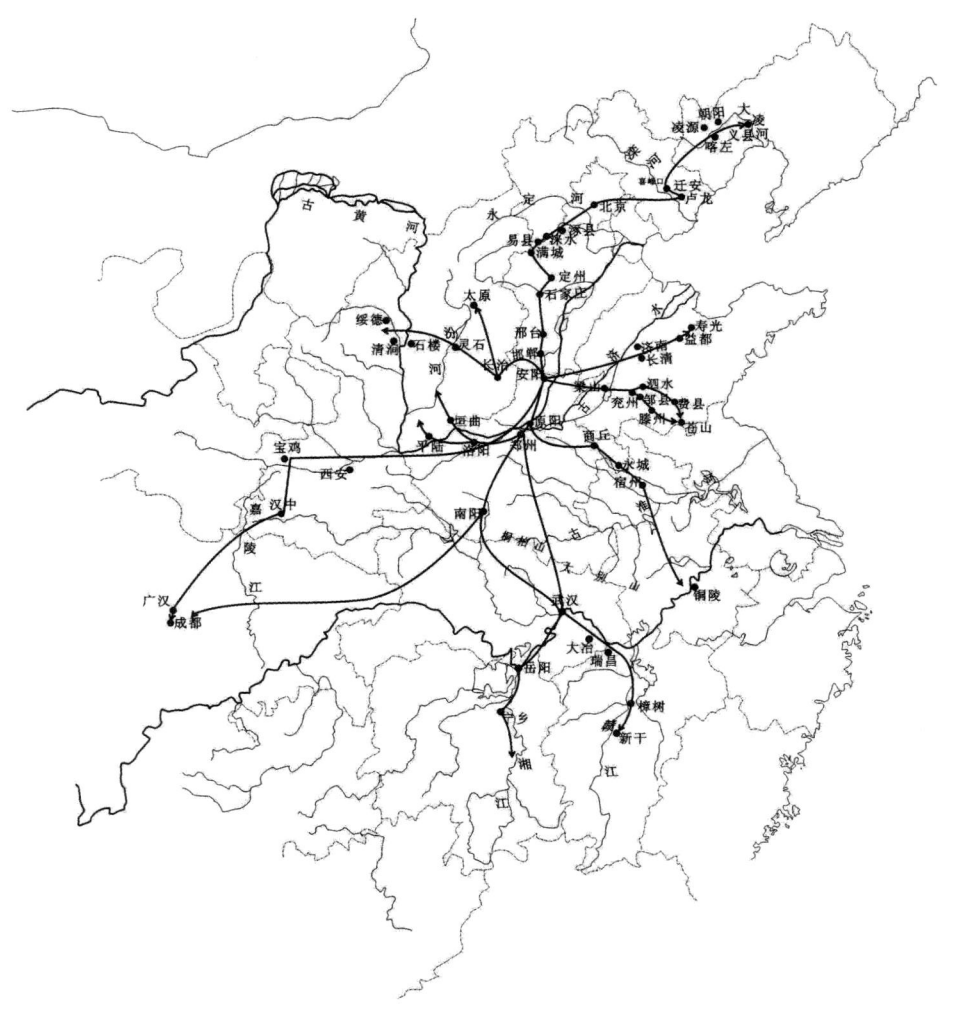

图5—26　商代交通干道示意图

---

① 刁文伟、邹红梅：《江苏江阴佘城、花山遗址第二次发掘取得重要收获》，《中国文物报》2003年4月7日。

1. 商与周、蜀之间的主干道。(1) 到周、蜀：安阳—周原—汉中盆地—川西地区。(2) 到蜀：安阳—南阳盆地—鄂西、川东—川西。

2. 商与西方方国之间的主干道。(1) 早商时期有两条：郑洛地区—垣曲—晋南；郑洛地区—平陆—晋南。(2) 中晚商时期：安阳—长治地区—汾河中游地区—晋陕高原。

3. 商与北方方国之间的主干道。安阳—邯郸—邢台—石家庄—定州—满城—易县、涞水—涿县—北京—卢龙、迁安—喀左、凌源、朝阳、义县。

4. 商与东方方国之间的主干道。(1) 到淮河流域：安阳—原阳—商丘—永城、宿州—淮河流域。(2) 到泰沂山脉以北：安阳—济南、长清—益都、寿光。(3) 到鲁南：安阳—梁山—兖州—泗水、费县（北路）/邹县、滕州（南路）—苍山。

5. 商与南方方国之间的主干道。(1) 到湖南：安阳—南阳盆地（西路）/大别山、桐柏山（东路）—武汉—岳阳—宁乡—湘江中上游。(2) 到江西：安阳—南阳盆地（西路）/大别山、桐柏山（东路）—武汉—鄱阳湖—清江、新干。

研究商代交通道路，笔者主要依据典型考古遗址的分布情况，所以我一再强调研究的重点是交通主干道。而在交通主干道周围，非典型商代遗址的分布星星点点，彼此间亦定有道路可通。商王朝与周边地区的交通干道是商王朝与周边地区直接联系的通道，周边地区与更远地区也有联系，商王朝借助周边地区与更远地区则实现间接联系，比如新疆的和田玉、辽宁的岫岩玉、中国东部和南部沿海的海贝龟甲及鲸鱼骨输入中原地区，[①] 西方的马车制造技术引进中原，[②] 中原地区的铜器流通到广西，[③] 牙璋流通到福建、广

[①] 中国社会科学院考古研究所：《殷墟的发现与研究》，科学出版社1994年版，第441—444页。

[②] 关于中原马车的起源，有外来说和本土说两种，综述性的文章见王海城《中国马车的起源》，《欧亚学刊》第3辑。从目前发现的考古资料看，马车是殷墟二期突然出现的，而且甫一出现，数量就很多，因此笔者认为马车应是外来的。

[③] 指广西武鸣县发现的晚商铜器：一件铜卣和一件铜戈，为中原输入品，见梁景津《广西出土的青铜器》，《文物》1978年第10期；广西壮族自治区博物馆：《近年来广西出土的先秦青铜器》，《考古》1984年第9期。

东、香港甚至越南红河地区①（中原地区的器物也有可能是商以后到南方的）等就是这种间接联系的结果。商代道路的源头有的可追溯到夏代，甚至是新石器时代；距中原地区越近的道路，开发的时间就越早。

第二节 "铜路"问题

"铜路"是指商代青铜原料输入中原的道路。商代是中国青铜器发展的鼎盛时期，商王都（郑洛地区和安阳）是青铜器的铸造中心，这里铸造的青铜器数量巨大，铸造青铜器所需的铜、锡、铅原料也必须来源充足，那么这些青铜原料取自哪里？青铜原料又是以什么方式、通过哪条道路运抵中原的呢？

安阳殷墟发现铜器后，有些学者就开始探索这些问题，如李济认为黄河流域无锡矿，青铜原料来自南方；②郭沫若认为青铜原料来自南方江淮流域；③国外学者如梅原末治、关野雄④、Е. М. Жукоь ред⑤也持类似看法。上述观点都未经详细论证，只是考虑到南方矿产储备比中原丰富得多（如长江流域的铜矿、西南和岭南地区的锡矿储量非常丰富）这一事实而推测出来的。鉴于此种情况，天野元之助、石璋如、闻广⑥提出了不同意见，即北方说。天野元之助研究发现北方四省也都有充足的铜锡矿资源：河南有6个铜矿点和6个锡矿点、山东有2个铜矿点和2个锡矿点、山西有15个铜矿点和6个锡矿点、河北有4个铜矿点和1个锡矿点。⑦石璋如根据地质调查和

---

① 邓聪、郁逸：《说牙璋》，《文物天地》1994年第2期；商志䫉：《香港大湾遗址出土牙璋追记》，《文物天地》1994年第2期。

② 李济：《殷墟铜器五种及其相关问题》，中研院史语所《集刊外编第一种：庆祝蔡元培先生六十五岁论文集》，1933年。

③ 郭沫若：《青铜器时代》，《青铜时代》，人民出版社1954年版（笔者注：此文写于1945年）。

④ 转引自张光直《商文明》，辽宁教育出版社2002年版，第137页注［38］。

⑤ 他认为"商代自扬子江上游及华南输入铜和锡以冶炼青铜"。转引自闻广《中原找锡论》注[8]，《中国地质》1983年第1期。

⑥ 闻广：《中国古代青铜与锡矿》（续），《地质评论》第26卷第5期，1980年9月；《中原找锡论》，《中国地质》1983年第1期。童恩正对闻广的观点提出过反驳意见，见童恩正等《〈中原找锡论〉质疑》，《四川大学学报》1984年第4期。

⑦ 转引自张光直《商文明》，辽宁教育出版社2002年版，第138页。

志乘的记载，发现距离安阳直线距离 100 公里以内的有 3 个铜矿点和 4 个锡矿点，距安阳 100—200 公里的环形带内有 6 个铜矿点和 3 个锡矿点，200—300 公里的环形带内有 11 个铜矿点和 4 个锡矿点，300—400 公里的环形带内有 6 个铜矿点和 6 个锡矿点，这些矿点在今河南、河北、山西、山东西部和江苏北部，距殷都越近采取的可能性就越大，"……殷代铜矿砂之来源，可以不必在长江流域去找，甚至不必过黄河以南，由济源而垣曲，而绛县，而闻喜，在这中条山脉中，铜矿的蕴藏比较丰富……"锡矿也可能取自黄河北岸。① 对于天野元之助和石璋如的研究，张光直客观评介道，"上述二位的研究结果，令人信服地证明了，铜和锡对于商的采矿工人来说是可以得到的，但却不能证明它们确实是由商人自己开采的。要证明这一点，我们必须找到从矿井中得到的考古学证据，或者找到将安阳发现的矿石与其矿产地联系起来的科学依据。迄今为止，我们没有找到任何证据"②。随着长江中下游地区商代采矿、冶铜遗址的发现，学界越来越倾向于南方说。迄今为止，共找到了三处商代的采矿、冶铜遗址：

1. 江西瑞昌铜岭（图 5—27）。此地发现了相当于二里岗上层时期、与中原陶器风格类似的陶斝、陶鬲和陶罐，木样碳 14 测年 J11 为距今 3330±60 年，J74 为距今 3220±90 年，X1 为距今 3220±70 年，X12 为距今 3120±90 年（J：竖井；X：平巷），木滑车为距今 3240±80 年，③ 据此推定铜岭铜矿始采于商代中期。④ 最新的碳 14 测年结果表明铜岭铜矿的始采年代可以早到商代早期（树轮校正年代为公元前 1530 年左右）。⑤ 铜岭商代矿区的井巷遗存遍布整个发掘区，竖井共 48 口，平巷 6 条，⑥ 可见当时的开采规模不小。

---

① 石璋如：《殷代的铸铜工艺》，中研院史语所《集刊》第 26 本，1955 年 6 月。
② 张光直：《商文明》，辽宁教育出版社 2002 年版，第 139—140 页。
③ 《铜岭铜矿遗址 C^{14} 年代测定数据表》，《铜岭古铜矿遗址的发现与研究》，江西科学技术出版社 1997 年版。
④ 刘诗中等：《瑞昌市铜岭铜矿遗址发掘报告》，《铜岭古铜矿遗址的发现与研究》，江西科学技术出版社 1997 年版；周卫健等：《瑞昌铜岭古矿冶遗址的断代及其科学价值》，《江西文物》1990 年第 3 期。
⑤ 周卫健等：《江西瑞昌铜岭古矿冶遗址的 ^{14}C—AMS 研究》，《地球化学》第 33 卷第 5 期，2004 年 9 月。
⑥ 刘诗中等：《瑞昌市铜岭铜矿遗址发掘报告》，《铜岭古铜矿遗址的发现与研究》，江西科学技术出版社 1997 年版。

图 5—27　江西瑞昌铜岭铜矿遗址

2. 湖北大冶铜绿山（图 5—28）。铜绿山铜矿始采年代的判定主要根据碳 14 年代，Ⅶ号矿体 2 号点的 J4 为公元前 1530—1352 年（树轮校正年代，下同），J3 为公元前 1424—1225 年，J23 为公元前 1420—1220 年，X3 为公元前 1422—1263 年，故铜绿山铜矿始采于商代晚期。[①]

图 5—28　湖北大冶铜绿山铜矿遗址

[①]　黄石市博物馆：《铜绿山古矿冶遗址》，文物出版社 1999 年版，第 183—192 页。

3. 皖南地区。长江南岸的铜陵木鱼山所出木炭的碳 14 年代已到商代晚期，遗址的起始年代早于西周是可能的。①

从碳十四年代看，江西瑞昌铜岭的始采年代最早，湖北大冶铜绿山和皖南地区在商代晚期也开始采铜。这三处铜矿都在长江中下游沿江地带，交通便利，铜矿在当地冶炼成铜锭运到王都铸铜中心，应是可能的。江汉地区属于商朝南土，② 商代早期长江中游盘龙城商城的出现，具有重要的政治和经济意义，它很可能是为了保护江南青铜原料的运输安全而建立的城邑。③ 商代晚期，长江中游的土著势力兴起，商朝对该地的控制减弱，《诗·殷武》描述武丁的事迹云："挞彼殷武，奋伐荆楚，采入其阻，衰荆之旅，有截其所，汤孙之绪。淮汝荆楚，居南国乡……"就是商王感到威胁，用兵南方的反映。武丁时代的卜辞：

（1）……贞令望乘眔舉途虎方。十一月。（《合集》6667）
（2）乙未［卜］，贞立事于南，右从□，中从舉，左从曾。（《合集》5504）

这两条都涉及商王对南方敌国的战争，"虎方"在今汉水以北，安陆、京山以南的地区，"曾"在汉水以东，今枣阳、随县、京山、新野一带，"舉"通"举"，即麻城东的举水，从地理位置分析舉在东，曾在西，曾在左位，故例（2）右、中、左当是武丁班师北上的军阵排列方式。④ 武丁对南方江汉地区的虎方发动战争，目的是为了打击土著，确保南铜北输道路的畅通。中原王朝为了获取铜资源用兵长江流域的现象一直持续到周朝，昭王伐楚荆是

---

① 周卫健等：《瑞昌铜岭古矿冶遗址的断代及其科学价值》，《江西文物》1990 年第 3 期；刘平生：《安徽南陵大工山古代铜矿遗址发现和研究》，《东南文化》1988 年第 6 期。
② 江鸿：《盘龙城与商朝的南土》，《文物》1976 年第 2 期。
③ 彭明瀚：《铜与青铜时代中原王朝的南侵》，《江汉考古》1992 年第 3 期；万全文：《商周王朝南进掠铜论》，《江汉考古》1992 年第 3 期；张永山：《武丁南征与江南"铜路"》，《南方文物》1994 年第 1 期；后德俊：《商王朝势力的南下与江南铜矿》，《南方文物》1996 年第 1 期；刘诗中等：《铜岭古铜矿性质探讨》，《华夏考古》1997 年第 3 期；刘莉等：《城：夏商时期对自然资源的控制问题》，《东南文化》2000 年第 3 期。
④ 张永山：《武丁南征与江南"铜路"》，《南方文物》1994 年第 1 期。

为了想贯通从南方掠夺铜的道路，① 春秋初年的曾伯霁簠铭（图5—29）说"克逖淮夷，抑燮繇汤，金道锡行，俱既俾方"，与其同时的晋姜鼎，是铭"俾贯通□，征繇汤□，取厥吉金，用作宝尊鼎"，郭沫若释"金道锡行"为金锡入贡或交易之路，并指出这两件铭文所说的是同一件事情②，晋、曾同伐淮夷，目的也是为了打通"铜路"。③

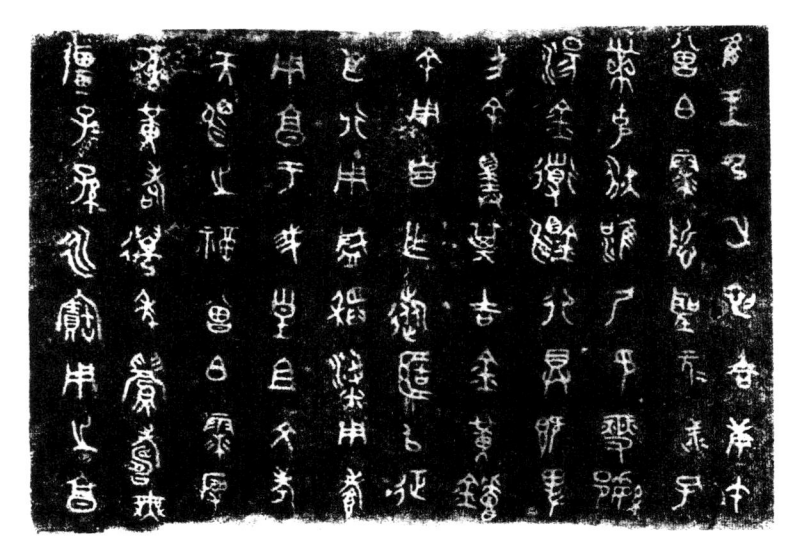

图5—29 "金道锡行"（曾伯霁簠铭，《集成》4631）

中原与长江中下游的交通主要走以下三条路：一、沿熊耳山东麓，通过南阳盆地，穿越随枣走廊，抵达长江中游，再顺江到下游；二、基本与现在的京广铁路线平行，越过大别山、桐柏山隘口，然后沿溠水、澴水，抵达长江中游，再顺江到下游；三、到皖南的道路也可以走安阳—原阳—商丘—永城、宿州—淮河流域—皖南这条路。

上述所有研究主要是运用传统的历史学和考古学方法。而从20世纪80年代，中国科学界开始尝试利用自然科学的方法来考察商周青铜原料的来源

---

① 唐兰：《西周铜器断代中的"康宫"问题》，《考古学报》1962年第1期；裘锡圭：《史墙盘铭文解释》，《文物》1978年第3期。

② 郭沫若：《两周金文辞大系图录考释》，上海书店出版社1999年版第186、229页。

③ 裘锡圭：《史墙盘铭文解释》，《文物》1978年第3期。

问题，为我们的研究开阔了思路，使青铜原料来源问题的研究更加深入，我们越来越接近于历史真相，同时也使之更加复杂化。自然科学方法是指铅同位素示踪法和微量元素分析法，其代表人物有金正耀、彭子成、朱炳泉、常向阳、李晓岑、孙淑云①、秦颖等。

铅同位素示踪法的原理是，"自然界的铅都是由四种稳定同位素铅-204、铅-206、铅-207和铅-208组成的。除了铅-204外，其他三种都与铀钍的几种放射性同位素衰变有关。铅-206是铀-238放射性衰变的最终产物；铅-207是铀-235放射性衰变的最终产物；铅-208是钍-232放射性衰变的最终产物。地球上各个地区的金属矿体所含有的铅由两部分组成，一部分是地球刚形成时本来所有的，称之为始源铅；另外一部分是在地球形成以后到矿山形成这一地质年代区间，由铀和钍放射衰变增加的，称之为放射成因铅。由于成矿年代以及成矿过程中环境物质的铀钍浓度这两个因素的影响，各处金属矿山所含的铅中放射成因铅部分也就存在数量差异。各处金属矿山的铅同位素组成数据的不同，反映的即是这种差异。就古代青铜生产而言，在采矿、冶炼及铸造过程中，其铅同位素组成一般不发生改变；在不同来源的铅发生混合的情形下，其同位素组成发生变化也有规律可循。所以，古代青铜器物所含铅的同位素组成，保留了当时开采利用的金属原料产地的铅同位素组成特征的信息。因此，通过研究古代青铜生产遗物，包括器物制品、矿冶遗物遗存等所含铅的同位素组成，可以追踪原料产地，了解原料或器物制品的流通情况，同时也能探寻不同时代矿山开采利用的迁移变化"②。

微量元素分析法是利用矿物产地的微量元素组成特征判断青铜器的原料来源。③ 由于成果不多，且集中在南方铜器上，故略去不谈。

---

① 孙淑云等：《盘龙城出土青铜器的铅同位素比测定报告》，《盘龙城》附录三，文物出版社2001年版。

② 金正耀：《跨入新世纪的中国铅同位素考古》，《中国文物报》2000年11月22日。也可参考彭子成等：《铅同位素比值法在考古研究中的应用》，《考古》1985年第11期。

③ 陈建立等：《盘龙城遗址出土铜器的微量元素分析报告》，《盘龙城》附录五，文物出版社2001年版；秦颖等：《安徽省南陵县江木冲古铜矿冶炼遗物自然科学研究及意义》，《东南文化》2002年第1期；《皖南古铜矿冶炼产物的输入路线》，《文物》2002年第5期。《安徽淮北部分地区出土青铜器的铜矿来源分析》，《东南文化》2004年第1期；《皖南沿江地区部分出土青铜器的铜矿料来源初步研究》，《文物保护与考古科学》，2004年2月，第16卷第1期；《利用微量元素示踪青铜器矿料来源的实验研究》，《东南文化》2004年第5期。

目前，使用较多的是铅同位素示踪法，它在研究商代青铜原料来源问题上，主要取得了以下三个成果：第一，证明了中原地区铸造青铜器所用的原料只有部分来自长江中下游[①]；第二，证明商代矿料来源多样性；第三，发现"无论是黄河流域的中原地区，还是长江流域的赣中，抑或西南巴蜀地区，商代的青铜铸造都相当普遍地使用了一种高放射性成因的独特来源的铅料"[②]，这种铅料的来源可能相同。

根据已公布的材料，商代中原地区所出铜器的铅同位素比值分布在三个区域：（一）高比值区，铅-207/铅-206＞0.9；（二）中比值区，铅-207/铅-206＞0.8；（三）低比值区，铅-207/铅-206＜0.8（表一）。

表一显示郑州（含荥阳）早商铜器有7个数据处于高比值区，安阳晚商铜器也有处在高比值区的，但为数很少。[③] 已发表的矿石铅数据表明，河北省宣化庞家堡和兴隆、辽宁铁岭柴河的矿石铅，都在铅-207/铅-206＞0.9的范围，[④] 山东半岛也分布有高比值矿石铅，[⑤] 说明早商时期矿料有取自这些地区的可能，7个数据的铅含量都大于0.1％，因此北方或东方来的矿料应是铅料。[⑥]

郑州早商铜器、当地出土的孔雀石、炼渣以及安阳晚商部分铜器（含铅器[⑦]）处在中比值区，数据与江西瑞昌、湖北大冶、安徽铜陵和南陵等

[①] 金正耀：《晚商中原青铜的矿料来源研究》，《科学史论集》，中国科技大学出版社1987年版。

[②] 金正耀等：《江西新干大洋洲商墓青铜器的铅同位素比值研究》，《考古》1994年第8期。

[③] 金正耀等：《中国两河流域青铜文明之间的联系》，《中国商文化国际学术讨论会论文集》，中国大百科全书出版社1998年版；彭子成等：《赣鄂豫地区商代青铜器和部分铜铅矿料来源的初探》，《自然科学史研究》第18卷第3期（1999年）。

[④] 彭子成等：《赣鄂豫地区商代青铜器和部分铜铅矿料来源的初探》，《自然科学史研究》第18卷第3期（1999年）。

[⑤] 金正耀：《二里头青铜器的自然科学研究与夏文明探索》，《文物》2000年第1期。

[⑥] 学界曾以3％、2％为界，区分铜器中的铅和锡是有意识加入的合金成分还是杂质，不过研究古铜矿的专家发现古铜锭中的铅和锡含量几乎都小于0.1％，因此凡是铅含量大于0.1％的，铅都是作为合金成分有意加入的，铅同位素比值反映的是铅矿的来源；反之，则是铜锡料带的杂质铅或污染铅，铅同位素比值反映的是铜锡矿各所带入的微量铅同位素比值的权重和。见秦颖等：《皖南古铜矿冶炼产物的输入路线》，《文物》2002年第5期。

[⑦] 金正耀等：《中国两河流域青铜文明之间的联系》，《中国商文化国际学术讨论会论文集》，中国大百科全书出版社1998年版。

地的矿样、炼渣数据部分重叠（表二）。铜器铅含量都大于 0.1%，反映了铅料的来源情况，但孔雀石和炼渣的比值应反映的是铜料的来源信息。江西铜岭、湖北大冶铜绿山和安徽铜陵的铜矿分别始采于早商、晚商阶段，因此商代中原地区的部分铜料铅料很可能来自江西、湖北或安徽。

郑州（含荥阳）早商铜器有 2 个数据处在低比值区，偃师早商铜器也有处在该区的，① 安阳晚商铜器（含一件铅锭）有一半数据落在低比值区。② 郑州铜刀的铅含量为 0.1%，所反映的可能是铜料的来源情况，也不排除是污染铅或锡料中的杂质铅；郑州出土的一块孔雀石，其铅同位素比值在低比值区，③ 证明低比值铅有来自铜料的。除此之外，其余铜器的铅含量都大于0.1%。学界对于低比值铅，也就是所谓的高放射性成因铅的来源讨论的比较多，迄今为止，基本上形成了三种观点：

1. 金正耀的西南说。金正耀发表了一系列文章④，考证含高放射性成因铅器物的时间和空间分布情况以及这种特殊铅的来源问题，他认为，"黄河和长江两个流域的所有商代遗址出土的青铜器，其中的特殊铅无论它是来自铅料还是来自铜锡料杂质，根据它们的同位素组成特征，它们应该来自同一地区，该地区属于多金属共生矿产地"，"这种特殊铅的金属矿床从偃师和郑州商城时期直到殷墟三期一直在供应商代的青铜生产，它是一处具有相当规模的经济性矿床"，"根据现有的地质资料和金属矿山的铅同位素数据资料，该产地位于西南地区的滇东川南一带的可能性很大"⑤。同时他也注意到，"黄河流域虽然缺乏锡矿资源，铜矿资源也有限，但铅矿资源却很丰富，如果这种高放射成因铅铅料来自黄河流域以外地区，那么，它一定是随着该地

---

① 金正耀：《跨入新世纪的中国铅同位素考古》，《中国文物报》2000 年 11 月 22 日。

② 金正耀等：《中国两河流域青铜文明之间的联系》，《中国商文化国际学术讨论会论文集》，中国大百科全书出版社 1998 年版。

③ 金正耀：《论商代青铜器中的高放射性成因铅》，《考古学集刊》第 15 集，文物出版社 2004 年版。

④ 如金正耀等：《江西新干大洋洲商墓青铜器的铅同位素比值研究》，《考古》1994 年第 8 期；《广汉三星堆遗物坑青铜器的铅同位素比值研究》，《文物》1995 年第 2 期；《成都金沙遗址铜器研究》，《文物》2004 年第 7 期。

⑤ 金正耀：《论商代青铜器中的高放射性成因铅》，《考古学集刊》第 15 集，文物出版社 2004 年版。

区的锡铜原料一起进入中原的"①。李晓岑也主西南说。②

2. 彭子成的多源说。彭子成认为,"这批商代低比值青铜器的矿源有可能来自江西、湖南等地区的浅成多金属铀矿床。由于规模不大,经大量的开采和冶炼或已耗尽,或经长期的变迁而破坏,致使当今的人们难以发现……"③ 此外,湖南长沙出土的战国白玻璃璧、江苏徐州出土的 2 件西汉白玻璃璧、河北易县出土的 2 枚战国古币的铅同位素比值都落在低比值区,它们的矿源可能在当地,即湖南、江苏和河北,这些地区也有可能为商代青铜器提供低比值矿料。又,中条山铜矿峪的铅比值铅-207/铅-206 为 0.7,也值得注意。④ 要之,彭认为中原地区的低比值矿料可能取自江西、湖南、江苏或河北、山西。而川滇地区的低比值矿源主要供给四川三星堆青铜器的铸造。⑤

3. 朱炳泉、常向阳的不明说。朱、常是地球化学方面的专家,他们认为商代青铜器的高放射成因铅应是来自由铅矿石提炼出的铅金属,这种铅矿石可以来自与铜矿石不同的矿床,或来自同一铜铅锌多金属矿床。商代青铜器这种特殊的铅同位素组成数据具有三个明显的特征:(1) 高放射成因铅特征铅-206/铅-204 高达 20—24;(2) 铅-207/铅-204 —铅-206/铅-204 具有近 25 亿年的等时线关系;(3) 具有高的铅含量 (0.3%—30%)。而目前中国大陆上所发现的铜、锡、铅、锌古矿与新矿数据似乎都不具备这些特征。滇东北永善等地的铅锌矿的铅同位素组成虽然最接近于商代青铜器的高放射成因铅,但它们不具有 25 亿年的等时线分布趋向。不过,

---

① 金正耀:《商代青铜器高放射成因铅原料的产地问题》,《中国文物报》2003 年 1 月 17 日。

② 李晓岑:《从铅同位素比值试析商周时期青铜器的矿料来源》,《考古与文物》2002 年第 2 期。

③ 彭子成等:《赣鄂豫地区商代青铜器和部分铜铅矿料来源的初探》,《自然科学史研究》第 18 卷第 3 期 (1999 年)。

④ 彭子成等:《盘龙城商代青铜器铅同位素示踪研究》,《盘龙城》附录四,文物出版社 2001 年版。

⑤ 彭子成等:《赣鄂皖诸地古代矿料去向的初步研究》,《考古》1997 年第 7 期;《赣鄂豫地区商代青铜器和部分铜铅矿料来源的初探》,《自然科学史研究》第 18 卷第 3 期 (1999 年)。后文对前文的部分论证有所修改,如前文认为郑州发现的孔雀石应来自郑州地区的铜矿,安阳出土的部分青铜器的矿料也取自郑州地区的铜矿,后文则推测郑州的孔雀石和安阳部分青铜器的矿料可能来自湖北或江西。

朱、常仍然认为滇东北是商代青铜器高放射成因铅矿产地的首选地，永善等地铅锌矿的上部已开采部分有可能存在具有商代青铜器高放射成因铅同位素组成特征的矿石。同时，也不排除商代青铜器原料来自地球外资源的可能性，即陨石落下形成的矿床。总之，朱、常认为高放射成因铅的矿产地还是一个谜。[1]

综观以上三种观点，大家比较倾向于把滇东川南作为商代青铜器高放射成因铅的来源地，但也不否认有其他来源。

笔者认为，目前只有铅同位素比值能证明滇东川南的铅锌矿与中原地区的铜器（包括其他地区含高放射成因铅的铜器）有联系，而且还不能完全证明，因为二者的铅同位素比值之间还有差异；再加上滇东川南既未发现商代采冶遗存，也未发现任何与中原地区或其邻近地区有联系的遗存；所以我们目前还不能肯定地说商代青铜器的高放射成因铅来自滇东川南。

同样，对于铅同位素处在高比值区的青铜器而言，其铅料来源也并不十分肯定，原因是河北、辽宁和山东的铅矿虽然铅同位素是高比值，且当地有与中原地区相关的遗存，但也未发现任何商代采冶遗存。

铅同位素处在中比值区的青铜器，其铜、铅料是否都来自长江中下游地区呢？有学者已经指出，长江中下游地区的铜矿都是采冶联营，在当地炼成铜锭后，才外运到中原等地的。[2]（郑州出土的一块孔雀石来自南方，说明南方也有少量铜矿入中原）也就是说，如果王都的青铜器矿料全部取自外地的话，那么在王都只会见到铜锭、锡锭和铅锭，而不会发现大量的铜矿石。事实相反，郑州商城的紫荆山铸铜作坊就发现了40余块铜矿石，有学者推测这是一处集冶炼和铸造为一体的作坊；[3] 郑州小双桥遗址发现的孔雀石数量

---

[1] 朱炳泉等：《评"商代青铜器高放射性成因铅"的发现》，《古代文明》第1卷，文物出版社2002年版；常向阳等：《殷商青铜器矿料来源与铅同位素示踪研究》，《广州大学学报》（自然科学版）第2卷第4期，2003年8月。

[2] 华觉明等：《长江中下游铜矿带的早期开发与中国青铜文明》，《自然科学史研究》第15卷第1期（1996年）。

[3] 杨肇清：《略论商代二里岗期青铜铸造业及其相关问题》，《郑州商城考古新发现与研究》，中州古籍出版社1993年版。

丰富；① 而殷墟也发现过重 18.8 公斤的孔雀石，② 这些情况证明王都的铜器也就近取材。实际上，商代北方地区就近取材、冶铸合一的例子还有，如陕西蓝田怀珍坊③、西安老牛坡④。就近取材的现象在当时广泛存在。又，从殷墟纯铅器多出自小墓看，铅在商代是"贱金属"，据地质资料，黄河中下游富含铅矿，故商代用铅主要取自中原及附近地区。⑤ 那么王都近区的矿源在哪里？答案是就在上文天野元之助和石璋如提供的矿点中。在这些矿点中，晋南中条山矿区的蕴藏最丰富，有学者认为中条山矿区在商代已被开采，⑥ 东下冯商城和垣曲商城的建立就是为了控制当地的铜、铅和盐资源。⑦ 但中条山矿区目前还未发现商代开采的证据，因此王都近区的矿源是否在此，不敢定论。

锡在商代属于"贵金属"，中原地区虽然有锡矿点，但具有工业开发价值的锡矿主要分布在湖南南部、江西南部、广东、广西和云南，因此申斌认为商代开采锡矿可能性最大的地点在江西赣州和广东汕头一带。⑧ 金正耀则推测，"在武丁、妇好晚商最强盛的时期，中原大规模青铜铸造所用锡料可能来自云南地区。当然这一看法并不排斥这一时期中原也可能采用其他来源的锡（如甘肃地区的部分锡产和南方其他地区的锡产），甚至包括中原地区的零星锡产……"⑨ 这些论述还需要进一步考证。

---

① 河南省文物考古研究所等：《1995 年郑州小双桥遗址的发掘》，《华夏考古》1996 年第 3 期。
② 石璋如：《殷代的铸铜工艺》，《中研院史语所集刊》第 26 本，1955 年 6 月。
③ 西安半坡博物馆等：《陕西蓝田怀珍坊商代遗址试掘简报》，《考古与文物》1981 年第 3 期。
④ 刘士莪编著：《老牛坡》，陕西人民出版社 2002 年版，第 161 页。
⑤ 中国社会科学院考古研究所：《中国考古学·夏商卷》，中国社会科学出版社 2003 年版，第 378 页。
⑥ 华觉明等：《长江中下游铜矿带的早期开发与中国青铜文明》，《自然科学史研究》第 15 卷第 1 期（1996 年）。
⑦ 刘莉等：《城：夏商时期对自然资源的控制问题》，《东南文化》2000 年第 3 期。
⑧ 申斌：《商代科学技术的精华》，《全国商史学术讨论会论文集》，《殷都学刊》增刊，1985 年 2 月。
⑨ 金正耀：《晚商中原青铜的锡料问题》，《自然辩证法通讯》第九卷总 50 期，1987 年第 4 期。

表 5−1　　　　商代中原地区出土青铜器及矿样的铅同位素比值

时代	实验号	样品名称	出土地	铅（%）	铅-207/铅-206	铅-208/铅-206	数据来源
早商时期	9485	铜刀	郑州	0.1	0.73	1.78	（1）
	94213	铜盘	同上	0.6	0.91	2.20	
	94214—1	同上	同上	4.7	0.86	2.11	
	94214—2	同上	同上	8.8	0.86	2.11	
	94215	同上	同上	0.6	0.91	2.19	
	94216	同上	同上	13.3	0.90	2.18	
	94217	铜斝	同上	2.4	0.92	2.21	
	94220	铜鼎	同上	9.4	0.92	2.22	
	94221	铜斝	同上	1.2	0.92	2.21	
	9486	孔雀石	同上		0.82	2.05	
	9487	炼渣	同上		0.83	2.09	
	94222	铜斝	荥阳	11.9	0.93	2.23	
	94223	同上	同上	4.4	0.73	1.91	
晚商时期	9488	铜泡	安阳	2.6	0.84	2.08	
	9489	铜戈	同上	11.9	0.85	2.10	
	9490	铜觯	同上	0.5	0.70	1.88	
	9491	铜爵足	同上	0.6	0.73	1.93	
	9492	铜残片	同上	0.9	0.72	1.91	
		铜矛	同上		0.96		（2）
		铅锭	同上		0.72		（3）

注：（1）彭子成等：《赣鄂豫地区商代青铜器和部分铜铅矿料来源的初探》，《自然科学史研究》第 18 卷第 3 期（1999 年）。

（2）金正耀等：《中国两河流域青铜文明之间的联系》，《中国商文化国际学术讨论会论文集》，中国大百科全书出版社 1998 年版。

（3）彭子成等：《赣鄂皖诸地古代矿料去向的初步研究》，《考古》1997 年第 7 期。

表二　　　　　　　　　赣、鄂、皖地区矿样的铅同位素比值

时代	实验号	样品名称	出土地	铅—207/铅—206	铅—208/铅—206	数据来源
西周	94171	铜渣	江西九江	0.86	2.12	
商周	94145	孔雀石	江西德安	0.86	2.11	
古矿区地层	94144	同上	江西瑞昌	0.86	2.11	
同上	94140	同上	同上	0.87	2.14	
现代	9471	同上	江西瑞昌铜岭	0.81	2.02	
古代	94138	炼渣	同上	0.86	2.11	
春秋	94142	同上	江西瑞昌	0.84	2.06	
春秋	94143	同上	同上	0.83	2.05	
东周	94152	铜锭	湖北大冶	0.85	2.09	(1)
现代	94153	自然铜	湖北大冶铜绿山	0.86	2.10	
东周	94154	粗铜	同上	0.89	2.19	
商周	94151	孔雀石	同上	0.85	2.09	
现代	94148	同上	同上	0.85	2.10	
东周	94149	炼渣	同上	0.85	2.10	
古代	94150	同上	湖北大冶	0.85	2.11	
	94147—1	孔雀石	湖北大冶铜绿山	0.87	2.14	
	94147—2	同上	同上	0.86	2.12	
西汉	940135	氧化铜矿	安徽铜陵	0.85	2.11	
西周至春秋	940136	矿石	安徽南陵	0.86	2.11	
商周	940137	矿渣	安徽铜陵	0.84	2.08	(2)
春秋	94025	铅锭	安徽南陵	0.84	2.09	
同上	94024	同上	同上	0.85	2.10	
同上	94026	铅锌矿	同上	0.87	2.13	

注：（1）彭子成等：《赣鄂豫地区商代青铜器和部分铜铅矿料来源的初探》，《自然科学史研究》第18卷第3期（1999年）。

（2）彭子成等：《赣鄂皖诸地古代矿料去向的初步研究》，《考古》1997年第7期。

综上所述，商代青铜器的原料一部分为就地取材（供铜、铅料和部分锡料），具体地点不详；一部分可能来自滇东川南（供铜、锡、铅料）；一

部分可能来自河北、辽宁和山东（供铅料）；另一部分，也是目前唯一能确定产地的，来自长江中下游的湖北大冶、江西瑞昌和安徽铜陵（供铜、铅料）。所谓的"铜路"，也主要指中原与长江中下游之间的三条交通道路：

1. 沿熊耳山东麓，通过南阳盆地，穿越随枣走廊，抵达长江中游，再顺江到下游；

2. 基本与现在的京广铁路线平行，越过大别山、桐柏山隘口，然后沿溠水、㵐水，抵达长江中游，再顺江到下游；

3. 到皖南的道路也可以走：安阳—原阳—商丘—永城、宿州—淮河流域—皖南。

第六章

商代方国

本章论述了判断方国的八个标准,并探讨了商王朝与方国的关系。我们认为商王朝与臣服的方国之间是统属与被统属的关系,是上下级的关系;但这种统属关系非常松散,方国的力量一旦强大,它就有可能反叛商王朝。

第一节 判断方国的标准

"方国"一词自孙诒让1904年在《契文举例》中提出以来,已被学术界广泛采纳。"方国"一词源于甲骨文中的"方","方"字在卜辞中写作"ㄓ、ㄐ",有六种用法:(1)纯粹的方向;(2)地祇之四方或方;(3)天帝之四方;(4)方国之方;(5)四土之代替;①(6)邑名"方",如《合集》6063正。本文只讨论"方"的第四种用法,《易·既济》干宝注:"方,国也。"从这个意义上讲,"方国"一词应包括所有的国,既含称"方"的国(甲骨文中又称"多方"),也含不称"方"的国;但我们通过比较研究,发现称"方"的国时叛时服者占绝大多数,而不称"方"的国始终臣服者占绝大多数,可见,称"方"的国与不称"方"的国是有所区别的。因此,"方国"有广义和狭义两种,广义的"方国"泛指所有的国,与中原王国对称;狭义的"方国"则只指那些称"方"的国。本章讨论广义的"方国"。

但是,目前学界判断方国的标准主观性较强,还未达成统一意见,本书在总结前人研究的基础上,根据甲骨学自身规律,结合考古、文献资料,拟

---

① 陈梦家:《殷虚卜辞综述》中华书局1988年版,第319页。

订出八项判断方国的标准：

（1）甲骨文中称方的。其中又可分为两类：一类为直接"某方"或"方某"；一类是不直接称方，但间接称其为方或与方并列的，如：

　　……弜克贝、🉂南邦方。（《合集》20576 正）
　　贞勿令师般取□于彭、龙。（《合集》8283）

其中的"贝、🉂"被称为南邦方，"彭"与龙（龙方的简称）并列，故"贝、🉂、彭"都算方国。

（2）甲骨文、金文中称侯、伯的。其中也可再分两类：一类为直接"某侯"、"某伯"或"侯某"、"伯某"，"某"为侯、伯的封地，侯、伯①为爵称；一类是不直接称侯、伯，但间接称其为侯、伯的，如：

　　戊寅卜，贞令甫从二侯及罙元，王𧗞于之，若。（《合集》7242）

其中的"及、元"被称作二侯，那么"及、元"都是方国。

（3）甲骨文中少数称子的。"子"字在甲骨文、金文中有三种含义，一是王子，二是族长，三是子爵。甲骨文中称"子某"或"某子"者，若其中的"子"为爵称，那么就可以确定"某"亦为方国名，如旁子、告子、𦰩子等。

（4）商代的方国，大都规模不大，鉴于此，我们认为与商王朝发生过大规模战争的，都可以看做是方国，如甲骨文中的㠱、𣄰、🉂、衔等。

（5）甲骨文中的"某王"之某，是殷王朝边境上的异姓之国，共四个：次王、聽王、仳王和甌王。除"某王"外，甲骨文中还"王某"（王亥、王恒等殷先公不论），齐文心先生认为可以归为一类，"古代'王'本是一方君长的尊称，尽管其与侯、伯等的名称不同，但意义却相近。《尔雅·释诂》说：'王、辟、公、侯，君也。'"并引王国维《古诸侯称王说》一文为据，指出商代方国君长也有称王的，称王的君长既有属于子姓的宗室贵族或功臣，也有异姓方国首领。②高明、葛英会认为商代的社会性质是部落联盟，甲骨文中多王就是部落首长的称号（高明认为商朝大致在武丁时代已从部落联盟变

---

① 卜辞中有一部分"伯"是指方国首领，非爵称。如《合集》28086："王其寻二方伯于师?"
② 齐文心：《关于商代称王的封国君长的探讨》，《历史研究》1985 年第 2 期。

成专制政权的王国)。① 张政烺先生在评价王国维《古诸侯称王说》一文时说道，"王氏用史学破经学，主意是好的，可惜证据不多，下结论太容易了。其实，周时称王者皆异姓之国，处边远之地，其与周之关系若即若离，时亲时叛，而非周时封建之诸侯。……称王在古代是一件严重的事情，绝非儿戏，如果把《古诸侯称王说》当作原则，任意推测，就会演绎出许多错误了。"② 蔡哲茂由此推演，"商代的'某王'，大概是殷王朝边境上的异姓小国之君长，性质上和金文中所见到的某王相类似，但仍附属于商王朝"，并认为"某王"与"王某"有区别，"'王某'则应是商王族内的族长，是多生之一员"③。林沄先生认为"王某"之"王"应读为"士"④。张、蔡的意见基本上是正确的，从周代金文称王的情况看，商代的"某王"也应该是边远异姓之国，而且"某王"在属于商王的卜辞中不应出现特别多。

（6）由考古材料证明是方国的，如丙、先、婓、息、醜、薛、纪国等。

（7）对于传统文献记载的方国，只取能被甲骨文、金文等考古资料证明是可信的那些。

（8）上博简《容成氏》中有叛商并被文王平服的九邦：丰、镐、郍、䈞、于、鹿、耆、崇、密须，它们亦属于商代的方国。李零先生考释，文王平九邦之叛，于史无考，唯《礼记·文王世子》露其端绪。《文王世子》曰："文王谓武王曰：'女何梦矣？'武王对曰：'梦帝与我九龄。'文王曰：'女以为何也？'武王曰：'西方有九国焉，君王其终抚诸？'文王曰：'非也。古者谓年龄，齿亦龄也。我百，尔九十，吾与尔三焉。'文王九十七乃终，武王九十三而终。"文中所说文王平抚的西方"九国"即简文"九邦"，其说久湮，旧注失解，孔颖达疏"今云西方有九国于时未宾，则未有二分诸侯也。或以为庸、蜀、羌、髳、微、卢、彭、濮之徒，未知定是何国也"纯属推测。今

---

① 高明：《从甲骨文中所见王与帝的实质看商代社会》，《古文字研究》第16辑，1989年；葛英会：《殷墟卜辞所见王族及相关问题》，《纪念北京大学考古专业三十周年论文集》，文物出版社1990年版。

② 张政烺：《矢王簋盖跋——评王国维〈古诸侯称王说〉》，《古文字研究》第13辑，中华书局1986年版。

③ 蔡哲茂：《商代称王问题的检讨——甲骨文某王与王某身份的分析》，《历史博物馆馆刊》第3卷第3期，1990年。

④ 林沄：《王、士同源及相关问题》，《林沄学术文集》，中国大百科全书出版社1998年版。

得简文，方知历史真相。①

需要指出的是，学术界关于商代有无五等爵制还存在很大争议，本文以为侯、伯和少数子应为爵称（有些伯则是方国君长的意思），有封地、人民、官僚系统和军队。除此之外，还有一些争议较大的爵称，如田、任，留待以后再作探讨。

第二节　商王朝与方国的关系

关于方国与商王朝的关系（也就是商代的国家形态），目前有三种说法：一种认为商代国家是方国联盟，商只是联盟诸国中的大国，方国与商在本质上是平等的；② 一种认为商为统一的中央集权制国家，方国与商王室的关系是地方与中央的关系；③ 另一种为城邦论，认为每个城邦都有各自的国都、鄙（或奠）和封疆，政治上独立，但诸邦之间因大小强弱不等，所以并不具备平等的地位。④ 我们总结前文，发现方国与商王朝的关系可以分为三种：

（1）只与商王朝为敌，如🀄方、巴方、🀄方、马方、基方、湔方、🀄、衔、土方、下危、🀄伯、🀄、𦎫方、🀄方、零方、归伯、贝、🀄、肖方、🀄方、

---

① 马承源主编：《上海博物馆藏战国楚竹书》（二），上海古籍出版社2002年版。

② 于省吾：《从甲骨文看商代社会性质》，《东北人民大学人文科学学报》1957年第2、3期；林沄：《甲骨文中的商代方国联盟》，《古文字研究》第6辑，中华书局1981年版；晁福林：《从方国联盟的发展看殷都屡迁的原因》，《北京师范大学学报》（社会科学版）1985年第1期；高明：《从甲骨文中所见王与帝的实质看商代社会》，《古文字研究》第16辑，中华书局1989年版，高氏认为"商朝大致在武丁时代已彻底脱掉部落联盟的一切痕迹，所有权力都集中于一人之手，商王成为至高无上的最高权威，原来的部落联盟也就变成专制政权的商王国"；葛英会：《殷墟卜辞所见王族及相关问题》，《纪念北京大学考古专业三十周年论文集》，文物出版社1990年版，葛氏认为"卜辞多王族与多王的存在，充分说明了商代部落联合的存在，同时也表明部落组织尚未完全淹没在联合之中，它们仍旧保有相对独立的地位"。

③ 杨升南：《卜辞中所见诸侯对商王室的臣属关系》，《甲骨文与殷商史》，上海古籍出版社1983年版；李绍连：《关于商王国的政体问题——王国疆域的考古佐证》，《中原文物》1999年第2期。

④ 杜正胜：《卜辞所见的城邦形态》，《尽心集——张政烺先生八十庆寿论文集》，中国社会科学出版社1996年版。

矢方、衍方、🈳方、🈳方、🈳伯、🈳侯，共 26 个，其中称方的 16 个，称侯伯的 4 个；

（2）与商王朝时敌时友，如舌方、沚方、羌方、北羌、轡方、叡方、绊方、羞方、召方、龙方、商方、周方、卢方、亘方、祭方、犬侯、伯㪍、缶、彭、戉方、🈳方、毁方、🈳伯、伯🈳、耳、吕、人方、东盂方、西盂方、林方、旁方、危方、🈳侯、侯屯、兒伯、🈳方、兴方、🈳方、兊伯、輩侯、🈳伯、🈳、𥂴、佴王、豐、镐、郍、鹿、耆、崇侯、密须氏，共 51 个，其中称方的 26 个，称侯伯的 11 个，称王的 1 个；

（3）一直与商王朝为友，如鬼方、井方、亚方、戈方、倉侯、🈳侯、易伯、丹伯、去伯、汩方、上丝、禾侯、🈳侯、🈳侯、🈳王、🈳侯、竹侯、宋伯、攸侯、杞侯、侯告（子）、🈳侯、侯盾、元、及、弜、醜、虎方、息、雇伯、🈳方、鬱方、宣方、🈳方、暴侯、戔侯、侯🈳、而伯、🈳伯、方匡、侯吋、侯光、围侯、侯奠、黍侯、侯🈳、🈳侯、侯🈳、侯🈳、侯🈳、鈥伯、可伯、伯伊、🈳伯、🈳伯、伯引、莫伯、🈳伯、逢、薄姑、豐伯、聽王、汏王枚伯，共 64 个，其中称方的 11 个，称侯伯子的 45 个，称王的 3 个。

这三种关系中，只与商王朝为敌的方国最少，一直与商王朝为友的方国最多，可见甲骨文中方国与商王朝的关系是以友为主。这种友好关系是以方国臣属于商王朝为前提的，卜辞中称方国为臣，如"臣沚"（《合集》707 正）、"臣🈳"（《合集》25），有的方国本身就是王族人物或功臣的封国，这种方国为数不多。所以我们认为商王朝与臣服的方国之间是统属与被统属的关系，是上下级的关系。方国必须为王打仗、戍边，贡纳祭祀用品（如牺牲、人牲）、占卜材料（如卜骨、卜甲）、礼乐用品（如石磬、戈），为王提供女子、贞人、巫人、刍奴、士兵，等等；商王有义务保护属国不受侵犯，而且还要经常到属国去巡视，派人助耕等。但是因为大多数方国是以自然长成的结构为基础发展起来，独立性很强，商王朝与方国之间的统属关系非常松散，方国的力量一旦强大，它就有可能反叛商王朝，上文列举的与商王朝时敌时友的方国几乎占总数的 1/3，有力地证明商王朝与方国统属关系的松散性。这种统属关系，与后世中央与地方的那种绝对统属关系不尽相同。

第七章

商代方国考订

本章列举了商代的方国。西方方国有 60 个，北方方国有 8 个，东方方国有 23 个，南方方国有 12 个，地望待考方国有 55 个，共计 158 个方国。

第一节 西方方国

西方方国最多，集中分布在今河南西部，山西西部、南部，陕西渭河流域以及陕西与山西、内蒙古、甘肃的交界地区。

一 舌方

甲骨文中的"㿝"、"㿝"字，胡厚宣先生释作"舌"[①]。舌方是武丁晚期的敌国，绝大多数为一期卜辞，二期仅有一片（《合集》24145）。

(1) 丁酉卜，亘，贞舌㞢王事。
贞王曰舌来。（《合集》5445 正/1）

罗琨认为此例的时代要早于与舌方的战争卜辞，例中"舌"为一领袖名号，其时臣属于商，他的氏族部落是以他的名号命名，后来力量变强，就叛商作乱。[②]

---

① 胡厚宣：《殷代舌方考》，《甲骨学商史论丛》初集第 2 册。
② 罗琨：《殷商时期的羌和羌方》，《甲骨文与殷商史》第三辑，上海古籍出版社 1991 年版。

与舌方的战争卜辞,"舌方出"、"舌方伐"及"舌方敦"有在一月(《合集》6091)、三月(《合集》39854)、四月(《合集》6354)、五月(《合集》6087、6096)、七月(《合集》6347)、十月(《合集》6117、6371)、十一月(《合集》6073、6095)、十三月(《合集》6063 正),说明舌方内侵的次数不止一次,而且由下面所举辞例也可以看出舌方的侵略战争是间断性的。

(2) 癸巳卜,𣪊,贞旬亡祸。王固曰:"有[祟],其有来艰。"迄至五日丁酉允有来[艰自]西。沚𢦚告曰:"土方围于我东啚,[戈]二邑;舌方亦侵我西啚田。"(《合集》6057 正/1,图 7—1)

图 7—1 "舌方"、"土方"、"沚𢦚"(《合集》6057 正)

(3) ……祸。王固曰:"来艰。"六日……有来艰。沚𢦚呼……舌……(《合集》7143 正/1)

(4) 王固曰:"有祟,其有来艰。"迄至七日丁巳,允有来艰自西。𡌦友角告曰:"方出侵我示、𤉸田,七十五人。"(《合集》6057 正/1)

(5) 癸未卜,永,贞旬亡祸。七日己丑,𡌦友化呼告曰:"舌方围于我奠丰。"(《合集》6068 正/1)

(6) 癸未卜,𣪊,贞旬亡[祸。王固曰:"有]祟,其有来艰。"迄

至□日□□，允有来艰自西。歮戈□告曰："舌方围于我奠……"（《合集》584 正/1）

以上卜辞（2）和（3）为一组，表明舌方侵略沚国有两次，这两次分别是在五日、六日后接到报告。(4)、(5)、(6)为一组，表明舌方侵略歮地有三次，这三次分别由歮友角、歮友化、歮戈□报告。

方发动的战争以侵田、掠夺人口和牲畜（《合集》6072 正）为目的，而不似后世战争以占领土地为目的。

被舌方侵略的方国或殷边地有：

沚（《合集》6180/1）
歮（示、𦰩、豊，《合集》6057 正/1、6068 正/1）
缶（《合集》6352/1）
甶（𡆥、夹、方、罙）（《合集》6063 正/1）
戉（《合集》6371/1）
豖土（《合集》6128/1、6129/1、6130 正/1、5530/1）
𢎥（《合集》6366/1）
吕（《合集》8610 正/1）
𠂤、盉（《合集》8529/1）
甶、示、昜（《合集》6063 反/1、《合补》1760 反/1）
𠂤（《合集》6354 正/1）
不（《合集》6363 正/1）

与舌方联盟的有土方、䶙方（《合集》8610 正）、巿（《合集》6813）、𠂤（《合集》6354 正）。

舌方的内侵严重威胁着商朝西土的安全。卜辞问：

（7）贞舌方弗𤉲西土。（《合集》6357/1）

"𤉲"字，蔡哲茂释作罙，可读作"探"及"深"①，此辞卜问方是否会

---

① 蔡哲茂：《释"𤉲""𤉲"》，《故宫学术季刊》第 5 卷 3 期，第 73—78 页，1988 年 4 月。

深入西土。

卜辞中"伐舌方"的有在一月（《缀》304，即《合集》540 遥缀 545＋《英藏》554）、五月（《合集》6233 正）、六月（《合集》6204 正）、七月（《合集》6379）、八月（《合集》6156 正）、十月（《合集》6371）、十二月（《合集》6333、6292）、十三月（《合补》1845）。对方的挞伐也应该是间歇性的。

"舌方侵殷属地"与"殷征伐舌方"时间比较表（见《类纂》269—276 页）：

事类＼月份	一	二	三	四	五	六	七	八	九	十	十一	十二	十三
舌侵殷	√		√	√	√		√			√	√		√
殷伐舌	√				√	√	√	√		√	√	√	√

殷王朝曾发动三千人（《合集》6168）和五千人（《合集》6167）的军队去讨伐舌方。

殷人对舌方的征伐、战略、统帅以及舌方战败后的安置，胡厚宣先生已经作过详细的总结，这里不再重述。

舌方的主力在宾组卜辞中被商王武丁彻底消灭，舌方已俯首称臣，但还有一部分残余力量在作乱，二期中出现了征伐这部分残余力量的卜辞：

(8) 丁酉卜，出，贞𢀛隹舌方。（《合集》24145/2，图 7—2）

从以上（2）、（4）、（6）辞中"有来艰自西"，（7）辞"𢀛西土"可知，舌方应位于殷西。其具体地望，郭沫若以为在河套附近，① 陈梦家认为邛方（即舌方）界于今山西安邑与河南济源西之间。② 唐兰谓"其地略当今四川之邛县"③。胡厚宣先生否定了陈、唐之说，定方在今陕北一带。岛邦男认为

---

① 郭沫若：《卜辞通纂》，科学出版社 1983 年版。
② 陈梦家：《殷虚卜辞综述》，中华书局 1988 年版，第 274 页。
③ 唐兰：《天壤阁甲骨文存》附考释，北京辅仁大学影印本二册，第 53—54 页，1939 年 4 月。

"大约便在陕西北部或河套这地方"①。钟柏生则认为应在晋陕两省交界偏南地区。② 从考古发现看，今汾河以西以北的晋陕高原集中分布着与中原文化不同的游牧民族文化，舌方大抵就在这一带活动。

二 鬲方

"鬲"字在甲骨文中写作"鬲"。鬲方出现在一期卜辞中：

丙辰卜，殻，贞曰舌方以鬲方敦吕，允……（《合集》8610 正/1，图7—3）

图 7—2 二期 "舌方"（《合集》24145）　　图 7—3 "舌方"、"鬲方" 联合（《合集》8610 正）

辞说舌方与鬲方联合挞伐吕，可见鬲方与舌方地望相邻。

三 沚方

"沚、沚"（简写为沚，见《合集》6583）王襄释作沚③，沚在卜辞中有两种意思：一为止息④，二为方国名。卜辞中另有"沚"（《合集》41768，又见

---

① [日] 岛邦男：《殷墟卜辞研究》，温天河、李寿林中译本，鼎文书局 1975 年版，第 384 页。
② 钟柏生：《殷商卜辞地理论丛》，艺文印书馆 1989 年版。
③ 王襄：《簠室殷契类纂》，艺文印书馆影印线装本一函四册，第 49 页下，1988 年 3 月。
④ 张秉权：《殷虚文字丙编考释》，中研院史语所重印本，第 182 页，1992 年。

《英藏》2562正)、"㞢"(《合集》36957)为地名,也释作沚,但此地位于殷东,与殷西沚方同名异地。

"沚方"一词仅一见:

(1) ……未……沚方……(《屯南》4090/4,图7—4)

图7—4 "沚方"(《屯南》4090)

"沚方"出现在一、二、四期卜辞中。在一期部分卜辞中,沚方与殷为敌,受到殷王征伐:

(2) ……令伐沚。(《合集》21035/1)
(3) 乙酉卜,甫允奉沚。(《合集》5857/1)
(4) 辛亥卜,殻贞呼戊往[沚。(《合集》4284/1)

（5）令戍[㱃。（《合集》175/1）

第（3）辞中"甫"为殷属地。"夺"字，于省吾认为有"钳制、胁迫、夹击或夹取之意"①，其例与"夺舌方"（《合集》6332）、"夺井方"（《合集》6796）相同。"甫允夺㱃"的意思就是"甫真的会钳制住㱃方"。第（4）、（5）辞的[，裘锡圭释作柲，读作毖，为戒敕之意，"毖㱃"就是对㱃人加以敕戒镇抚②。

此次对㱃方的战争，使㱃方从此臣属于商，并成为商王朝西方的屏障，当它受到侵扰向殷王报告时，商王会出兵保护它。

（6）呼从臣㱃有曹三十邑。（《合集》707 正/1）

（7）癸巳卜，㱃，贞旬亡祸。王固曰："有[祟]，其有来艰。"迄至五日丁酉允有来[艰自]西。㱃戓告曰："土方围于我啚，[戈]二邑；舌方亦侵我西啚田。"（《合集》6057 正/1）

（8）乙卯卜，争，贞㱃戓再册，王从伐土方，受有佑。（《合集》6087 正/1）

（9）贞戓启，王其夺舌方。（《合集》6332/1）

除土方、舌方外，征伐过㱃方的还有：马方（《合集》6）、𝕏（《合集》6992）；㱃方参与讨伐的除土方、舌方外，还有巴方（《合集》6473 正）、羌方（《合集》6623）、召方（《合集》33058）、𝕏（《合集》6937）、𝕏（《合集》33074）、𝕏（《合集》6996）。带领㱃方作战的有王、妇好（《合集》6478 正）、𝕏（《合集》4834）、多臣（《英藏》521）、三族（《合集》6438）。

"㱃戓"中的"戓"，郭沫若认为是㱃方首领的私名，③"㱃戓"又称"师戓"（《合集》4834）、"伯戓"（《合集》5945 正，此时被封为伯爵）。"㱃戓"出现在宾组卜辞中，另历组卜辞中常见的"㱃或"，又称"伯或"（《合集》32814），花东卜辞亦称"伯或"（《花东》237、275、449），有学者认为它就

---

① 于省吾：《释夺、𫞀》，《甲骨文字释林》，中华书局 1979 年版，第 292—296 页。
② 裘锡圭：《释柲》，《古文字研究》第 3 辑，中华书局 1980 年版。
③ 郭沫若：《中国古代社会研究》，上海联合书店 1930 年版。

是"沚𢦔"①（图7—5）。但是我们遍查卜辞，发现"沚𢦔"与"沚或"虽然都参加战争，但是他们征伐的对象不同。

沚𢦔	巴方、土方、舌方、羌方
沚或	召方、畎

可见，"沚𢦔"与"沚或"并非一人，除此之外，还有一个叫"沚戈"（《合集》32048、32882、《屯南》991）的，由《合集》32048与《屯南》3957同文可知"沚戈"即"沚或"。

（10）贞呼𠬝多沚。（《合集》11171 正/1）

"呼𠬝多沚"，蔡哲茂谓"即呼多沚𠬝，多沚盖沚𢦔族长们"②。"𠬝"字为会同、会合之义，"乎多沚𠬝"就是呼沚𢦔等族长们会合。

商王还在沚方进行田猎：

（11）戊子卜，宾，贞王逐🦌于沚，亡灾。之日王逐🦌于沚，允亡灾，获🦌八。（《合集》9572/1）

"沚方"的地望，陈梦家认为在今河南陕县③，不确切。据（7）辞，"沚方"在舌方以东，土方以西。舌方、土方在晋陕高原，"沚方"也在此地。《三代》中著录有沚人所铸铜器：

庚寅，郚友□，在寑，王光赏郚贝，用作父乙彝。沚。（《三代》5.38.1）

辛巳，郚寻仓，在小圃，王光赏郚贝，用作父乙彝。沚。（《三代》6.48.5）

---

① 裘锡圭：《论"瑟组卜辞"的时代》，《古文字研究》第6辑，中华书局1981年版。
② 蔡哲茂：《甲骨缀合集》，中研院史语所1999年版，第392页，《合集》11171正可与11176缀合，《缀》157。
③ 陈梦家：《殷虚卜辞综述》，中华书局1988年版，第295—296页。

第七章　商代方国考订　267

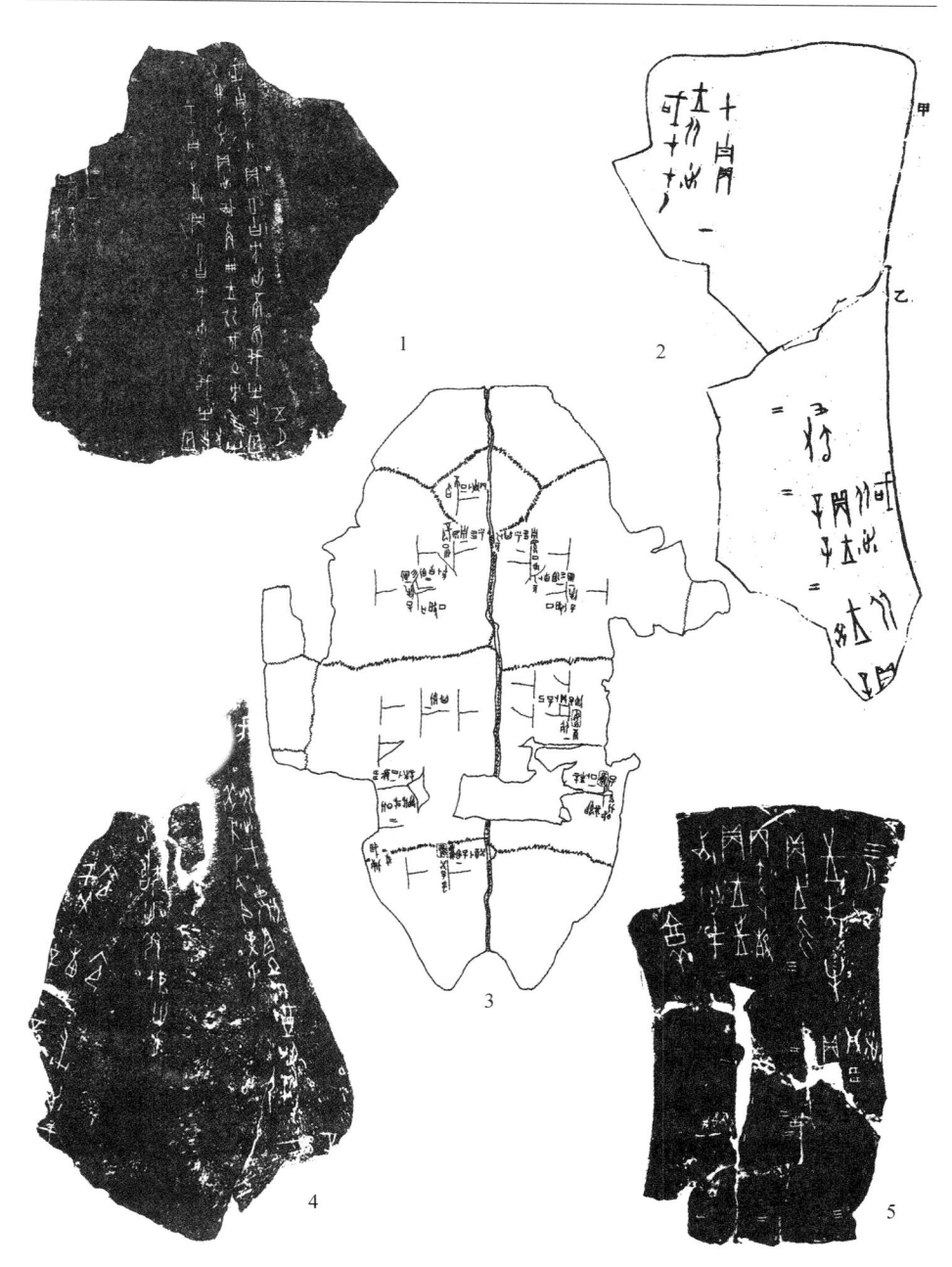

图 7—5　有关沚方的卜辞：1. "沚馘"（《合集》6087）2. "沚或"（《合集》33107，该片缀合有问题，见严一萍《甲骨缀合新编》10，49）3. "伯或"（《花东》275）、4. "沚戈"（《合集》32048）5. "多沚"（《合集》11171 正）

四 羌方

"羌"字在甲骨文中至少有14种写法（详见《类纂》41页），其基本形为"𦫑"。甲骨文中羌与羌方不能完全等同，陈梦家先生谓"羌方应理解为一游牧民族，羌是他们的种姓"①。李学勤先生则认为"羌"与"羌方"有广义与狭义之分，"羌"是商人对西方异族的泛称，与东方异族人称"夷"相对；"羌方"则专指羌地的一个方国。凡卜辞中杀羌若干或俘羌若干，均指广义的"羌"②；罗琨先生以为卜辞中"获羌"为专门掳掠人口的军事行动，与征伐羌方的战争不同，属于羌人的方国有很多个。③ 本书所论为狭义的"羌方"。羌方出现在一、二、三、四、五期卜辞中，一、四期（《屯南》2907）卜辞中与商为敌，二期卜辞中臣属于商（《合集》24281），三、五期卜辞中则有服有叛。

卜辞中征伐羌方的人物列表如下（见《类纂》41—47页）：

	一期	三期	四期	五期
征伐羌方的人物	𢀛、踵、雀、壬、沚、戠、戉、射䖵、吴、臯	戍𢎭、戍屖、戍中、戍𢀛、戍𢀛、義行、祉行、亩行、𥎦行、𠬝行、商方、𠂤	利、婓	王从侯田

上表显示，一期卜辞中参加战争的人很少，而在三期卜辞中参加战争者倍增，由此也可以多少反映出羌方在武丁（即一期）时并不强大，到了廪辛康丁（即三期）时才日益崛起。④ 廪辛康丁对羌方的征伐，卓有成效：

(1) 羌方⊕其用，王受有佑。

---

① 陈梦家：《殷虚卜辞综述》，中华书局1988年版，第281页。
② 李学勤：《殷代地理简论》，科学出版社1959年版。
③ 罗琨：《殷商时期的羌和羌方》，《甲骨文与殷商史》第三辑，上海古籍出版社1991年版。
④ 罗琨：《殷商时期的羌和羌方》，《甲骨文与殷商史》第三辑，上海古籍出版社1991年版；罗琨、张永山：《夏商西周军事史》，军事科学出版社1998年版，第184—191页。

其用羌方［⊕］于宗，王受有佑。（《合集》28093/3）
(2) ……王其用羌方□，王受佑。（《屯南》567/3）
(3) □亥卜，羌二万伯其用于祖丁、父甲。（《合集》26925/3）
(4) 王叀次令五族戍羌方。（《合集》28053/3）

羌方战败，其首领被俘，(1)、(2)、(3) 辞中王就是用羌方伯的首级祭祀祖先，(3) 辞中的"万"字，以往学者大都释作"方"，今细查原片，其写法与"方"字的写法迥然不同，实为"万"，意不详。(4) 辞命令五族戍守羌地，这五族分别是㐰、敉、冂、逐、何（《合集》26879，图 7—6）。此后，羌地成了商王的田猎场所（《合集》29309、29310）。

五期卜辞中，羌方与𢓊方、羞方、䇂方联合作乱：

(5) 乙丑王卜，贞禽巫九禽，余乍噂，遣告侯田，册𢓊方、羌方、羞方、䇂方，余其从侯田甾伐四邦方。（《合集》36528 反/5，图 7—7）

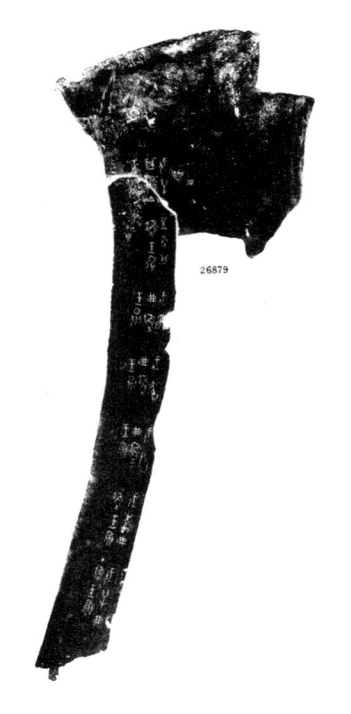

图 7—6 五族戍羌（《合集》26879）　　**图 7—7 四邦方（《合集》36528 反）**

但在为数更多的五期卜辞中，羌地是作为商王的田猎地，臣属于商王朝：

(6) 戊戌王卜，贞田羌，往来亡灾。王固曰："吉。"兹御。获鹿八。（《合集》37405/5）

羌方的地望，陈梦家以为在晋南地区①，岛邦男认为在舌方以南②，钟柏生认为羌是"商人对后来戎狄之人的称呼，以其姓氏来代表其族类"③。我们认为广义的"羌"族人的活动范围较广，而羌方的具体地望，由（5）辞可知，与叡方、差方、䈂方相距不远，䈂方曾受到舌方的侵略（《合集》6352），距舌方不远，岛氏之说更为合理。

羌方于商末参加了周武王伐商的战争。④

五　北羌

"北羌"仅见于一期卜辞中，与商王朝时敌时友：

(1) 贞北羌有告曰："戎。"（《合集》6625/1，图7—8）

(2) 己酉卜，㱿，贞王叀北羌伐。（《合集》6627/1）

图7—8　"北羌"（《合集》6625）

---

① 陈梦家：《殷虚卜辞综述》，中华书局1988年版，第281—282页。
② ［日］岛邦男：《殷墟卜辞研究》，温天河、李寿林中译本，鼎文书局1975年版，第401—403页。
③ 钟柏生：《殷商卜辞地理论丛》，艺文印书馆1989年版，第177页。
④ 《尚书·牧誓》云："曰：逖也，西土之人！王曰：嗟！我友邦冢君、御事、司徒、司马、司空、亚旅、师氏、千夫长、百夫长，及庸、蜀、羌、髳、卢、彭、濮人。"

第（1）辞是贞问"北羌"是否送来敌情报告，罗琨先生认为"北羌"是羌人之方。① "北羌"应在羌方以北。

六 **鬯**方

甲骨文中鬯字写作&、&、&、&、&、&、&、&、&、&，金文中鬯字写作&形②。郭沫若认为此字为古佩玉之形，乃黄字初文，作为国族名，即江黄之黄。③ 陈梦家认为此字可隶定作为繛，"或为许训纺专之专，又可能是许书之鬯"④。饶宗颐则以石鼓文⑤、公贸鼎铭文为参照，进一步申论，释此字为鬯。⑥ 鬯字在甲骨文中只作方国名讲。

鬯方见于一、三、四、五期卜辞。

在一期卜辞中，鬯方从属于商中央王朝：

（1）贞鬯受年。

　　贞鬯。（《合集》22320/1）

（2）癸丑卜，贞令见取启罙勹于鬯。（《合集》339/1）

（3）□□［卜］，争贞曰雀乙酉至于鬯。（《合集》6939/1）

（4）呼我人先于鬯。

　　勿呼我人先于鬯。（《合集》6945/1）

（5）……&……五十在鬯。（《合集》7682 反/1）

（6）贞叀卓令風及鬯。（《合集》8180/1）

以上（1）辞是问鬯地是否会获得丰收，由此可见，鬯地已有定居农业。商王除了关心鬯地农业情况外，还经常派人到鬯地去执行某种任务，如（3）辞派雀、（4）辞呼令我人。（2）辞中的"取"字有三种意思：一为获取；二

---

① 罗琨：《殷商时期的羌和羌方》，《甲骨文与殷商史》第三辑，上海古籍出版社1991年版。
② 见公贸鼎铭，《三代》4.12.2。
③ 郭沫若：《释黄》，《金文丛考》，日本东京文求堂书店石印本1932年版，第170页。
④ 陈梦家：《殷虚卜辞综述》，中华书局1988年版，第299页。
⑤ 见郭沫若《石鼓文研究诅楚文考释·銮敕第八》，科学出版社1982年版。
⑥ 饶宗颐：《殷代贞卜人物通考》，香港大学出版社1959年版，第1299页。

为娶；三为祭名。① 其中第二种意思用在句中比较合适，其意为癸丑日卜问，是否命令见到䍂地去迎娶启族和㣇族的女子。甲骨文中有子启，朱凤瀚先生认为王卜辞中的"子某"一般是指王子②，由此可见，启族与商王同姓。㣇族情况不详。但见族肯定与商王异姓，甲骨文中有征见③、见入贡④的记载也证明了这一点。商王让见娶启族女子，很可能是一种政治联姻。这条卜辞也从侧面反映了䍂地近于启、㣇地。(5)、(6)辞的意思不详。

在一期卜辞中，䍂地曾经受到舌方的侵略，如：

（7）戊寅卜，宾，贞今秋舌其围䍂。（《合集》6352/1）

舌方在一期卜辞中是商王朝在西方的强敌，他经常侵扰商王朝的边地沚方、𡶶地，(7)辞说明䍂方和沚方、𡶶地一样都是商王朝在西方的边地。

（8）……舌……䍂……（《合集》20602/1）
（9）不在䍂。（《合集》22320/1）

以上卜辞意思都不十分明确。

三期卜辞中，䍂方反叛，与商中央王朝为敌：

（10）……𢦏微䍂方，其呼伐，弗悔，不𢦏戋。（《屯南》2613/3）
（11）叀可伯㠱呼㪜绊方、甗方、䍂方……（《合集》27990/3，图7—9）

图7—9 "可伯"、"绊方"、"甗方"、"䍂方"（《合集》27990/3）

---

① 于省吾主编：《甲骨文字诂林》，中华书局1996年版，第648—652页。
② 朱凤瀚：《商周家族形态研究》，天津古籍出版社1990年版，第63页。
③ 《合集》21034：……有疾，庚子围见。
④ 《合集》9267：见入三。

第（10）辞中的"⊼"为人名①，"微"是"启"字的异构。"⊼微㫃方"例同于"沚䟄启巴"、"望乘启雀"、"屮启龙"，于省吾先生认为商代称前军为启，"A 启 B"是以 A 为前军征伐 B 的省语。② 因此，"⊼微㫃方"的意思就是以⊼为前军征伐㫃方。(11) 辞中的"馭方"与商中央王朝为敌，曾经受到商王的征伐。这里，㫃方、絴方与馭方并论，说明㫃方、絴方也是商中央王朝的敌国。

在四期卜辞中，㫃方与商中央王朝为友：

(12) 壬申卜，衒召于㫃。（《合集》33030/4）

(13) 丁未，贞王令叮衘在㫃。（《合集》32883/4）

(14) 丙申卜，炎䇂人……在㫃，若。（《合集》33040/4）

(15) 于㫃𠂤。

乙巳……贞……在䡇。（《合集》33100/4）

(16) 癸巳，贞旬亡祸。

癸卯，贞旬亡祸。在矢旬。

癸丑，贞旬亡祸。在䡇。

癸亥，贞旬亡祸。在㫃旬。

［癸］酉，［贞］旬亡祸。在食旬。（《合集》33145/4）

(17) 丁巳，贞王步自𡨦于㫃。

壬戌，贞乙丑王步自㫃。

乙丑，贞今日王步自㫃于䈂。（《合集》33147/4）

(18) □午，贞王步自䈂于㫃。（《屯南》82/4）

(19) □亥，贞甲子［酚］𥁰在㫃。□月卜。（《屯南》1229/4）

第（12）辞中的"衒"字从郭沫若释作"御"字③，为防御、抵御之义。此辞问是否在㫃地抵御召方。召方和舌方一样，是商王朝西方的敌国，商王之所以要在㫃地抵御召方，是因为㫃方近于召方，由此可见，其时㫃方是商王朝在西方的重要屏障。

---

① 于省吾主编：《甲骨文字诂林》，中华书局 1996 年版，第 3279 页。

② 于省吾：《释启》，《甲骨文字释林》，中华书局 1979 年版，第 287—291 页。

③ 郭沫若：《殷契萃编》，科学出版社 1965 年版，第 1125 页。

(13) 辞中的"⿱"字是人名,与卜辞中常见的"子⿱"有关;"衘"是"禺"字的异构,动词"禺"的含义,诸家说法不一,郭沫若疑为是冲撞之义①;鲁实先则认为"禺"为"弁"之古文,"弁"是"拼"字初文②;温少峰、袁庭栋认为"禺"应当读作"腾",其义为传递邮驿③;姚肖遂、肖丁疑"禺伐"为追击之义④。卜辞中"禺伐"经常连用,如:"壬戌,贞禀以众禺伐召方,受佑?"(《屯南》1099),"禺"单独用时,后接宾语为舌方(《合集》6080)、羌方(《合集》26895)、馘方(《合集》27996)、刀方(《合集》33037)、林方(《英藏》2563)等与商王朝为敌的方国;所以说,"禺"必定是军事行为动词,其具体含义有待进一步考证。这条卜辞的意思是,是否令⿱在辔地禺某方。(14) 辞与(13) 辞义同。

(15)、(16)、(17)、(18) 辞所述很可能是一件事情,辔与⿰、奂、食、⿱、⿱(与⿱为一字)等地接近,都位于殷墟以西。从⿱到辔,步行最多需要6天时间,如果按每天步行二三十里计算的话,从⿱到辔的距离应不超过120—180里。(19) 辞贞问是否在辔地举行祡祭。

五期卜辞中,辔方再一次反叛:

(20) 乙丑王卜,贞禽巫九盍,余乍障,遣告侯田,册馘方、羌方、羞方、辔方,余其从侯田甾伐四邦方。(《合集》36528反/5)

本辞中的"册"为册伐之义。"四邦方"是馘方、羌方、羞方、辔方的合称,它们都位于殷都以西,此四邦方也可能是联合起来与商王为敌。

综上所述,辔方位于殷都以西,它与舌方、召方、馘方、羌方、羞方、启、⿱、⿰、奂、食、⿱、⿱(与⿱为一字)等地接近。辔方的力量比较弱,曾经受到大国舌方的侵伐。辔方臣服商王朝时,它是商王朝在西方的前沿,受到商王的重视;当反叛商王朝时,它就联合邻近的方国对抗商廷。

---

① 郭沫若:《释挈》,《甲骨文字研究》,上海大东书局石印本 1931 年版,第 1 页。
② 鲁实先:《殷契新诠》(之二),《东海学报》第 3 卷 1 期,第 39—72 页,1961 年 6 月。
③ 温少峰、袁庭栋:《殷墟卜辞研究——科学技术篇》,四川省社会科学出版社 1983 年版,第 296—297 页。
④ 姚孝遂、肖丁:《小屯南地甲骨考释》,中华书局 1985 年版,第 121 页。

七 叡方

"叡"字的异体有"虘"、"蔍"。在卜辞中，叡有两种意思，一为宗庙名，如："乙卯卜，酒品屯身祖乙至毓，在叡门见。"（《合集》30286），"叡门"与卜辞中的"宗门"（《合集》32035）、"窜门"（《合集》30284）、"寻门"（《屯南》2334）等类似；二为方国名。

叡方出现在一、三、五期卜辞中。

一期卜辞中，叡方与商为友：

（1）……王，翌乙丑……一月，在虘。（《合集》7910/1）

卜辞中的"一月，在虘"是记王贞卜的时间和地点。王能在"虘"地占卜，说明叡方臣属于商王朝。

三期卜辞中，叡方反叛作乱，受到王的征伐：

（2）戍及虘方。
　　　弗及。
　　　弜方⊗虘方乍呼。（《合集》27997/3）
（3）戍弗及叡方。
　　　戍及叡方，弗㪅。
　　　戍甲伐，㪅叡方校。
　　　弗㪅？
　　　戍及校于右⻖。（《合集》27995/3）
（4）叀㪅用⾋⾋于之，㪅叡方，不雉众。
　　　戍从㐭叡方，戍。
　　　弗……㪅叡。（《合集》27996/3）
（5）叀可伯⊗呼方⾋绊方、叡方、ٯ方……
　　　弜⊗呼。（《合集》27990/3）

第（2）辞"弜方⊗虘方"的辞例同于"南庚⊗父乙"、"南庚弗⊗父乙"、"祖丁⊗父乙"（《合集》5532正），"⊗、⊗、⊗"为一字，可能有"和、同"的意思。"呼"字又写作"ٯ"，即戎字，"乍戎"的意思是作乱。① "𢀛方☒虘方乍𠻂"的意思是𢀛方和虘方联合作乱。（3）辞中的"㪤"可能是䝷方的一个地名。

除此之外，三期卜辞中还见"小臣䝷"（《合集》27889），说明䝷方与殷王朝也曾保持过短期的友好关系。

五期卜辞的情况与三期卜辞类似：

（6）叀䝷令。（《合集》36530/5）

（7）乙丑王卜，贞禽巫九禽，余乍𠂤，遣告侯田，册䝷方、羌方、羞方、𢀛方，余其从侯田𨒅伐四邦方。（《合集》36528反/5）

（8）乙卯王卜，在𪊮𠂤，贞余其敦𠭯，叀十月戊申𢦔。王固曰："吉。"在八月。（《英藏》2523/5）

整个卜辞表明，䝷方是一个力量比较强大的国家，王曾动用可伯、㪤、戍、侯田等军事力量伐之；五期卜辞中对䝷方战争可能持续了两个多月。

䝷方的地望，陈梦家定在殷西②；岛邦男则认为（8）辞中的"𪊮"在东夷，故䝷方位于殷东③；林沄认为在周初燕国的东北面④。按，（7）辞言，王要带领侯田征伐䝷、羌、羞、𢀛四邦方，羌方、𢀛方位于殷西，如果䝷方在殷东，王就要在同一时间内既到殷西，又到殷东，这是不可能的。䝷方位于殷西，与羌方、𢀛方、羞方、绊方、𢀛方邻近。

䝷方在西周时曾遭到武王的征伐，史墙盘铭（图7—10）云："武王……狄虘、㓞，伐人、童"，"狄"，读作逖，是驱除的意思。⑤之后，䝷方战败臣服，成王交由匽侯统管䝷人，克盉、克罍等铭（图7—11）云："㪤羌、兔、䝷、𩰫、驭、㓞"，陈公柔先生认为"㪤"字有管理的意思。⑥

---

① 齐文心：《殷代的奴隶监狱和奴隶暴动——兼甲骨文"圉"、"戎"二字用法的分析》，《中国史研究》创刊号，1979年。

② 陈梦家：《殷虚卜辞综述》，中华书局1988年版，第298页。

③ ［日］岛邦男：《殷墟卜辞研究》，温天河、李寿林中译本，鼎文书局1975年版，第415—416页。

④ 林沄：《释史墙盘铭中的"逖虘㓞"》，《林沄学术文集》，中国大百科全书出版社1998年版。

⑤ 裘锡圭：《史墙盘铭解释》，《文物》，1978年第3期。

⑥ 见《北京琉璃河出土西周有铭铜器座谈纪要》，《考古》1989年第10期。

图 7—10　史墙盘铭（《集成》10175）

图 7—11　北京琉璃河遗址出土的克盉、克罍

另，山东费县曾出土一批商代青铜器，铭文均为"㸚，叡"①（图7—12），很显然，这批青铜器的器主是叡方贵族，但它为何会出现在山东，还需要进一步研究。

图 7—12　山东费县出土的"叡"族铜器

八　绛方

"绛"字甲骨文写作"🐑"、"🐑"，从羊从系，与羌字下从人者有别。②另有一字"🐑"，释作缁，为绛字的异体。

绛方出现在一、三、四期卜辞中。

绛方与殷为友：

---

① 程长新、曲得龙、姜东方：《北京拣选一组二十八件商代带铭铜器》，《文物》1982年第9期。

② 于省吾：《释🐚》，《甲骨文字释林》，中华书局1979年版，第396—397页。

(1) ……扶，王㪁缴。(《合集》20373/1)

(2) 癸未卜，钛令绛妣石⁂崇⼭友。(《合集》21050/1)

(3) 癸巳卜，宾，贞令众人⿊入绛方⿕田。
贞勿令众人。六月。(《合集》6/1)

(4) □寅卜，[贞]绛□亡祸。六月。(《合集》240/1)

(5) 壬戌[卜]，王，绛⼭朕事。三月。(《合集》5497/1)

(6) 丙申卜，贞缴其有灾。
贞叀缴亡……。六月。(《合集》8596/1)

(7) 贞郭弗其专入绛。(《合集》8597/1)

(8) 绛入五。(《合集》13648 反/1)

第（1）辞中的"㪁"字，从裘锡圭先生释作"释"①，"王释缴"就是王释放缴人，被释放的缴人可能是战争俘虏。由此可知，绛方是战败之后被迫臣服的。（2）辞辞义不详，但从"令绛"可知绛人听令于殷。（3）辞中的"⿊"字，释作"聲"，"聲"为"䎽"的古文，《尔雅》："䎽，息也"，有止息、暂停的意思。② "⿕"字释作"圣"，"圣田"即垦田。③ 此辞卜问是否令众人暂缓到绛方境内垦田。（8）辞绛方入贡五块龟板。

在下面所举的一期卜辞中，绛方反叛为敌：

(9) 舌[方]其以绛方。(《合集》8598/1)

(10) 丁卯卜，贞奚绛伯盟，用于丁。(《合集》1118/1)

绛方的反叛，由（9）辞可知与舌方有关。（10）辞中的"盟"为绛伯名，此辞卜问是否杀绛伯盟以祭丁，表明绛方的反叛以失败告终。

在三、四期卜辞中，绛方与殷为敌：

---

① 裘锡圭：《说殷墟卜辞的"奠"——试论商人处置服属者的一种方法》，中研院史语所《集刊》第64本3分，第666页，1993年12月。

② 彭邦炯：《释卜辞"众人聲"及相关问题》，《殷都学刊》1989年第2期。

③ 于省吾：《释圣》，《甲骨文字释林》，中华书局1979年版，第232—242页。

(11) 今秋叀告伐𰀀绊。(《合集》27986/3)

(12) 叀可伯❏呼方❏绊、戠方、𥁕方……
　　　 弜❏呼。(《合集》27990/3)

(13) ……绊方其用，王受……吉。(《合集》27976/3)

(14) 癸巳，囗于一月［伐］绊眔召方，受佑。(《合集》33019/4)

第（13）辞可能与（9）辞相同，是问人祭的事。

四期卜辞，商王也派人入绊方垦田：

(15) ……贞王令多……绊圣田。(《合集》33213/4)

殷墟梯家口村西 M3 出土过一件铜鼎，铭"绊箙"。①

绊方的地望，由（9）、（12）、（14）辞可知，位于殷西，与吾方相邻。彭邦炯先生释"绊"为牵，通坚，山西北部繁峙县金元时代称坚州，因此推测坚州的命名与商代绊方在此活动有关，② 可备一说。

九　羞方

羞方见于一、五期卜辞：

(1) 贞呼取羞刍。(《合集》111 正/1)

(2) 乙丑王卜，贞禽巫九禽，余乍𨻭，遣告侯田，册戠方、羌方、羞方、𥁕方，余其从侯田甾伐四邦方。(《合集》36528 反/5)

第（1）辞中的"刍"，于省吾先生认为指牲畜而言，③ 胡厚宣先生则认为，"刍是一种畜牧奴隶"④。张秉权先生认为，"刍"不但有刍草的意思，而

---

① 安阳市文物工作队、安阳市博物馆：《安阳殷墟青铜器》，中州古籍出版社 1993 年版，第 49 页。

② 彭邦炯：《说甲骨文的𥁕和𥁕方》，《中国文字》新 24 期，1998 年版。

③ 于省吾：《释刍》，《甲骨文字释林》，中华书局 1979 年版，第 264 页。

④ 胡厚宣：《甲骨文所见殷代奴隶的反压迫斗争》，《考古学报》1966 年第 1 期。

且还指吃草的牲畜。① 按，张氏之说较妥。"呼取羞刍"就是向羞方索取刍草或草食性牲畜。此时，羞方臣属于商。但到了五期卜辞，羞方与叞方、羌方、箁方联合反叛，为患殷西。羞方的地望在叞方、羌方、箁方附近。

十　召方

卜辞中的"召方"（图7—13）、"刀方"（《合集》33036、33037）（图7—14）指同一个方国②，花东卜辞中的"卲方"（图7—15）也是召方。"召"字与"旨"字在写法上有别，岛邦男已辨之。③ 此外，还有一点也值得注意，即"旨"在甲骨文中是人名，不是方国名。召方出现一、三、四期卜辞中。陈梦家先生认为召方即文献中的黎方，姚孝遂先生辩其非。④

图7—13　"召方"（《合集》33017）　　图7—14　"刀方"（《合集》33037）

---

① 张秉权：《殷虚文字丙编考释》，"中研院"史语所重印本1992年版，第463、468页。
② 陈梦家：《殷虚卜辞综述》，中华书局1988年版，第287页。
③ ［日］岛邦男：《殷墟卜辞研究》，温天河、李寿林中译本，鼎文书局1975年版，第400页。
④ 姚孝遂、肖丁：《小屯南地甲骨考释》中华书局1985年版，第95—96页。

一期卜辞中，召方与商王朝为敌，三期卜辞中，召方臣服，商王曾田猎于此：

(1) 贞囟召，王勿从。（《合集》8441 正/1）
(2) 贞祸召。（《合集》8443/1）
(3) 王其田于刀，屯日亡灾，永王。（《屯南》2341/3）

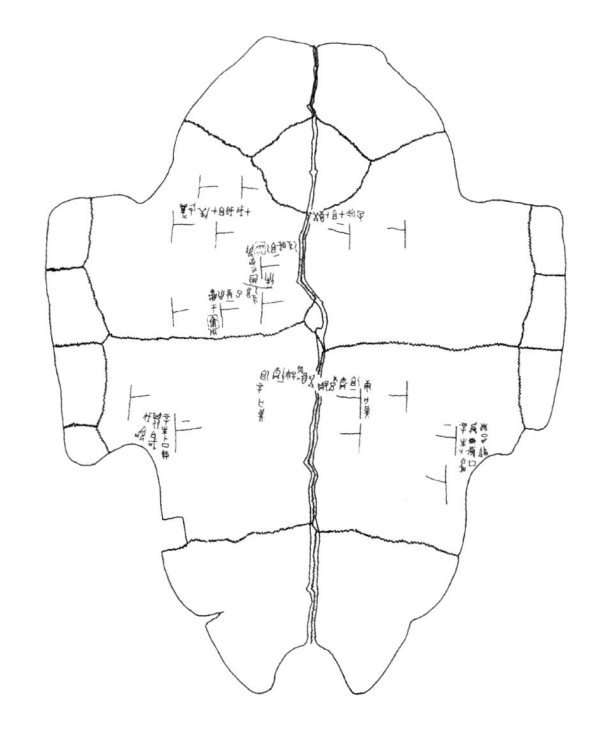

图 7—15　"邵方"（《花东》449）

四期卜辞中，召方亦与商王朝为敌，商王要么亲自出征，要么命王族、三族、𠬝、沚或、犬征、沐、𢆶、竹等前往助战，征伐的时间有一月、四月、五月、九月、十月等，可见召方是商王朝西方劲敌。

许进雄先生曾将四期卜辞中征召方的材料排成"武乙征召方日程"表①，此表存在以下四处失误：

---

① 许进雄：《武乙征召方日程》，《中国文字》新 12 期。

①遗漏一月份的卜辞（即《合集》33091）；

②把十月份的卜辞排入五月份（《屯南》1099为十月份卜辞）；

③把四月份的日期排入五月份（《合集》33201中"丁亥"日与《屯南》1049中"丁未"日都在四月份，许氏将"丁亥"、"丁未"之间的"甲辰、乙巳、丙午"日排入五月份）；

④把不属于征召方的卜辞排进日表（四期卜辞中"𢀖"除了征伐召方外，也向北①、东②作战，许氏误把与"𢀖"有关的战争卜辞几乎都排进日表）。

召方的地望，由以下卜辞可知，位于殷都以西，距𢀖、𢀖、方、绎𢀖方不远：

(4) 丁未，贞……方。在𢀖，四月。

癸丑，贞召[方]立惟戎于西。

己未，贞王令逪……于西土，亡灾。（《屯南》1049/4）

(5) 癸巳，□于一月[伐]绎𢀖召方，受佑。（《合集》33019/4）

(6) 壬申卜，御召于绎。（《合集》33030/4）

(7) 己亥，历，贞三族王其令追召方及于𢀖。（《合集》32815/4）

(8) 丁未，贞王征召方。在𢀖卜，九月。（《合集》33025反/4）

岛邦男认为召方在周代召公奭的采地召城（陕西雍城东有召城）一带，③未免偏西。我们认为召方在今山西中北部靠近𢀖方的地区。

十一 巴方

"巴"字在甲骨文中写作𢀖、𢀖、𢀖，郭沫若释此字为儿，儿即《说文》所说古文奇字人也，儿方即夷方④，岛邦男⑤、李孝定⑥从之；陈梦家释作

---

① 见《屯南》1066。

② 见《合集》33068。

③ [日]岛邦男：《殷墟卜辞研究》，温天河、李寿林中译本，鼎文书局1975年版，第400页。

④ 郭沫若：《殷契萃编》，科学出版社1965年版，第1230片。

⑤ [日]岛邦男：《殷墟卜辞研究》，温天河、李寿林中译本，鼎文书局1975年版，第387—400页。

⑥ 李孝定：《甲骨文字集释》，北京光华书店1983年版，第2783页。

印①；唐兰释作巴②，张秉权③、钟柏生④从之。按释作儿，不确，因为《说文》中的儿，小篆作⺉形，与此字作⺉形显然有别；释作印也不对，甲骨文中印字写作⺉、⺉诸形。今从唐说释作巴。

巴方出现在一期卜辞前段，与商中央王朝为敌，商王武丁曾经派沚𢦍、夐、妇好征伐巴方，其中沚𢦍出征的卜辞最多，由此可以推测，巴方邻近沚方，位于殷都以西。

(1) 贞王从沚𢦍伐巴。
贞王勿从沚𢦍伐巴。(《合集》6475 正/1)

(2) 甲午卜，宾，贞沚𢦍启，王从伐巴方，受有佑。
甲午卜，宾，贞沚𢦍启，王勿［从］，弗其［受有佑］。(《合集》6471 正/1)

(3) 辛卯卜，宾，贞沚𢦍启巴，王叀之从。五月。
辛卯卜，宾，贞沚𢦍启巴，王勿惟之从。
贞𢦍在兹示，若。(《合集》6461 正/1)

(4) 丙申卜，殸，贞𢦍再册……呼从伐巴。(《合集》6468/1)

(5) 癸丑卜，亘，贞王从夐伐巴方。(《合集》6477/1)

(6) 贞我共人伐巴方。(《合集》6467/1)

(7) 壬申卜，争，贞令妇好从沚𢦍伐巴方，受有佑。(《合集》6479 正/1)

(8) 辛未卜，争，贞妇好其从沚𢦍伐巴方，王自东罙伐，戎陷于妇好立。
贞妇好其［从沚］𢦍伐巴方，王勿自东罙伐，戎陷于妇好立。(《合集》6480/1，图 7—16)

(9) 乙巳卜，争，贞巴方其昌。
贞巴方不其昌。(《合集》8411/1)

---

① 陈梦家：《殷虚卜辞综述》，中华书局 1988 年版，第 299 页。
② 转引自孙海波：《甲骨文编》。
③ 张秉权：《殷虚文字丙编考释》，中研院史语所影印本 1965 年版，第 46 页。
④ 钟柏生：《殷商卜辞地理论丛》，艺文印书馆 1989 年版，第 210 页。

以上（3）辞中的"沚䖒啓巴"的意思是以沚䖒为前军征伐巴方。（5）辞中的"奚"为国族名，地望不详。（8）辞中的"戎"是兵、军队的意思，此辞是说妇好带领沚䖒征伐巴方，王从东面深入，驱敌兵于妇好所在处，使之陷入包围。（9）辞中的"昌"从于省吾先生释作败，在这里当训为失败，卜辞是问巴方会不会失败。

图 7—16　"巴方"、"而伯"、"侯告"（《合集》6480）

十二　龙方

龙方见于一、三、四期卜辞。在一期师组卜辞中，龙方听命于商王，为属国：

（1）丙午卜，扶，令龙以舊示￥￥。八月。（《合集》20741）/1)

"￥"，于省吾释作"束"，意为刺杀①，卜辞中常见的"束羲"、"束豕"、"束羊"、"束鱼"等均为刺杀的牺牲。本辞中的"￥"字不识，但前文的

---

① 于省吾：《释束》，《甲骨文字释林》，中华书局1979年版，第174—176页。

"舊示",显然指商王的祖先,故我们推测"〿🗡"犹如"束尵",亦为刺杀的牺牲。辞义是令龙以"〿🗡"祭祀舊示。

龙方在一期子组卜辞中的情况不可考:

(2) 辛亥,叀龙……(《合集》21881(子)/1)

在一期午组卜辞中,龙方亦为属国:

(3) 甲午卜,龙擒贝。二月。(《合集》22391(午)/1)

"贝"在这里为方国名,"贝"在午组卜辞中是被征伐的对象,如《合集》20576 正:"……弜克贝、🗡南邦方。"本辞问龙方能否擒住贝。

龙方在一期宾组卜辞中,有一段时间臣服于商王朝,向商王尽做臣子的义务。

(4) 贞龙亡不若,不葦羌。
　　龙其葦。(《合集》506 正/1)
(5) 贞呼龙以羌。
　　勿呼龙以羌。(《合集》272 反/1)
(6) 呼𦅸𠙵龙来。
　　呼般从来力。
　　勿呼般从来力。(《合集》371 正、反/1)
(7) □□[卜],殻,贞呼龙田于……(《合集》8593/1)
(8) ……龙田于宫。(《合集》10985/1)
(9) 妇龙示……。㱿。(《合集》17544/1)
(10) 王从龙东🗡。
　　王从🗡。(《合集》902 正/1)
(11) 乙未卜,贞黍在龙囿香,受有年。二月。(《合集》9552/1)
(12) 贞呼爰龙。(《合集》10075 正/1)
(13) 贞呼龙其有祸。(《合集》4656/1)
(14) 丁未卜……龙方降莫。(《合集》10187/1)

第（4）、（5）中龙方要捕捉并贡纳羌人。（6）辞中的"⿱"字有会同、会合之义。"羍"为龙方首领私名，"缋"、"般"亦为人名；"力"为一种农具，跟"耜"关系密切，① 在这里为动词，即以"力"耕田。本辞一方面问是否呼令缋与龙羍会合，另一方面又问是否呼令般带领龙羍以力耕田。（7）、（8）辞中龙方要为王田猎。（9）辞显示出龙方与商王朝有婚姻关系。（10）辞中的"魯"，夏渌以为是"窜"字的异体，意为穿地陷兽也。② （11）辞中的"黍"为动词，意为种黍；"龙囿"者"龙"方之囿，其地在"香"，此"香"与帝辛十祀正人方所经过的"香"为异地同名。（12）辞中的"爰"有援助的意思。③（13）、（14）辞卜问龙方有无灾祸、饥馑，④ 为商王关心龙方之辞。

伐龙方的卜辞也见于一期宾组卜辞：

（15）贞王叀龙方伐。
　　　王勿惟龙方伐。（《合集》6476/1）
（16）癸卯卜，□，贞㞢啓龙，王从，受有佑。
　　　贞㞢啓龙，王勿从。（《合集》6582/1）
（17）勿呼妇妌伐龙方。（《合集》6585 正/1，图7—17）
（18）呼师般取龙。（《合集》6587/1）
（19）己酉卜，[殻]，贞令般取龙伯。（《合集》6590/1）
（20）癸丑卜，贞甶往追龙，从㞢西及。（《合集》6593/1）
（21）贞及龙方。（《合集》6592/1）
（22）贞吴戋羌、龙。十三月。（《合集》6631/1）
（23）贞吴弗羌、龙。（《合集》6635/1）
（24）贞勿令师般取□于彭、龙。（《合集》8283/1）
（25）……取三十邑……彭、龙……（《合集》7073 正/1）

---

① 王静如：《论中国古代耕犁和田亩的发展》，《农业考古》1983年第1期。
② 夏渌：《学习古文字琐记二则》，第104—107页，《古文字研究》第10辑，中华书局1983年版。
③ 于省吾主编：《甲骨文字诂林》，中华书局1996年版，第969页。
④ 董作宾：《说糞》，《考古学社社刊》第4期，1936年6月。

图 7—17 "妇妌伐龙方"(《合集》6585 正)

参加征伐龙方战争的有王、屮、妇妌、师般、甾、吴。（16）辞"屮启龙"的意思是以屮族为前军征伐龙方。①（19）辞中的"伯"指龙方首领，非爵称。（20）中的"枼"，于省吾先生释作"根"，为地名。②（22）、（23）辞中的"羌龙"和（24）、（25）辞中的"彭龙"以及三期（26）辞中的"耳龙"都应分开读，分别为羌方、龙方、彭国和耳国，四者相距不远。

(26) 甲子卜，亚戠耳、龙，每，启，其启，弗每，有雨。（《合集》28021/3）

在四期卜辞中，龙方也叛服不定：

(27) 己卯，贞令甾以众伐龙，戠。（《合集》31972/4）
(28) 癸未卜，龙来以衍方……兹用，乙酉遘……（《合集》33189/4）
(29) 戊戌，贞令众涉龙西北，亡祸。（《合补》10412/4，亦即《怀特》1654）

---

① 于省吾：《释启》，《甲骨文字释林》，中华书局 1979 年版，第 287—291 页。
② 于省吾：《双剑誃殷契骈枝续编》，1941 年版，第 7 页下—9 页上。

第（27）辞中王令舌带领其族众征伐龙方，此时龙方为敌国。(28)、(29)辞中的龙方则为属国，(29)辞还表明龙方西北应有一条河流。

龙方的地望，陈梦家谓与匈奴有关，即《匈奴传》"五月大会龙城，祭其先天地鬼神"之"龙城"。① 岛邦男谓龙方有二：一、在西北，邻近羌方；二、在东北。② 张秉权先生则认为龙在泰安府西南，即《水经注》"汶水西南迳龙乡故城东"之"龙乡"，③ 饶宗颐从其说。④ 按，龙方应只有一个，它与位于殷西北的羌方、彭、耳接近，所以也应位殷西北。

十三　商方

"商"字甲骨文写作丙、丙、商、丙、丙、丙、丙、丙、丙、丙等，其用法有分别，一般来说，商形只出现在五期卜辞中，而甲骨文中的"子商"则全部写作丙、丙、丙、丙、丙，无一例使用他形。

"商"在甲骨文中做地名、人名以及动词赏赐讲。在做地名讲时，或指今安阳小屯，或指今河南商丘，视卜辞而定。此外，商还是方国名。"商方"之商与"子商"之"商"写法有别，二者恐无关系。商方出现在一、三、四期卜辞中，它与商王朝的关系，一、三期友好，四期有叛有服。

(1) 壬子卜，贞……伯商亡……（《合集》20087/1）
(2) 叀商方步，立于大乙，戋羌方。（《合集》27982/3）
(3) ……卜……王……伐……商。（《合集》7835/4）
(4) 丁巳卜，贞王令并伐商。（《合集》33065/4）
(5) □卯［卜］，贞今月令伐商。（《合集》33066/4）
(6) 辛卯卜，贞今月令伐商。（《合集》33067/4）
(7) 庚寅，贞王令并伐商。
　　庚寅，贞叀⿱令伐商。（《屯南》2907/4）
(8) 丁巳卜，贞王令并甲商伐。（《屯南》4054/4，图7—18）

---

① 陈梦家：《殷虚卜辞综述》，中华书局1988年版，第283页。
② ［日］岛邦男：《殷墟卜辞研究》，温天河、李寿林中译本，鼎文书局1975年版，第403页。
③ 张秉权：《殷虚文字丙编考释》，"中研院"史语所重印本1992年版。
④ 饶宗颐主编：《甲骨文通检》第二分册地名，香港中文大学出版社1994年版，前言第22页。

（9）己酉卜，攸亢告启商。(《屯南》312/4)

（10）丁亥，贞王令䧊、彭囗侯商。(《屯南》1066/4)

图7—18　商方（《屯南》4054）

第（2）辞，郭沫若《粹编》144考释云："'方步'为祭酺，方假为祊，立读为位。大乙者大乙之庙。""祭酺"出自《周礼·地官·族师》"春秋祭酺"，郑玄注曰："酺者，为人、物灾害之神也，故书酺或为步。杜子春云：'当为酺。'玄谓，校人职又有：'冬祭马步。'则未知此世所云螟螣之酺与？人鬼之步与？盖亦为坛位雩云。"唐贾公彦疏曰："但此经云酺不知何神，故举汉法以况之，但汉时有螟螣之酺神，又有人鬼之步神。未审此经酺定当何酺，故两言之。"① 由此可见，步或酺从战国到汉代这段时间里，有人或物灾害神之义，为名词。甲骨文中，步大多作"行走"讲，偶尔也有祭祀的意思，为动词，如：

A　庚辰，步于母庚。(《合集》10918)

---

① 见《十三经注疏》，中华书局1980年版，第719页。

B　贞翌丁未酒燎于丁十小宰，卯十物牛。八月。
贞燎告众，步于丁。（《合集》39）

吴其昌根据以上两条卜辞，认为步是"酒燎"之祭。① 在殷人的思想观念中，祖先能降祸于他们，所以步祭很可能就是向祖先（在这里被认为是灾害神）祈求不要降祸。

"方"字应上读，"商方"连读，为方国名。"更商方步"的意思是由商方主持步祭。

"立"在这里是一种祭祀，读作"位"，"位祭"是古代征伐或田猎途中举行的祭祖、祭社活动。②

（2）辞的意思是由商方主持步祭，祈求祖先保佑伐羌方。与其同时，商王还位祭大乙，求其保佑。（4）、（7）、（8）辞中商王命并、兴讨伐商方，（9）辞中"攸"似乎为征伐前军。

（10）辞中的"囚"字由卜辞"己卯，贞今日王令吴囚我。"（《屯南》2273）可知，是一个表示友好之意的动词。鲁实先在考证"囗"字时，曾认为此字有亲说的意思，③ 这一点很多学者都没有注意到。商方在一期卜辞中为伯爵，到四期卜辞升为侯爵。

商方与并地邻近，在殷西北地区。

十四　ᄇ方

"ᄇ"又作"ᄇ"（甲骨文中"在"字既作"ᄇ"形，又作"ᄇ"形，如《合集》914 正"在北史"），"ᄇ方"又称"方ᄇ"，出现在一期卜辞中，为商王朝敌国。

（1）贞方ᄇ围，惟帝令乍我祸。三月。（《合集》39912/1）
（2）贞方ᄇ围，登人。（《合集》6746/1）
（3）□丑卜，殼，［贞］……方ᄇ……更王……（《合集》6811/1）
（4）贞王往兆ᄇ至于宾㞢。（《合集》17230 正/1）

---

① 吴其昌：《殷虚书契解诂》，台北艺文印书馆1959年版，第149—150页。
② 王恩田：《甲骨文中的位祭》，《中国文字》新24期，艺文印书馆1998年版。
③ 鲁实先：《殷契新诠》（之一），《幼狮学报》第3卷1期，1960年10月，第17—23页。

（5）□□卜，㱿，贞雇化正受有佑。三旬又□日戊子杏戋𢀛方。（《合集》6650正/1）

（6）王固曰："叀既。"三日戊子允既戋𢀛方。（《合集》6648正/1，图7—19）

（7）王固曰："吉，戋。"之日允戋𢀛方。十三月。（《合集》6649正甲/1）

图 7—19　"𢀛方"（《合集》6648正）

第（1）辞卜问𢀛方来征，是不是帝降祸于我。（2）辞问是否登人反击𢀛方。（3）、（4）辞意义不详。（5）、（6）、（7）辞所说为同一件事，雇化正（为"雇正化"之误）前往征伐𢀛方，并于十三月的戊子日戋𢀛方。从𢀛方三月来侵，到十三月戋𢀛方，历经了十个月左右，𢀛方的规模由此可见并不算小。

有学者认为"𢀛"与"戋"为同字异构，但所举例证都有问题。如严一萍云："第一期作𢀛，亦或作𢀛，第三期有省中之一横作𢀛（笔者按：即戋字）者。"举例：

癸丑旦迺伐▨，不雉人。

癸丑夙伐▨，不雉。(《邺》3.44.5，即《合集》26897)

严氏以例中之"▨"为方国名，并联系到▨方及"▨"族铜器，认为▨方即《春秋》隐公十年的戴国。① 但事实是，例中之"▨"系动词，"伐▨"在卜辞中为成语，严氏后来也看到了这一点，并作了订正。②

再如，李学勤先生认为，"卜辞'▨'(笔者按：即我们所说的▨字)还有一种用法，即赵诚先生《甲骨文简明词典》讲的'吉凶用语'，可以从'屮'，也可以从'Ψ'"③。李先生认为"▨"既然可以与"▨"都当灾祸讲，那么二者必为一字。当灾祸讲的"▨"，如《合集》29095："王更盂田省，亡▨？"《合集》8473："今夕亡▨？"张政烺先生认为此"▨"仍为"▨"字，只是前者缺刻上一小横画，"▨"与"▨"是两个不同的字。④ 笔者同意张先生的观点，甲骨文中作灾祸讲的"▨"，从直画的Ψ，未见从弯曲的Ψ，很可能就是缺刻造成的，而且卜辞中常见的、当动词讲的"▨"也未见写作"▨"形的。

严一萍认为，▨方即文献中的戴国，位于今河南兰考县东南；⑤ 岛邦男依据卜辞内容，指出▨方近于西北的畬地，⑥ 此说可从，▨方不是文献中的戴国。

十五　鬼方

鬼方之"鬼"，甲骨文写作▨、▨、▨。鬼方见于一、四期卜辞：

(1) 己酉卜，宾，贞鬼方、昜亡祸。五月。(《合集》8591/1)

(2) 己酉卜，内，[贞]鬼方、昜[亡]祸。五月。(《合集》8592/1)

---

① 严一萍：《释▨方》，《中国文字》第33册，1969年9月。
② 严一萍：《▨方补释》，《中国文字》第34册，1969年12月。
③ 李学勤：《甲骨文同辞同字异构例》，《江汉考古》2000年第1期。
④ 张政烺：《释▨》，《古文字研究》第6辑，中华书局1981年版。
⑤ 严一萍：《释▨方》，《中国文字》第33册，1969年9月。
⑥ [日]岛邦男：《殷墟卜辞研究》，温天河、李寿林中译本，鼎文书局1975年版，第415页。

(3) □□卜，殼，贞鬼方、昜……（《合集》8593/1，图 7—20）

(4) 王勿从鬼。

贞王从戜伐巴，帝受佑。

贞王勿从戜伐巴。（《合集》6474/1）

(5) 丁卯，贞王令鬼、䲒刚于京。（《怀特》1650/4）

(6) 贞鬼获羌。

贞鬼不其获羌。

乙巳卜，宾，贞鬼获羌。一月。

乙巳卜，宾，贞鬼不其获羌。（《合集》203 正/1）

(7) ……逐自……小臣鬼……于……（《合集》5577/1）

(8) 壬辰卜，争，贞惟鬼𤰈。

贞不惟之𤰈。

允惟鬼眔周𤰈。（《合集》1114 正、反/1）

图 7—20　"鬼方"（《合集》8593）

第（1）、（2）、（3）辞中的"昜"为方国名，他辞有言"昜伯𤲊"（《合集》3380），"𤲊"为"昜伯"私名，此三辞属于"同事异问"，"目的在于利用甲骨为中介，充分进行人神间的沟通交流，以使人的意愿为神所细察，求得神的容纳与保佑"①。可见商王对鬼方和易国的安危都很关心。

（4）辞的意思由其同版卜辞"王从鼓伐巴"可知，商王可能是要带领鬼方从事征伐活动。（5）辞中的"閟"为方国名，"刚"为祭名，此辞言王命令鬼方和閟国的人到京地进行刚祭。（6）辞表明鬼方有为商王捕获羌人的义务。（7）辞更说明鬼方有人在商王廷任"小臣"。

（8）辞中的"忾"为用牲之法，于省吾先生释为"割解"②。"惟鬼罙周忾"义为割解鬼方和周方的人进行祭祀。王玉哲先生据此认为，"'鬼方'为商人的敌对者，故以其战俘为祭牲"③。殊不知，商代的人牲除战俘外，还有来源于方国的贡纳，④ 此辞割解鬼方和周方的人可能是鬼方与周方贡纳的本国奴隶。

通过以上分析，我们知道晚商时期鬼方为商朝属国，它为商王打仗、祭祀、捕获羌人、贡纳人牲与官吏。这一点与文献、金文所记的鬼方史实相反。《易·既济》载："高宗伐鬼方，三年克之。"《易·未济》："震用伐鬼方，三年有赏于大国。"《诗·大雅·荡》："内奰于中国，覃及鬼方。"古本《竹书纪年》："武乙三十五年，周王季伐西落鬼戎，俘其二十翟王。"今本《竹书纪年》：（武丁）"三十二年伐鬼方，次于荆。""（武丁）三十四年克鬼方，氏羌来宾。"西周小盂鼎铭："……伐鬼方……〔执酋〕三人，获馘四千八百□二馘，俘人万三千八十一人……"。春秋梁伯戈铭："抑鬼方蛮。"《世本》："陆终取鬼方氏之妹谓之女嬇。"除《世本》记载为婚姻事外，余皆记战争之事。罗琨先生认为卜辞中的鬼方不是文献、金文中的鬼方，卜辞中的鬼和鬼方为专名，而文献、金文中的鬼方是周人对西北游牧民族的通称；⑤张亚初先生则谓鬼方是媿姓民族的统称，包括甾、甚、亘等方国。⑥ 周康王二十五年的小盂鼎铭记盂一次伐鬼方就执酋三人、获馘四千八百多，俘人一

---

① 王宇信、杨升南主编：《甲骨学一百年》，社会科学文献出版社1999年版，第206页。

② 于省吾：《释忾》，《甲骨文字释林》，中华书局1979年版，第161—167页。

③ 王玉哲：《鬼方考补证》，《考古》1986年第10期。

④ 罗琨：《商代人祭及相关问题》，《甲骨探史录》，生活·读书·新知三联书店1982年版，第141页。

⑤ 罗琨：《"高宗伐鬼方"史迹考辨》，《甲骨文与殷商史》，上海古籍出版社1983年版，第118页。

⑥ 张亚初：《殷墟都城与山西方国考略》，《古文字研究》第10辑，中华书局1983年版。

万三千八十一,可见金文中的鬼方绝非只指一个方国,王国维《鬼方昆夷猃狁考》所云"我国古时有一强梁之外族,其族西自汧陇,环中国而北,东及太行常山间……其见于商周间者,曰鬼方,曰混夷,曰獯鬻;其在宗周之季,则曰猃狁;入春秋后则始谓之戎,继号曰狄;战国以降,又称之曰胡,曰匈奴"。卜辞中的鬼方,笔者以为很可能就是《史记·殷本纪》中"以西伯昌、九侯、鄂侯为三公"的九侯,集解引徐广曰九侯"一作鬼侯",《正义》引《括地志》云"相州滏阳西南五十里有九侯城,亦名鬼侯城"。相州滏阳在今河北磁县。而从(6)辞推测,鬼方在武丁时期应位于殷西地区(或以为即陕西清涧李家崖古城①),鬼方可能在帝辛时期已内迁至今河北磁县,与王都比邻。

十六　周方

"周方"出现在一、二、四期卜辞中。除殷墟卜辞外,周原甲骨中还有一部分周方的材料。周方的首领曾被封为侯爵,但"周方"与商王朝的关系很不稳定。

一期𠂤组卜辞中的周方服叛兼有:

(1) 令周侯今生月亡祸。(《合集》20074 𠂤/1)
(2) 癸卯卜,其克伐周。四月。(《合集》20508 𠂤/1)

第(2)辞中"其克伐周"一句省略主语,因为占卜者为王,所以省略的主语应是商王。

一期午组卜辞中:

(3) 甲子卜,贞妇周不徙。
　　□寅,贞〔妇〕周疾徙。(《合集》22265(午)/1)
(4) 妣庚周。(《合集》22246(午)/1)
(5) 叀□伐周。(《合集》22294(午)/1)

第(3)辞问妇周的病会不会延续。妇周与(4)辞中的妣庚周是否为同

---

① 转引自宋镇豪:《夏商社会生活史》,中国社会科学出版社1994年版,第58页。

一人，还需进一步研究。这两条卜辞说明周方与商王朝有婚姻关系。(5) 辞中伐周者不详，无从判断商对周是否有征伐行为。

周方的一期宾组卜辞较多，我们将性质相同的划分为一组。

第一组：

  (6) 周入。(《合集》6649 反甲/1)
  (7) 贞周以巫。(《合集》5654/1)
  (8) ……令周取巫于䍐。(《合集》8115/1)
  (9) 甲午卜，宾，贞令周乞牛多……(《合集》4884/1)
  (10) 允惟鬼眔周㚔。(《合集》1114 反/1)
  (11) 丁巳卜，㱿，贞周以嫊。
    贞周弗以。(《合集》1086 正/1)

本组是有关周入贡、索贡的卜辞，(6)、(7)、(10)、(11) 辞为入贡卜辞，入贡的东西包括龟甲、巫、女子和人牲，(8)、(9) 辞为索贡卜辞，索贡的东西有巫和牺牲。(9) 辞，前文在考证"鬼方"时已经说明"鬼"、"周"指的是鬼方、周方贡纳的人牲。(11) 辞中的"嫊"为秦族女子，周方向商王致秦族女子，说明秦族归附周方。秦族与周的关系一直不错，西周甲骨中有一条"王饮秦"是记载周公东征凯旋后，成王于周庙举行"饮至"典礼。①

第二组：

  (12) 己未卜，内，贞周㞢擒。(《合集》10976 正/1)
  (13) 癸□[卜]，宾，贞周擒，犬征濼。
    ……周弗其擒。(《合集》14755 正/1)

本组是有关周方为王狩猎的卜辞。

第三组：

  (14) 勿令周往于凸。(《合集》4883/1)

---

① 王宇信：《西周甲骨探论》，中国社会科学出版社 1984 年版，第 191 页。

(15) □□卜，王令周🈳🈳。七月。（《合集》4886/1）

(16) 辛卯卜，贞令周从永止。八月。

贞勿令。（《合集》5618/1）

本组中的周听命于王，(14) 辞中周被派遣到🈳地去，(15) 辞中周又被派去安抚🈳人。(16) 辞中王命周带领永从事某项工作。

第四组：

(18) 贞周弗亡祸。

贞周弗其有［祸］。（《合集》590 正/1）

(19) 周方弗其有祸。

周方弗亡祸。

周方亡祸。（《合集》8472 正甲、乙、丙/1）

上述两条卜辞证明"周方"可简称为"周"，美国华盛顿大学教授司礼义（Paul L. M. Serruys）曾云：在一对正反对贞的卜辞里，如果其中一条卜辞用"其"字，而另一条不用，则用"其"的那条所说的事，一般都是贞卜者所不愿看到的[①]。由此可知，本组卜辞是商王希望周方有祸，此时周方与商王朝关系不睦。

第五组：

(20) 丙辰卜，宾，贞王叀周方征。

贞王勿惟周方征。（《合集》6657 正/1，图 7—21）

(21) 己卯卜，𠭯，贞令多子族从犬侯寇周，🈳王事。五月。（《合集》6812 正/1）

(22) 贞令多子族眔犬侯寇周，🈳王事。

贞令多子族从犬眔🈳🈳，🈳王事。（《合集》6813/1）

(23) 癸未卜，争，贞令🈳以多子族寇周，🈳王事。（《合集》6814 正/1）

---

① ［美］司礼义：《关于商代卜辞语言的语法》，《中研院国际汉学会议论文集·语言文字组》，第 342—346 页，1981 年版。

(24) □［卜］，□，贞令旛从🰀侯寇周……（《合集》6816/1）

(25) ……以多［子族从］🰀侯寇周，㞢王事。（《合集》6817/1）

(26) □酉［卜］，□［贞］：令告……上絴侯寇周……（《合集》6819/1）

(27) 𠙹令□侯寇周。五月。（《合集》6821/1）

(28) 贞叀🰁令从寇周。（《合集》6822/1）

(29) ……王其令……寇周，不……使骨……四月。（《合集》6823/1）

图 7—21　"周方"（《合集》6657）

本组卜辞中，周方反叛，王动员多子族、犬侯、面🰂、旛（与🰃为一字）、🰀侯、絴侯、𠙹、🰁等多种力量征伐周方，王本人也投入了战斗，可见战争规模之大，周方力量之强。

二期卜辞中，周方只有一条卜辞，关键部分残缺，商周关系不详：

(30) 戊子卜，矣，贞王曰：余其曰多尹其令二侯上丝眔🰀侯其……周。（《合集》23560/2）

四期卜辞中，周臣服于商：

(31) 叀舌令周。

　　　叀⊗令周。（《合集》32885/4）

(32) 于周其烄。（《合集》30793/4）

第(32)辞中的"烄"为焚人求雨之祭，周地有旱，所以要在周地求雨。

古文献也说武乙文丁时期，周人臣服于商，譬如《竹书纪年》："武乙三十四年，周王季来朝"，"太丁四年，周人伐余无之戎，克之。周王季命为殷牧师"。而《诗·閟宫》所云（周王季）"实始翦商"，可见周的臣服只是一种政治策略，这种阳奉阴违的做法最终导致了"文丁杀季历"（《竹书纪年》）。之后，"帝乙二年，周人伐商。"（《竹书纪年》），这一事件，也见于周原甲骨：

　　　贞王其求又大甲，冊周方伯，䀠，囟正，不左，于受有佑。（H11：84）
（图7—22）

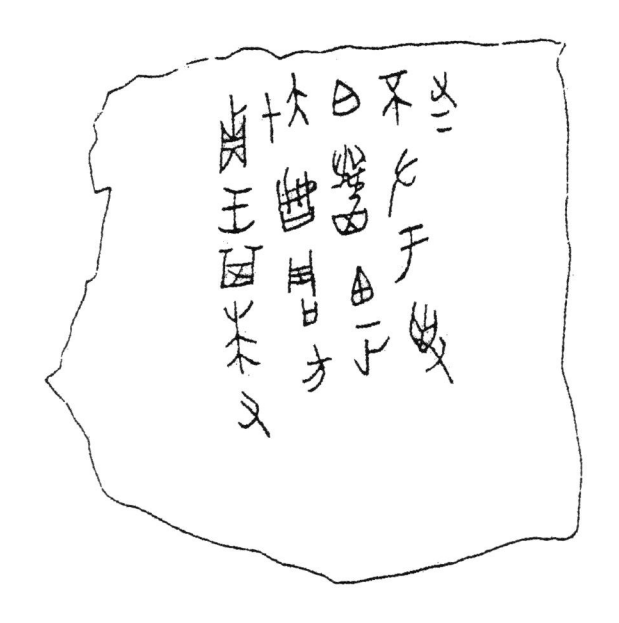

图7—22　"周方伯"（周原甲骨 H11：84）

……文武……王其卲帝……天□典册周方伯……囟正，亡左……王受有佑。（H11∶82）

这两条卜辞的时代在帝乙世，"王"是帝乙，"周方伯"即后来的周文王，"晋"是晋伐的意思。①

帝辛时，文王为三公之一，表面上臣服，暗地里在做灭商准备。

周方在古公亶父迁岐之前，位于今晋南黄河与汾河之间。② 武乙时，犬戎寇边，古公亶父逾梁山而避于岐下，③ 即今周原一带。

十七　马方

马方出现在一期卜辞中，与商王朝为敌：

（1）乙酉卜，王，贞余孽朕老工征我羞。贞允惟余受马方佑抑，弗其受方佑执？二月。（《合集》20613/1）

（2）……王，贞马方……亟陕口丧卬。五月。（《合集》20407/1）

（3）□□［卜］，叶，贞丁……马方……（《合集》20614/1）

（4）癸未卜，宾，贞马方其围，在［沚］？
贞不围，在［沚］？
癸未卜，宾，贞马［方］其围，在沚。
贞马［方不］围。（《合集》6/1）

（5）甲辰卜，争，贞我伐马方，帝受我佑。一月。（《合集》6664正/1，图7—23）

（6）丁未卜，争，［贞］告曰：马方……河东来……（《合集》8609/1）

第（1）辞"余受马方佑"辞例与"我受舌方佑"（《合集》8562）、"我受土方佑"（《合集》8478）相同，是王征伐敌国时，贞问"我伐某方，是否

---

① 王宇信：《西周甲骨探论》，中国社会科学出版社1984年版，第211、212页。
② 夏含夷：《早期商周关系及其对武丁以后商王室势力范围的意义》，《古文字研究》第13辑，中华书局1986年版。
③ 见《后汉书·西羌传》。

图 7—23 "马方"（《合集》6664 正）

会受到保佑"，所以（1）辞是关于王征伐马方的卜辞。"贞允惟，余受马方佑抑。"与"弗，其受方佑执。"为正反贞。"马方"在这里省称为"方"，由此推广，"某方"除可简称为"某"外，也可省称为"方"，卜辞中单称"方"的"方"不是方国名。

（4）辞中马方征伐沚方，沚方是殷西北边境地区的一个重要方国，马方距此不远。（6）辞，岛邦男认为是告马方侵略河东之辞，河东是后世魏国安邑（笔者按：在今山西夏县西北。）附近的河东，马方在羌方以南，位于河西之地。① 钟柏生谓，"《水经》云：'（河水）又南过土军县西。'注云：'县有龙泉，出城东南道左山下，牧马川上多产名驹，骏同滇池天马。'土军县在今山西石楼县。今暂定马方在牧马川一带"。钟氏之说有些道理，马方在今山西石楼县，而距石楼县不远的山西灵石县旌介村晚商墓葬曾出土一件铜簋，其外底铸一铭文，像骡子，② 不过也有人认为

---

① ［日］岛邦男：《殷墟卜辞研究》，温天河、李寿林中译本，鼎文书局 1975 年版，第 405 页。
② 山西省考古研究所、灵石县文化局：《山西灵石旌介村商墓》，《文物》1986 年第 11 期。

是马,① 且与马方有关。若这一看法不误的话,马方的铜器出现在灵石国墓地,应是二者比邻,往来接触的结果。

此外,卜辞中常见"马羌"、"多马羌"、"小多马羌臣"等词,如:

A 乙卯卜,争,贞王□伐马羌。(《合集》6624)
B □寅卜,宾,贞令多马羌御方。(《合集》6761)
C 丁亥卜,宾,贞叀羽呼小多马羌臣。十月。(《合集》5717正)

岛邦男认为,"马羌"是马方和羌方的合称。② 李学勤先生则认为,羌人以善驭马著称,所以"马羌","多马羌"是多个马羌。③ 卜辞中常见"小某臣",如"小藉臣"、"小刈臣"、"小疾臣"、"小众人臣"等,"某"为小臣负责的项目或管理的对象,"小多马羌臣"中的"多马羌"为小臣管理的对象,不应分称为马方和羌方。A辞中的"伐"不是征伐的意思,而是斫人的头颅以做牲,④ "马羌"是被砍斫的人。

又,钟柏生认为马方与商王朝关系不错,其依据是:

己□卜,殻,贞方祸马。(《乙》7360)
王往马。(《丙》112)

经核对,《乙》7360就是《合集》8796正,钟氏的释读有误,正确的读法应是:

丁酉卜,殻,贞方祸马取呼御事。
贞勿呼取方祸马。(《合集》8796正,图7—24)

---

① 见《文物考古工作十年》,文物出版社1990年版,第41页;陶正刚:《马簋与马方的研究》,《殷商文明暨纪念三星堆遗址发现70周年国际学术研讨会论文集》,社会科学文献出版社2003年版。
② [日]岛邦男:《殷墟卜辞研究》,温天河、李寿林中译本,鼎文书局1975年版,第405页。
③ 李学勤:《殷代地理简论》,科学出版社1959年版。罗琨《殷商时期的羌和羌方》持类似观点,但认为"马羌"是一支羌人的专名。
④ 李棪:《殷墟斫头坑髑髅与人头骨刻辞》,《中国语文研究》第8期。

显然，此辞为正反对贞卜辞，由反贞卜辞可知"方祸马"是动词"取"的宾语，正贞卜辞宾语前置。"方祸马"可能为一种骑兵，取之御事，"御事"为动词。

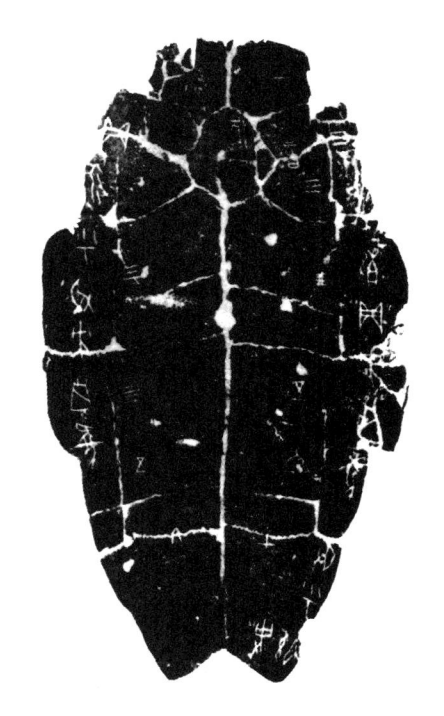

图7—24　"方祸马"(《合集》8796正)

而与《丙》112类似的辞例有：

辛巳卜，宾，贞王勿往马。(《合集》8208)
癸巳卜，往马三十。(《合集》20790)

"往马三十"显然不是去往马方。"往"在这里为祭名，"往祭即后世之禳祭，禳乃往的借字。就古音言之，往禳叠韵，故通用"[①]。"往马"是以马为牲做禳祭，除此之外，还有以牛为牲做禳祭者，如：

---

① 于省吾：《释生、正》，《甲骨文字释林》，中华书局1979年版，第154—156页。

丙寅卜，㱿，贞妣庚㞢女，往二牛，翌庚［午］用。(《合集》679 正)

十八　亘方

亘方见于一、二、四期卜辞。在一期师组卜辞中，亘方与殷属地雀交恶，二者互有攻伐：

(1) 辛亥，贞雀䍙亘，受佑。(《合集》20384/1)
(2) 癸亥卜，亘弗夕围雀。
　　癸亥卜，亘其夕围雀。(《合集》20393/1)
(3) 癸亥卜，亘弗夕雀。
　　丁卯卜，雀获亘。(《合集》20383/1)
(4) 㝬亘。
　　弗㝬。(《合集》20379/1)

子组卜辞中，亘方与商王朝的关系不详。但在午组卜辞中，亘方仍为敌国：

(5) ……丁……亘…… (《合集》21708（子）/1)
(6) 甲䝅衣㝬亘。(《合集》22397（午）/1)

在宾组卜辞中，亘方进一步侵伐殷属地——我、鼓：

(7) 壬申卜，㱿，贞亘戎其𢦏我。
　　壬申卜，㱿，贞亘戎不𢦏我。七月。
　　癸酉卜，㱿，贞宙亡在亘。(《合集》6943/1)
(8) 壬午卜，㱿，贞亘允其𢦏鼓。八月。
　　壬午卜，㱿，贞亘弗𢦏鼓。
　　兄丁耄亘。
　　兄［丁］弗耄亘。(《合集》6945/1)

商王武丁命令雀、戈、戌等族前往征伐亘方：

(9) 癸卯卜，殼，貞呼雀邲伐亘，戌。十二月。
   勿呼雀邲伐亘，弗其戌。（《合集》6948正/1）

(10) 壬寅卜，殼，貞勿呼雀邲伐亘。
   [壬寅卜]，殼，貞呼雀邲伐亘。
   □亥[卜]，殼，[貞]我□獲𢦔亘。
   [貞]我[弗]其𢦔亘。（《合集》6949正/1）

(11) □戌卜，賓，貞戈𢦏亘。（《合集》6951反/1）

(12) 己亥卜，爭，貞令弗其獲執亘。
   [己亥卜，爭，貞令]獲執亘。
   辛丑卜，殼，貞戌不其獲亘。
   貞戌獲。
   乙巳卜，爭，貞雀獲亘。
   乙巳卜，爭，貞雀弗其獲亘。
   辛亥卜，殼，貞雀[其]獲亘。（《合集》6952正/1）

亘方在商軍的強大攻勢下，倉皇逃竄，商王派雀、犬緊追不捨：

(13) 戊午卜，殼，貞雀追亘有獲。
   貞亘不果惟執。
   貞亘其果惟執。
   庚午卜，爭，貞亘𢦏。
   庚午卜，爭，貞亘不其𢦏。（《合集》6947正/1）

(14) 貞犬追亘有及。
   犬追亘亡其及。（《合集》6946正/1）

(15) 辛巳卜，殼，貞雀得亘、我。
   辛巳卜，殼，貞雀弗其得亘、我。（《合集》6959/1）

第（7）辭亘方占領"我"地，故有（15）辭貞問雀能否奪取"我"地。亘方在其他卜辭中臣屬商王朝，著名的貞人"亘"就來自亘方。亘方向商王朝纳贡：

(16) 亘入十。(《合集》9289/1)

商王关心亘方安危，在其地举行祭祀等：

(17) 贞亘其有祸。三月。
壬辰卜，贞亘亡祸。(《合集》10184/1)
(18) 乙亥［卜］，□，贞其……酯衣于亘，［不］遘雨。十一月，在甫鱼。(《合集》7897/1)
(19) 庚寅卜，贞于亘。十月。(《合集》7887/1)
(20) ……桒亘一食敗示不左。十二月。(《合集》23431/2)
(21) 弜……亘方。(《合集》33179/4)
(22) ……月至亘方。(《合集》33180/4，图7—25)

第(20)辞的意思可能是王为亘方举行桒祭。

亘方的地望，陈梦家定在今山西垣曲西二十里；① 岛邦男定在晋陕交界，② 钟柏生从。③ 山西垣曲在殷王畿区边缘，亘方是一个势力相当强大的方国，它不可能位于垣

图7—25 "亘方"(《合集》33180)

---

①　陈梦家：《殷虚卜辞综述》，中华书局1988年版，第276页。
②　［日］岛邦男：《殷墟卜辞研究》，温天河、李寿林中译本，鼎文书局1975年版，第419页插图。
③　钟柏生：《殷商卜辞地理论丛》，艺文印书馆1989年版，第194—195页。

曲，故岛、钟之说较妥。亘方距雀地最近，其次就是我、鼓（彭邦炯先生考证"鼓"地在今河北晋县，① 笔者认为河北之"鼓"与殷西之"鼓"应为同名异地）、戉、戈、犬等地。

十九　基方

"凶"字罗振玉释为"粪"②，郭沫若释为"基"③。就字形而言，释"基"为妥。基方只见于一期卜辞，与商王朝为敌。商王朝与基方的战争大约持续了三个月，以下按时间顺序排列征基方的卜辞：

(1) 己卯卜，㱿，贞基其戎。（《合集》6581/1）

(2) 辛巳卜，争，贞基方戎。

癸未卜，内，贞子商𢦏基方、缶。四月。

癸未卜，内，贞子商弗其𢦏基方、缶。（《合集》6572/1，图7—26）

(3) 乙酉卜，内，贞子商𢦏基方。四月。

丙戌卜，内，我乍基方凶……（《合集》6570/1）

(4) 丙戌卜，㱿，贞我□基方，弗［其］𢦏。（《合集》6576/1）

(5) 辛卯卜，㱿，贞基方、缶乍郭，不祟，弗吾。四月。

图7—26　"基方"、"缶"（《合集》6572）

---

① 彭邦炯：《从鼓字论及相关地名和国族》，《殷都学刊》1994年第3期。
② 罗振玉：《殷虚书契考释》中，第47页。
③ 郭沫若：《卜辞通纂》，科学出版社1983年版，第526片。

辛［卯］卜，殻，贞勿𫊣基方、缶乍郭，子商㞢。四月。（《合集》13514 正甲/1）

(6) 辛丑卜，殻，贞今日子商其𤊾基方、缶，㞢。五月。
辛丑卜，殻，贞今日子商其𤊾基方、缶，弗其㞢。
壬寅卜，殻，贞自今至于甲辰，子商弗其㞢基方。
壬寅卜，殻，贞自今至于甲辰，子商㞢基方。
壬寅卜，殻，贞尊雀叀宙𤊾基方。
壬寅卜，殻，贞子商不䔟㞢基方。
贞自今壬寅至于甲辰，子商㞢基方。（《合集》6571 正/1）

(7) 丙午卜，沐，贞翌丁未子商㞢基方。（《合集》6578/1）

(8) 甲戌卜，殻，贞雀?子商征基方，克。（《合集》6573/1）

(9) 乙亥卜，内，贞今乙亥子商𤊾基方，弗其㞢。
今乙亥子商𤊾基方，弗㞢。（《合集》6577/1）

(10) 贞基方［其］𢼭
贞基方不其𢼭。（《合集》8445/1）

此次战争的起因是"基方戎（作乱）"，参加战争的主要是子商和雀。"缶"是方国名，在今山西永济县。① 基方、缶相距不远，他们结成同盟，共同对付商王朝。(4) 辞中的"乍郭"义为修筑城墙，基方、缶修筑城墙以作抵抗。(6) 辞中的"𤊾"为一种田猎方法，也与征伐有关。② (8) 辞中的"?"释作"壬"，象人挺立有所企求、希企之义，此辞的意思是雀向子商求助以征伐基方。③ (10) 辞中的"𢼭"字，徐中舒先生释作"献"，为战败投降之义。④

基方，郭沫若认为是箕子的封邑⑤；陈梦家认为是《左传》哀公元年的

---

① 陈梦家：《殷虚卜辞综述》，中华书局 1988 年版，第 294 页。
② 于省吾主编：《甲骨文字诂林》，中华书局 1996 年版，第 1004 页。
③ 同上书，第 14 页。
④ 转引自伍仕谦：《甲骨文考释六则》，《古文字研究论文集》，《四川大学学报丛刊》第 10 辑，1982 年 5 月。
⑤ 郭沫若：《卜辞通纂》，科学出版社 1983 年版，第 526 片。

冀方，《禹贡》中的冀州由此而来，在今山西河津县；① 钟柏生则认为基方在今山西荣河、河津县以西，陕西韩城一带②；还有学者认为在今北京燕山附近③。此基方很可能就是《春秋》僖公三十三年："晋人败狄于箕"之箕，江永《春秋地理考实》："此年狄伐晋，白狄也。白狄在西河，渡河而伐晋，箕地当近河。成十三年传云秦'入我河县，焚我箕、郜'是近河有箕"。江永考证箕在今山西蒲县东北，此地旧有箕城。④ 商代的基方亦应在今山西蒲县附近。

二十　井方

井方见于一、四期卜辞，为商王朝属国，一期卜辞中的"妇井（亦作妌）"即出自井方，有学者认为著名的"后母戊"就是"妇井"⑤，这一点已经被证实⑥，"妇井"在武丁时代地位显赫，⑦ 其母国井方与商王朝的关系一直很密切：

(1) 癸卯卜，宾，贞井方于唐宗，彘。（《合集》1339/1，图7—27）

(2) 戊辰卜，方㋐井方。（《合集》6796/1）

(3) 乙巳，贞执井方。
　　弗执。（《合集》33044/4）

(4) □□，贞利在井，羌方弗㋑。（《屯南》2907/4）

(5) ……贞……井……从沚或……（《合集》32764/4）

(6) 勿呼井伯。（善斋藏拓/时代不详）

第（1）辞中的"唐宗"是大乙的宗庙，"彘"为祭祀用牲，此辞问井方

---

① 陈梦家：《殷虚卜辞综述》，中华书局1988年版，第288页。
② 钟柏生：《殷商卜辞地理论丛》，艺文印书馆1989年版，第204—205页。
③ 朱彦民：《金甲文中的"基"、"冀"与箕子封燕考》，《北京建城3040年暨燕文明国际学术研讨会会议专辑》，北京燕山出版社1997年版。
④ 转引自杨伯峻：《春秋左传注》，中华书局1990年版，第493页。
⑤ 见《安阳殷墟五号墓座谈发言》文中唐兰发言，《考古》1977年第5期。
⑥ 李学勤：《考古发现与古代姓氏制度》，《考古》1987年第3期。
⑦ 李民、朱桢：《祖乙迁邢与卜辞井方》，《郑州大学学报》（哲学社会科学版）1989年第6期。

图 7—27　"井方"（《合集》1339）

是否以龠祭于大乙宗庙。（2）辞问井方是否会受到敌方的攻击，"方"是某敌方的省称。（3）辞，学者大都比照（2）辞，认为执井方者为商之敌方，非商王。①（4）辞利在井地征伐羌方，井方与羌方可能邻近。（6）辞未见拓本，暂置不论。

井方的地望，各家考释不一。郭沫若、胡厚宣、李学勤定在今陕西地区②；陈梦家认为在今山西河津县，"《殷本纪》祖乙迁于邢，《尚书序》作耿，索隐曰：'今河东皮氏县有耿乡'，今山西河津县。《汉书·地理志》：'皮氏耿乡故耿国，晋献公灭之。'河津之耿国，非祖乙所迁之邢，然邢、耿古通，则耿可能即卜辞的井方。"③ 岛邦男据（5）辞，"沚或曾以井方之事来告，所以当与沚地相近，而位在西北"④。杨文山、李民、孟世凯等认为在今

---

① 李民、朱桢：《祖乙迁邢与卜辞井方》，《郑州大学学报》（哲学社会科学版）1989 年第 6 期。
② 郭沫若：《卜辞通纂》第 354 片；胡厚宣：《封建制度考》，《甲骨学商史论丛》初集第 1 册，成都齐鲁大学国学研究所专刊，1944 年 3 月；李学勤：《殷代地理简论》，科学出版社 1959 年版。
③ 陈梦家：《殷虚卜辞综述》，中华书局 1988 年版，第 288 页。
④ ［日］岛邦男：《殷墟卜辞研究》，温天河、李寿林中译本，鼎文书局 1975 年版。

河北邢台。① 要想弄清楚井方的地望，必须先考证一下商末尹光鼎铭中涉及的两个地名。金文中有关于征井方的记载：

> 乙亥，王𫓧，在𩰝𠂤。王饗酒，尹光逦。惟各，赏贝，用作父丁彝。惟王征井方。囗。（《三代》4.10.2）

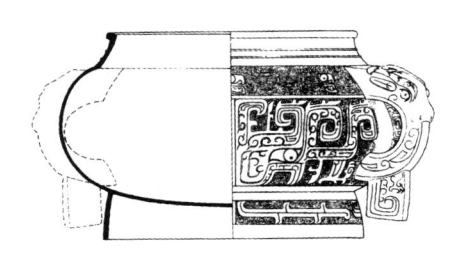

图7—28 天马—曲村M6384出的西周早期小臣𩰝簋及铭文

鼎铭的大概意思是井方反叛，王征井方，驻扎在𩰝地进行饗酒，并赏赐囗族人尹光，尹光做父丁彝以纪念此事。"囗"族所代表的方国在今山西灵石一带②，"𩰝"地据天马—曲村M6384出土的西周早期小臣𩰝簋铭"王商小臣𩰝，𢇛祖乙"（图7—28），亦可推测在今山西曲沃、翼城县一带，井方位置应距此两地不远，再结合（5）辞，井方应在今山西地区，陈梦家河

---

① 杨文山：《商代的"井方"与"祖乙迁于邢"考》，《河北学刊》1985年第3期；李民、朱桢：《商代祖乙迁都考辨》，《邢台历史文化论丛》，河北人民出版社1990年版；孟世凯：《甲骨文中井方新考》，《邢台历史文化论丛》，河北人民出版社1990年版。

② 山西省考古研究所、灵石县文化局：《山西灵石旌介村商墓》，《文物》1986年第11期。

津说可从。井方与祖乙迁邢之邢无关，祖乙之邢在今河北邢台，殆无疑问。

二十一　祭方

"祭"作方国名讲时，出现在一、四期卜辞中。

在一期卜辞中，祭方是商王朝征伐的对象：

(1) 贞雀戋祭方。（《合集》6964/1）
(2) 壬辰卜，㱿，贞雀戋祭。
　　壬辰卜，㱿，贞雀戋弗其祭。三月。（《合集》1051正/1）

在四期卜辞中，"祭"归属于殷：

(3) 癸巳，贞旬亡祸。在祭卜。（《怀特》1618/4）
(4) 辛未，贞今日告其步于父丁一牛。在祭卜。（《合集》32677/4，图7—29）

图 7—29　祭方（《合集》32677）

祭方，胡厚宣先生认为即管城之祭国，① 陈梦家对管城之祭与长垣之祭不置可否，② 岛邦男③、钟柏生④都认为祭方邻近雀地，位于殷西，钟氏并引《路史·后纪》"祭事文王，受商之命"，推测其地位于商周之界，在今山西西南或河南西北。

二十二 湔方

甲骨文中的 囗、囗、囗、囗、囗、囗字可从叶玉森释作茜、湔⑤，亦即湔字。湔方见于一期卜辞，为商王朝敌国：

(1) □戌卜，殻，贞戈㦰湔方。
贞戈弗其㦰湔方。
□□卜，殻，贞呼从［弘］湔㞢。(《合集》6568 正/1)
(2) 壬辰卜，殻，贞戈㦰湔方。(《合集》6566 正/1)
(3) ……贞戈其伐湔方，㦰。
贞戈弗其㦰湔［方］。(《合集》6567/1，图 7—30)
(4) 丁未卜，殻，贞吴克湔。(《合集》6569/1)
(5) 贞戈弗其受湔方佑。
贞戈受佑。(《合集》8616/1)
(6) 贞戈受湔方佑。(《合集》8617/1)

根据司礼义的观点：在一对正反对贞的卜辞里，如果其中一条卜辞用"其"字，而另一条不用，则用"其"的那条所说的事，一般都是贞卜者所不愿看到的，⑥ (1) 辞是希望戈㦰湔方。(6) 辞 "戈受湔方佑" 与 "我受舌方佑"(《合集》8562)、"我受土方佑"(《合集》8478) 的意思相同，是商王

---

① 胡厚宣：《卜辞中所见之殷代农业》，《甲骨学商史论丛》二集上册，第 36—37 页。
② 陈梦家：《殷虚卜辞综述》，中华书局 1988 年版，第 288 页。
③ ［日］岛邦男：《殷墟卜辞研究》，温天河、李寿林中译本，鼎文书局 1975 年版，第 412 页。
④ 钟柏生：《殷商卜辞地理论丛》，艺文印书馆 1989 年版，第 185 页。
⑤ 叶玉森：《说契》，《学衡》第 31 期，1924 年 7 月。
⑥ ［美］司礼义：《关于商代卜辞语言的语法》，《中研院国际汉学会议论文集·语言文字组》，第 342—346 页，1981 年版。

图 7—30 "湔方"(《合集》6567)

站在自己立场上问"我伐湔方、舌方、土方是否会受到保佑"。

与（1）辞同版的有一条卜辞云：

□□卜，㱿，贞妇好使人于眉，

王宇信先生在《武丁期战争卜辞分期的尝试》一文以妇好为标准确定武丁战争卜辞（即宾组卜辞）的前后时段，凡是妇好生前的卜辞，均为宾组卜辞前段；凡是妇好死后的卜辞，则都为宾组卜辞后段。[①]（1）辞为妇好生前的卜辞，所以征伐湔方的战争发生在宾组卜辞前段，大约在武丁中期。

湔方的地望，郭沫若考证在今四川松潘县西北，[②] 饶宗颐先生也认为在蜀地湔水流域。[③]《左传》昭公二十二年云："司徒丑以王师败绩于前城。"《方舆纪要》："泉皋即前城，在洛阳西南五十里。"杨伯峻《春秋左传注》："前城在今洛阳市东南三十里，伊水东岸，阕塞稍南。"钟柏生据此认为湔方

[①] 王宇信：《武丁期战争卜辞分期的尝试》，《甲骨文与殷商史》第三辑，上海古籍出版社 1991 年版。

[②] 郭沫若：《卜辞通纂》，科学出版社 1983 年版，第 523 片。

[③] 饶宗颐主编：《甲骨文通检》第二分册地名，香港中文大学出版社 1994 年版，前言第 20 页。

即洛阳的前城，在伊水、洛水之间。以上说法均不妥，按卜辞中与湔方关系密切的"戉"地，由以下卜辞可知，位于殷西北地区：

A　己巳卜，㱿，贞舌方弗允戋戉。十月。（《合集》6371）
B　甲寅卜，□，贞戉其获围土方。（《合集》6452）
C　癸亥卜，争，贞戉友获在西，呼……。□月。（《合集》10914 正）
D　令戉㤈沚。（《合集》175）
E　……艰自西戉……（《合集》7100）

胡厚宣先生说戉地在今山西平陆东北①，张秉权由此推定湔方在今山西平陆附近②，其说不完全可信，我们推测湔方与舌方、沚方、土方一样都位于晋陕高原地区。

二十三　亚方

"亚"字在甲骨文中作✠、✢、✣、✤、✥、✦等形，有多种用法：为官名；为宗庙名；为方国名，也有"次"的意思。③ 方国亚见于一、三、四期卜辞，为商朝属国：

(1) 贞㪔立史于亚侯。六月。（《合集》5505/1）
(2) 戊辰卜，争，贞翌［己］巳□亚侯史。（《合补》499/1）
(3) 丁亥卜，宾，［贞］亚侯御不惟兹。（《合集》3311/1）
(4) 叀□令从亚侯。（《合集》3310/1）
(5) 贞□呼犬亚省从南。（《合集》10976 正/1）
(6) ……妇亚来……（《合集》2813 反/1）
(7) 甲午卜，𡧧，贞亚受年。（《合集》9788 正/1）
(8) 其侑于室……亚方。（《合集》27148/3）
(9) 惟亚田省，徝往于向，亡灾，永……不遘雨。（《合集》30122/3）
(10) 乙酉，贞王令𢍰途亚侯，右。（《合集》32911/4）

---

① 胡厚宣：《殷代舌方考》，《甲骨学商史论丛》初集第 2 册。
② 张秉权：《殷虚文字丙编考释》，中研院史语所重印本 1992 年版，第 190 页。
③ 于省吾主编：《甲骨文字诂林》，中华书局 1996 年版，第 2898—2905 页。

(11) 乙未，贞其令亚侯妇惟小……
(《屯南》502/4)

(12) 己未，贞王其告其从亚侯？
(《合集》32807/4，图7—31)

"亚方"为侯爵，首领称"亚侯"。(1)辞中的"立史"，即建立史官①，此辞问"是否让皋在亚侯国建立史官"，皋所建立的史官很可能就是(2)辞中"亚侯史"。(3)辞中亚侯参加御祭。(4)、(12)辞中亚侯跟从某将、王从事某项工作。(5)辞中的"犬亚"是指亚族的犬官。(6)辞中的"妇亚"是亚方嫁于商的女子。(7)辞卜问亚方的年成。(10)辞中王令🐚经过亚侯国。(11)辞中的"亚侯妇"指亚侯之妻。(9)辞中"省"有巡视的意思，"祉"释作"延"，有继续之意，② 此辞言巡视完亚田后，继续前往至向地。向地，郭沫若认为即《诗经·小雅·十月》"作都于向"之向，在今河南济源以南。③ 亚与向相距不远，亚方亦在今河南济源附近。

图7—31 "亚侯"(《合集》32807)

二十四 戈方

戈方出现在一、四期卜辞中，为商王朝属国，其首领称"子戈"，戈方为夏禹后裔，④ 所以"子戈"之"子"不是王子的意思，而是爵称。

(1) 戊午卜，呼戈从……在邰。二月。(《合集》20171/1)
(2) 贞叀黄令戈方……十二月。(《合集》8397/1)
(3) □戌卜，宾，贞戈㚔亘。(《合集》6951反/1)

---

① 胡厚宣：《殷代的史为武官说》，《全国商史学术讨论会论文集》，殷都学刊增刊，第183—195页，1985年2月。
② 郭沫若：《殷契萃编》，科学出版社1965年版，第760片。
③ 郭沫若：《卜辞通纂》，科学出版社1983年版，第640片。
④ 钟柏生：《殷商卜辞地理论丛》，台北艺文印书馆1989年版，第208页。

(4) 辛丑卜，宾，贞叀羽令以戈人伐𫞂方，戋。十三月。（《合补》1845/1）

(5) 贞戈羍羌，得。（《合集》504/1）

(6) 贞爰戈人。（《合集》8402/1）

(7) 戊申卜，翌庚戌令戈归。（《屯南》991/4）

(8) 壬子，贞子戈亡祸。（《合集》32779/4，图7—32）

图7—32 "子戈"（《合集》32779）

戈方的地望，由（1）、（3）、（4）、（5）辞可知郍、亘、𫞂、羌等地邻近，位于殷西晋南附近。钟柏生定戈方在今河南嵩县西南。① 陕西泾阳高家堡曾发现一批商周墓葬，出土的铜器铭文中，戈形族徽占多数，发掘者认为这是一处戈氏家族墓地，高家堡及其附近为古戈国所在，并云"戈方原居地在豫西，后迁居于泾阳"②，此说可从。

二十五 䍙方

䍙方见于一、三、四期卜辞。

在一期卜辞中，䍙方与商王朝关系尚和，䍙方有人在王朝做官：

(1) 乞自岳二十屯，小臣中示，䍙。（《合集》5574/1）

在三、四期卜辞，䍙方反叛：

(2) 䍙方𢦏虘方乍戎。（《合集》27997/3，图7—33）

---

① 钟柏生：《殷商卜辞地理论丛》，台北艺文印书馆1989年版，第208页。
② 陕西省考古研究所编著：《高家堡戈国墓》，三秦出版社1995年版，第114—118页。

㘈方与虘方联合乍戎，说明㘈方与虘方邻近，都在殷西地区。

二十六　殽方

殽方见于三、四、五期卜辞。

在三期卜辞中殽方曾受到商的征伐：

(1) 戊辰卜，戍执围殽方，不往。(《屯南》2651/3，图7—34)

图7—33　"㘈方"、"虘方"
　　　(《合集》27997)

图7—34　"殽方"(《屯南》2651)

后来一直到第四期卜辞，都是商王田猎场所：

(2) 叀𩫏犬先从，田殽，亡𢦔，擒。(《合集》27905/3)
(3) 王其田殽至于目北，亡灾。(《合集》29285/3)
(4) 戊申卜，王其田殽，亡灾。(《合集》29293/3)
　　 弜田殽。(《合集》29294/3)
(5) 戊辰……贞王……殽亡……
　　 辛未卜，贞王其田盂，亡灾。(《合集》33537/4)

五期卜辞中，敳方也做过田猎地：

（6）辛丑，王卜，贞田㬂，[往]来亡[灾。]
　　　壬寅？，王卜，贞田㬂，往来亡灾。王固曰："吉。"
　　　戊申，王卜，贞田甕，往来亡灾。王固曰："吉。"御。
　　　辛亥，王卜，贞田丧，往来亡灾。王固曰："吉。"
　　　壬子，王卜，贞田敳，往来亡灾。王曰："吉。"（《合集》37661/5）
（7）……在敳，贞……震在……（《合集》36438/5）

敳方在这一时期也有反叛：

（8）癸未卜，贞王旬亡畎。在七月。王征敳戔商，在爵。（《合集》36537/5）

陈梦家先生认为敳为田猎区，与盂同版，而盂在沁阳，敳必近于沁阳，又谓："《沁水注》：'又东南出山迳郊城西，城在山际。……京相璠曰河内山阳西北六十里有郊城。《竹书纪年》梁惠成王元年赵成侯偃、韩懿侯若伐我葵，即此城也。'据此，可知郊在山麓，故又名郊麓。地在今修武西北。"①

二十七　倉

"🅶"字，孙诒让②、王国维③释作庸，郭沫若释作匡④，丁山释作冢⑤，唐兰释作牄⑥，李孝定进一步释作倉⑦。"🅶"与"🅶"的写法有别，是两个不同的方国。倉国为侯爵，见于一、四期卜辞：

---

①　陈梦家：《殷虚卜辞综述》，科学出版社1956年版，第260—261页。
②　孙诒让：《契文举例》上，第36页。
③　王国维：《戬寿堂殷虚文字考释》，第26页下—第27页上。
④　郭沫若：《卜辞通纂》，科学出版社1983年版，第518片。
⑤　丁山：《释蒙》，《中央研究院历史语言研究所集刊》第1本2分，1930年。
⑥　唐兰：《天壤阁甲骨文存》附考释，第62页。
⑦　李孝定：《甲骨文字集释》，北京光华书店1983年版，第1788页。

(1) 贞今☒［王］从倉侯虎伐䓊方，受有佑。
贞勿从倉侯。（《合集》6554/1，图7—35）

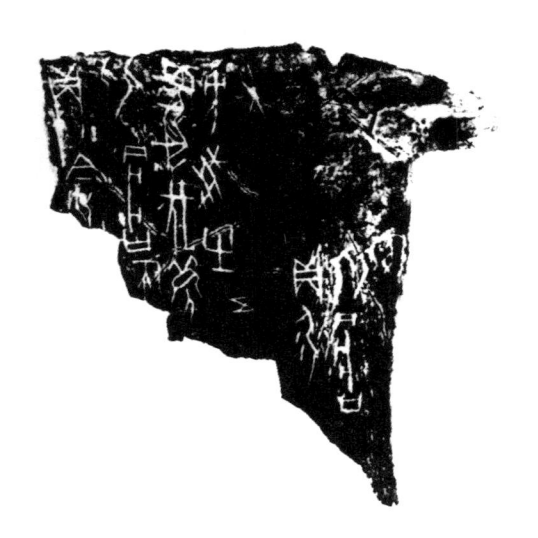

图7—35 "倉侯"、"䓊方"（《合集》6554）

(2) □□［卜］，□，贞令旆从倉侯寇周……（《合集》6816/1）
(3) ……以多［子族从］倉侯寇周，☒王事。（《合集》6817/1）
(4) 丙戌卜，亘，贞倉侯虎其御。（《合集》3286正/1）
(5) 乙亥卜，贞令多马亚☒，䓃□，被省陴亶至于倉侯，从☒川，从☒侯。九月。（《合集》5708正/1，图7—36）
(6) ……侯虎允来曾，☒史亶。五月。（《合集》3295/1）
(7) 己巳卜，㞢，贞□□䓃视倉侯。六月。（《合集》3290/1）
(8) 贞［叀］陴［令］从倉侯归不。
贞叀象令从倉侯归。（《合集》3291/1）
(9) 丁亥卜，㱿，贞王曰：侯虎，余其得女［史］，受……（《合集》3301/1）
(10) 戊戌卜，㱿，贞王曰：侯虎毋归。
戊戌卜，㱿，贞王曰：侯虎往余不☒其合以乃史归。
贞王曰：侯虎，得女史，㙴。
己亥卜，㱿，贞王曰：侯虎，余其得女史，受……（《合集》3297/1）

图 7—36 "倉侯"、"⿱今侯"（《合集》5708 正）

(11) 癸亥，贞，王令倉侯伐……（《合集》41499/4）

第 (1)、(2)、(3)、(4) 辞中倉侯参加了伐髳方、周方的战争，"虎"为倉侯私名，"倉侯虎"亦简称"侯虎"。(5) 辞中祝从陮甾巡视至倉侯国。(6)、(7)、(8)、(9)、(10) 辞的内容似乎是指同一件事，(6) 辞的"晢"有晢告的意思，(8) 辞王命令陮、象从倉侯虎返回，(9)、(10) 辞似为王陈辞赞扬、挽留倉侯虎。

倉国地望，李孝定谓即《左传》哀公四年："左师军于菟和，右师军于倉野"之倉野。① 据《清一统志》，倉野在今陕西商州东南 140 里。

二十八 育

"育"字甲骨文有多种写法，见于下文各条卜辞中。"育"国为侯爵，出现在一、二、四期卜辞中。我们把内容相同或相近者划为一组，共分六组：

第一组：

---

① 李孝定：《甲骨文字集释》，北京光华书店 1983 年版，第 1788 页。

(1) 乙丑卜，扶，👁来。(《合集》20017/1)

此辞简略，可能是问👁国是否入贡某物。

第二组：

(2) 甲戌卜，㱿，[贞]舌方其[敦]👁🀄。(《合集》8529/1)
(3) □巳卜，□，贞[方]乞👁。(《合集》8585/1)
(4) 乙丑卜，𢀛其戎罘👁。(《合集》6848/1)
(5) 丁卯卜，贞臣👁多方□酉乍□。七月。(《合集》25/1)
(6) 率示𢀛，其从👁侯。七月。(《合集》3327/1)
……𢀛三十宰……从👁侯。(《合集》3328/1)

本组卜辞中，👁国曾受到舌方、𢀛等多方的侵扰，(5)、(6) 辞的时间都在七月，应为同一件事，(6) 辞"从👁侯"是说带领👁侯抵御外侵。

第三组：

(7) 乙未卜，□，贞王其归🈚于👁女。
(8) 贞勿🈚于👁女。(《合集》1532 正/1)
(9) 于👁女。
勿于👁女。(《合集》14161 正/1)

"🈚"字于省吾先生释作弜，亦即帀，读作次，为止舍义。① "👁女"在此为地名，可能为👁女的封地，其性质与"妇好"既指人名又指妇好的封地类似。另，侯家庄1001号大墓出土的残玉斧上也见与例 (8)、(9) 类似的字（图7—37），为"👁侯。"

第四组：

(10) 甲午卜，宾，贞取刚于👁。
贞勿取。六月。(《合集》6/1)
(11) 壬寅，亡其来自👁。五月。

---

① 于省吾：《释弜、帀》，《甲骨文字释林》，中华书局1979年版，第417—418页。

貞允其来自🔲。（《合集》8143/1）

（12）丁未卜，争，貞將㪅于🔲，毋𦥑二月。（《合集》10084/1）

（13）勿令田于🔲。（《合集》9911/1）

（14）勿令周往于🔲。（《合集》4883/1）

（15）勿往🔲。（《合集》8141正/1）

（16）庚寅卜，🔲令🔲。（《合集》4480/1）

第（10）辞中的"刚"，罗振玉释作犅①，《说文》云："犅，特牛也，从牛冈声。""取刚"，即取特牛。（11）辞是问有否贡品或人员自🔲国来。其例同于"……允有来自光，以羌刍五十"（《合集》94正）。（12）辞中"㪅"为名词，作"將"的宾语，其义不详。"𦥑"字饶宗颐谓即"弻"字，弻通弗及拂，《汉书·五行志》："君臣故弻兹谓悖"，注："犹相戾也"。故"毋𦥑"犹言"毋弻"，"毋拂"，即"毋相戾"之意。②

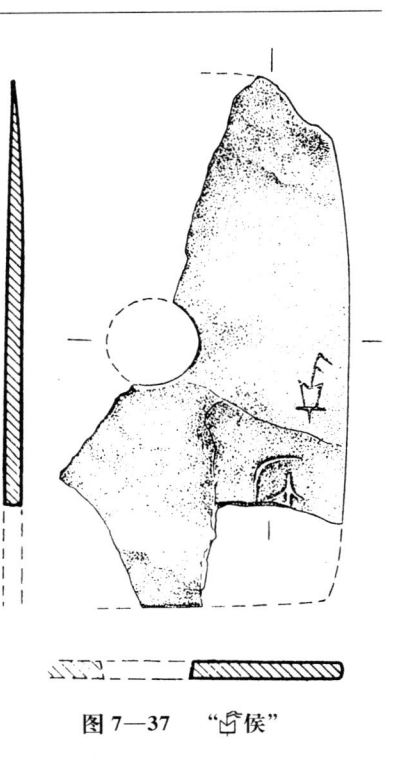

图7—37　"🔲侯"

第五组：

（17）己巳卜，行，貞今夕亡祸。在🔲。（《合集》24361/2）

（18）庚午卜，行，貞王寍夕祼亡祸。在🔲卜。
貞亡尤。在🔲卜。
貞亡尤？在正月，在🔲卜。（《合集》24362/2）

王正月行至🔲地，并在此处卜问晚上有无灾祸。

第六组：

---

① 罗振玉：《殷虚书契考释》中，第27页。
② 饶宗颐：《殷代贞卜人物通考》，香港大学出版社1959年版，第432页。

(19) 乙丑，贞王其奠￼侯，商于父丁。

[己巳]，贞商于￼奠。

己巳，贞商于￼奠。

乙亥，贞王其夕令￼侯，商于祖乙￼。

于父乙门令￼侯商。（《屯南》1059/4）

(20) 丙寅，贞王其奠￼侯，告祖乙。（《合集》32811/4）

(21) 己巳，贞商于￼奠。

己巳，贞商于￼奠。

辛未，贞其告商于祖乙门。

辛未，贞夕告商于祖乙。（《屯南》4049/4，图7—38）

(22) 癸未贞：王其奠￼。（《屯南》862/4）

图7—38 "￼奠"（《屯南》4049）

"奠"为奠置义，裘锡圭先生认为在此之前，￼侯一定由于某种原因失去了原来的封地，① 所以要重新奠置￼侯，与此同时，王还命人前往安抚￼侯，看下辞：

(23) 癸丑，贞王令刚￼￼侯。

王弜令刚。（《屯南》920/4）

"￼"字，《甲骨文字诂林》云"乃￼之繁体"②。"￼"字，裘锡圭先生释作宓，③《说文》："宓，安也"。"刚"与（10）辞中的"刚"意义有别，在这

---

① 裘锡圭：《说殷墟卜辞的"奠"——试论商人处置服属者的一种方法》，《中研院史语所集刊》第64本第3分册，第669页，1993年12月。

② 于省吾主编：《甲骨文字诂林》，中华书局1996年版，第2014页。

③ 裘锡圭：《释祕》，《古文字研究》第3辑，中华书局1980年版。

里当人名讲，即"癸酉卜，贞刚其有疾。"（《合集》13745）、"乙未卜，争贞刚亡祸。贞刚有擒。"（《合集》10771）中的"刚"性质相同。此辞是王命刚前去安抚㠱侯。

综上所述，㠱国为商之与国，当它受到侵略时，商王就会组织军队带领它进行抵抗；当㠱侯失去封地时，王会重新奠置他到其他的地方。除此之外，王还时常亲自或命人前往㠱国田猎、巡查。㠱国则有义务向王提供牺牲等。

㠱国的地望，由（2）、（3）辞可知，应在晋陕高原距方不远的地区，岛邦男定在今山西蒲县，[①] 恐偏南。第六组卜辞王重新奠置㠱侯，新奠置的地方仍叫㠱，卜辞云"㠱奠"。可见，晚商时期㠱国地望至少有两处。

二十九 犬

"犬"字在甲骨文中有三种意义：一为牺牲，二为犬官，三为方国名。"犬"国出现在一、四期卜辞中。

在一期卜辞中，犬曾受到雀的征伐：

（1）己酉卜，贞雀往围犬，弗其擒。十月。（《合集》6979/1）

在其他卜辞中，犬国一直臣属于殷：

（2）己卯卜，㱿，贞令多子族从犬侯寇周，叶王事。五月。（《合集》6812正/1，图7—39）

（3）贞令多子族眔犬侯寇周，叶王事。
贞令多子族从犬眔㐭，叶王事。（《合集》6813/1）

（4）贞犬追亘，有及。
犬追亘，亡其及。（《合集》6946正/1）

（5）辛酉，贞犬受年。十一月。（《合集》9793/1）

（6）……二十屯。示。犬。《合集》17599反/1

（7）辛巳，贞犬侯以羌，其用自……（《屯南》2293反/4）

---

① ［日］岛邦男：《殷墟卜辞研究》，温天河、李寿林中译本，鼎文书局1975年版，第425页。

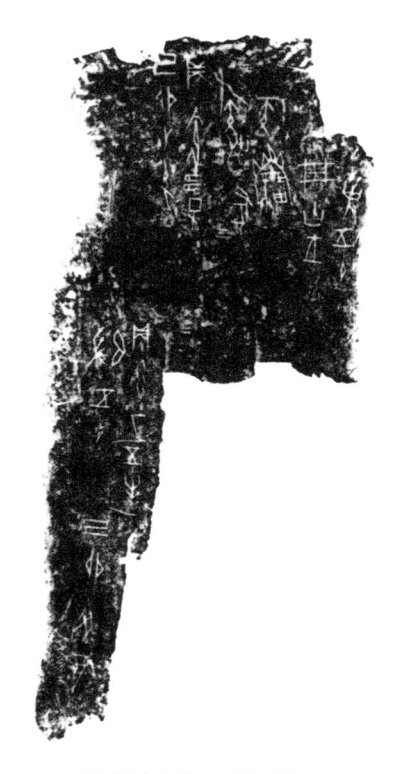

图7—39　"犬侯寇周"（《合集》6812）

第（2）、（3）、（7）辞犬国的首领称"犬侯"，（2）、（3）、（4）辞"犬侯"为王寇周、追击亘方。（5）辞王贞问犬地是否受年。（6）辞的犬在殷都出任某种官职。（7）辞犬侯为王提供羌人作为牺牲。

犬国，文献中称畎夷或犬戎，余太山先生认为，"犬人的故地近鲁，故有'犬夷'之称，后来西迁者始被称为'犬戎'，卜辞所见犬方即犬戎之一部"[①]。胡厚宣先生以周的犬邱（位于今长安岐阳间）为其故地。[②]

以往学者大都认为卜辞中有"犬方"一词，其依据是：

[①]　余太山：《古族新考》，中华书局2000年版，第79—80页。
[②]　转引自［日］岛邦男：《殷墟卜辞研究》，温天河、李寿林中译本，鼎文书局1975年版，第424页。

今丁酉夕燎犬方帝。(《合集》14299)

"方帝"卜辞中常见,于省吾先生谓"方帝"是"帝方"的倒文,意为帝祭四方之神。① 所以"犬方"应断开读,"燎犬"是"方帝"的一种祭祀方式。

三十 䚄

"䚄"字,杨树达释作更,谓即"南庚"②,此说不可据。"䚄"国为伯爵,出现于一、二、四期卜辞中。䚄国与商王的关系比较微妙。

(1) 贞䚄父壬弗圶王。
　　贞䚄父壬圶王。(《合集》1823正/1)

上辞卜问䚄父壬会否圶王,与此同版的又问"羌甲圶王"、"南庚圶王"。卜辞中圶王的有神格的祖先——河、夒,也有王之重臣——黄尹、𢀛子等,更多的则是祖妣父母兄,诸如大示、祖乙、亚祖乙、羌甲、南庚、妣己、父庚、父辛、母庚、母娥、兄丁等与商王有密切关系的王族成员。䚄父壬即使不是王族成员,也一定是王之重臣。那么,䚄国与商王的关系非同小可,王曾命他参加祭祀、战争、追捕逃犯。

(2) 丁卯,贞王令鬼、䚄剛于京。(《怀特》1650/4)
(3) 壬子卜,伯䚄其启。七月。(《合集》3418/1,图7—40)
(4) 甲寅卜,争,贞,往刍䚄得。(《合集》130正/1)

第(3)辞卜问是否以伯䚄为前军。(4)辞中的"往"字,胡厚宣先生释作"亡",是逃亡的意思,③"亡刍"即逃亡的刍奴,本辞是问䚄有没有捉拿到逃亡的刍奴。

---

① 于省吾:《释方、土》,《甲骨文字释林》,中华书局1979年版,第184—188页。
② 杨树达:《竹书纪年所见殷王名疏证》,《积微居甲文说》卷下,中国科学院1954年版,第38页。
③ 胡厚宣:《甲骨文中所见殷代奴隶的反压迫斗争》,《考古学报》1976年第1期。

第七章 商代方国考订

䣂国有人做师官者，如：

(5) 贞师䣂其有祸。
　　□□卜，争，贞师䣂亡祸。(《合集》3438 甲、乙/1)

根据司礼义的观点：在一对正反对贞的卜辞里，如果其中一条卜辞用"其"字，而另一条不用，则用"其"的那条所说的事，一般都是贞卜者所不愿看到的①，本辞是希望师䣂亡祸。

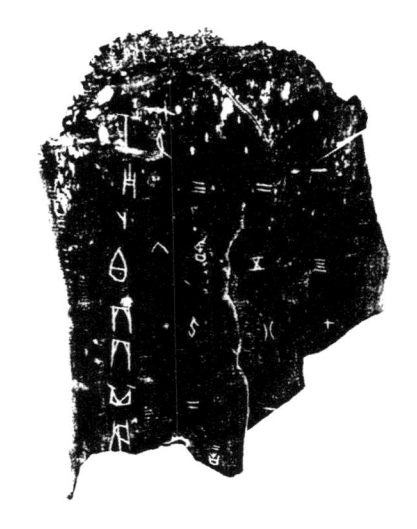

图 7—40　"伯䣂"(《合集》3418)

(6) 辛……䣂其降昌。(《合集》17312/1)

"昌"字，于省吾先生释作败，训为失败或灾害，此辞问䣂国是否将有灾害降临，② 为商王关心䣂国之辞。

有些卜辞则显示䣂国与商的关系较为紧张：

(7) 庚戌卜，王，贞伯䣂允其及角。(《合集》20532/1)
(8) 乙丑卜，䣂其戎眔㱿。(《合集》6848/1)
(9) 丁亥卜，䣂其敦宎。五月。(《合集》6846/1)
(10) ……伯䣂弗㱿宎。(《合集》6845/1)
(11) 辛酉卜，我伐䣂。(《合集》6853/1)

第(7)辞中的"角"为族名，由"角妇屮朕事"(《合集》5495)、"吴

---

① [美]司礼义：《关于商代卜辞语言的语法》，《中研院国际汉学会议论文集·语言文字组》，1981 年版，第 342—346 页。

② 于省吾：《释昌》，《甲骨文字释林》，中华书局 1979 年版，第 53—54 页。

以角女"(《合集》671 正)知角族与商王朝有婚姻关系;(8)辞"🔲"为商王侯国,与商王关系一直很好;(9)、(10)辞中"桉"与商王的关系不清楚,但由(7)、(8)、(11)辞可知🔲国此时与商王关系恶化,它所伐的"桉"应为商朝属地。

以下几条卜辞的意思不清楚:

(12) 丁酉〔卜〕,曰伯🔲🔲人其眉。(《合集》3421/1)
(13) 庚戌卜,□,贞🔲其来……(《合集》22539/2)

🔲国与🔲国相邻,🔲国位于殷西,🔲国也位于殷西。

三十一 易

殷代卜辞中"易"字,写作"旱"形。易国(图 7—41)仅见于一期卜辞,首领称伯,与商王关系友好:

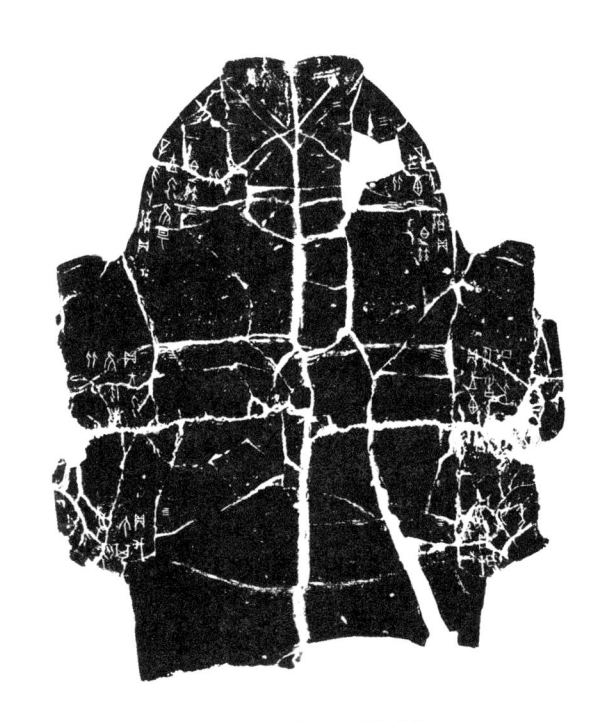

图 7—41 "易伯"(《合集》6460)

(1) 贞王叀易伯㱿䇂。(《合集》3383/1)
(2) 辛巳卜，𢀛，贞王从易伯㱿。《合集》3380/1)
(3) ……兹以二百犬□，易。(《合集》8979/1)
(4) 贞㠯弗其以易臽。(《合集》3389/1)
(5) 易入廿。(《丙》6/1)
(6) ……兹易伯牛……勿……（《合集》3393/1)

第(1)、(2)辞中"㱿"为易伯私名，"䇂"为动词，可能是指一种征伐前的准备工作[1]，这两条卜辞中易国为王打仗。(3)、(4)辞中的"以"字，作"㠯"形，此字从廪辛康丁时代开始简写作"乙"形，释作"以"，训为用作之"用"、使之"使"和致送三种意思。[2] (3)中的"以"义为致送，某国或族向王入贡二百条狗，易是签收官。(4)辞中的"以"义为使，卜问㠯能否带领易臽从事某项工作，"臽"，于省吾训为"埋"[3]，本辞中则为人名[4]，臽出自易国，故称"易臽"，易臽服务于商王，他辞亦见："癸酉卜，亘，贞臣得。王固曰：'其得，惟甲、乙。'甲戌臣涉舟，祉，臽弗告，旬有五日丁亥𡖊。"(《合集》641正)。(5)辞记易国入贡二十块龟甲。(6)辞残，"易伯牛"可能是指易伯贡纳的牛。

卜辞显示易国位于殷墟以西地区：

(7) 己酉卜，宾，贞鬼方、易亡祸。五月。(《合集》8591/1)
(8) ……自𡴂友唐，吾方围……𢦏畜、示、易，戊申亦有来［艰］自西，告牛家。(《合集》6063反/1)
(9) 甲戌卜，宾，贞在易牧获羌。《珠》758/1

---

① 罗琨：《"高宗伐鬼方"史迹考辨》，《甲骨文与殷商史》，上海古籍出版社1983年版。
② 王贵民：《殷墟甲骨文考释两则》，《考古与文物》1989年第2期。此字孙诒让释佀，郭沫若释挚，李旦丘、王贵民、金祥恒释以，商承祚、唐兰、鲁实先、于省吾释氏或氏，详见《甲骨文字诂林》，第44—62页。又，裘锡圭先生也释以，见《说"以"》，《古文字论集》，中华书局1992年版。
③ 于省吾：《释臽》，《双剑誃殷契骈枝三编》，第32页下。
④ 罗琨：《"高宗伐鬼方"史迹考辨》，《甲骨文与殷商史》，上海古籍出版社1983年版，第86页。

第（7）辞中的"鬼方、昜"，于省吾认为应连读为"鬼方昜"，"昜"是动词，与扬为古今字，义为鬼方飞扬而去①；饶宗颐也同意连读，但把昜读作禓，《说文》："禓，道上祭。"难、儺、禓相通，鬼方禓即"难却鬼方"②。屈万里说"昜"可能是鬼方君主之名；③罗琨则认为"鬼方昜"一词是由两个族氏名号组成，昜是鬼方的分族。④罗先生认为"昜"为族氏名，是有道理的，但仅从"鬼方昜"一词，还不足以证明昜国是鬼方分族，姓媿，下文我们将证明昜即文献中的唐，来源于陶唐氏，很可能是祁姓，因此"鬼方昜"宜分读。鬼方的位置在殷墟西北地区。（8）中昜与舌、示两地同时受到舌方的侵扰，舌方亦居殷墟以西。（7）辞昜与鬼方同卜，（8）辞昜受到舌方侵扰，由此推断昜国位于殷墟以西应该是没有问题的。（9）中的"在昜牧"是商王在昜国境内派驻的管理畜牧的官员⑤，"获羌"是在昜牧掳掠昜国周边的羌人，这些羌人在殷西地区。

我们虽能从卜辞中得出昜国与商王关系友好，在殷墟以西，但对其更为详细的历史和具体位置则知之甚少。幸运的是最近由朱凤瀚先生公布的覞公簋⑥其铭文为寻找昜国的历史和地望提供了重要线索。覞公簋系香港私人收藏，是西周成康时铜器，铭云："覞公作妻姚簋，遘于王令昜伯侯于晋，唯王廿又八祀。㐭"。铭云"王令昜伯侯于晋"，朱凤瀚先生说春秋铜器晋公䟎铭称唐叔虞为"我皇祖𤝮公"，所以"昜"应当读作"唐"，"昜伯"即"唐伯"，指叔虞之子燮父。朱先生并指出铭文径言"侯于晋"，说明晋国得名的原因不是燮父因为唐地南有晋水或进献嘉谷而改名，而是原本就有晋地，北赵晋侯墓地附近的都邑应是晋，非叔虞封地唐，燮父由唐

---

① 于省吾：《释"鬼方昜"》，《甲骨文字释林》，中华书局1979年版，第425页。
② 饶宗颐：《殷代贞卜人物通考》，香港大学出版社1959年版，第301—303页。
③ 屈万里：《殷虚文字甲编考释》3343号，1961年版。
④ 罗琨：《"高宗伐鬼方"史迹考辨》，《甲骨文与殷商史》，上海古籍出版社1983年版，第89页。
⑤ 裘锡圭：《甲骨卜辞中所见田、牧、卫等职官的研究》，《文史》第19辑。
⑥ 朱凤瀚：《覞公簋与唐伯侯于晋》，《考古》2007年第3期。

迁到晋，符合今本《竹书纪年》"唐迁于晋"的说法。① 我们认为朱先生的这些论述非常精辟，"晋"字，甲骨文中也见："……晋𢆶……"（《合集》19568、19569），"𢆶"为动词，释作将，② "晋"为人名或国族名的可能性很大，如果是国族名，族名、地名一致，它应该就是燮父的新封地点。

那么"唐"和"昜"是什么关系呢？传统文献中"唐"都写作"唐"形，但出土材料中，能肯定是叔虞封地"唐"的字都写作"昜"或从"昜"之形，③ 无一例作"唐"形，这些材料包括觉公簋、晋公䪤等铭以及晋侯墓地 M31 出土的文王玉环的铭文。已如上揭，"唐"字，觉公簋铭文作"昜"，晋公䪤铭作"𨛁"。文王玉环铭李学勤先生释读为"文王卜曰：我眔唐人弘战贾人"。记载的是文王与唐人结盟共战贾人之前的卜辞，它的"唐"字与晋公䪤的写法类似，只是缺"邑"旁。④ "昜"和从"昜"的字在文献中写作"唐"，是因为二者音近通假。"昜"、"唐"古韵同属阳部，二者通假的例子很多，如甲骨文中的"唐"和金文中的"唐"（宋公䜌簠铭）、"成唐"（叔夷钟铭）即文献中的成汤（上博简《容成氏》中写作"汤"）；战国币文、剑铭"南行昜"即《史记·赵世家》惠文王八年的"南行唐"⑤；韩国币文"唐是"

---

① 邹衡、李伯谦认为晋是唐的改名（郑玄《毛诗·唐谱》："成王封母弟叔虞于尧之故墟曰唐侯，南有晋水，至子燮父改为晋侯。"），燮父不曾迁都，晋、唐在天马—曲村晋侯墓地附近，参阅邹衡：《晋始封地考略》，《尽心集——张政烺先生八十庆寿论文集》，吉林文史出版社 1993 年版；又，《论早期晋都》，《文物》1994 年第 1 期。李伯谦：《晋国始封地考略》，《中国文物报》1993 年 12 月 12 日；又，《天马—曲村遗址发掘与晋国始封地的推定》，《中国青铜文化结构体系研究》，科学出版社 1998 年版。觉公簋发现后，李伯谦先生改变了以前的观点，支持朱凤瀚先生的说法，见《觉公簋与晋国早期历史若干问题的再认识》，《古代文明研究通讯》第 33 期。

田建文也提出过唐、晋为二地的看法，不过他认为"晋"可能是穆侯所迁新都的名字，因音谐而转为"绛"，见《晋国早期都邑探索》，《三晋考古》第一辑，山西人民出版社 1994 年版。

② 可参阅《甲骨文字诂林》，第 974—979 页。

③ 《集成》2679"旊叔樊作昜姚宝鼎……"的"昜"和 3945、9572 的"𨛁"可能也是叔虞封地"唐"。孙诒让曾说："或唐叔之唐当以𨛁为正体亦未可定。"见《籀庼述林》七"周唐中多壶拓本跋"。

④ 李学勤：《文王玉环考》，《华学》第一辑，中山大学出版社 1995 年版。

⑤ 裘锡圭：《战国货币考（十二篇选三篇）》，《裘锡圭自选集》，大象出版社 1994 年版。"南行唐"在今河北省行唐县。

即《左传》昭公二十八年"僚安为杨氏大夫"的"杨氏"及襄公二十九年的"杨"①（或作"扬"）、眉县新出四十二年逨鼎的铭文"余建长父侯于杨"的"杨"；姚本《战国策·赵策一》"赵收天下且以伐齐"章中"羊肠"作"羊唐"；《春秋》昭公十二年"齐高偃帅师纳北燕伯于阳"，《左传》"阳"作"唐"。②

殷代卜辞中除"易"国外，还有"唐"国（"唐"字从庚从口）。叔虞的封地，亦即成王时消灭的唐是源自殷代的"易"，还是"唐"呢？以往大都认为是源自"唐"③。今由觐公簋、晋公䪴、文王玉环等相关材料看（尤其是觐公簋铭，它的"易"字写法与甲骨文一样），"易"是本字本名，文献中的"唐"是后出现的代替"易"的通假字，所以叔虞分封的唐地、成王时灭的唐国应该是卜辞中的"易"国，而不是卜辞或金文中的"唐"国。④ 至于晋公䪴和文王玉环铭中的"易"字为什么又加"爵"旁，需再研究。传统文献中的"唐"是"易"的通假字，"唐"行而"易"废。类似的情况还有燕、许，金文中它们分别写作"匽"（或郾）、"鄦"（或無、鄦），而传统文献中则通行其通假字燕、许⑤。在郭店楚简《唐虞之道》中，陶唐氏写作"汤"，多少表明易国的源头——陶唐氏本名是陶易氏⑥。

文献记载南方也有一唐国，《国语·郑语》："当成周者，南有荆蛮、申、吕、应、邓、陈、蔡、随、唐……"韦昭注："应、蔡、随、唐，皆姬姓

---

① 何琳仪：《韩国方足布四考》，《古币丛考》，安徽大学出版社2002年版。"杨氏"在今山西洪洞县。

② 杜预曰："阳即唐，燕别邑。中山有唐县。"此唐在今河北唐县。

③ 如张永山：《卜辞中的唐与唐尧故地》，《殷都学刊》2000年第4期。

④ 唐国的卜辞材料见《英藏》186、1105正、《合集》14200正、14208正、8015、10998反，从卜辞内容看唐也在殷西，但具体位置不详。商代铜器铭文有"唐子祖乙"，见《集成》6367、8834、8835、8836。周公庙甲骨文中有"唐"字，见徐天进：《周公庙遗址的考古所获及所思》，《古代文明研究通讯》第29期。

⑤ 《史记·郑世家》"许"字作"鄦"。

⑥ 罗琨认为陶寺陶文中有"易"字，实际这个字应释作"尧"，参罗琨：《陶寺陶文考释》，《中国社会科学院古代文明研究中心通讯》第2期；何驽：《陶寺遗址扁壶朱书"文字"新探》，《中国文物报》2003年11月28日；葛英会：《破译帝尧名号推进文明探源》，《古代文明研究通讯》第32期。

也。"《史记·楚世家》:"楚昭王灭唐。"《集解》曰:"杜预曰:'义阳安昌县东南有上唐乡。'"《正义》引《括地志》云:"上唐乡故城在随州枣阳县东南百五十里,古之唐国也。《世本》云唐,姬姓之国。"《通志·氏族略》引《春秋释例》云唐为燮父之后,别封于唐。也有认为唐国为尧后,姓祁,《史记·晋世家》的《索隐》称:"及成王灭唐之后,乃分徙之于许、郢之间,故《春秋》有唐成公是也,即今之唐州。"《新唐书·宰相世系表》十四下:"唐氏出自祁姓。……成王灭唐,以封弟叔虞。其后更封刘累裔孙在鲁县者为唐侯,以奉尧嗣,其地,唐州方城是也。"南方唐国姓姬姓祁,难以判断,不过这个唐国应源自山西的易国,是毫无疑问的,出土文献中它也是写作从"昜"的字,如湖北郧县肖家河春秋墓出土的铜铭中的"鍚"① 以及枣阳县资川王城出土的西周晚期簋铭中的"陽"②。

前文所说,易,也就是晋国始封地,不在北赵晋侯墓地附近,那么在哪里?《史记·晋世家》云"唐在河、汾之东,方百里";唐在大夏,集解解释"大夏"时引东汉服虔说法"大夏在汾、浍之间"③。唐,亦即易的具体位置,自古以来,说法很多,李伯谦先生总结为六说:平阳(今临汾市附近)、翼城(今翼城附近)、鄂(今临汾以西的乡宁县)、安邑(今夏县的禹王城)、永安(今霍县)和晋阳(今太原市西郊)。④

李伯谦先生结合文献和考古材料,认为晋国始封地应具备两个基本条件:一、在河、汾之东,汾、浍之间;二、在广义的夏墟即二里头文化分布范围内。⑤ 除此外,还应具备第三个条件,即该地有晚商遗存。根据这三个条件,可以排除鄂、安邑、永安和晋阳四说,把寻找晋国始封地的目标锁定在临汾盆地东部。临汾盆地东部在河、汾之东,汾、浍之间,广泛分布有二里头文化东下冯类型,发现晚商遗存的地点有浮山桥北村、洪洞永凝堡村、

---

① 黄旭出、黄凤春:《湖北郧县新出唐国铜器铭文考释》,《江汉考古》2003年第1期。
② 《集成》3984、3985,黄锡全认为"陽"读作唐,属于唐国器,见《湖北出土商周文字辑证》,武汉大学出版社1992年版,第116页。
③ 见《史记·郑世家》的《集解》。
④ 李伯谦:《天马—曲村遗址发掘与晋国始封地的推定》,《中国青铜文化结构体系研究》,科学出版社1998年版。
⑤ 李伯谦:《觐公簋与晋国早期历史若干问题的再认识》,《古代文明研究通讯》第33期。

淹底镇杨岳村①、临汾尧都区庞杜村、大苏②等。

近代以来，运用考古资料考证晋国始封地的主要有以下四种观点：

一、邹衡、李伯谦主张天马—曲村遗址是晋国始封地，这一观点已被觉公簋铭否定，且天马—曲村遗址也未发现过晚商遗存。

二、田建文早期反对天马—曲村遗址是晋国始封地的观点，认为唐应在山前或山间地带③，浮山桥北墓地发现后，便推测桥北是晋国始封地。④ 2003年桥北墓地发掘了31座商、西周和春秋时期的墓葬，其中"M1等5座带墓道的大型墓，级别应该比旌介M1、M2要高一个等次，与山东益都苏埠屯、滕州前掌大同期墓葬的规模相当，是商王朝管辖下的位于其西北部的方国王侯首领墓葬"⑤。2001年缴获的桥北被盗墓葬所出铜器铭文为"先"⑥，桥北墓地属于先国。田建文认为晋国先、范二氏同祖隰叔，隰叔是唐人后裔，故桥北当为唐侯墓地（唐即易）。⑦

按，在甲骨文、金文、侯马盟书等出土材料中，有两个字，分别是"先"和"先"，前者释"先"，毫无疑问；后者的异体字较多，⑧ 释法也多，以往学者如刘体智、吴闿生、于省吾、唐兰都释作"先"，⑨ 唐兰说之所以释作

---

① 发现铜爵和铜戈，见张德光：《从西郭铜鼎试探唐文化》，《文物世界》2003年第1期。

② 中国社会科学院考古研究所山西工作队：《晋南考古调查报告》，《考古学集刊》（6），中国社会科学出版社1989年版。此外临汾西郭、襄汾南小张、洪洞上村也发现过商代遗存，但它们都位于汾河以西，见张德光：《从西郭铜鼎试探唐文化》，《文物世界》2003年第1期，以及朱华：《山西洪洞县发现商代遗物》，《文物》1989年第12期。

③ 田建文：《晋国早期都邑探索》，《三晋考古》第一辑，山西人民出版社1994年版。还有一些学者也认为天马—曲村遗址非晋国始封地，如谢尧亭：《北赵晋侯墓地初识》，《文物季刊》1998年第3期。

④ 田建文：《初识唐文化》，《古代文明研究通讯》第21期。

⑤ 桥北考古队：《山西浮山桥北商周墓》，《古代文明》第5卷，文物出版社2006年版，第393页。

⑥ 《山西临汾破获文物案缴获商晚期"先"族青铜器》，《中国文物报》2001年6月3日。

⑦ 田建文：《初识唐文化》，《古代文明研究通讯》第21期。

⑧ 可参考《甲骨文编》"先"字、《金文编》附录上60、61、《侯马盟书》"兟"字。

⑨ 参曹淑琴：《臣辰诸器及其相关问题》，《考古学报》1995年第1期。唐兰：《西周青铜器铭文分代史徵》，第257页。

"先",是因为此字后来讹变为从止从人的"先"字,① 张亚初为将二者区分开,释作"侁"②。近有学者不同意这种释法,如刘钊将此字释作"敖"、赵平安释为"失"(即《逸周书·世俘解》中的佚侯)。③ 我们认为释"侁"相对好一点,因为:(一)卜辞提到"王令🅱伐于东侁"(《合集》33068),"东侁"似说侁国在东方,《左传》昭公元年:"商有姺、邳",地在今山东曹县莘塚集,④ 而敖在郑州荥阳,失在洛阳马坡,地望不合;(二)侯马盟书亦见此字或体,是晋国重要族氏,与晋国"先"氏吻合。桥北"先"字属于前者,是商时先国(二期卜辞中有贞人先,即出自该国),非侁国;晋国"先"氏属于后者,与桥北无关。

退一步讲,即使真如文献所言先、范同祖隰叔(讲先、范同祖的文献有南宋郑樵《通志·氏族略》"以名为氏":"先穀氏,晋国士氏之别族也,隰叔初封于先,故以为氏"及清人陈厚耀《春秋世族谱》晋国"先氏"条下:"或云先氏与范氏同祖,隰叔初封于先,故有先氏",而早期文献无此说法)、先氏与桥北"先"有关,而根据《国语·晋语》注:"宣王杀杜伯,隰叔避害适晋"。隰叔是周宣王时到晋,那么他的初封时间应在其时或稍晚,也就是说作为易人后裔的先氏定居在桥北的时间早不过周宣王时期,故周宣王之前的桥北"先"族,是否是易人或其后裔,根本无从考证。

三、王立新推测在洪洞县坊堆—永凝堡遗址。⑤

四、李伯谦改变以前观点,建议到临汾尧都区庞杜遗址去找。⑥ 该遗址发现铜器墓,出土铜鼎、簋、爵、觚、尊、提梁卣等,有的铜器上还铸有铭文⑦,遗址规格应当不低。但报告尚未公布,具体情况不详,只能留待以后讨论。

我认为洪洞坊堆—永凝堡遗址值得考虑,该遗址地处洪洞县城东北6—

---

① 唐兰:《古文字学导论》(增订本),齐鲁书社1981年版,第34页。
② 见《殷周金文集成引得》序言。
③ 刘钊:《释甲骨文耤、𦎫、蠚、敖、戠诸字》,《吉林大学社会科学学报》1990年第2期;赵平安:《从失字的释读谈到商代的佚侯》,《中国社会科学院历史研究所学刊》第一集,社会科学文献出版社2001年版。
④ 杨伯峻:《春秋左传注》(修订本),中华书局1990年版,第1207页。
⑤ 王立新:《关于天马—曲村遗址性质的几个问题》,《中原文物》2003年第1期。
⑥ 李伯谦:《䚄公簋与晋国早期历史若干问题的再认识》,《古代文明研究通讯》第33期。
⑦ 田建文:《初识唐文化》,《古代文明研究通讯》第21期。

7.5公里，多次发现西周时期遗存①，因此有学者推测它是西周初年杨国所在②。《左传》襄公二十九年叔侯曰："虞、虢、焦、滑、霍、杨、韩、魏，皆姬姓也……"杨国的历史历来有多种说法，李学勤先生根据新出土的杨姞壶和四十二年逨鼎认为，杨国前后分属姞、姬两姓，周宣王四十二年封尚父于杨以前杨国姓姞③。洪洞永凝堡曾发现过相当于殷墟三期的灰坑和陶鬲④，说明晚商时期这里也有人居住。如果洪洞坊堆—永凝堡遗址是西周时期杨国所在，"杨"与前文考证出的叔虞封国名"易"在文字上吻合，所以有理由推测晋国始封地及殷代易国位于洪洞坊堆—永凝堡一带。⑤ 但杨在周宣王四十二年封尚父以前姓姞，与尧姓祁不符，这说明姞姓杨国不是尧的后裔，若殷代易国确在洪洞，那么姞姓杨国就可能是燮父走后，新到此地居住的族属。

综上所述，晋国始封地名"易"，它可以追溯到商代卜辞中的"易"国，与卜辞或金文中的"唐"国无关，再往前追溯可到陶唐氏，陶唐氏本名陶易氏，夏、商时期"易"服事夏、商，商末叛商与文王结盟，成王时又叛周，被灭，地被封给叔虞，子孙被改迁至杜。易国很可能在今山西洪洞坊堆—永凝堡附近。

---

① 山西省文物管理委员会：《山西洪赵县坊堆村古遗址墓群清理简报》，《文物参考资料》1955年第4期；解希恭：《山西洪赵县永凝东堡出土的铜器》，《文物参考资料》1957年第8期；山西省文物工作委员会等：《山西洪洞永凝堡西周墓葬》，《文物》1987年第2期；临汾地区文化局：《洪洞永凝堡西周墓葬发掘报告》，《三晋考古》第一辑，山西人民出版社1994年版。

② 临汾地区文化局：《洪洞永凝堡西周墓葬发掘报告》，《三晋考古》第一辑，山西人民出版社1994年版。

③ 李学勤：《续说晋侯邦父与杨姞》，《宝鸡文理学院学报》（社会科学版）2005年第6期。

④ 1980年调查资料，标本现存山西省临汾市文化局，见《中国考古学》（夏商卷），中国社会科学出版社2003年版，第321页注8。据邹衡的观点，"……在洪洞县境内还有相当于殷墟四期遗址的分布，绝对年代约在商周之际，文化面貌亦似殷墟文化，而与早期晋文化决然不同。"见《晋始封地考略》。邹衡所说的"洪洞县境内"不知具体位置。另外洪洞双昌乡上村发现过晚商时期的鼎、爵、戈等铜器及玉刀、金耳环，见朱华：《山西洪洞县发现商代遗物》，其文化特征属于石楼—绥德类型铜器群，且位置在汾河以西，与"易"国应无关。

⑤ 王立新也认为叔虞始封地有可能在洪洞一带，但在论证角度、方法以及所用证据方面，与笔者不同，参阅王立新：《关于天马—曲村遗址性质的几个问题》，《中原文物》2003年第1期。

三十二 缶

"缶"在卜辞中与基方并列，应为国名，① 见于一、四期卜辞，在一期𠂤组卜辞中有"王敦缶"（《合集》20527），也有"令缶"（《合集》20223）之辞；在宾组卜辞中有"𢦏缶"（《合集》6834正）、卒缶（《合集》6875）、敦缶（《合集》6860）、"获缶"（《合集》6834正）、𢼸缶（《合集》6571正），也有"缶其来见王"（《合集》1027正）、"乞自缶五屯"（索取五对卜骨，《合集》9408），说明缶国与殷王朝时敌时友，关系不稳定。征伐缶国的将领有王、子商、多臣、我史、雀。午组卜辞中，"缶"为人牲（《合集》22083甲、乙）。子组情况不详。四期卜辞中，"缶"亦为王征伐的对象（《怀特》1640）。

与缶国地望有关的卜辞：

（1）丁卯卜，㱿，贞王敦缶于郙。（《合集》6862/1，图7—42）

图7—42　"敦缶于郙"（《合集》6862）

---

① 2008年3月19日（周三）上午李学勤先生在清华大学"甲骨学通论"课上讲，"缶"可能与酋长的"酋"字通假，意为酋长，不是国族名或地名。笔者认为如果将与缶相关的辞例"敦缶"、"𢦏缶"、"乞自缶五屯"，与其他类似的"敦某"、"𢦏某"、"乞自某……"辞例对照，可以看出这些辞例中的"某"一般都是国族名或地名，所以"缶"亦应如是。

(2) 庚寅，贞敦缶于郇，◻右旅，在……一月。（《怀特》1640/4）

(3) □□卜，㱿，贞缶其◻雀。（《合集》6989/1）

(4) 庚午卜，缶弗◻蚰……（《合集》7010/1）

(5) 甲寅卜，㱿，呼子汏酚缶于◻。
　　于商酚缶。（《合集》3061 正/1）

第（1）、（2）辞中的郇地在今山西临猗县西南的郇城，缶与郇邻近，也位于殷西地区。(3)、(4) 辞中征伐殷属地"雀"、"蚰"，"蚰"在周原甲骨中简写为"虫"，如"虫伯"（H11：22）（图7—43），陈全方谓"虫伯"当是"崇伯"，亦即"崇侯虎"，在今嵩山附近。① 有学者则认为"假虫为崇，并无文献足征。《春秋》成公五年云：'同盟于蟲牢。'蟲为虫字的緐繁，此蟲牢或即虫伯的故国所在"②。"蟲牢"在今河南封丘县北。③ 嵩山、封丘说均不妥，卜辞显示虫地在晋南地区。(5) 辞中的"酚"为祭名或祭法，其后跟动物牲（《合集》15784）、人牲（《合集》717 正）等，"缶"亦为人牲，指缶国的战俘。卜辞问是在"◻"地，还是在"商"地举行酚祭。"◻"释作"冥"，饶宗颐谓"冥"即"鄍"④。《左传》僖公二年云："伐鄍三门。"鄍，杜注以为虞邑，地在今山西平陆县东北。⑤ "商"在这里应指王都。

陈梦家谓缶国在今山西永济县⑥；张亚初认为缶、甸、寶、保音同字通，寶生弄鼎铭云："寶生弄作成媿䐉鼎，其子孙永宝用。"故缶属于媿姓方国，为鬼方的一个分支。⑦

三十三 彭

"彭"见于一、三、四期卜辞。在一期卜辞，彭为敌国：

---

① 陈全方：《周原与周文化》，上海人民出版社1988年版，第131页。

② 缪文远：《周原甲骨所见诸方国考略》，《古文字研究论文集》，《四川大学学报丛刊》第10辑，1982年5月。

③ 杨伯峻：《春秋左传注》，中华书局1990年版，第821页。

④ 饶宗颐：《殷代贞卜人物通考》，香港大学出版社1959年版，第106页。

⑤ 杨伯峻：《春秋左传注》，中华书局1990年版，第282页。

⑥ 陈梦家：《殷虚卜辞综述》，中华书局1988年版，第294页。

⑦ 张亚初：《殷墟都城与山西方国考略》，《古文字研究》第10辑，中华书局1983年版。

第七章　商代方国考订　　341

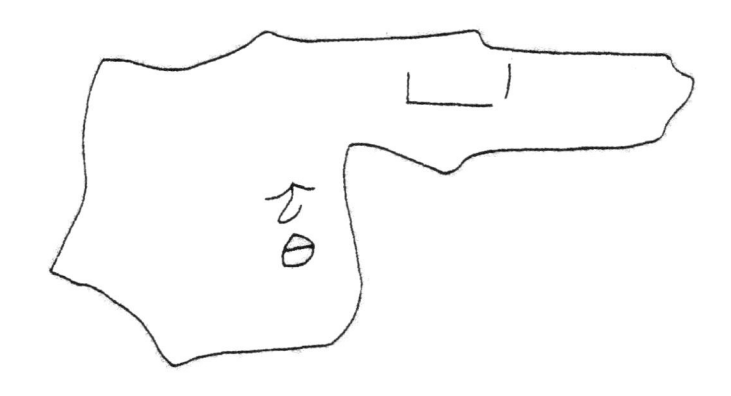

图 7—43　"虫伯"（周原甲骨 H11：22）

(1) 辛丑卜，亘，贞呼取彭。（《合集》7064/1，图 7—44）
(2) 贞勿令师般取□于彭、龙。（《合集》8283/1）
(3) ……取三十邑……彭、龙……（《合集》7073 正/1）

图 7—44　"彭"（《合集》7064）

三期卜辞的贞人中，有彭国的人。
四期卜辞中，彭国臣属于商王朝：

（4）丁亥，贞王令䧹、彭囟侯商。《屯南》1066/4

"彭"可能就是《尚书·牧誓》八国之一的彭国。彭国的地望，由（2）、（3）辞可知，位于殷西，与龙方近。曹定云先生认为，"今陕西白水县（故彭衙），是春秋时代彭人（彭戏氏）的活动中心；而今甘肃庆阳一带，应是殷武丁时代彭国的所在地。"① 甘肃庆阳说恐偏西，我们认为，彭与龙方、羌方等都位于晋陕高原地区。《国语·郑语》载"大彭、豕韦为商伯矣"，韦昭注："大彭，陆终第三子，曰篯，为彭姓，封于大彭，谓之彭祖，彭城是也。"彭城在今江苏徐州，大彭与卜辞中彭是否有渊源关系，不好断定，不过从地望上看，二者应是两个国家。

三十四　丹

"丹"字在甲骨文中写作"冃"，"丹"国为伯爵，见于一、二期卜辞：

（1）呼从丹伯。
　　勿呼从丹伯。（《合集》716正/1）
（2）辛巳卜，□，贞王步自丹，亡灾。
　　乙酉卜，行，贞王步□于□，亡灾。在□月。
　　庚寅卜，行，贞王步自□于⺡，亡灾。（《合集》24238/2）
（3）己卯卜，王在丹。（《合集》24386/2）

第（2）辞中丹距⺡步行大约有9日路程，⺡在河南沁阳西方黄河北岸②，那么丹国也应在沁阳附近。

殷墟出土过丹铭铜卣。③

---

① 曹定云：《〈尚书·牧誓〉所载卢、彭地望考》，《中原文物》1995年第1期。
② 李学勤：《殷代地理简论》，科学出版社1959年版，第35页。
③ 安阳市文物工作队、安阳市博物馆：《安阳殷墟青铜器》，中州古籍出版社1993年版，第107页。

三十五　去

"去"国为伯爵，见于一、五期卜辞：

(1) 贞呼去伯于冥。(《合集》635 正/1)
(2) 丁卯卜，在去，贞甶告曰："兇来羞。"王叀今日塑，亡灾，擒。(《合集》37392/5)

由上举例可知，去国与冥、甶地邻近。冥地在山西平陆县东北，甶地在西土边境，曾受到𢀛方的侵犯（《合集》6063），故去国在殷都以西靠边境的地区。

三十六　上丝

三十七　𦥑

三十八　禾

上丝与禾侯、𦥑侯并称，且与𦥑侯合称为二侯，它无疑也是侯国。上丝见于一、二期卜辞：

(1) □□〔卜〕，争，〔贞〕令上丝眔禾侯。(《合集》3336 正/1，图7—45)
(2) ……争……上丝……侯……若。(《合集》3337/1)
(3) 戊子卜，矣，贞王曰：余其曰多尹其令二侯上丝眔𦥑侯其……周。(《合集》23560/2)

第(3)辞稍残，可能是命令上丝与𦥑侯寇伐周方，因此上丝与𦥑侯的位置在西方。

禾侯女子也见于卜辞，作"妖"：

(4) 贞允其肇妖。
　　贞不其肇妖。(《合集》7076 正/1)

图 7—45　"上丝"、"禾侯"（《合集》3336 正）

三十九　𡘲

"𡘲"为商侯国，见于一、三、四期卜辞：

(1) 乙亥卜，贞令多马亚㐱冓□㦰省陮至于倉侯，从⿱凶川，从𡘲侯。九月。（《合集》5708 正/1）

(2) ……㐱从□侯，冓［从］羽，㦰从𡘲侯。九月。（《合集》3317 反/1）

(3) 己酉卜，㱿，贞呼曰𡘲侯。
贞勿呼曰𡘲侯。（《合集》6943/1）

(4) 壬申卜，祈于𡘲，允。（《合集》22186/1）

(5) 乙丑卜，贞王……［寻］于𡘲。（《合集》8116/1）

(6) 丙寅卜，贞勿䏆令逆从盡于𡘲。六月。（《合集》4918/1，图 7—46）

(7) 丙寅卜，贞令逆从盡于𡘲。六月。（《合集》4915/1）

(8) 贞其㞢𡘲侯以䍃□卯一牛。（《合集》3318/1）

(9) ……令周取巫于𡘲。（《合集》8115/1）

(10) 贞呼取𡘲臣||。（《合集》938 正/1）

图7—46 "𡥧"(《合集》4918)

(11) 甲寅卜，争，贞敌以往于𡥧。
    贞敌以往于𡥧。(《合集》838 正/1)
(12) □午［卜］，殷，［贞］及三𡥧。(《合集》776 正/1)
(13) 贞屮于妣甲𡥧及，卯宰。(《合集》787/1)
(14) 己未卜，𡥧侯𠂤其……(《合集》3320/1)
(15) 于𡥧。
    于并。
    于𢆶。(《合集》28171/3)
(16) 甲午，贞𡥧侯……兹用大乙羌三，祖乙羌三，卯三……乙未彭。《屯南》586/4

第(1)、(2)辞到仓侯，路经𡥧国。(8)—(13)辞，𡥧向商王提供巫、臣以及牺牲。(14)、(16)辞义不详。

𡥧国地望，(15)辞与并同版，并在殷西北。(1)、(2)辞到仓侯，路经𡥧国，仓侯在今陕西商州东南，推测𡥧国在晋南豫西地区。

四十　𤕠

"𤕠"见于一期卜辞，为商朝敌国：

(1) 贞□于⿱伯。(《合集》3407 正/1，图 7—47)

图 7—47 "⿱伯"(《合集》3407 正)

(2) 丁卯卜，争，贞雀㐄戎⿱。(《合集》6946 正/1)
(3) 弗其⿱⿱。
    贞我⿱⿱。(《合集》7076 正/1)
(4) 癸卯卜，贞⿱其戎沚。(《合集》6992/1)
(5) ⿱弗⿱⿱。一月。(《合集》7002/1)

第(1)辞，义不详。(2)、(3) 辞问雀能否捷获⿱。(4) 辞，⿱侵扰沚国。(5) 辞问⿱能否捷获⿱。

⿱国地望，由(4)辞推知在沚方附近，即位于殷西北晋陕高原地区。

四十一 ⿰

"⿰"见于一期卜辞，有服有叛：

(1) 丙申……⿰……光……(《合集》20227/1)
(2) 戊子……令……史……⿰……(《合集》20228/1)
(3) 贞伯⿰祸。(《合集》3413/1，图 7—48)
(4) 其有祝伯⿰。(《合集》3414/1)
(5) □亥卜，王，伯⿰曰：朕值，其受有佑。(《合集》3415/1)
(6) □未卜，⿱□戎⿰。(《合集》7004/1)

图 7—48 "伯𢦚"（《合集》3413）

(7) ……王，贞𢦚［弗］戎于光。（《合集》7008/1）
(8) 庚午卜，𢦚弗𢦏蚰。（《合集》7010/1）
(9) □□卜，𢦚其𢦏蚰……败。（《合集》7009/1）
(10) 辛巳卜，［王］，妇不戎于𢦚。（《合集》7007/1）

第(1)、(2)辞为师组卜辞，义不详。(3)—(6)辞，𢦚国与商王朝关系和睦，商王很关心伯𢦚的祸福，为他祈祷，问它会不会受到𢦚族人的侵扰。(7)—(10)辞，𢦚反叛，征伐殷属地光、蚰，商王派遣某妇讨伐。第(8)、(9)辞中的"蚰"地在晋南地区，𢦚国也在今山西地区。

四十二 光

光为侯国，见于一、三期卜辞：

(1) 丙寅卜，王，贞侯光若，□往来嘉。□□侯光。□月。（《合集》20057/1，图 7—49）
(2) ……品妇光……（《合集》2811/1）
(3) 甲午卜，宾，贞光其有祸。
　　　［甲］午卜，宾，贞光亡祸。

图 7—49 "侯光"(《合集》20057)

王固曰："有祟。兹㪇执光。"(《合集》6566 正、反/1)

(4) ……王，贞🕱[弗]戎于光。(《合集》7008/1)

(5) 叀䋪人侯光史。(《合集》3358/1)

(6) 王固曰："有祟，敢光其有来艰。"迄至六日戊戌允有…有僕在受宰在…蓐亦焚虞三。十一月(《合集》583 反/1)

(7) 王其从望再册，光及伐望，王弗每，有㞢。大吉。(《合集》28089 正/3)

"光"的地望据(4)辞，应近于🕱，🕱在殷西地区，"光"也在殷西地区。

四十三 䋪

"䋪"为伯爵，见于一期卜辞：

(1) 庚寅卜，王，叀余令伯䋪史旅。(《合集》20088/1，图 7—50)

(2) 癸未卜，[王]，伯䋪呼……七月。(《合集》20090/1)

(3) ……王勿钅伯䋪史。(《合集》20093/1)

(4) 己卜，使人妇伯䋪。(《合集》20463 反/1)

图 7—50 "伯纼"(《合集》20088)

(5) 叀纼人侯光史。(《合集》3358/1)

(6) □戌卜,王……我祀[既]……执伯纼……乙亥山……曰纼……(《合集》5949/1)

(7) □酉[卜],□,[贞]令告……上纼……侯寇周……(《合集》6819/1)

(8) 贞叀束令从上纼。二月。(《合集》8084/1)

第(5)辞,纼与光有关系。(7)、(8)辞,纼又称上纼,(7)辞上纼与某侯寇周,由(5)、(7)这两条辞推纼的位置在殷西。

四十四　可

"可"为伯爵,见于三期卜辞:

(1) 叀可伯✡呼✡绊方、叔方、擧方……
　　 弜✡呼。(《合集》27990/3)

(2) 自可至于宁,偪御……(《合集》27991/3)

(3) 叀可用于宗父甲，王受有佑。
弜用父甲。（《英藏》2267/3，图7—51）

第（1）辞，呼可伯❌伐绎方、敊方、辔方。（3）辞用可国提供的牺牲祭祀父甲。第（2）辞，可与宁近，宁在今河南修武，可国的位置在其附近。

四十五　衎

"衎"规模很大，为商朝劲敌，出现在一期卜辞：

(1) 壬……内，贞衎其来围我于兹㝛。（《合集》6882/1）

图 7—51　"可"（《英藏》2267）

(2) 辛未卜，㱿，贞王戎衎，受佑。（《合集》6886/1）
(3) 甲戌卜，㱿，贞王戎衎，受佑。（《英藏》612/1）
(4) 乙未卜，㱿，贞大甲呼王敦衎。（《英藏》613/1，《合集》39925）
(5) □申卜，㱿，贞大丁呼王敦衎。
……敦衎……（《合集》6887/1，图7—52）
(6) 戊辰卜，既……罙河我……衎。
戊辰卜……上甲罙河……敦衎。（《合集》1202/1）
(7) 己亥卜，□，贞我㞢衎。（《合集》6894/1）
(8) ……㱿……衎不我㞢。（《合集》6881/1）
(9) 庚子卜，㱿，贞我勿戎衎。十一月。（《合集》6990/1）
(10) 乙亥……王……隹今十二月敦衎。（《英藏》614/1）
(11) 贞……戎衎。十二月。（《合集》6889/1）
(12) 今十二月勿戎衎。（《合集》6891/1）
(13) □□［卜］，㱿，贞我㞢衎在戢。（《合集》6897/1）
(14) 甲辰卜，㱿，贞今我其幸衎，不□㞢于戢。（《合集》6892正/1）

（15）辛丑［卜］，内，贞我𢦏衔于𧊒。（《合集》6895/1）

（16）□酉卜，㱿，贞我𢦏衔于𧊒。一月。（《合集》6896/1）

图7—52　“衔”（《合集》6887）

第（1）辞，衔征伐至𡧊地。（2）—（16）辞，王进行反击。（4）—（6）辞以大甲、大丁、上甲、河神的名义进行征伐。（9）—（12）辞，十一月、十二月可能为连续的两个月，征伐时间还有一月，如（16）辞。（13）—（16）辞，在𧊒地与衔交战。

衔国战败后，其地被分封给商王王子，称其为“子衔”：

（17）丁巳卜，于兄丁御衔子。

□未卜，王叀……余酉……衔。（《合集》3202/1）

衔国的地望可通过（1）辞的𡧊地推知，𡧊又作𡨧，如：

A　丁亥卜，𢀛其敦𡨧。五月。（《合集》6846/1）

B　……伯𢀛弗𢦏𡨧。（《合集》6845/1）

㝬国在殷西,袚地也在殷西,故衍国以及戜地都在殷西。衍字亦见于铜器铭文,河南温县小南张村出土的铜器铭为"※"①,即"徣"字,衍与徣应是一字,徣国很可能就在今温县境内。

四十六 ※

"※"见于一期卜辞,为商朝敌国:

(1) 辛卯卜,王敦※,受佑。(《合集》20530/1)
(2) 壬子卜,㱿,[贞我]※※。王固曰:"吉,※。"旬有三日甲子允※。十二月。

　　壬子卜,㱿,贞[我]弗其※※。(《合集》6830/1)
(3) 壬子卜,争,贞自今日我※※。

　　贞自五日我弗其※※。

　　癸丑卜,争,贞自今至于丁巳,我弗其※※。

　　癸丑卜,争,贞自今至于丁巳,我※※。王固曰:"丁巳我毋其,于来甲子※。"旬有一日癸亥,车弗※,之夕※甲子允※。(《合集》6834正/1,图7—53)
(4) 癸丑卜,内,贞我弗其※※。

　　戊午卜,㱿,我争※,※。

　　戊午卜,㱿,贞我其呼争※,※。(《合集》1027正/1)
(5) ……※……于戜……(《合集》6833/1)

第(1)辞是师组卜辞,时间早于(2)—(5)辞。(2)—(4)辞属于一次战争。(4)辞中的"争"可能是"敦"字的或体。

第(5)辞的大致意思是伐※于戜地,上文已说戜地在殷西,所以※也在殷西。

四十七 耳

"耳"与龙方并称,也为国名,耳国见于第一、三期甲骨文。

---

① 杨宝顺:《温县出土的商代器物》,《文物》1975年第2期。

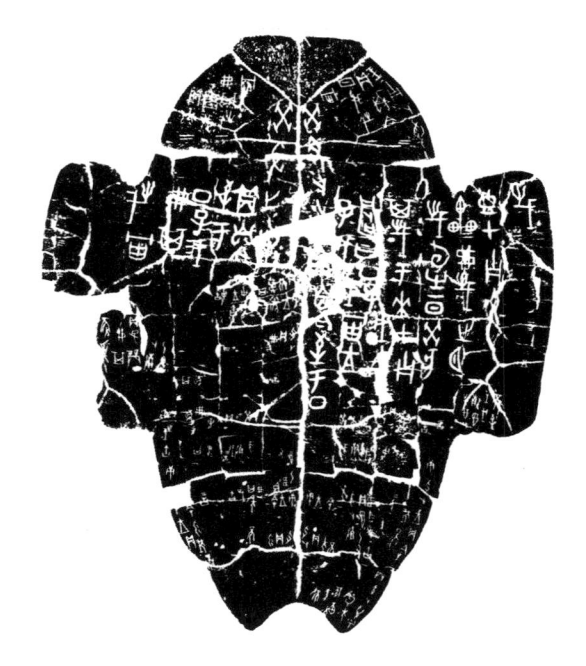

图 7—53 "🐚"（《合集》6834 正）

一期耳国与商王朝关系和睦，耳国有人在王都供职：

(1) 丁亥乞自雪十屯，则示，耳。（《英藏》608 白/1）
(2) ［妇］井示十。耳。（《怀特》546b/1）
(3) ……示五屯。耳。（《怀特》955c/1）
(4) 丁丑邑示四屯，耳。（《合集》17563 白/1）

三期，耳反叛，受到征伐：

(5) 甲子卜，亚𢦏耳、龙，每，啓，其啓，弗每，有雨。（《合集》28021/3，图 7—54）

耳与龙方一起受到征伐，二者地望相近，都在殷西北。

四十八　吕

"吕"曾受到舌方和鬶方的联合征伐（见下例），其规模不会小，应为方国。吕国为商朝与国，见于一、三期卜辞：

图7—54　"耳、龙"（《合集》28021）

图7—55　"吕"（《合集》6778正）

（1）丙辰卜，㱿，贞曰舌方以鬶方敦吕，允……（《合集》8610正/1）

（2）癸卯卜，宾，贞旬亡……方征于吕，妇……（《合集》6778正/1，图7—55）

（3）丁亥卜，亘，贞呼取吕。

贞勿呼取吕。

王固曰："吉，其取。"（《合集》6567/1）

（4）贞吕不其受年。

贞吕……受年。（《合集》811正/1）

（5）吕不囚。

吕其囚。

不惟吕佑。

惟吕佑。(《合集》2002 反/1)
(6) ……吕示…… (《合集》14909/1)
(7) 贞吕不爯何。
贞吕其爯何。(《合集》18800/1)
(8) 弜麋迩于吕,弗其…… (《合集》29341/3)
(9) 叀归□吕用祖丁升。(《合集》30354/3)

第(1)、(2)辞,吕国受到敌国侵犯。(3)辞问商王能否重新夺回吕地,结果是夺回了。(4)、(5)辞分别问吕地的年成情况和吕族人的个人安危。(6)、(7)、(9)辞义不详。(8)辞,王在吕地田猎。

由(1)辞可知,吕国近舌方和鬲方,在殷西北。

四十九 䖒

䖒国出现在一期卜辞,为商王朝西方强敌:

(1) 贞䖒伐䩄,其㞢。(《合集》6942/1)
(2) ……王往深伐䖒…… (《英藏》602/1)
(3) 乙丑卜,王,贞余伐䖒。(《合集》6926、6927/1,图7—56)
(4) 丁丑卜,殼,贞我伐䖒。(《合集》6929/1)
(5) 贞我弗其㞢䖒。(《合集》7076 正/1)
(6) 甲申卜,王,贞余征䖒。六月。(《合集》6928 正/1)
(7) ……自征䖒。(《合集》6930/1)
(8) 丁未[卜],王,贞余获䖒。六月。(《合集》6943/1)
(9) 贞惟多子呼伐䖒…… (《英藏》601/1)

图7—56 王亲自伐䖒(《合集》6926)

(10) □□[卜]，□，贞[惟]多[子]呼伐🅐。(《合集》6933/1)

(11) □未卜，争，贞我🅑🅐在宁。(《合集》3061正/1)

(12) ……雀伐🅐。(《英藏》603/1)

(13) 庚申卜，㱿，贞呼雀伐🅐。(《合集》6931/1)

(14) 乙酉卜……贞呼亘比沚伐🅐。(《合集》6937/1)

(15) ……亘……🅒🅐。(《合集》6940/1)

(16) 贞亘不🅓。🅑🅐。(《合集》6938/1)

(17) 贞……弗其🅑🅐。

(18) 戊午卜，争，贞亘🅑🅐。(《合集》6947正/1)

(19) 癸巳卜，争，贞亘🅑🅐。八月。(《合集》6939/1)

(20) 贞🅐其🅔。(《合集》8631/1)

(21) 贞🅐归，其作戎。(《合集》6923/1)

第（1）辞，🅐伐商属地棘。(2)—(19)辞，为商伐🅐之辞，商王亲自或派遣多子、雀、亘、沚前去征伐🅐国。(20)辞，🅐国投降，"🅔"字徐中舒先生释作"献"，为战败投降义。① (21)辞，命🅐归国，但仍不放心，问它会不会作乱。

唐兰先生认为，🅐即鄑国本名，位于济南平陵县西南，即今山东历城东南。② 但从卜辞看，🅐应在西边，(11)辞云"我🅑🅐在宁"，宁在今河南修武，🅐国距此不会太远。

五十　丙

山西灵石旌介村发现三座商代墓葬，其规模虽属中等，但随葬品丰富，铜器多铭"🆇"③（图7—57），有学者将"🆇"释作"丙"，认为这三座商

---

① 转引自伍仕谦：《甲骨文考释六则》，《古文字研究论文集》，《四川大学学报丛刊》第10辑，1982年5月。

② 唐兰：《殷墟文字记》，中华书局1981年版，第35页。

③ 山西省考古研究所、灵石县文化局：《山西灵石旌介村商墓》，《文物》1986年第11期；最近又公布了旌介村1986年发现的一座墓和一座车马坑，见山西省考古研究所：《灵石旌介发现商周及汉代遗迹》，《文物》2004年第8期。

墓属于丙国贵族及其宗族，丙国是商王朝的诸侯国，延存至西周时期。①

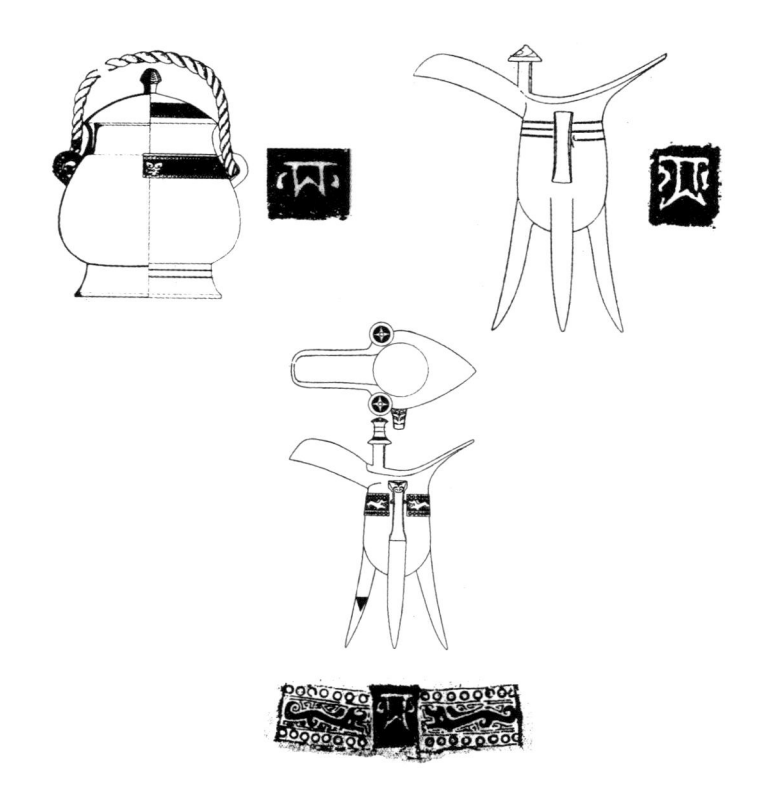

图 7—57　山西灵石旌介村商墓出土的"囚"国铜器

五十一　先

山西浮山桥北发掘了一批商至春秋时期的墓葬，大、中型墓的年代上限在商代晚期，下限不晚于西周中期。其中五座大型墓，均有墓室和墓道组成，比灵石旌介商墓的规格高，墓主人应是商王朝管辖下的方国首领。出土的铜器屡见"先"铭（图 7—58），② 由此可以确定先国位于浮山桥北地区。

---

① 殷玮璋、曹淑琴：《灵石商墓与丙国铜器》，《考古》1990 年第 7 期。
② 《山西浮山桥北商周墓》，《2004 中国重要考古发现》，文物出版社 2005 年版；桥北考古队：《山西浮山桥北商周墓》，《古代文明》第 5 卷，文物出版社 2006 年版；《山西临汾破获文物案　缴获商晚期"先"族青铜器》，《中国文物报》2001 年 6 月 3 日。

二期卜辞中，有贞人先，来自先国。

五十二　𢀛

𢀛国首领称王，一直臣属商王朝，见于一、四期卜辞：

（1）丁酉卜，宾，贞叀戍𣪠令从𢀛王。

贞叀戍延令从𢀛王。六月。（《合集》6/1）

（2）壬寅卜，贞今日𢀛至。十月。

贞不其至。（《合集》4606/1）

（3）贞今日𢀛不其至。

……甲……𢀛……（《合集》4605 正/1）

（4）……翌甲……𢀛其至。（《合集》4604/1）

（5）乞呼卯……𢀛……告……丁。（《合集》4603/1）

（6）……卯……𢀛……告。（《合集》8278/1）

（7）贞……登……𢀛……舌……（《合集》8564/1）

（8）……在𢀛允……八千人……

……丧𢀛众。（《合集》31997/4）

第（1）辞卜问是命戍𣪠从𢀛王，还是命戍延从𢀛王，从𢀛王做什么，

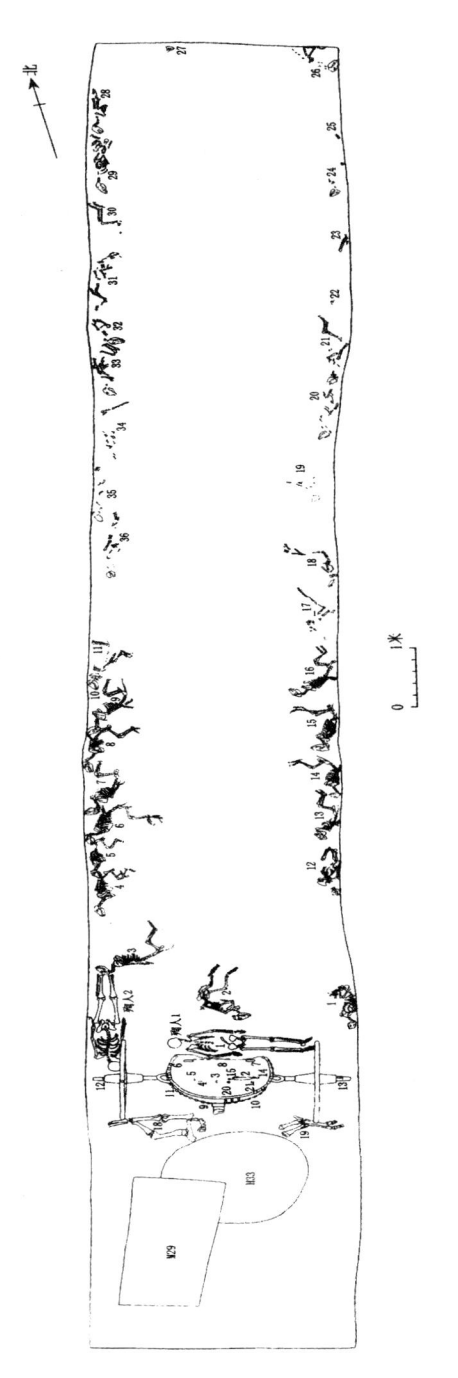

图 7—58　山西浮山桥北 M18 平面图

若结合（7）辞看，似乎是征伐吾方。（2）、（3）、（4）辞同文，根据司礼义的观点：在一对正反对贞的卜辞里，如果其中一条卜辞用"其"字，而另一条不用，则用"其"的那条所说的事，一般都是贞卜者所不愿看到的，①（2）辞是希望歐至，可能是希望歐至作战之地。（5）、（6）辞同文，但辞意不详。（7）辞可能是问在歐国征集兵员，征伐吾方。（8）辞卜问是否丧歐众，此时歐国仍附属商王。

从（7）辞看，歐地应距吾方不远。（1）辞"叀戍枲令从歐王"，"枲"也见"贞盅往追龙，从枲西及。"（《合集》6593）。龙方、枲地都在殷西北，歐地也应在此。

五十三　豐

上博简《容成氏》45—48记载，商纣王荒淫，不理朝政，"于是乎九邦叛之：豐、镐、郍、䍙、于、鹿、耆、崇、密须氏。文王闻之，曰：'虽君亡道，臣敢勿事乎？虽父亡道，子敢勿事乎？孰天子而可反？'受闻之，乃出文王于夏台之下而问焉，曰：'九邦者亓可来乎？'文王曰：'可。'文王于是乎素端塞裳以行九邦，七邦来服，豐、镐不服。文王乃起师以向豐、镐，三鼓而进之，三鼓而退之，曰：'吾所知多尽。一人为亡道，百姓亓何罪？'豐、镐之民闻之，乃降文王……"李零考释："《说文·邑部》：'酆，周文王所都，在京兆杜陵西南。'西周铜器铭文常记周王在豐邑活动，字作'豐'，不作'酆'。据考，今陕西长安沣河以西的西周遗址即其所在。《诗·大雅·文王有声》：'既伐于崇，作邑于豐。'《史记·周本纪》正义以为西周豐邑是因灭崇而建，并因而猜测崇国故地在豐、镐之间，现在从简文看，西周豐邑是灭豐所建，与崇无关。"②

上博简"豐"，从壴从𢆉，甲骨文中也有"豐"字，从壴从𰀀，林沄先生认为从壴从𢆉的字是"豐"字，而从壴从𰀀的字是不同于"豐"的另一个字③，笔者认为从壴从𰀀的字也是"豐"字，㝬方鼎载周公"征伐东夷豐伯、薄姑"，其中的"豐"字就从壴从𰀀，甲骨文中的"豐"地，很可能在今山

---

① ［美］司礼义：《关于商代卜辞语言的语法》，《中研院国际汉学会议论文集·语言文字组》，342—346页，1981年版。

② 马承源主编：《上海博物馆藏战国楚竹书》（二），上海古籍出版社2002年版。

③ 林沄：《豊豐辨》，《古文字研究》第12辑，中华书局1986年版。

西境内，与上博简之"豐"不是一地：

> 癸未卜，永，贞旬亡祸。七日己丑，㞢友化呼告曰："舌方围于我奠豐。"（《合集》6068 正/1）
> 壬寅妇豐示二屯。岳。（《合集》17513/1）

而望方鼎铭周公所伐的东夷豐伯，很可能在东方地区。

五十四　镐

上博简《容成氏》45—48 记载商纣王荒淫，不理朝政，"于是乎九邦叛之：豐、镐、郍、䚂、于、鹿、耆、崇、密须氏……豐、镐不服。文王乃起师以向豐、镐……豐、镐之民闻之，乃降文王……"李零考释："《说文·金部》：'镐……武王所都，在长安西上林苑中。'武王都镐又见《世本·居篇》。据考，今陕西长安沣河以东的西周遗址即其所在。其地应与'豐'邻近……"

五十五　郍

上博简《容成氏》45—46 记载，商纣王荒淫，不理朝政，"于是乎九邦叛之：豐、镐、郍、䚂、于、鹿、耆、崇、密须氏"。李零考释："《国语·郑语》：'秃姓舟人，则周灭之矣。'韦昭注：'秃姓，彭祖之别。舟人，国名。'疑即此'郍'。其地与虢、郐邻近（此'虢'是东虢，在今河南荥阳东北；'郐'，在今河南密县东北），是《郑语》所说郑桓公'寄孥与贿'的十邑之一，估计在今河南新郑一带。"甲骨文中有"舟"族：

> (1) 贞勿呼伐舟，叀□用。（《合集》5684/1）
> (2) ［乙］卯卜，宾，贞舟再册，商若。十一月。（《合集》7415 正/1）
> (3) 贞勿令舟。（《合集》4925/1）
> (4) 壬午卜，争，贞舟执冤。（《合集》5844 正/1）
> (5) 丙子卜，贞舟、龙受年。（《合集》9772/1）

此外铜器也见"舟"族徽。武丁时代舟曾经受到商王的征伐，此后便臣

五十六　盂方

商代有两个盂方，即西盂方和东盂方（详参下文"东方方国"的"盂方"），西盂方即《诗·大雅·文王有声》"既伐于、崇，作邑于豐"中的"于"、《周本纪》"明年，伐邘"中的"邘"、沁阳田猎区中的"盂"和上博简《容城氏》中九邦之一"于"。《殷本纪》载："以西伯昌、九侯、鄂侯为三公。"《史记集解》引徐广云鄂"一作邘，音于。野王县有邘城"。野王县即今河南沁阳，武王灭商后封子邘叔于此。西盂方在今河南沁阳西北三十里的邘台镇。

（1）甲戌王卜，贞禽巫九[龠]，遇盂方率伐西或，典西田，替盂方，妥余一人，余其从多田甾征盂方，亡左自上下于斨……《合补》11242/5，即《合集》36181＋《合集》36523）

（2）丁卯王卜，贞禽巫九龠，余其从多田于多伯征盂方伯炎，更衣翌日步……左自上下于斨示，余受有佑，不替戋……于兹大邑商，亡𠙹在祸……引吉，在十月，遘太丁翌。（《合集》36511/5）

（3）……在溇，贞旬亡祸……引吉，在三月，甲申祭小甲……惟王来征盂方伯炎……（《合集》36509/5）

（4）□□卜，贞旬亡𠙹祸？王固曰："引吉。"……甲辰替祖甲，王来征盂方。（《合集》36516/5）

（5）……于㫕录获白兕，敉于……在二月，惟王十祀，彡日，王来征盂方伯□。（《合集》37398/5）

五十七　鹿

上博简《容成氏》45—46记载，商纣王荒淫，不理朝政，"于是乎九邦叛之：丰、镐、郍、䰇、于、鹿、耆、崇、密须氏"。李零考释："《逸周书·度邑》：'王至于周，自□至于丘中，具明不寝。'所阙字，卢文弨据《文选》卷四十六王融《三月三日曲水诗序一首》李善注补'鹿'，各家从。学者推测，此'鹿'即《左传·昭公十七年》之'甘鹿'，在今河南嵩县东北。疑

---

① 彭邦炯：《甲骨文所见舟人及相关国族研究》，《殷都学刊》1995年第3期。

简文之'鹿'即《度邑》之'鹿'。"按，《度邑》之"鹿"与"甘鹿"之"鹿"很可能都是山麓的意思，不是地名。嵩县说仅备一说。

五十八　耆

上博简《容成氏》45—46记载，商纣王荒淫，不理朝政，"于是乎九邦叛之：丰、镐、郍、㴲、于、鹿、耆、崇、密须氏"。《周本纪》载："明年，伐犬戎。明年，伐密须。明年，败耆国。……明年，伐邘。明年，伐崇侯虎。而作丰邑，自岐下而徙都丰。"耆国即《尚书》西伯戡黎之黎，《殷本纪》作"饥"，《宋世家》作"阢"，春秋时期尚存，为侯国，在今山西黎城县东北。甲骨文中有利地，周原甲骨文 H11：42 有"利邑"，它们可能就是耆：

(1) 利示六屯。争。（《合集》10045 白/1）
(2) 壬申卜，王往田从利，擒。
　　从旂擒。（《屯南》2299/3—4）
(3) 在利东。（《怀特》1350/3）

五十九　崇

上博简《容成氏》45—46记载，商纣王荒淫，不理朝政，"于是乎九邦叛之：丰、镐、郍、㴲、于、鹿、耆、崇、密须氏"。《周本纪》载："明年，伐犬戎。明年，伐密须。明年，败耆国。……明年，伐邘。明年，伐崇侯虎。而作丰邑，自岐下而徙都丰。"《诗·大雅·文王有声》曰："既伐于、崇，作邑于豐。"李零云："《史记》正义说'崇国盖在豐、镐之间'，当是因为《文王有声》叙'作邑于豐'于'既伐于崇'之后。今得简文，可知崇自崇，豐自豐，绝非一地。"[①] 崇国在今西安附近，李学勤、刘士莪先生认为，老牛坡遗址可能是崇国遗址。[②]

[①] 马承源主编：《上海博物馆藏战国楚竹书》（二），上海古籍出版社 2002 年版。
[②] 李学勤：《海外访古记（四）》，《文博》1987 年第 3 期；刘士莪：《西安老牛坡商代墓地初论》，《文物》1988 年第 6 期。另外，彭邦炯先生认为老牛坡遗址是骊山氏的文化遗存（《西安老牛坡商墓遗存族属新探》，《考古与文物》1991 年第 6 期），此说有待商榷。

六十　密须

上博简《容成氏》45—46记载，商纣王荒淫，不理朝政，"于是乎九邦叛之：丰、镐、郍、蠹、于、鹿、耆、崇、密须氏"。《周本纪》载："明年，伐犬戎。明年，伐密须。明年，败耆国。……明年，伐邘。明年，伐崇侯虎。而作丰邑，自岐下而徙都丰。"密须即密国，在泾水上游灵台县西南，周原甲骨文H11：136："王囟克往密"，说的就是文王征伐密国之事。

第二节　北方方国

北方方国为数不多，主要分布在今山西北部、河北北部和辽宁西部。

一　土方

土方见于一、四期卜辞。

土方的位置，正如岛邦男所说在"殷的北边，舌方的东部"[①]，舌方在今晋陕高原地区，故土方大致位于今山西北部。

土方是殷王朝北部的大敌，它与殷王朝之间的战争始于武丁时期。

(1) 甲子卜，王，贞土方其敦亐。(《合集》20392/1)
(2) 辛巳卜，争，贞今早[②]王共人，呼妇好伐土方，受有佑。五月。(《合集》6412/1)

第(2)辞"呼妇好伐土方"，说明此次征伐土方是在妇好生前，即武丁中期。而伐舌方的统帅中没有妇好，且卜辞又云**"匄舌方于好妣"**（《合集6153》），表明伐舌方时妇好已死。舌方与殷王朝之间的战争始于妇好死后，即武丁后期。土方曾支持过舌方的侵略战争。

(3) 癸巳卜，殻，贞今早王值土方，受有……
　　壬辰卜，殻，贞今早王值土方，受有……

[①] [日]岛邦男：《殷墟卜辞研究》，温天河、李寿林中译本，鼎文书局1975年版，第386页。
[②] 此字从陈剑释"早"，参《释造》，《甲骨金文考释论集》，线装书局2001年版。

辛丑卜，争，贞曰舌方✦H✦于土……其敦✦，允其敦。四月。（《合集》6354 正/1）

"✦"字从王献唐释作"皇"，金文中有族徽"✦"，甲骨文中"✦"也应为族名或国名。"H"释作同，在这里有会同、会合的意思。"舌方✦H✦于土……其敦✦"的意思是，舌方与皇在土方会合以敦伐✦地。舌方与皇能在土方会合，说明土方与舌方是联盟。

土方内侵的方国或边地除"丂"外，还有"沚、✦"：

（4）癸巳卜，䛧，贞旬亡祸。王固曰："有［祟］，其有来艰。"迄至五日丁酉允有来［艰自］西。沚馘告曰："土方围于我啚，[戈]二邑；舌方亦侵我西啚田。"

王固曰："有祟，其有来艰。"迄至九日辛卯允有来艰自北，✦妻✦告曰："土方侵我田十人。"（《合集》6057 正、反/1）

一期卜辞中殷征伐土方所用的词汇有：伐、采伐、征、获围、擒、酋、值、值伐等，不同的词汇表示征伐的程度、方式不同。征伐土方的兵力最多达五千人，参加征伐的人物有王、沚馘、妇好、戉、三族。征伐的时间有一、三、四、五、十一、十二月：

（5）丁巳卜，䛧，贞王叀沚馘从伐土方。（《合集》6416/1）
（6）贞今……王采伐土方，受……（《合集》6425/1）
（7）贞勿征土方。（《合集》6448/1）
（8）甲寅卜，贞戉其获围土方。一月。（《合集》6452/1）
（9）贞弗其擒土方。（《合集》6450/1）
（10）□戌［卜］，䛧，贞［沚］馘禹册酋土［方］，王从……（《合集》6405 正/1）
（11）……登人三千，呼伐土方。（《合集》6407/1）
（12）丁酉卜，䛧，贞今旱王共人五千征土方，受有佑。三月。（《合集》6409/1，图 7—59）
（13）庚申卜，䛧，贞今旱王值伐土方。
庚申卜，䛧，贞今旱王值伐土方，受有佑。十二月。（《合补》

1864/1)

(14) □戌卜，争，[贞]令三族□沚馘□土[方]，受……（《合集》6438/1）

(15) 贞我弗其受土方[佑]。十一月。（《合集》8484 正/1）

(16) 癸巳卜，争，贞告土方于上甲。四月。（《合集》6385 正/1）

图 7—59 "王共人五千征土方"（《合集》6409）

四期卜辞中征伐土方的有王，时间在十月：

(17) 己酉，贞王亡㞢擒土方。（《屯南》994/4）

(18) 弜狩彡，其令伐土方。（《屯南》1015/4）

(19) [己]丑，贞……王寻告土方于五示。在夕，十月卜。（《屯南》2564/4）

第（19）辞是王在夕地向五示寻告土方，祈求打败土方。

二 下危

下危见于一期卜辞，为商朝敌国：

(1) 丁巳卜，宾，贞燎于王亥十牢，卯十牛，三牢，告其从望乘征下危。(《合集》6527 正/1)

(2) 贞今早王勿𢦔，从望乘伐下危，下上弗若，不我其受佑。(《合集》6506/1)

(3) 辛丑卜，宾，贞令多𢦔从望乘伐下危，受有佑。二月。(《合集》6525 正/1)

(4) 辛丑卜，宾，贞令多𢦔从望乘伐下危，受有佑。
贞妇好不惟庚……(《合集》6524 正/1)

(5) 丙戌卜，争，贞今早王从望乘伐下危，不我受有[佑]。
丙戌卜，争，贞今三月雨。(《合集》6496/1)

(6) 辛巳卜，争，贞今早王从[望]乘伐[下]危，受有佑。十一月。
□□[卜]，宾，贞今早共征土方。(《合集》6413/1，图7—60)

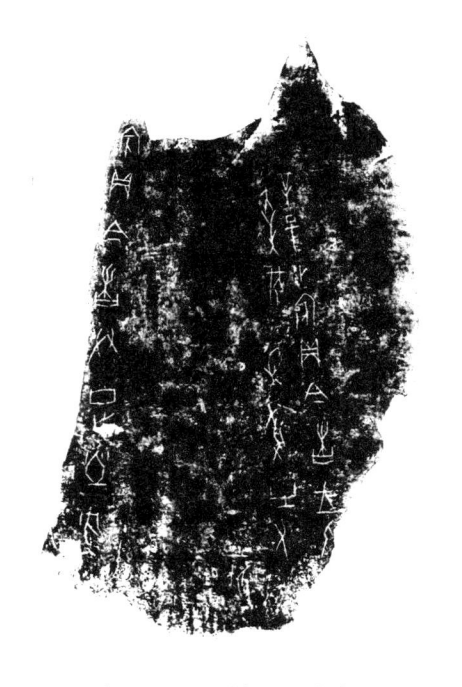

图7—60 "下危"、"土方"
（《合集》6413）

图7—61 "登下危人，乎盡伐"
（《合集》7311）

(7) 壬戌卜，㱿，贞王从望乘伐下危。

贞王从望乘伐下危。

贞王勿从望乘。

贞有来自北。(《缀》22/1)

(8) 丙申卜，㱿，贞今早王勿伐下危，弗其受有佑。(《合集》6513/1)

(9) 贞〔王〕从兴方伐下危。(《合集》6530 正/1)

(10) ……三千……伐下危，受〔有〕佑。(《合集》6523/1)

(11) 贞今□登下危人，呼盡伐，受有佑。(《合集》7311/1，图 7—61)

由（4）辞可知，征伐下危的战争发生在妇好生前，此次战争为武丁中期规模较大的一次，（1）—（10）辞显示参加战争的人物有王、多㱿、望乘、兴方，兵力达三千人。（1）辞丁巳日燎祭王亥，做战前祷告，（2）辞中的"𦰩"与乍相通，可以当祭名讲，① 为战前祷告之一。（3）、（5）辞中的二、三月在甲子表里前后相连，但限于材料，还不能判断二、三月与（6）辞中的十一月孰先孰后，若二、三月在先，征伐下危的战争则可能持续了十个多月。反之，则持续五个多月。（11）辞中的"伐"不是征伐，而是伐人之伐，"下危人"指下危国的战俘。

下危的地望，由（7）辞可知位于殷北地区，（6）辞与土方同版，下危与土方也可能距离不远。

三 冀

"冀"国见于一、五期卜辞，为侯爵：

(1) 甲子卜，允，贞于翌乙丑屎冀。乙丑允屎冀，不〔遘〕……(《合集》9570/1)

(2) ……贞翌日乙酉小臣㱊其……又老冀侯，王其……以商庸，王弗每。(《合集》36416/4，图 7—62)

---

① 彭邦炯：《卜辞"作邑"蠡测》，《甲骨探史录》，生活·读书·新知三联书店 1982 年版，第 267 页。

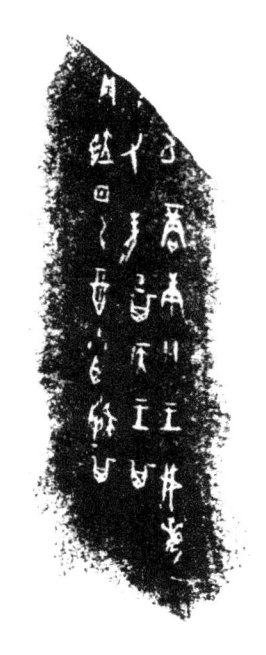

图 7—62 "𢍰侯"（《合集》36416）　图 7—63 小臣𦥒方鼎铭（《集成》2653）

(3) 癸未卜，在𦎫，贞禽巫九禽，王于𢍰侯𦥒师，王其在𢍰𤰅正……（《合集》36525/5）

(4) 庚寅卜，在𢍰，贞王步于𩫖，亡灾。

□辰卜，在𩫖，〔贞王〕步于□，亡灾。（《合集》36956/5）

第（2）辞中的"庸"字为析书。第（3）辞中的"师"为动词，有止舍义。王在"𦥒"地停留，"𦎫"前省却"𦥒"字。"𦥒"地属于𢍰国。小臣𦥒方鼎铭（图 7—63）云："王易小臣𦥒渨賣五年，𦥒用作享大子乙家祀䙴。𤔔父乙。"（《三代》3.53.2）葛英会先生认为"𤔔"只是"亚矣"（即燕国）众多支族中的一个①，"小臣𦥒"之"𦥒"为族名，又是"𤔔"族的一个分支，位于殷北地区。由此可知，𢍰国也在殷北。殷代至西周早期𢍰国的青铜器有很多，其中三件有明确出土地，它们分别是（图 7—64）：

---

① 葛英会：《燕国的部族与部族联合》，《北京文物与考古》第 1 辑，1983 年；又刊登在《燕文化研究论文集》，中国社会科学出版社 1995 年版。

A　羃侯，亚矣。（《集成》2702内底铭文，辽宁喀左北洞村二号窖藏出土铜鼎）

　　B　羃侯，亚矣。晏侯易亚贝，乍父乙宝障彝。（《集成》9439，北京附近出土铜盉）

　　C　羃女障彝，亚矣。（《集成》2146，扶风齐镇1号周墓出土铜鼎）

其中A的时代在商末周初，B的时代为周初，A、B两器表明大约在周初，羃国位于今北京、河北东北至辽宁西部一带，殷代羃国的位置也应在这个范围内。C为西周早期器物，器主是羃国女子嫁于周族者，另有一青铜匜，时代较晚，亦为羃女之器：

图 7—64　1. 陕西扶风出土的"羃"族铜鼎（《集成》2146）2. "其侯"（《集成》10559）3. 北京附近出土的"羃侯"铜盉（《集成》9439）4. 辽宁喀左出土的"羃侯"铜鼎铭文（《集成》2702）

王妇眞孟姜乍旅匜，其迈年眉寿用之。（《三代》17.32.2、《集成》10240）

铭文表明此眞女为王妇，"眞"国姓姜。不过，此眞应是春秋时代的眞国，因为匜器大约是在恭、懿以后至春秋中叶才出现的，① 春秋时眞国位于今山东莒县北部的箕山、东莞镇、峋场一带，② 烟台地区出土过该国青铜器。③ 春秋眞国与殷代眞国很可能非一脉相承。

至于"其"、"眞"、"矣"三者之间的关系，各家观点不一。王献唐先生认为，"其"即"眞"，"古文字有一惯例：某一字音在某一时间或空间有了变化，新音和旧音交混，一些读旧音的要标明本读，在字的一方，加注一个与旧音相同的字，使人一看知为何音，略等于近代的注音；但是读新音的也可以如法标注与新音相同的字。眞字从己，就是一个注音字，不读为今音若奇的其。""'其'读若己，是古代黄河流域东方的一种读音"，"亚矣"为人名，乃祖庚、祖甲时代的贞人眞，他在武丁时代为眞国侯爵。④ 曹定云先生则认为"其"与"眞"有别，"其侯（或曰亚其）"是武丁时的重要诸侯，祖庚、祖甲时代卜辞贞人"矣"为"其侯"，"矣"在晚年或死后又新封于"眞"，"其侯"与"眞侯"为同一家族的不同分支，除这两大分支外，此家族中不继承侯爵爵位的也可采用"亚矣"族徽。⑤ 葛英会先生采用吴大澂、刘体智的观点释"矣"为"燕"字，并认为"亚矣"是燕的国族徽号，而"眞"是典籍中的"蓟"，为"亚矣"国族下"以字为谥（氏）"分衍派生出来的分族之一。⑥ 彭邦炯先生也释"矣"为"燕"，它是"眞侯"国族中的一支，位于今北京附近，金文中"眞"与"其"可以通用，只是繁

---

① 郭沫若：《两周金文辞大系图录考释》的《图说》2页。
② 王献唐：《黄县眞器》，山东人民出版社1960年版。
③ 山东省烟台地区文物管理委员会：《烟台市上夼村出土眞国铜器》，《考古》1983年第4期。
④ 王献唐：《黄县眞器》，山东人民出版社1960年版。
⑤ 曹定云：《"亚其"考》，《文物集刊》（2），文物出版社1980年版。
⑥ 葛英会：《燕国的部族与部族联合》，《北京文物与考古》第1辑，1983年；又刊登在《燕文化研究论文集》，中国社会科学出版社1995年版。

简的不同。① 笔者以为若按曹先生的推理，"冀"字源于"其"，那么"冀"字应出现在"冀"新封地以后（即祖庚、祖甲时），但武丁时代已有"冀"字（如《合集》9570），"冀"字并非源于"其"，二者实为一字。《集成》10559："其侯亚矣父己"之"其"通常写作"冀"，可证二者确为一字。"冀"、"其"与"亚矣"的关系，正如葛先生所说"冀"（或"其"）是"亚矣"族的分支。严志斌将商代金文中的"其"字分为两类：一类，"其"两侧有手，无手的"其"内有繁杂的箕纹；二类，"其"两侧无手，"其"内箕纹简单。他认为这两类"其"具体所指有区别，前者与"冀"、"矣"无关。②

李学勤先生认为"冀"、"其"即文献中的"箕"，"冀侯"即"箕子"，箕位于今山西榆社县南箕城镇，箕族在北京以北的分布，可以和文献箕子事迹相印证。③ 此说可供参考。

四 竹

竹国见于一、二、三、四期卜辞，为商朝属国，被封为侯爵。竹国文献中称孤竹，1973年辽宁喀左县北洞村一号窖藏曾出土过竹国铜罍："父丁孤竹亚㠱"。④ 一期卜辞中常见的"妇笑"，是竹国与商王朝有婚姻关系的明证。妇好墓曾出土一件小石磬，上刻"妊竹入石"，"妊竹"为竹国人名，这件石磬为竹国进贡（图7—65）。有关竹国的卜辞举例如下：

（1）丁丑卜，王，贞令竹犬人于骨，屮朕事。三月。(《合集》20333/1)

（3）子竹犬。(《合集》22045/1)

（4）贞竹㞢告不。(《合集》22067/1)

---

① 彭邦炯：《从商的竹国论及商代北疆诸氏》，《甲骨文与殷商史》第三辑，上海古籍出版社1991年版。

② 严志斌：《商代青铜器铭文研究》，中国社会科学院研究生院博士学位论文，2006年，第144页。

③ 李学勤：《小臣缶方鼎与箕子》，《殷都学刊》1985年第1期。

④ 辽宁省博物馆等：《辽宁喀左县北洞村发现的殷代青铜器》，《考古》1973年第4期。

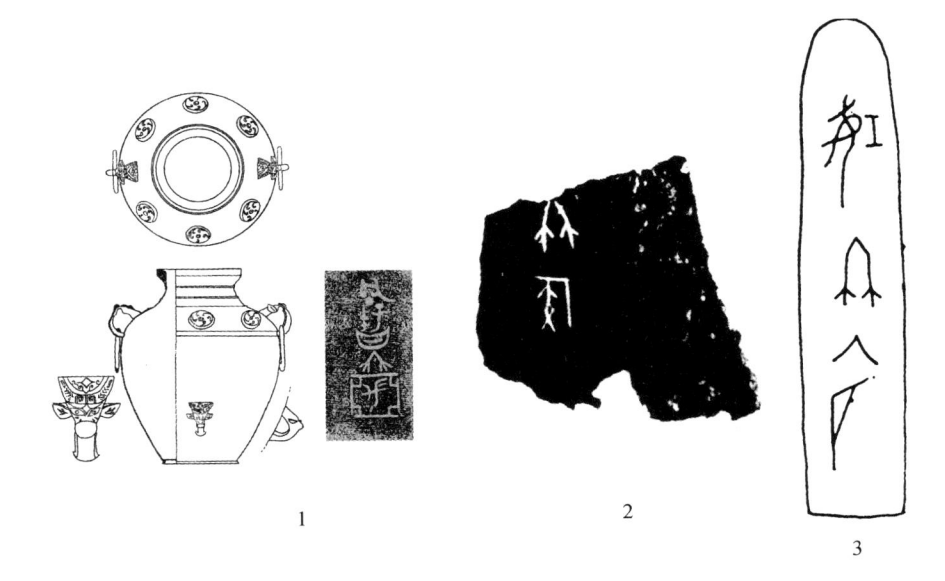

图 7—65 1. 辽宁喀左县北洞村一号窖藏出土的竹国铜罍 2. "竹侯"
（《合集》3324） 3. 妇好墓出土的"妊竹入石"石磬

(5) ……竹侯。（《合集》3324/1）
(6) 取竹刍于丘。（《合集》108/1）
(7) 竹入十。（《合集》902 反/1）

第(6)、(7)辞的内容说明竹国除了入贡乐器外，还贡纳刍奴和卜甲。

(8) 辛卯卜，㱿，贞惟冥呼竹㚔？。（《合集》1108 正/1）
(9) 之日用，戊寅竹㞢。（《合集》6647 正/1）
(10) 己亥卜，贞竹来以召方于大乙㝃。（《屯南》1116/4）
(11) 己酉卜，竹有酘，允。（《英藏》1822/4）

以上是竹国人参加祭祀的卜辞，"酘"有酘伐的意思。[①] 竹国很可能还参与了征伐召方的战争，(10)辞中的"以"，有用、致送的意思，"竹来以召

---

① 于省吾：《释酘》，《甲骨文字释林》，中华书局 1979 年版，第 172—174 页；王玉哲：《陕西周原所出甲骨文的来源试探》，《社会科学战线》1982 年第 1 期。

方于大乙⿰"是说竹国凯旋而归,用召方战俘祭祀大乙。

（12）贞唐弗爵竹妾。
……竹妾。（《合集》2863/1）

"妾"在商代是配偶的意思[①],"竹妾"指竹国首领的配偶。

（13）王用竹,若。（《合集》15411/1）
（14）叀竹先用。（《合集》32933/4）

"'用',乃杀牲之通称,畜与人无别,亦可同时并用。"[②]（13）、（14）辞意思基本一样,（14）辞宾语前置,"用竹"是指杀竹国贡献的人祭,非竹国的首领。

（15）王固曰:"有祟,其有来艰。"迄至九日辛卯允有来艰自北,㞢妻笶告曰:"土方侵我田十人。"（《合集》6057反/1）

"㞢"为殷北方边地;"妻"是配偶的意思,"㞢妻笶"说明竹国与㞢也有婚姻关系。

（16）丁丑卜,竹、争,贞令大以子翌臣商羞于……（《合集》637/1）
（17）丙寅卜,矣,贞卜竹曰:"其告于丁宰。"王曰:"弜雷,翌丁卯⿰若。"八月。（《合集》23805/2）

这两条卜辞说明竹国有人在朝廷做贞人和卜官。

（18）庚寅,竹亡灾。（《合集》31884/3）

竹国的地望,彭邦炯先生结合考古与文献材料认为,"在今日河北东北

---

① 陈炜湛:《甲骨文同义词研究》,《古文字学论集》初编,1983年9月5日。
② 李棪:《殷墟斫头坑髑髅与人头骨刻辞》,《中国语文研究》第8期（香港）,1986年版。

部到长城外的辽宁西部、内蒙古东南一隅的范围内；而卢龙则是该国族的中心区或首邑所在，喀左等地则可能是当时竹国范围内的重要城邑了。"①

五　宋

"宋"国为伯爵，见于一期卜辞：

(1) 乙巳卜，王㞢子宋。(《合集》20034/1)
(2) 己卯卜，王，贞鼓其取宋伯丕，鼓祸，㞢朕事，宋伯丕从鼓。二月。(《合集》20075/1，图7—66)

图7—66　"宋伯"(《合集》20075)

(3) 癸酉卜，㱿，叀麂即鼓令取宋[伯]丕，二旬癸卯……(《合集》21229/1)
(4) 辛巳卜，弜宋丕于值丧，若。(《英藏》1777/1)
(5) 己卯卜……令……受……于宋。(《合集》7898/1)

---

① 彭邦炯：《从商的竹国论及商代北疆诸氏》，《甲骨文与殷商史》第三辑，上海古籍出版社1991年版。

(6) 贞王自宋入。
　　辛酉，王［不］自宋入。(《合集》3458/1)

第 (1) 辞中的"子宋"之"子"是王子的意思，他的封地在宋，为伯爵。(2)、(3)、(4) 辞中的"丕"乃宋伯私名。

宋国的地望，胡厚宣先生认为即微子所封之宋地，在今河南商丘县①；彭邦炯先生认为宋国在春秋宋子国故地，即今河北赵县东北②，可从。

六　嬰

河北定州北庄子发现 42 座商代墓葬，"这批墓葬排列有序，没有相互叠压或打破现象，其墓坑制作规整，等级森严，普遍流行残酷的殉人、殉狗制度，随葬品亦较丰富，显然在商代非一般平民所拥有，应当是一处规模较大的奴隶主贵族墓群，而且是方国贵族墓群"③。墓中所出铜器多铭"嬰"，因此可以确定定州北庄子为嬰国所在。

七　俴

俴国首领称王，出现在一、五期卜辞：

(1) 贞弗其戈俴俎。(《合集》7040 正/1)
(2) 贞叀俴王望。(《合集》18218/1)
(3) 贞叀俴王望。(《合集》18220/1)
(4) 丙午卜，㕁，贞令□望俴王。(《合集》18219/1)
(5) 庚寅卜，在𣆟，贞王步于俴，亡灾。(《合集》36956/5)

第 (1) 辞俴国受到商王朝的征伐，(2)、(3)、(4) 辞商王已能令人在俴王的领地望田了，直至第五期俴国似乎一直臣属商王。

由 (5) 辞推测，俴离𣆟不远，𣆟在今北京、河北省东北至辽宁西部一

---

① 胡厚宣：《殷代封建制度考》，《甲骨学商史论丛》初集第 1 册。
② 彭邦炯：《从鼓字论及相关地名和国族》，《殷都学刊》1994 年第 3 期。
③ 河北省文物研究所、保定地区文物管理所：《定州北庄子商墓发掘简报》，《文物春秋》1992 年增刊。

带，畀也位于此地附近。

八 鄑

上博简《容成氏》45—46记载，商纣王荒淫，不理朝政，"于是乎九邦叛之：豐、镐、郍、鄑、于、鹿、耆、崇、密须氏"。李零考释鄑："或即战国时期的石邑，在今河北获鹿东南。"①

第三节 东方方国

东方方国主要指今山东除胶东半岛以外的地区，淮河附近以及江苏、安徽、河南交界地区。

一 人方

人方或称夷方。卜辞中有"夷"（《合集》6461正、6459）、"东夷"（《合集》8410反）、"西佳夷"、"北佳夷"（《合集》32906）、"东北夷"（《合集》22202），"归夷"（《合集》19957正、20502）之称，"夷"是商人对东、南民族的统称。人方是属于东夷族的一个方国。

人方出现在一、四、五期卜辞中：

(1) 惟人方受佑。（《合集》20612/1）
(2) ……人方不出。（《合集》6456/1）
(3) 辛巳卜，叀生月伐人方。八月。（《合集》33038/4）
(4) 癸酉卜，戍伐，右牧䍙啟人方，戍有𢦚。（《屯南》2320/4）
(5) 乙卯卜，贞王其征人方，亡𢦚。（《屯南》2370/4）

以上诸辞都是征人方的卜辞：（1）辞卜问敌国人方是否受佑。（2）辞问人方是否出兵。（3）辞中的"生月"是下月的意思，即九月。（4）、（5）辞为征人方卜辞。

五期卜辞中帝辛（有学者认为是帝乙，这里涉及商代的历法问题，不作讨论）十祀征人方的材料集中，根据周祭规律，运用干支和地名系联方法可

---

① 马承源主编：《上海博物馆藏战国楚竹书》（二），上海古籍出版社2002年版。

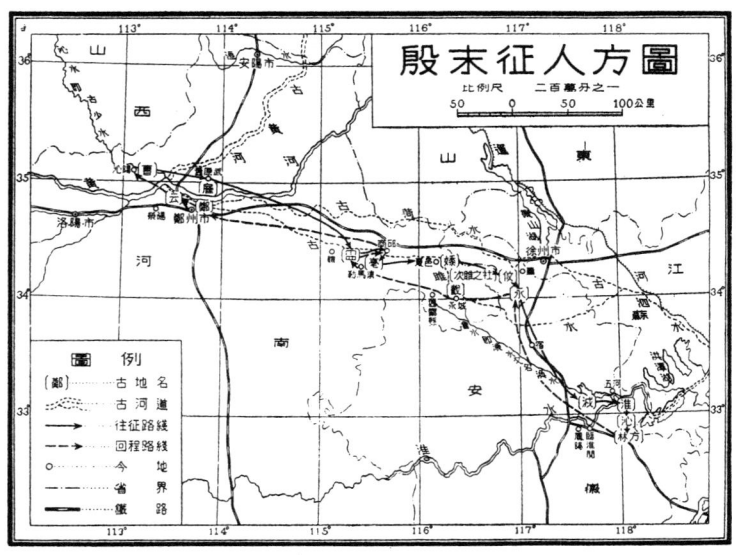

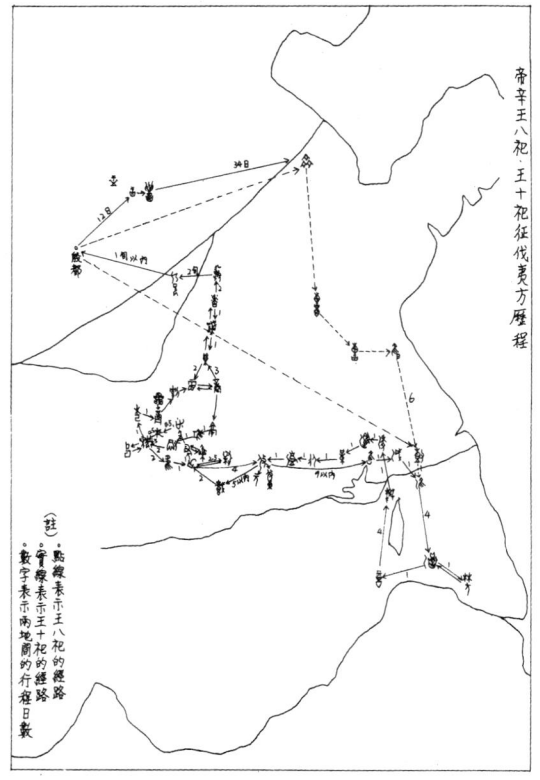

图 7—67　陈梦家、岛邦男征人方路线图

以给帝辛十祀征人方排出日谱来。前人董作宾是系统排谱的第一人，继之者有陈梦家、岛邦男（图7—67）、李学勤，再后来者就是钟柏生、郑杰祥、张永山和罗琨、王恩田、常玉芝等先生。[①] 诸位先生不断修正前人错误，增加新材料，剔除错误材料，使日谱不断完善。笔者在总结前人研究成果的基础上，试排谱如下：

[八月]	[癸]亥	甲子肜妹工典	征人[方]	[在]曹师	《合集》36489
十祀 九月	甲午	遘上甲壹	步从侯喜 征人方	告于大邑商	《合集》36482
九月	癸亥		征人方	在雇	《合集》36485
					《合集》36487
十月	癸酉		征人方	在勳	《合集》36504
	乙酉			在香	《合集》36553
	丁亥			在區	同上
	己丑			在樂	同上
	辛卯			在䨺	同上
	癸巳			在䨺	同上
十月	[癸巳]		征人方		《英藏》2524
十祀 十月	甲午		征人方	在䨺，从东	《合集》37856
	乙未			在䨺	《合集》36553
十月又一	癸卯		征人方	在商	《英藏》2524
				在商	《合集》36553
				[在]商,[今日步]于亳	参下文《合集》36567的说明

---

① 董作宾：《殷历谱》；陈梦家：《殷虚卜辞综述》，中华书局1988年版。[日]岛邦男：《殷墟卜辞研究》，温天河、李寿林中译本，鼎文书局1975年版；李学勤：《殷代地理简论》，科学出版社1959年版；钟柏生：《殷商卜辞地理论丛》，艺文印书馆，1989年9月；郑杰祥：《商代地理概论》，中州古籍出版社1994年版；罗琨、张永山：《夏商西周军事史》，《中国军事通史》第一卷，1998年10月；王恩田：《人方位置与征人方路线新证》，《胡厚宣先生纪念文集》，科学出版社1998年版，此文在日谱中增添《合集》36567"在商，今日于亳"后，又发表在《杞文化与新泰》，中国文联出版社2000年版。常玉芝先生的文章待刊。

第七章 商代方国考订

	己酉		在🔲	同上
	辛亥		在🔲	同上
十月又一	癸丑	征人方	在亳	《英藏》2524
	甲寅		在亳，步于雚	参下文《合集》36567 的说明
	乙卯		在雚，步于䢵	同上
	丁巳		在䢵，步于㚔	同上
	己[未]		在㚔，迻从高西	同上
	庚申		在㚔，雷🔲	同上
	辛酉		在㚔，步于蒦	《合补》11142
十月又一	癸亥	征人方	在蒦	《英藏》2524
	癸亥		在蒦，步于危	《合补》11142
	甲[子]		🔲	同上
十月又二	己巳		在危，步于攸	同上
十月又二	癸酉	征人方		《英藏》2524
	己卯		在🔲，其雷🔲	《英藏》2564
十月又二	癸未	征人方	在舊	《合补》11232
	癸未		在舊，步于𣲜	《英藏》2564
	甲申		在𣲜	《前》2.16.5
	乙酉		在𣲜立，步于淮	《英藏》2564
	丙戌		[在]淮，[步]于🔲	《合集》36968
				《英藏》2563
	庚寅		在濩師，雷林方	《合集》36968
				《英藏》2563
	壬辰		在濩，至于𦳝藿沮師	《合集》36968
				《英藏》2563
十月又二	癸巳	征人方	在濩	《合补》11232
				《合集》36484
	癸巳		在濩	《合集》36494
十祀 十月二	甲午	彡日	在濩師，步于蓸	《英藏》2563
	乙[未]		在蓸，步于🔲	《合集》36630
正月	丁[酉]		在🔲師，从🔲	《英藏》2563

月	干支				出处
	己亥			在春師，步于淩	同上
正月	庚子	获犾十又一		在淩師，步于溪	《殷历谱》下 9.57
	辛丑			在溪師，步于昱	同上
	壬寅			在昱，步[于]永	同上
正月	癸卯		来征人方	在攸侯喜啚永	《合补》11232
					《合集》36484
	癸卯		[来]征[人方]	[在]攸	《合集》36494
	癸卯			在永師，步于□	《殷历谱》下 9.57
	乙巳			在溫師，步于攸	同上
正月	丙午	征执冑人	来征[人方]	在攸	《合集》36492①
		方嶏焚			
	己酉			在攸	《合集》36822
	辛亥			在攸	同上
	辛亥	大左族有擒		在攸	《合集》37518
正月	癸丑		来征人方		《合补》11232
	丁巳			在攸	《合集》36822
	己未			在攸	同上
	己未	田元			《殷历谱》下 9.57
正月	癸亥		来征人方	在攸	《合补》11232
	乙丑			在攸，迖从攸东	《殷历谱》下 9.57
二月	癸酉		来征人方		《合补》11232
	癸酉		来征人方	在攸	《合集》36494

---

① 李学勤先生将《合集》36492 与 36969、《怀特》1901 缀合，参《帝辛征夷方卜辞的扩大》，《中国史研究》2008 年第 1 期。

第七章　商代方国考订　381

	丁丑		在□，步[于]截	《殷历谱》下 9.57
	戊寅		在截，步于危	同上
	庚辰		在危，步于叉	同上
二月	□□		在叉，步于栗	《合集》36902
	辛巳		在叉，步于汕	《殷历谱》下 9.57
	[壬午]		[在汕]，步于杞	《合集》36901
二月	癸未	来征人方	在㜮	《合补》11232
	丙戌		在萱，步于□	《合集》36751
	庚寅		在嫱，步于杞	同上
	壬辰		在杞，步于昌	同上
二月	癸巳	来征人方	在昌、𢀘、商、𦧎	《合补》11232
	癸巳	来征人方	在昌、𢀘、𦧎、商	《英藏》2525
	癸巳		在昌，迩𦧎，于师北	《合集》36751
	甲午		在昌，步于剌	同上
三月	[癸卯]	来征人[方]	在雷	《合补》11232
	乙巳	田□	来征人[方]	在□	参下文门艺缀合的第二版
	丙午		在商，步于樂	同上
	己酉		在樂，步于噩	同上 《英藏》2565 正
	庚戌		在噩，步于香	同上 《英藏》2565 正
	辛亥		在香，步于𠂤	同上 《英藏》2565 正
	癸丑		在𠂤，步于□	《英藏》2565 正
	癸丑		在𠂤	《英藏》2525

	甲寅		在䝊，步于奠	参下文门艺缀合的第二版
	乙卯	田师东	在奠	同上
	丙辰		在奠，步䖒	同上
	丙辰		步于䖒	《合集》37434
	戊午	田舊，获鹿狐	在䖒	同上
	己未		在羌，步于𦘘	同上
	庚申		在𦘘，步于勐	同上
	□□		在□……淮	同上
[四月]	癸酉	来征人方	在云奠河①邑	《英藏》2525
五月	癸卯	来征人方	在噩［師］	《合集》36495
五月	癸亥		在噩師	同上

陈梦家认为，卜辞中的"征人方"是说去伐人方，指往程，"来征人方"是说来于征人方，指归程。② 这一观点，已为学界认可。

征人方的起点从董作宾到王恩田都认为在大邑商，陈梦家认为终点在噩，常玉芝则认为起点和终点都在噩。《合集》36489 为一条"祭工典"卜辞：

［癸］亥王卜，贞旬亡祸。［在八］月，甲子酚妹工典……［在］噩師，征人［方］。

周祭周期有 36 旬和 37 旬两种，若按 36 旬的周期，甲子祭工典，壹上甲应在甲申日，这与《合集》36482 甲午遘上甲壹矛盾，所以帝辛十祀应为 37 旬，甲申至癸巳为空旬，这样就与甲午遘上甲符合：

    甲子   祭工典
    甲戌   祭上甲，壹工典
    甲申   空旬

---

① 饶宗颐、裘锡圭先生说此字不是"河"字，裘先生认为有些像"折"字。参裘锡圭《殷墟甲骨文考释四篇》，《海上论丛》（二），复旦大学出版社 1998 年版。
② 陈梦家：《殷虚卜辞综述》，中华书局 1988 年版，第 304 页。

甲午　　　☗上甲，☗工典

又，诸家所引的《撷续》153（即《合集》36506）片有两条辞：

□五……于商，亡……征人方。
……☗……在十月……往……其……

由于卜辞残甚，不能判定是"征人方"还是"来征人方"的卜辞，也不能判定是"十月"还是"十月又一"或"十月又二"的卜辞，故《撷续》153宜删。

再，《合集》36567是《后》上9.12（即《合集》36555）与《前》2.9.6的一版缀合卜辞，笔者以前在排帝辛十祀征人方卜辞时，发现该版卜辞辞序是从上往下读，与其他卜辞不类，觉得奇怪，但认为"在商贞"的"贞"字系密缀，缀合不应有误，所以推测"在商贞"条卜辞辞尾的"唯"字（实为"嬩"）可能是刻手误刻改字造成的。[①] 现在看来，笔者的这种推测是不准确的，《合集》36567的缀合有问题，"贞"字也非密缀，这一点王恩田[②]、门艺[③]两位先生已经指出来了。他们认为，《合集》36567中的两版卜辞应如董作宾、曾毅公先生缀合的那样上下颠倒，即《前》2.9.6在上，《后》上9.12在下。王恩田先生在《前》2.9.6上遥缀了《林》1.28.1（即《合集》36830），门艺在《前》2.9.6上缀了《合补》11115。笔者拜读二位大作，觉得二者的缀合可以合二为一，虽然不是十分密合（A的下端存有B的第一个"贞"字的右竖笔上部，C上存有B的第二个"贞"字的左竖笔。A《林》1.28.1，即《合集》36830；B：《合集》11115；C：《前》2.9.6.；D：《后》上9.12；即《合集》36555），但干支和地点都互相衔接（图7—68），卜辞从下往上读，释作：

□□［王卜，在］商，贞［今日步］于亳，亡灾。

---

① 拙文《浅论殷墟卜辞中所见东方和南方方国》，《商承祚教授百年诞辰纪念文集》，文物出版社2003年版。
② 王恩田：《两版征夷方卜辞缀合校正》、《征夷方卜辞遥缀二例》，《中国文字》新29、32期。
③ 门艺：《黄组卜步辞补缀》，www.xianqin.org。

甲寅王卜，在亳，贞今日步［于］堆，亡灾。
乙卯王卜，在堆，贞今日步于甗，亡灾。
丁巳王卜，在甗，贞今日步于嫊，亡灾。
己［未］王卜，在嫊，贞其遴从高西，往［来］亡灾。
庚申王卜，在嫊，贞其䖒□，亡灾。延遴从师东。

另外，门艺还缀合了一版①：蔡缀 379（《合集》36501＋H36752）＋《合集》37410＋《合集》36772（图 7—69），释作：

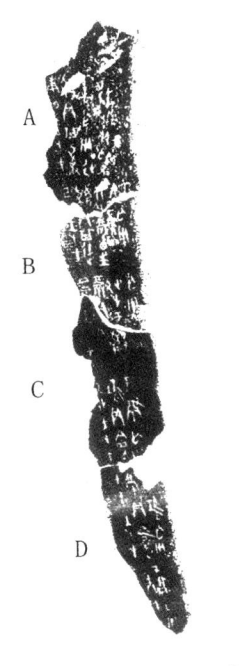

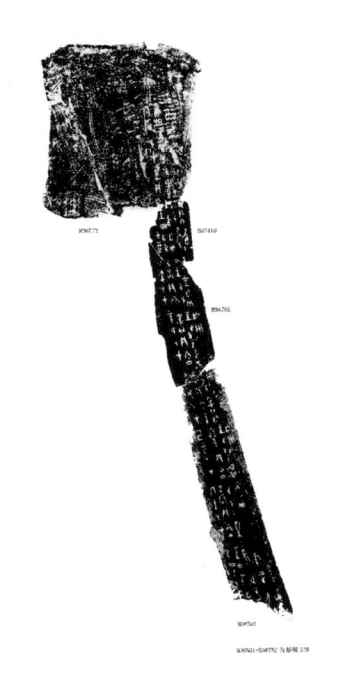

图 7—68　《合集》36567 的重新缀合

图 7—69　蔡缀 379（《合集》36501＋《合集》36752）＋《合集》37410＋《合集》36772

乙巳卜，在……王田□，亡……兕廿又……来征人［方］。
丙午卜，在商，贞今日步于乐，亡灾。

---

① 门艺：《黄组卜步辞补缀》，www.xianqin.org。

己酉卜，在樂，貞今日王步于𡀒，亡灾。
庚戌卜，在𡀒，貞今日王步于香，亡灾。
辛亥卜，在香，貞今日王步于䰙，亡灾。
甲寅卜，在䰙，貞今日王步［于］奠，亡灾。
乙［卯卜］，在奠，貞王田師東，［往］来亡灾。兹御。獲鹿六，□□十。
丙辰卜，在奠，貞今日王步𣥎，亡灾。
癸……彡……步……亡灾。

门艺认为此版可与《合集》37434系联：

丙辰王卜，在□，［貞］今日步于□……
戊午王卜，在𣥎，貞田舊，往来亡灾。兹御。獲鹿狐。
己未王卜，在𣥎，貞今日步于𦎧，亡灾。
庚申王卜，在𦎧，貞今日步于勧，亡灾。
□□王卜，在□，貞……淮……（《合集》37434）

还有，门艺认为《合集》36957可与《殷历谱》下9.57（《英藏》2526＋《合集》37475＋《合补》11141）缀合，也可作参考。

最后，陈梦家把《续》3.18.4（即《合集》36495）的两个干支释作癸卯、癸丑，不确。此片为右腹甲，第一个干支癸卯清晰可见，第二个干支则不可辨认，但根据常玉芝先生总结的晚期龟腹甲卜旬卜辞的先下后上、先右后左、先内后外的契刻规律，[①] 可知第二个干支应为癸亥，今改之。

此次征人方的路线也可表示如下，地名之间的数字为两地步行所用最长时间，小括弧里的地名是可能到达的地方，方括弧里的地名与方括弧前面的地名邻近，"永"以后为返程：

曹—31—大邑商—29—雇—10—勧—12—香—2—𡀒—2—樂—2—雷—8—商—6—𣪩—？—亳—1—𠂤—2—𩰫—2—嬺［高］—2—萑［𩁹］—6—危—？—（攸）—20—舊—1—減—1—淮—4—濻—1—蒿—4—春—1—淩—1—溇—1—䍃—1—永—2—溫—1—攸［元］—1—截—2—危—2—叉［栗］—1—

---

① 常玉芝：《晚期龟腹甲卜旬卜辞的契刻规律及意义》，《考古》1987年第10期。

沚—?—（杕）—1—嬘—3—𦤲—4—娬—2—杞—1—𠬝、𢓊、商、𢎘[𠷎]—?—（劌）—8—雷—3—商—3—樂—1—噩—1—香—2—䨲—1—奠—2—羌[舊]—1—𦤳—?—（勤）—?—（淮）—13—云奠河邑—30—䢜

由上述路线观，征人方返程过程中一直到香地都是在曲曲折折地往回走，但香地之后又出现了在舊地田猎的情况（《合集》37434），看来征人方的部队是再次折返到了人方地区（舊曾经是人方的属邑，见《屯南》2064），然后又沿勤—云奠河邑—䢜的路线返回，淮水应该是没有去。征人方的部队为什么再次折返到人方地区，具体原因值得探究；同时也可以看出，当时的战略战术也非常灵活。

此次征人方，往程从八月癸亥到正月壬寅为 160 天，返程从正月癸丑到五月癸卯为 121 天，共耗时 281 天。其中，与林方的战争用了不到 5 天时间。返程中，商王在攸地逗留了 18 天，其中从丙午到丁巳的 12 天内，由《合集》36492、37518 可知，是在与人方主力作战。这一点值得注意，商王与人方的遭遇实际上发生在征人方返程过程中。

上述地名根据文献及金文材料可以确定的有：

（1）大邑商

"大邑商"，卜辞和文献中又见"天邑商"，二者的关系及性质，目前有四种说法：一，罗振玉认为、王国维[①]二者均指王都，在安阳，郑杰祥[②]从；二，董作宾认为"大邑商"是故都，在今商丘，"天邑商"是行宫，地点不固定；[③] 三，岛邦男认为"大邑商"是安阳王都，"天邑商"在今商丘；[④] 陈梦家认为"大邑商"在沁阳田猎区，"天邑商"在朝歌；[⑤] 五，李学勤认为"天邑商"指王畿地区。[⑥]

按卜辞、文献中常见"大"与"天"通用，如"大戊"（《合集》34165）又作"天戊"（《合集》22054），"大乙"（《合集》14872）又作"天乙"（《史记·殷本纪》）。故"大邑商"即"天邑商"，没有分别。何尊铭："……惟武

---

① 罗振玉：《殷虚书契考释》下，第 54 页；王国维：《观堂集林·说商》。
② 见郑杰祥：《商代地理概论》，中州古籍出版社 1994 年版，第 13—18 页。
③ 董作宾：《殷历谱·闰谱》，《中央研究院历史语言研究所专刊》，1945 年 4 月。
④ ［日］岛邦男：《殷墟卜辞研究》，温天河、李寿林中译本，鼎文书局 1975 年版，第 360 页。
⑤ 陈梦家：《殷虚卜辞综述》，中华书局 1988 年版，第 255—258 页。
⑥ 李学勤：《殷代地理简论》，科学出版社 1959 年版，第 95 页。

王既克大邑商，廷告于天，曰：'余其宅兹中国，自之治民。'……"武王攻克大邑商，大邑商绝不是商丘或沁阳，也不是王畿，因为克王畿，讲不通。在大邑商言宅兹中国，说明大邑商是商朝乃至天下的中心，应是安阳王都。

（2）雇

雇在今河南原阳县西南原武西北（参下文）。

（3）商、亳

商王在征人方的过程中从"商"到"亳"，距离在十日以内。王国维、陈梦家均认为"商"在今商丘①，王恩田谓微子宋沿用商时宋②名，微子宋周代以后才称商丘，故"商"地不在商丘，而在出土商丘叔簠的泰安道朗。③按，商丘叔簠是春秋早、中期器，不可据此断定"商"在泰安。《左传》定公四年："取于相土之东都，以会王之东蒐。"王国维考证"相土之东都"在泰山下，但泰山东都并不叫"商"或"商丘"。④古文献常见"商"或"商丘"，也无一例在泰山下。"商"在今商丘，"亳"地在今山东曹县。

（4）淮

今洪泽湖以西的淮水，与商时淮水没有很大差别。⑤

（5）攸

攸在近河南永城南部，安徽宿州西北一带⑥（参下文）。

（6）剌

1973 年 6 月，在山东兖州李宫村发现一批具有晚商风格的青铜器和陶器⑦，其中有两件铜器有铭文：一件卣，铭文为"**剌册，父癸**"；一件爵，铭文为"**剌，父癸**"。"剌"即"索"字，这批青铜器的器主为周初封鲁的殷民

---

① 王国维：《观堂集林·说商》；陈梦家：《殷虚卜辞综述》，中华书局 1988 年版，第 306 页。

② 《合集》20075：宋伯㐬从鼓。二月。彭邦炯先生认为宋国在春秋宋子国故地，即今河北赵县东北。

③ 王恩田：《人方位置与征人方路线新证》，《胡厚宣先生纪念文集》，科学出版社 1998 年版。

④ 王国维：《观堂集林·说自契至于成汤八迁》、《观堂集林·说商》。

⑤ 见《中国历史地图集》第一册，中华地图学社出版 1975 年版。

⑥ 陈梦家：《殷虚卜辞综述》，中华书局 1988 年版，第 306 页。

⑦ 郭克煜、孙华铎、梁方建、杨朝明：《索氏器的发现及其重要意义》，《文物》1990 年第 7 期。

六族中的索氏。王恩田、李学勤先生认为此"剿"就是征人方途中的剿地,[①]由此可知卜辞中的剿地应位于今山东兖州。但是,商王很可能并未到达剿地,卜辞中无"在剿"的记录。

（7）杞

杞地在今河南杞县（参下文）。

在征人方的过程中,有六次田猎记载,它们分别是在去人方去的途中、战败人方之后和返回途中进行的：

A　庚子王卜,在淩師,贞今日步于溪,亡灾。在正月。获犾十又一。（《殷历谱》下9.57,又见曾毅公《甲骨缀合编》218,为《英藏》2562与《合集》37475、《合补》11141的缀合；图7—70）

B　己未王卜,在,贞田元,往来亡灾。（《英藏》2562正）
　　兹御。获兕一犾二。（《英藏》2562反）

C　乙巳卜,在□,[贞]王田□,亡灾。[获]兕廿又□,来征人方。（《合集》36501）

D　……田……鹿十……（《英藏》2565反）

E　乙巳卜,在……王田□,亡……兕廿又……来征人[方]。（上文门艺缀合第二版）

F　乙[卯卜],在奠贞：王田师东,[往]来亡灾。兹御。获鹿六,□□十。（同上）

G　戊午王卜,在淩,贞田舊,往来亡灾。兹御。获鹿狐。（《合集》37434）

以上A辞在去人方的途中,B辞为战败人方后,C—G辞在返回途中,征战途中的田猎应与战争补给有关。

黄组征人方的卜辞中有一些不能排入日谱,说明商末征人方不止一次,晚商金文（图7—71）也证明了这一点,《左传》、《吕氏春秋》讲"纣克东夷",不能理解为只用兵一次：

---

① 王恩田：《齐国建国史的几个问题》,《东岳论丛》1981年第4期；李学勤：《海外访古续记》（九）,《文物天地》1994年第1期。

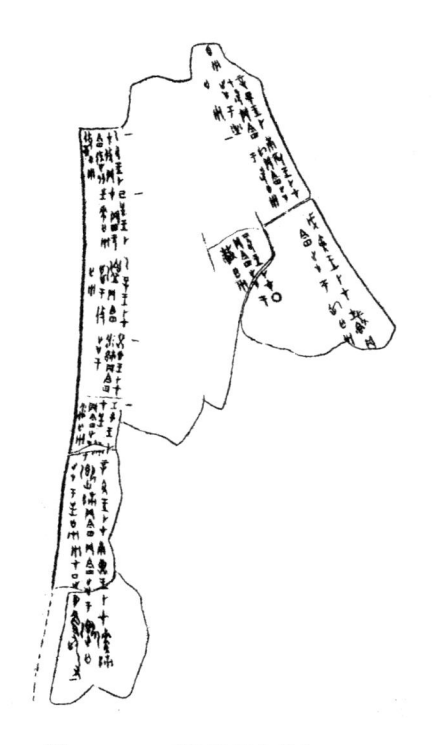

图 7—70 《甲骨缀合编》218

A 癸巳卜，贞王旬亡祸？在二月，在齐𫝀，佳王来征人方。（《合集》36493）

B ［乙］亥王［卜，贞］，自今春至［于］翌，人方不大出。王固曰："吉。"在二月，遘祖乙彡，佳九祀。（《合集》37852）

C 丁巳王省夔宜，王易小臣艅夔贝，佳王来征人方，佳王十祀又五，彡日。（小臣艅犀尊铭，《集成》5990）

D 乙巳子令小子𤕝先以人于堇，子光商𤕝贝二朋，子曰："贝佳丁𫍙女历。"𤕝用作母辛彝，在十月二。佳子曰令："望人方𤔲。"（器铭）

𤕝，母辛（盖铭）（小子𤕝卣铭，《集成》5417）

E 癸巳□商小子□十朋在……令伐人方𤔲，□用作文父丁𨣧彝，在十月四。𤕝。（小子□簋铭，《集成》4138）

F 王宜人方，无咎，咸，王商作册般贝，用作父己𨣧。来册。（作册般甗铭，《集成》944）

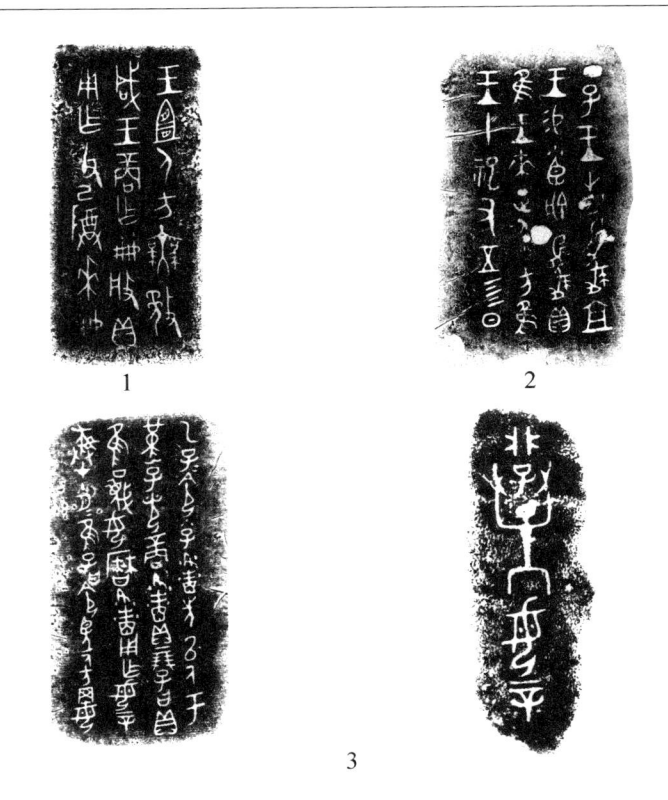

图 7—71　1. 作册般甗铭（《集成》944）2. 小臣艅犀尊铭（《集成》5990）
　　　　 3. 小子𠂤卣铭（《集成》5417）

例 A 二月癸巳王在齐地，与日谱中的二月癸巳在𧊒、𧊒、𧊒、商𥂴相左，而且齐也不能与其他地名相系联，故排除在外。例 B 与下引焦智勤发现的两片甲骨有关，都属于帝辛九祀征人方的卜辞，李学勤先生认为此次征人方与帝辛十祀征人方为一回事①，笔者以为帝辛九祀征人方与帝辛十祀征人方是两次征人方，下引焦智勤发现的两片甲骨说九祀三四月份人方已经侵犯东国，那么商王肯定会马上出兵征伐人方，绝不会再等到十祀八九月份才组织军队，而且十祀征人方真正与人方交战是在回程的十一祀正月份，与人方交战前，商王到淮水流域征伐了林方。例 C 为王十五年之事，小臣艅犀尊相传清道光年间出土于梁山，所谓"梁山七器"之一，铭文表明王此次征伐人方

---

① 李学勤：《论新出现的一片征人方卜辞》，《殷都学刊》2005 年第 1 期。

经过梁山。例 D、E 应为一事，十二月侦察人方𠳮，十四月伐人方𠳮，它也不是王十年发生的事，与例 D、E 相关的卜辞，有"……人方伯𠳮率……多侯甾伐人方伯……"①（图 7—72）。例 F 没记时间，也排除在外。另，在殷墟曾发现"……祖乙伐……人方伯"（《殷虚卜辞综述》图版 13）（图 7—73）人头刻辞，"伐"是砍头，意思是说砍人方伯的头祭祀祖乙。

图 7—72　"人方伯𠳮"

与帝辛十祀征人方有联系的还有戍铃方彝铭（《集成》9894）：

己酉戍铃𠭯宜于召，置庸，带九律带，商贝十朋，万𢓸?用󰀀丁宗彝，在九月，唯王十祀，𠳕日五，唯来东。

召地与麦地邻近②，麦即淩，距河南永城不远，帝辛十祀九月有甲午、癸亥日，己酉在甲午、癸亥之间，王甲午告大邑商开始征伐（《合集》36482）、癸亥来到雇地（《合集》36485），雇在今河南原阳县西南原武西北，

---

① 沈之瑜：《介绍一片伐人方的卜辞》，《考古》1974 年第 4 期。
② 2005 年中国社会科学院考古所安阳工作站和安阳市文物工作队在安阳安钢第二炼钢厂西南发现一处墓葬，包括 3 座大墓和 7 座车马坑，其中在 M11 墓室北部二层台上发现了 3 条骨片，有 1 条骨片用绿松石镶嵌成 16 个文字，下部残："壬午，王迻于召𠭯，徂田于麦录，获兕，亚赐……"参刘忠伏、孔德铭：《安阳殷墟殷代大墓及车马坑》，《2005 中国重要考古发现》，文物出版社 2006 年版。

故己酉日王尚未到召地附近，召地可能由戍铃？戍守，"唯来东"是以大事纪念，此铭与征人方本身无关。

图 7—73　"人方伯"人头刻辞

人方的位置，各家意见不一：郭沫若认为"殷代尸方乃合山东之岛夷与淮夷而言"①；董作宾在《甲骨文断代研究例》中认为在山东境内，后受郭沫若观点的影响，认为人方在淮水以南，即后世所谓的"东夷"与"淮夷"②；陈梦家认为人方与林方都属于淮夷诸邦之一③，也就是说人方在今安徽北部；李学勤在《殷代地理简论》中认为人方在殷西，后来又重新审视，定人方在今鲁北地区④；王恩田认为人方位于鲁南费县境内⑤；还有学者认为人方在江汉地区⑥。

最近新发表的两片甲骨及一件铜器铭文为考证人方的地望提供了较为可

---

① 郭沫若：《卜辞通纂》，科学出版社1983年版，第569片。
② 董作宾：《殷历谱》下编卷九，日谱三帝辛日谱。
③ 陈梦家：《殷虚卜辞综述》，中华书局1988年版，第305页。
④ 李学勤：《重论夷方》，《走出疑古时代》，辽宁大学出版社1997年版，第331—335页；《论新出现的一片征人方卜辞》，《殷都学刊》2005年第1期；《商代夷方的名号和地望》，《中国史研究》2006年第4期。
⑤ 王恩田：《山东商代考古与商史诸问题》，《中原文物》2000年第4期。
⑥ 邓少琴、温少峰：《论帝乙征人方是用兵江汉》，《社会科学战线》1982年第3、4期。

靠的依据：

A　焦智勤《殷墟甲骨拾遗·续二》054号甲骨（图7—74）[1]，辞较残，李学勤先生根据《合补》11242的辞例将之补充释读：己未王卜贞，𠙯［巫九𠂤，人方伐东］或，典东侯，㞢［人方，余其比多侯］甾戋人方，亡［害才𡆥……］[2]

B　焦智勤发现的另外一片甲骨，这片甲骨可与《合集》36182缀合（图7—75）[3]，缀合后释文为：丁巳王卜贞，𠙯巫九𠂤，遇人方率伐东或东，典东侯，㞢人方，妥余一［人，余］其比多侯，亡左自［上下］于𠬝示，余受有佑？王𡆥曰：大吉……彡，王彝在……

图7—74　《殷墟甲骨拾遗·续二》054号

图7—75　焦智勤新发现甲骨与《合集》36182（上部）缀合

① 焦智勤：《殷墟甲骨拾遗·续二》，《殷都学刊》（安阳甲骨学会论文专辑），2004年3月。

② 李学勤：《论新出现的一片征人方卜辞》，《殷都学刊》2005年第1期。

③ 焦智勤：《新发现的一片征人方卜辞》，此文是作者提交2006年中国安阳庆祝殷墟申遗成功暨纪念YH127坑发现70周年国际学术研究会的论文。

C 滕州前掌大 M18 出土的桒盉法典（M18∶46），其铭（图 7—76）：桒擒人方瀗伯顽首毛，用作父乙隣彝。史。①

图 7—76 滕州前掌大 M18 出土的桒盉（M18∶46）铭文

焦智勤发现的两片甲骨，按李学勤先生的解释，是有关联的，都属于帝辛九祀三四月份的卜辞，例 B 丁巳日早例 A 己未日两天，丁巳日人方伐东或（国）以东地区，己未日人方已向西进伐至东国。这两条卜辞证明人方位于殷东地区，殷西、江汉说是错误的。那么人方在殷东什么地区？例 C 铭文说桒擒获人方瀗伯，冯时认为瀗伯是人方的一支，瀗即《吕氏春秋·察今》中"荆人欲袭宋，使人先表瀗水。瀗水暴益，荆人弗知"。瀗水指今河南商丘县以东汳水下游故道获水。获水，《说文》又作濊，《水经》又作雅。《说文》："汳：汳水，受陈留浚仪阴沟，至蒙为瀗水，东入于泗。"《汉书·地理志》梁国蒙县条云："获水首受甾获渠，东北至彭城入泗。"《水经·获水》："获水出汳水于梁郡蒙县北，又东过萧县南，睢水北流注之，又东至彭城县北，东入于泗。"瀗水故道上接汳水于今河南商丘市北，东流经虞城、安徽砀山、萧县北，至江苏徐州市北入泗水。② 瀗伯活动地当在瀗水流域，人方

---

① 冯时：《殷代史氏考》，《黄盛璋先生八秩华诞纪念文集》，中国教育文化出版社 2005 年版。
② 史为乐主编：《中国历史地名大辞典》，中国社会科学出版社 2005 年版，第 2069 页。

的范围更大些。帝辛十祀征人方的主战场在攸地，攸在今河南永城南部，安徽宿州西北一带，人方在今皖北、鲁南一带。

人方的活动范围早晚有所变化，在早期卜辞中有"王族其敦人方邑舊"（《屯南》2064）、"王其以众合右旅……旅舌于舊"（《屯南》2350），表明舊地属于人方，但到了帝辛十祀征人方的时候，舊地则是亳到淮之间的一个殷王属地。由此可见，人方在晚商早期阶段所控制范围要靠西些，后来经过商王多次征伐，其势力向东退却。

李学勤先生最近将无名组卜辞中的征人方卜辞也排入了帝辛十祀征人方日谱中，[①] 是否正确，还待进一步考证。李先生举了很多例子，除此之外，还有一例值得一提，即《合集》33038："辛巳卜，更生月伐人方。八月。"辛巳日在帝辛十祀征人方日谱中正好也在八月内，这版卜辞可能也属于帝辛十祀征人方卜辞。

二 林方

"林方"见于一、五期卜辞：

(1) 呼取女于林。（《合集》9741 正/1）
(2) 庚寅王卜，在澅𠂤，贞王舀林方，亡灾。（《合集》36968/5）

第（1）辞"取女"即"娶女"，林方臣属商朝，商王与其通婚。（2）辞林方反叛，王前往讨伐。据上文帝辛十祀征人方日谱，林方位于淮河流域，距淮河约4日路程，林方邻近澅地。澅，郭沫若谓即《左传》昭廿七年楚之潜邑，在今安徽霍山县东北三十里。[②] 据此，澅位于淮南二百公里以外，但帝辛十祀征人方日谱中澅距淮河不过4日路程，不可能在霍山县，其位置仍需考证。陈梦家认为林方位于淮南，为淮夷之邦，[③] 其说是。

美国哈佛大学福格艺术博物馆藏有一件晚商玉戈，铭云"在林田艅𪓑"，是林地田官名艅𪓑者的玉戈；同时期的金文也云："林𪓑乍父辛宝障

---

① 李学勤：《帝辛征夷方卜辞的扩大》，《中国史研究》2008年第1期。
② 郭沫若：《卜辞通纂》，科学出版社1983年版，第574片。
③ 陈梦家：《殷虚卜辞综述》，中华书局1988年版，第307页。

彝，亚艅"，器主即艅䲦①（图7—77）。此林疑即林方，商王曾向林方派驻田官。

三 危方

甲骨文中"𠂉、𠂉、𠂉、𠂉"等字，于省吾先生释作"厃"，"厃"孳乳为"危"。② 危方与下危是两个不同的方国，原因有二：一，危方出现在一、二、三、四、五期卜辞中，下危只出现在一期卜辞中；二，同样在一期卜辞中，危方为商王朝属国，下危则为商王朝敌国。

危方在臣服时，向王提供牺牲：

（1）乙酉卜，争，贞酚危方以牛自上甲。一月。（《合集》10084/1）
（2）癸亥，贞危方以牛，其登于来甲申。（《合集》32896、33191/4，图7—78）

"以"、"以"都有"致"的意思。
商王也很关心危方的安危，问及祸福：

（3）己酉卜，㱿，贞危方其有祸。
己酉卜，㱿，贞危方亡其祸。
五月。（《合集》8492/1）

商王曾到危方田猎：

图7—77 林䲦鬲（《集成》613）

---

① 裘锡圭：《甲骨卜辞中所见田、牧、卫等职官的研究》，《文史》第19辑。
② 于省吾：《释厃》，《甲骨文字释林》，中华书局1979年版，第17—19页。近有赵平安先生释此字为"𥫗"，恐不确，因为甲骨文"𡴎"（𡴎）字上面所从可能才是两周文字"兜"（弁）的本源。参赵平安：《释甲骨文中的"𠂉"和"𥫗"》，《文物》2000年第8期。

(4) ……其田亡灾……在危。（《合集》24395/2）

商王还派人到危方：

(5) 丁未，贞王令卯途危方。（《合集》32229、32897/4）
(6) 庚辰，贞王令乘望途危方。（《合集》32899/4）

"途"有经过、到达①的意思，"乘望"即"望乘"。

危方曾受到两次奠置，时间有早晚：

图 7—78　"危方"（《合集》32896）

(7) 贞危人率奠于……（《合集》7881/1）
(8) ……其奠危方，其祝……至于大乙，于之若。（《屯南》3001/3）
(9) 危方奠于公亘，其祝于……
　　弜祝。（《合集》27999/3）

第(7)辞是第一次奠危人，在武丁世。(8)、(9)辞是第二次奠危方，奠于公亘，并告祭大乙等，在廪辛、康丁世。奠置危方是因为危方战败或其他原因，这是商王朝控制危方的一种措施。② 下面一条卜辞很可能与三期奠危方有关：

(10) 丁未卜，狄，贞危方晢萑新家，今秋王其从。（《合集》28001/3）

---

① 于省吾：《双剑誃殷契骈枝·释夒》三编，第 22 页下。
② 裘锡圭：《说殷墟卜辞的"奠"——试论商人处置服属者的一种方法》，中研院史语所《集刊》第 64 本第 3 分。

"新家"可能是危方的新家庙。

裘锡圭先生认为以下所举的辞例时代晚于(8)、(9)辞[①]：

(11) ……危伯羑于之，及［伐］望。(《合集》28091/3)
(12) 师贾其乎取羑御。
　　王于𢎦使人于羑，于之，及伐望，王受有佑。
　　𢎦取羑御事，于之，及伐望，王受有佑，获用。
　　王其从望再册，光及伐望，王弗每，有𢦏。大吉。(《合集》28089正/3)

第(11)、(12)辞卜问同一件事，大意是王在𢎦地派师贾到危方，取危伯羑的御事伐望，王是否受佑。危方近"望"地。"望"为望乘的封地，"王其从望再册，光及伐望"是说王带领望、光伐望，前一个"望"为人名，很可能就是望乘，由望乘来伐望，表明望地内部有叛乱。《周礼·职方氏》云："正东曰青州，其山镇曰沂山，其泽薮曰望诸。""望诸"，又叫"孟诸"、"明都"，位于今河南商丘东北，与虞城县临界；又《春秋》庄公十年："公败宋师于乘丘。"此"乘丘"在今山东兖州西北，一说在今山东巨野西南。[②] "望诸"、"乘丘"疑与卜辞中常见的"望乘"有关，"望"地在今豫东鲁西南地区。

危方除了为王征伐"望"地以外，还征伐羌方：

(13) ……羑𣪠曹羌方，王……(《合集》27985/3)

其后，危方叛商，但很快被镇压，首领危羑被杀，用于祭祀商王祖先祖丁：

(14) 其执羑……(《合集》33008/3)
(15) 于南门即羑。(《合集》13607/3)

---

① 裘锡圭：《说殷墟卜辞的"奠"——试论商人处置服属者的一种方法》，中研院史语所《集刊》第64本第3分。
② 见《中国历史大辞典·历史地理卷》，上海辞书出版社1996年版。

(16) ……用危方⊕于妣庚，王宾。(《合集》28092/3)

(17) ……小臣墙从伐，擒危美……人二十人四……五百七十，馘百……车二丙，楯①百八十三，函五十，矢……伯麇于大乙，用魅伯印……于祖乙，用美于祖丁，僎甘京，易……(《合集》36481 正/3，图7—79)

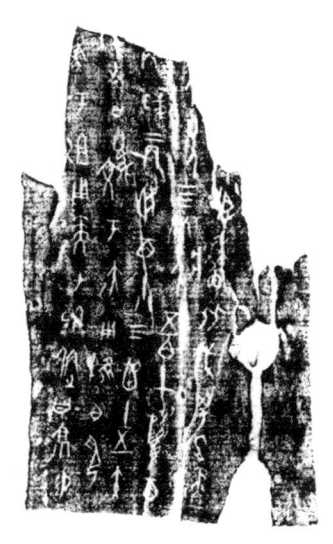

图 7—79 "危美"、"魅伯"（《合集》36481）

第（15）辞或许与战后献俘之礼有关。② (16) 辞"危方⊕"指危方人首级。(17) 辞是著名的小臣墙骨版刻辞，其字体与五期卜辞的字体相合，但所记内容应属三期。

危在帝辛十祀征人方途中：

(18) 癸亥王卜，在雚，贞步于危，亡灾。

己巳王卜，在危，贞今日步于攸，亡灾，在十月又二。(《合补》11142/5)

---

① 裘锡圭：《说"挦函"——兼释甲骨文"楯"字》，《华学》第 1 辑，中山大学出版社 1995 年版。

② 裘锡圭：《说殷墟卜辞的"奠"——试论商人处置服属者的一种方法》，"中研院"史语所《集刊》第 64 本第 3 分。

(19) 戊寅王卜，在𢦏，贞今日步于危，亡灾。
庚辰王卜，在危，贞今日步于又，亡灾。（《殷历谱》下9.57/5）

危方的地望由征人方卜辞可知，从攸到危步行需要三天时间。攸地在今河南永城南部，安徽宿州西北一带（参下文），危方距此不远。岛邦男认为危方在亳南、淮阴间，① 其说可从。这与上文考证出的"望"地地望亦吻合。

总之，危方在一期武丁、二期祖庚祖甲、三期廪辛康丁时臣属于商，其间有两次奠置；三期晚段反叛，旋被战服；四期武乙文丁、五期帝乙帝辛时臣属商。危方经过第二次奠置后，迁到了今豫东附近。

四　攸

"攸"字甲骨文写作"𠂤"、"𠂤"，与"伊"字写作"𠂤"有别。攸国见于一、二、四、五期卜辞：

(1) □巳卜，……在攸。（《合集》20593/1）

(2) 甲戌卜，宾，贞攸侯令其䎽舌曰："湔，若之。"五月。（《合集》5760正/1）

(3) 舌攸侯。（《合集》9511/1）

(4) 己巳卜，尹，贞今夕亡祸。在十一月，在师攸卜。
辛未卜，尹，贞今夕亡祸。在师攸卜。（《合集》24260/2）

(5) 戊戌，贞右牧于爿，攸侯古嚣。
中牧于义，攸侯古嚣。（《合集》32982/4，图7—80）

(6) 醜其逆至于攸，若。王固曰："大吉。"（《合集》36824/5，图7—81）

第（2）、（3）辞中的"舌"是祭名，② 读作祜，亦即"祰"，为报神之

---

① ［日］岛邦男：《殷墟卜辞研究》，温天河、李寿林中译本，鼎文书局1975年版，第386—387页。

② 于省吾：《释舌》，《双剑誃殷契骈枝续编》第16页，1941年8月。

祭。① （2）辞攸侯命令昏报祭，"湔，若之"为祝辞，"湔"为方国名，此辞疑是为湔国求佑。（3）辞是商王报祭已死的攸侯，能受到商王的祭祀，说明他们关系密切。（5）辞与下列卜辞为同一事：

图 7—80 "攸侯"（《合集》32982）　　**图 7—81** "馘其逆至于攸"（《合集》36824）

A　王族其敦人方邑舊，右左其🀄。
　　弜🀄，其🀄🀄，于之若。
　　……右旅……雉……众。（《屯南》2064）

B　甲辰卜，在丬牧征微又……邑……在盘。
　　癸酉卜，戍伐，右牧🀄啟人方，戍有🀄。
　　中戍有🀄。
　　左戍有🀄。
　　右戍有🀄。
　　中戍不雉众。
　　左戍不雉众。（《屯南》2320）

---

① 饶宗颐：《巴黎所见甲骨录》，香港影印本一册 1956 年版，第 32—34 页。

王此次征伐人方，参加者有王族（可能包括左旅和右旅）、右牧（裘锡圭认为即在犬牧①）、中牧、左戍、中戍、右戍、攸侯，战争规模很大。攸国与人方旧距离不远，这次征人方，旧邑被占领，在较晚的帝辛十祀征人方的卜辞中，旧地已是征人方途中路经的一个殷王属地。

攸地，郭沫若认为在今安徽桐城附近。② 按，攸地在淮水以北，郭说不确。在今山东滕县后黄庄地区曾出土一批带"爻"字族徽的铜器，以及铭文为"螽人之孙犀"的东周玉戈，王恩田认为螽、爻与攸音近通假，故攸地在滕县后黄庄。③ 按，王说依据通假原理考证攸地，恐怕还缺乏力证。陈梦家谓攸即《左传》定公四年鲁公所分殷民六族中的条氏，在今河南永城南部，安徽宿州西北一带，④ 至确。攸是殷向东南方向扩张的前沿阵地。

五　元

"元"为商侯国，见于一、三、五期卜辞：

（1）戊寅卜，贞令甫从二侯及𢆶元，王禃于之，若。（《合集》7242/1，图 7—82）

（2）丁丑卜，争，贞来乙酉酯用永来羌自元……五月。（《合集》239/1）

（3）辛巳卜，王其奠元𢆶永，皆在盂奠，王弗……羊。大吉。（《屯南》1092/3）

（4）己未王卜，在，贞田元，往来亡灾。（《英藏》2562 正/5）

第（1）辞及与元并称二侯，都是方国。（2）、（3）辞中永为"攸侯喜鄙永"（《合集》36484）之永。（4）辞属于帝辛十祀征人方卜辞，己未日在攸地田元，可知元近于攸，在今河南永城一带。

---

① 裘锡圭：《甲骨卜辞中所见田、牧、卫等职官的研究》，《文史》第 19 辑。
② 郭沫若：《卜辞通纂》，科学出版社 1983 年版，第 574 片。
③ 王恩田：《人方位置与征人方路线新证》，《胡厚宣先生纪念文集》，科学出版社 1998 年版。
④ 陈梦家：《殷虚卜辞综述》，中华书局 1988 年版，第 306 页。

图 7—82　"及罙元"（《合集》7242）

六　及

"及"为商侯国，见于一期卜辞：

(1) 戊寅卜，贞令甫从二侯及罙元，王徝于之，若。（《合集》7242/1）

(2) 令甫从及，余不㞢。（《合集》4741/1）

(3) 贞呼及以。（《合集》7426反/1）

第(1)、(2)辞说的可能是同一件事情，及与元并称，二者应相邻，都在今河南永城地区。

七　杞

"杞"在甲骨文中写作"✿"、"✿"，见于一、二、五期卜，晚商金文"杞"写作"✿"（《三代》12.60.1—2）。

(1) 丁酉卜，㱿，贞杞侯㷼弗其肩同有疾。（《合集》13890/1，图7—83）

(2) 癸巳卜, 今夕共賷杞。(《合集》22214/1)

(3) 己卯卜, 行, 貞王其田亡灾。在杞卜。

庚寅卜, 行, 貞王其步自杞于□, 亡灾。(《合集》24473/2)

(4) 庚寅卜, 在娭, 貞王步于杞, 亡灾。

壬辰卜, 在杞, 貞今日王步于昌, 亡灾。

癸巳卜, 在昌, 貞王祕罼, 往來亡灾。于師北。

甲午卜, 在昌, 貞王步于剌, 亡灾。(《合集》36751/5)

图7—83 "杞侯"(《合集》13890)

第(1)辞"🐚"是杞侯私名, 此例是王问杞侯🐚能否为王分担疾病。①(2)辞"賷"是连同谷穗的成捆农作物,②"共賷杞"是到杞国征收农业实物贡税。③(3)辞王在杞地田猎。(4)辞帝辛十祀征人方经过杞地。

《世本》云:"殷汤封夏后于杞, 周又封之。"《汉书·地理志》陈留郡条云:"雍丘, 故杞国也。周武王封禹后东楼公。"其地在今河南杞县。清道

---

① 裘锡圭:《说"𠙴凡有疾"》,《故宫博物院院刊》2000年第1期。

② 于省吾:《关于商周时代对于"禾""积"或土地有限度的赏赐》,《中国考古学会第一次年会论文集》, 文物出版社1980年版。

③ 张永山:《杞国东迁试探》,《杞文化与新泰》, 中国文联出版社2000年版, 第289—290页。

图 7—84　《杞妇卣》(《集成》5097)

光、咸丰年间，在今山东新泰曾出土一批杞国铜器，时代在西周晚期春秋早期，王恩田先生据此提出"两杞说"，认为周初分封的杞国在河南杞县，而商时杞国在山东新泰。①"两杞说"影响很大，后来李学勤先生也主张商杞在新泰。②但新泰出土的这批青铜器的时代距武丁世有四百年左右，用它来证明商杞的位置，恐欠妥。台北"故宫博物院"藏的商末杞妇卣（图7—84），铭文为：亚醜，杞妇。李先生云："器主系亚醜族氏之女而嫁于杞者。亚醜青铜器集中出于山东益都苏埠屯，杞当距之不远，新泰在位置上是适宜的。"③亚醜族人见于甲骨文的有"小臣醜"（《合集》36419），是亚醜族人在王都为小臣官者，又益都苏埠屯亚醜族大墓出土器物与殷墟出土的器物文化面貌基本相同，都表明亚醜族人与安阳王都有经常性来往。既然亚醜族人能经常到安阳王都，那么亚醜族女嫁到今河南杞县的杞国也并不为远。《集成》2654亳鼎器铭："公侯赐亳杞土……"亳是人名，"杞土"是赐给亳的土地，这件铜器时代在西周早期，出于河南开封县，开封县距杞县不远，故我们认

---

① 王恩田：《从考古材料看楚灭杞国》，《江汉考古》1988年第2期。
② 李学勤：《重论夷方》，《走出疑古时代》，辽宁大学出版社1997年版，第333页。
③ 同上。

为商杞在今河南杞县。

八 盂方

盂方见于一、五期甲骨文：

(1) 丙子卜，㱿，贞令盂方归。
贞勿令归。七月。（《合集》8473/1）

(2) 乙巳王，贞啓呼祝曰："盂方共人其出，伐🈶师高。"其令东会于高，弗每，不雉戈。
王固曰："吉。"（《合集》36518/5，图7—85）

图7—85 "盂方"（《合集》36518）

第（1）辞武丁时期盂方听令商王，臣属商朝。（2）辞盂方共人出伐🈶师高，王令东会于高以抵抗。

第（2）辞云王"令东会于高"表明高地在殷东，上文"人方"部分在论证《合集》36567的缀合问题时，笔者认为《合集》36567的正确缀合是：《林》1.28.1（即《合集》36830）＋《合补》11115＋《前》2.9.6＋《后》上9.12（即《合集》36555），释作：

□□［王卜，在］商，贞［今日步］于亳，亡灾
甲寅王卜，在亳，贞今日步［于］雈，亡灾。
乙卯王卜，在雈，贞今日步于甗，亡灾。
丁巳王卜，在甗，贞今日步于嬶，亡灾。
己［未］王卜，在嬶，贞其巡从高西，往［来］亡灾。
庚申王卜，在嬶，贞其巡□，亡灾。延巡从师东。

征人方路经"高"地，再次证明"高"地一定在东方，那么盂方也在东方。证明盂方在东方的证据还有，如《屯南》1092：

辛巳卜，王其奠元眔永，皆在盂奠，王弗……羊。大吉。

"元"与"永"都在帝辛十祀征人方日谱中,《屯南》1092 时代早于帝辛十祀,把二者都奠在盂奠,"永"在今河南永城附近,那么盂方的位置也应距此不远。

再如,《缀》308(《合集》36914＋36556):

癸卯王[卜],贞旬亡祸。
癸丑王卜,在盂,贞旬亡祸。王固曰:"吉。"
癸亥王卜,在乐,贞旬亡祸。王固曰:"吉。"
癸酉王卜,在寻,贞旬亡祸。王固曰:"吉。"
癸未王卜,在逢,贞旬亡祸。
癸巳王卜,在桑,贞旬亡祸。

盂、乐、寻、逢、桑五地相连,乐地在帝辛十祀征人方日谱中,离商(今商丘)3 日路程,若日均行 30 里,就是 90 里左右,盂地距乐地在一旬路程之内,也就是 300 里以内。逢在今临淄附近。这五地的行驶方向是自西向东。

《左传》中盂地有八处:一为隐公十一年的郑邑邘,在今河南偃师、巩义间;二为僖公廿一年的宋地盂,在今河南睢县;三为僖公廿四年的姬姓邘国,原在近陕西郿县附近,后东迁至今河南沁阳西北三十里;四为昭公廿八的晋邑盂,亦作盂,在今山西阳曲东北八十里;五为定公八年周地盂,在今河南洛阳附近;六为定公十四年的卫邑盂,在今河南濮阳东;七为哀公四年的晋邑盂,在今山西壶关;八为哀公七年的曹邑邘,在今山东定陶。此八盂均出六百里范围。考证盂方的地望,只有期待以后的考古新发现。符合《屯南》1092、《缀》308 的有宋江地盂和曹邑邘,二者相距不是很远,商代的盂方应该就在这二者周围。

第(2)辞中的"✑师高",有将"✑"释作"遇",当动词讲,但在本辞中似乎还是地名,高可能是✑师下的次级地名,《合集》36821 ✑与齐同版:

癸巳王[卜],贞旬亡祸。在✑师。
癸丑王卜,贞旬亡祸。在齐师。

齐，林泰辅首倡在今山东临淄，① 后郭沫若、董作宾、岛邦男②等亦持此论。陈梦家在排十祀征人方日谱时，认为《合集》36493："癸巳卜，贞：王旬亡祸。在二月，在齐𠂤，惟王来征人方。"应排入日谱，从征人方路线看，齐地不可能远至临淄，而在陈留大小齐城。③ 郑杰祥论齐即济，可能就是临济古城，在今陈留镇西北、长垣西南地区。④ 按，上文已论证《合集》36493不可能排入日谱，而陈留大小齐城和临济古城均为晚出地名，⑤ 不能为据，故以临淄说为是。齐距̌不过二旬路程，以日均三十里的行走速度计算，̌在距临淄的六百里的范围内。

近有学者提出盂方在西方，根据是《合补》11242（《合集》36181＋《合集》36523，以下释文依论者所释）：

> 甲戌王卜贞，禽巫九[禽]，遇盂方率伐西或，典西田，曹盂方，妥余一人，余其从多田甾征盂方，亡左自上下于𧖟……

辞中的"或（国）"字，是李学勤先生释出来的⑥，以前释作"戈"是错误的，这一版卜辞可与焦智勤的两版卜辞（参上文"人方"部分）对比：

> 己未王卜贞，禽[巫九禽，人方伐东]或，典东侯，曹[人方，余其从多侯]甾戋人方，亡[害才𧖟……]（《殷墟甲骨拾遗·续二》054）
> 丁巳王卜贞，禽巫九禽，遇人方率伐东或东，典东侯，曹人方，妥余一[人，余]其从多侯，亡左自[上下]于𧖟示，余受有佑？王固曰：

---

① 陈梦家《殷虚卜辞综述》308页引林泰辅《支那上代之研究》，据宋镇豪《百年甲骨论著目》，此文发表在《斯文》第3卷2、3号，1921年。
② 郭沫若：《卜辞通纂》第573片；董作宾：《殷历谱》下编卷九；岛邦男：《殷墟卜辞研究》，温天河、李寿林中译本，鼎文书局1975年版。
③ 陈梦家：《殷虚卜辞综述》，中华书局1988年版，第308页。
④ 郑杰祥：《商代地理概论》，中州古籍出版社1994年版，第379页。
⑤ 陈留有大小齐城出自《水经·汳水注》所引《陈留风俗传》；临济古城出自《史记·始皇本纪》。
⑥ 李学勤：《论新出现的一片征人方卜辞》，《殷都学刊》2005年第1期。

大吉……彡，王彝在……（此版是《合集》36182 的缀合版）

东方的人方伐东国，商王要典东侯酓人方；盂方伐西国，商王典西田、酓盂方，定这个盂方在西方合乎情理。所以笔者认为商代有两个盂方，即西盂方和东盂方，西盂方在今河南沁阳附近，即《诗·大雅·文王有声》"既伐于、崇，作邑于豐"中的"于"，《周本纪》"明年，伐邘。"中的"邘"、沁阳田猎区中的"盂"和上博简《容成氏》中九邦之一"于"。与《合补》11242 相关的《合集》36511、《合集》36509、《合集》36516、《合集》37398 等中的盂方都属于西盂方。东盂方的卜辞除《合集》36518 外，应该还有；上引一期卜辞《合集》8473 中的盂方也有可能是西盂方。

九　兒

兒国见于一期的师、宾组卜辞：

(1) 丙寅卜，屮(自)，王告取兒。屮固曰："若，往。"（《合集》20534/1）

(2) 丙午卜，王令耂臣于兒。六月。（《合集》20592/1）

(3) 甲午卜，亘，贞翌乙未易日。王固曰："有祟，丙其有来艰。"三日丙申允有来艰自东，妻［告］曰："兒……"《合集》1075 正（宾）/1

(4) ……东，妻告曰："兒伯……"（《合集》3397（宾）/1，图 7—86）

(5) 贞令兒来。（《合集》3399（宾）/1）

师组早于宾组。(1)、(2) 辞意思不明确。(3)、(4) 辞是妻报告兒国有不利于商的举动，"有来艰自东"说明兒国在殷东。(5) 辞王命令兒，此时兒国臣服。

"兒"作为国名，与加邑旁的"郳"字为一字。《春秋》庄公五年："郳犁来来朝。"杨伯峻注："郳为附庸国，其先世出于邾。邾君名颜字夷父者，有小子曰肥，邾颜封之于郳。……郳与小邾一地二名。郳，据顾栋高《大事表》，当在今山东省滕县东六里。然据《太平寰宇记》沂州承县条，则当在今山东峄城镇西北一里。两者相距百余里，未详孰是。"按鲁伯愈父鬲铭

图 7—86　"兒"(《合集》1075 正)、"兒伯"(《合集》3397)

(《集成》690—695):"鲁伯愈父作郳姬仁媵羞鬲,其永宝用。"此组铜器是鲁伯愈父为嫁到郳国的女儿所作的媵器,道光庚寅年滕县人于凤凰岭沟涧中掘出。① 又郳羘伯鼎铭(《集成》2640、2641):"郳羘伯作此嬴尊鼎,其万年眉寿无疆,子子孙孙用宝用。"此组铜器是郳羘伯为夫人此嬴所作,1933 年春出于滕县安上村土城。② 这两组铜器属于小邾(郳)国,都出于滕县,证明小邾(郳)在滕县。郳在邾颜分封之前就已经存在,商时兒国可能在此地。(3)、(4) 辞妻报告兒国情况,其地应近于兒国,彭邦炯先生认为妻在今曲阜,③ 是对的。

十　旁方

"旁"字甲骨文写作"丂、丄、丂、丂、丂",见于一、三、四、五期卜辞:

(1) 丁卯,贞旁子不疾□。(《合集》22395/1)

---

① 《集成》引《金索》五六。
② 《集成》引《分域》。
③ 彭邦炯:《曲阜在甲骨文叫什么》,《孔子研究》1987 年第 1 期。

(2) 戊辰卜，内，贞肇旁射。

勿肇旁射。

贞肇旁射三百。

勿肇旁射三百。（《合集》5776 正/1）

(3) 庚午卜，宾，贞旁方其囧乍戎。（《合集》6666/1，图 7—87）

(4) 癸未卜，贞旬亡祸。三日乙酉有来自东，妻呼盾告旁戎。（《合集》6665 正/1）

(5) 乙巳卜，何，贞亚旁以羌其御用。（《合集》26953/3）

(6) 贞王令旁方执。（《屯南》918/4）

(7) 丁亥卜，[在] 旁，贞 [王] 其田，[卒] 逐，[亡灾]。（《合集》37791/5）

图 7—87 "旁方"（《合集》6666）

第 (1) 辞 "旁子" 是旁方首领，子爵，此例问旁子有没有疾病。(2) 辞 "肇" 有启动的意思①，此例问是否启动旁方的三百名射兵。(3)、(4) 辞的 "戎"，有伐义，② 在这里是侵伐的意思。旁方作乱，妻向商王报告，与上文儿国情况类似。旁方近于妻，在今曲阜周围。(5) 辞旁方有人当亚官，向

---

① 于省吾主编：《甲骨文字诂林》，中华书局1996年版，第2314页。

② 胡厚宣：《甲骨文所见殷代奴隶的反压迫斗争》，《考古学报》1976年第1期。

王献羌人祭祀，金文中也有"亚旁"（《三代》12.1.8）。（6）辞旁方为王打仗。（7）辞王在旁地田猎。

十一　优

甲骨文"㞢、㞢、㞢、㞢、㞢"和金文"㞢、㞢、㞢、㞢、㞢、㞢、㞢、㞢、㞢"等字，以往学者如刘体智、吴闿生、于省吾、唐兰大都释作"先"，[①] 唐兰认为之所以释作"先"，是因为此字后来讹变为从止从人的"先"字，[②] 张亚初为将二者区分开，释作"优"。[③] 近有学者不同意这种释法，如刘钊将此字释作"敖"、赵平安释为"失"（即《逸周书·世俘解》中的佚侯）。[④] 按，释"敖"和释"失"与卜辞显示的该国位于殷东偏南的地望不合（敖在郑州荥阳，失在洛阳马坡）。另外，侯马盟书亦见此字或体，它为晋国重要族氏，与文献中的晋国"先"氏吻合。故，笔者仍从旧释，为与从止从人的"先"区别，释作"优"。"优"为侯爵，即《左传》昭公元年中"商有优（姺）、邳"之优，古文献中又写作"莘、姺、先、辛"等。

"优"见于一、二、三、四期卜辞。

(1) 庚戌卜，令从我伐优。（《合集》19773/1）
(2) 己卯卜，王，贞余呼弜敦优，余弗䚵弜。（《合集》7014/1）
(3) 癸丑卜，䨺其克夏优。（《合集》7024/1）
(4) 贞优不其获羌。（《合集》188正/1）
(5) 辛亥卜，贞优［侯］来七羌，翌甲寅䚵用于夫甲。十三月。（《合集》227/1，图7—88）
(6) 优以五十。（《合集》1779反/1）
(7) 优以射先。一月。（《合集》5767/1）

[①] 参见曹淑琴：《臣辰诸器及其相关问题》，《考古学报》1995年第1期；唐兰：《西周青铜器铭文分代史徵》，中华书局1986年版，第257页。
[②] 唐兰：《古文字学导论》（增订本），齐鲁书社1981年版，第34页。
[③] 见《殷周金文集成引得》序言。
[④] 刘钊：《释甲骨文耤、蠢、蠠、敖、栽诸字》，《吉林大学社会科学学报》1990年第2期；赵平安：《从失字的释读谈到商代的佚侯》，《中国社会科学院历史研究所学刊》第一集，社会科学文献出版社2001年版。

(8) 贞呼子𡥉以侁新射。(《合集》5785/1)

(9) 丙寅卜，争，呼𠭯侁侯專崇权。(《合集》6834 正/1)

(10) 壬戌卜，争，贞乞令㱿田于侁侯。十月。(《合集》10923/1)

第（1）、（2）辞王呼令我、弜征伐侁，表明侁是敌国。（3）辞贞问𩁹方是否会攻克侁国。（4）、（5）辞侁为王捕捉羌人，贡献给王用于祭祀。（6）辞侁向王贡卜甲。（7）、（8）辞侁向王贡射兵。（9）辞中的"專"是侁侯私名，"侁侯專"亦称"侯專"（《合集》3346），此例为王呼侁侯專征伐权地。（10）辞商王派㱿人去侁侯国垦田。（3）—（10）辞侁国臣服商王。

图 7—88 "侁侯"（《合集》227）

(11) 庚午卜，出，贞王、吴曰："以侁贾。齐以。"（《英藏》1994/2）

(12) 叀成中往，有𢦏。

叀成侁往，有𢦏。

……戍往……羌方不□人，有𢦏。(《合集》27975/3)

(13) 叀宫犬侁从，亡𢦏。(《合集》27904/3)

(14) 叀𩰬犬侁从，田𣪊，亡𢦏。擒。(《合集》27905/3)

第（11）辞侁向王入贡贾人。（12）辞侁国人作为戍人出征羌方。（13）、

(14) 辞侁国人在宿、❒地担任犬官。

  (15) 丁巳卜，贞王令❒伐于东侁。(《合集》33068/4)
  (16) 乙亥卜，执侁。
    乙亥卜，弗执侁。(《合集》33010/4)
  (17) 乙巳卜，叀侁令。(《合集》32906/4)

  四期侁国反叛，(15) 辞王命令❒讨伐。(16) 辞执获侁人。(17) 辞侁又臣服听令。①

  总之，武丁时期侁国与商关系时好时坏，祖庚祖甲、廪辛康丁时期侁国一直臣服，武乙文丁时侁虽有反叛，但很快被镇压。

  第 (3) 辞问雩方是否会攻克侁国，雩方在殷都以南，侁国接近雩方。(15) 辞言"东侁"，这是东方侁国的另称，与西方戉国又称"西戉"类似。侁国在殷东偏南处。《左传》僖公廿八："晋侯登有莘之墟以观师"，"有莘之墟"在今山东曹县北莘塚集（或称莘仲集）。②《左传》昭公元年："商有姺、邳"，《吕氏春秋·本味》："有侁氏女子采桑，得婴儿于空桑之中，献之其君。……长而贤，汤闻伊尹，使人请之有侁氏，有侁氏不可，伊尹亦欲归汤，汤于是请取妇为婚，有侁氏喜，以伊尹为媵送女。"此姺、有侁氏俱在今山东曹县莘塚集③，商时侁国即在此地。又，文献记载豫东鲁西南地区有多处莘地，如《左传》庄公十年"楚败蔡师于莘"，在蔡地，今河南汝南；《左传》桓公十六年"使盗待诸莘"、《左传》成公二年"师从齐师于莘"，在卫地，今山东莘县北八里莘亭；《括地志》"古莘国在汴州陈留县东五里，故莘城是也"，在今河南陈留；《陈留风俗传》"陈留外黄有莘昌亭，本宋地，莘氏邑也"，在今河南杞县东六十里。④ 此豫东鲁西南地区的四个莘地，或许是侁国后裔聚居地。

  《水经·河水注》谓合阳城："故有莘邑矣，为太姒之国。《诗》云：'在

---

① 例 (17) 的时代未必早于例 (15)、(16)，但由例 (16) "执侁" 可知侁国已被打败。
② 陈槃：《春秋大事表列国爵姓及存灭表撰异》（三订本），中研院史语所1988年版，第1214页；杨伯峻：《春秋左传注》（修订本），中华书局1990年版，第1207页。
③ 杨伯峻：《春秋左传注》（修订本），中华书局1990年版，第1207页。
④ 陈槃：《春秋大事表列国爵姓及存灭表撰异》（三订本），中华书局1990年版，第1198—1217页。

合之阳，在渭之涘。'又曰：'缵女维莘，长子维行。'谓此也。"《史记·周本纪》："帝纣乃囚西伯于羑里，闳夭之徒患之，乃求有莘氏美女，骊戎之文马，有熊九驷，他奇怪物，因殷嬖臣费仲而献之纣。"《列女传》："太姒者，武王之母，禹后有莘姒氏之女。"此与周有关的有莘氏在今陕西合阳南二十里。① 陕西合阳侁国疑是山东曹县侁国一支迁徙而来。《左传》庄公三十二年"有神降于莘"，虢地，在今河南陕县，② 此莘地或许是这支侁人后裔的聚居地。

侁国一支向西迁徙，可能与侁族人到西偏戍守有关，如（12）辞。

羊侁鼎（其铭见《集成》463）传出于安阳，此鼎表明侁族人有在安阳活动的。

新中国成立前，洛阳马坡曾出土一批西周早期的"侁"族青铜器，这可能与"侁"作为殷遗民居住成周有关。士上卣铭（《集成》5421）（图7—89）云："唯王大禴于宗周，祗禋荠京年，在五月既望辛酉，王令士上眔史寅殷于成周，𦙻百姓豚眔商㠯卣、贝，用作父癸宝䵼彝。臣辰册侁。"③ 其中"殷"字又见丰卣铭（《集成》5403），云"王在成周令丰殷大矩"（其器出于扶风庄白窖藏）。"殷"或作"殷"，𩰫卣（《集成》5400，传出于马坡）、𩰫尊等铭（《集成》5991）云"唯明保殷成周年"，小臣傅簋铭（《集成》4206）云王"令师田父殷成周

图7—89　士上卣铭（《集成》5421）

---

① 陈槃：《春秋大事表列国爵姓及存灭表撰异》（三订本），中研院史语所1988年版，第1198—1217页；钱穆：《史记地名考》（上、下册），商务印书馆2001年版，第60页。

② 陈槃：《春秋大事表列国爵姓及存灭表撰异》（三订本）中研院史语所1988年版，第1198—1217页。

③ 此铭又见《集成》5422卣、5999尊、9454盉。

年"。"殷成周"郭沫若释"朝至于成周"①，陈梦家释"殷同于成周"，乃异姓侯民的集会受命。②《周礼·大行人》云："殷同以施天下之政"，"凡诸侯之邦交，岁相问也，殷相聘也，世相朝也。"士上卣铭是说王命佐族的士上和史寅殷同于成周，洛阳马坡多出此类铜器，表明士上和史寅受命成周后定居此地。

侯马盟书中的佐氏，可能也是佐国的后裔。

十二 ▨

"▨"字又写作"▨、▨、▨、▨、▨、▨、▨"等形，▨国为侯爵，见于一期卜辞：

（1）己未卜，亘，贞子▨亡巷。
贞子▨有巷。
贞勿于妣己御子▨。
贞于妣己御子▨。（《合集》905正/1）

（2）辛卯卜，贞在▨，其先遘戎。五月。
贞在襄，王其先遘戎。五月。（《英藏》593/1）

（3）丁酉卜，㱿，贞杞侯▨弗其肩同有疾。
贞子▨不㐄有疾。（《合集》13890/1）

图7—90　"▨侯"（《合集》3333）

（4）丙申卜，永，贞呼▨侯。
贞勿呼侯。（《合集》3333/1，图7—90）

（5）乙卯卜，㕯，贞戋及㕯方于▨。（《怀特》382/1，与《合集》18612同文）

---

① 郭沫若：《两周金文辞大系考释》，《郭沫若全集·考古编》第八卷，科学出版社2002年版，第10页。

② 陈梦家：《西周铜器断代》，《考古学报》1955年第9，10册，1956年第1—4期。

第七章　商代方国考订　417

⿴为侯国,是商王后裔子⿴的封地。(1)辞王问子⿴的安危,并向妣己求御。(2)辞问王是在⿴先遭遇战争,还是在襄先遭遇战争,⿴与襄临近,襄即《左传》僖二十八年:"卫侯出居于襄牛"之"襄牛",江永《春秋地理考实》谓襄牛在今山东范县,卫之东鄙,故⿴国也在范县附近。(3)辞⿴与杞同版,二者地望也相近,杞在今河南杞县,⿴应在杞县、范县之间。(5)辞"⿱" 为人名,"⿱方"中的"⿱",释作"围"(参下文),"围方"义与"方围"(《合集》20421)、"方其围"(《合集》20918)相反。

十三　屯

"屯"国见于一、三期卜辞:

(1)丁酉卜,㱿,贞执屯。(《合集》826/1)
(2)壬辰卜,宾,贞㱿多屯。(《合集》817/1)
(3)丙寅卜,亘,贞王戠多屯,若于下上。(《合集》808正/1)
(4)贞翌甲午用多屯。(《合集》812正/1)
(5)壬戌卜,乙丑用侯屯。
　壬戌卜,用侯屯自上甲十[示]
　癸亥卜,乙丑用侯屯。于来乙亥。不易日。
　于甲戌用屯。
　用侯屯。(《合集》32187,武丁晚期①,图7—91)
(6)庚戌卜,雀于屯出。(《合集》4143/1)
(7)……东夷有曰:屯□余□……(《合集》8410反/1)

图7—91　"侯屯"(《合集》32187)

---

① 陈炜湛:《"侯屯"卜骨考略》,《古文字研究》第12辑,中华书局1985年版。

(8) 己未卜，屯取兹……（《合集》30410/3）

陈梦家云："卜辞称为'侯某''伯某'之某，依前述之例，似应视作私名。但因有许多'侯某''伯某'之前从未出现邦族之名，而卜辞官名如小臣与亚常随以邦族之名，所以此'某'究应是私名抑有邦名之可能，不易遽加判断。我们今暂定此等'某'仍是私名，其理由是我们还未曾发现不同朝代的卜辞有同名'侯某'者的例子。"[①] 其实，不同朝代有同名"侯某"的，如：一期卜辞有"侯告"（《合集》6480、6460正），四期卜辞亦有"侯告"（《合集》33039、32812甲）。又，卜辞中也有"伯"在国名前的，如沚方首领"沚或"，又称"伯沚"（《合集》32814）。可见，卜辞中"侯某"、"伯某"之"某"未必都是私名，也有国名或族名。

第（1）辞云"屯"，（2）、（3）、（4）辞云"多屯"，表明"屯"不是某一个人的私名。（6）辞中的"屯"显系地名或国名。所以，"侯屯"之"屯"是国名非人名。

屯国与商王为敌，（1）—（5）辞云：执屯、瓛屯、戮屯、用屯都是处置屯国俘虏的方法。"侯屯"是屯国首领，（5）辞杀侯屯祭祖。（7）辞东夷与国报告屯国情况，由此可知，屯国位于殷东。（8）辞义不详。

十四 告

"告"国出现在一、四期卜辞中：

(1) 丁巳卜，若，翌告子。（《合集》22099/1）
(2) 贞告子其有祸。
    贞告子亡祸。（《合集》4735正/1）
(3) 令雀［从］侯告。（《合集》20059/1）
(4) 令贾从侯告。（《合集》20060/1）
(5) 贞王叀侯告从征人。六月。
    贞王勿惟侯告从。（《合集》6460正/1）
(6) 侯告伐人方。（《合集》33039/4）

---

① 陈梦家：《殷虚卜辞综述》，中华书局1988年版，第331页。

第（1）、（2）辞"告子"之"子"为爵称。（3）、（4）、（5）、（6）辞告由子爵升为侯爵，王从其征人方。告国只征伐过人方，故笔者推测告国位于殷东。《左传》僖公二十四年记载，富辰谏曰："不可。……昔周公吊二叔之不咸，故封建亲戚以蕃屏周，管、蔡、郕、霍、鲁、卫、毛、聃、郜、雍、曹、滕、毕、原、酆、郇，文之昭也……"周初分封的姬姓郜国，在今山东成武县东南，商时告国很可能也在此地。

商代金文中常见"田告"或"告田"的铭文，裘锡圭先生认为是族氏名"告"与职名或爵名"田"并列。①

十五 盾

卜辞中的"甲、甲、甲、甲、甲"等字，林沄先生释作"盾"②，"盾"为侯国，见于一、三期卜辞：

(1) □□卜，王从侯盾……（《合集》32813/1）
(2) 侯盾……来……（《合集》3354/1）
(3) 贞……侯盾……（《合集》3355 正/1）
(4) 叀……用羸侯盾王不……（《合集》3356/1）
(5) 己未……贞盾尹归。（《合集》21659/1）
(6) 癸未卜，贞旬亡祸。三日乙酉有来自东，妻呼盾告旁戎。（《合集》6665 正/1，图7—92）
(7) 辛亥卜，贞盾其取方。八月。（《合集》6754/1）
(8) 贞盾禹曹御……（《合集》7427/1）
(9) ……盾弗戋周。十二月。（《合集》6825/1）
(10) ……贞盾弗戋雀。（《合集》6971/1）
(11) 庚子卜……盾弗戋雀。（《合集》6972/1）
(12) ……盾其戋疋。（《合集》6974/1）
(13) 贞于盾。（《合集》28172/3）

第（1）—（4）辞，王从侯盾做某事。（5）辞"盾尹"为盾族族长。

---

① 裘锡圭：《甲骨卜辞中所见田、牧、卫等职官的研究》，《文史》第19辑。
② 林沄：《释干、盾》，《古文字研究》第22辑，中华书局2000年版。

图 7—92 "妻呼盾告旁戎"(《合集》6665 正)

(6) 辞盾向王报告敌情。(7)—(12) 辞盾为王征伐敌国。第 (6) 辞"妻呼盾告旁戎",妻在殷东,盾也在殷东。

十六 魋

"魋"为商敌国,出现于甲骨文第三期:

……小臣墙从伐,擒危美……人二十人四……五百七十,馘百……车二丙,橹百八十三,函五十,矢……伯妻于大乙,用魋伯印……于祖乙,用美于祖丁,僅甘京,易……(《合集》36481 正/3)

这条刻辞记录的是三期王伐东方敌国的一次战果及祭祀祖先的情况,所擒敌酋有危美、伯廪和魋伯印,他们分别被用以祭祀祖丁、大乙和祖乙。伯廪的国名刻辞不清晰,伯是首领的意思,廪是私名。魋伯印,魋为国名,印为私名。

十七 醜

第五期卜辞中有"醜":

(1) 辛卯，王……小臣醜……其作圉于东对。王固曰："吉。"(《合集》36419/5，图7—93)

(2) 醜其逨至于攸，若。王固曰："大吉。"
其迟于之，若。(《合集》36824/5)

第(1)辞中的"圉"字，宋镇豪先生认为是边陲的意思，"对"是边陲疆界的标识。① (2)辞中的逨与迟对文，裘锡圭先生认为"逨"是迅速的意思，② 卜辞问醜迅速到攸吉利还是缓慢到攸吉利。

图7—93 "小臣醜"(《合集》36419)

山东益都苏埠屯发现过一处大型商代墓地，其中有一座带四条墓道的亚字形大墓M1(图7—94)，是迄今为止殷墟以外发现的规模最大的商代墓葬；此外，还有带两条墓道的中字型墓和带一条墓道的甲字型墓，出土的铜

---

① 宋镇豪：《夏商社会生活史》(增订本)，中国社会科学出版社2005年版，第37页。
② 裘锡圭：《甲骨文中所见的商代农业》，《全国商史学术讨论会论文集》，殷都学刊增刊1985年版，第226页。

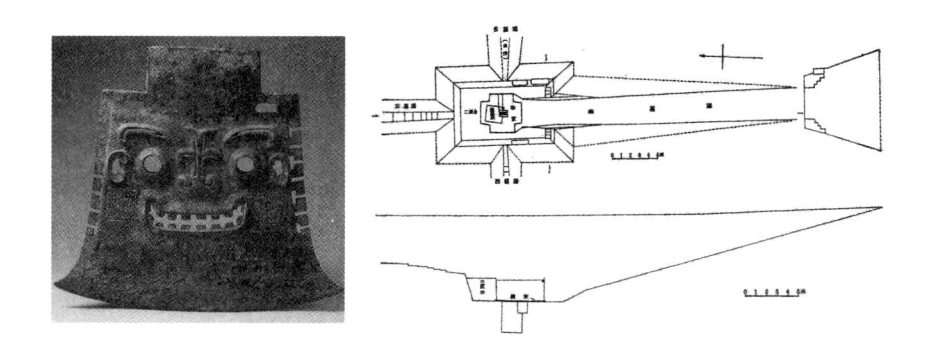

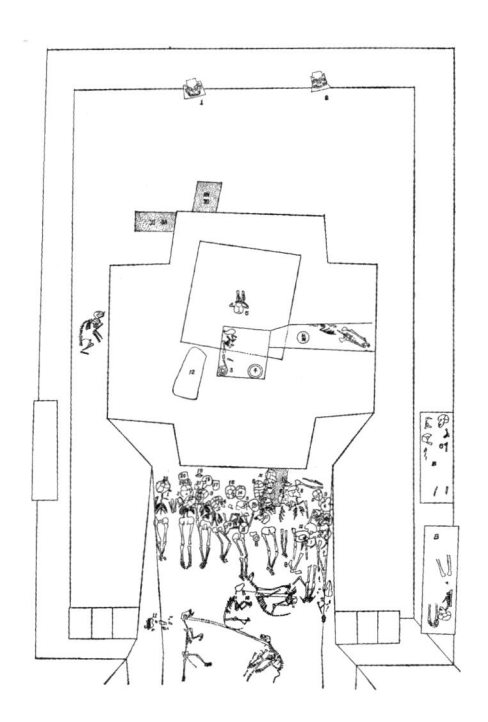

图 7—94　山东益都苏埠屯 M1 商墓

器多铭"亚醜"①，这里应是一处方国遗址，具体是哪个方国，学界也有分

---

① 山东省博物馆：《山东益都苏埠屯第一号奴隶殉葬墓》，《文物》1972 年第 8 期；山东省文物考古研究所、青州市博物馆：《青州市苏埠屯商代墓地发掘简报》，《海岱考古》第一辑，山东大学出版社 1989 年版。

歧，有认为是薄姑氏①，有认为是齐国②，严志斌认为商代金文中有"齐"，西周早期塱方鼎铭中有"薄姑"，苏埠屯遗址不会是此二方国。③ 这里是醜族建立的方国。

十八 纪

山东寿光古城遗址出土的一批铜器上多铭"己"（图7—95），也就是文献中的"纪"，商代的纪国就在此地。④ 商以后直到春秋，纪国仍然存在，铜

图7—95 山东寿光古城遗址出土的"己"国铜器

---

① 殷之彝（张长寿笔名）：《山东益都苏埠屯墓地和"亚醜"铜器》，《考古学报》1977年第1期。
② 李零：《苏埠屯的"亚齐"诸器》，《文物天地》1992年第6期。
③ 严志斌：《商代青铜器铭文研究》，中国社会科学院研究生院博士学位论文，2006年，第181页。
④ 寿光县博物馆：《山东寿光县新发现一批纪国铜器》，《文物》1985年第3期。

器中有纪侯器，如寿光城南"纪侯台"出土的纪侯钟，邱辉先生捐献的纪侯簋，莱阳前河前村出土的纪侯壶，黄县旧城收集到的纪侯鬲，以及纪侯貉子簋。①

十九　🈚

山东长清兴复河遗址出土以及征集到的一百余件商代青铜器，铭文多为"举，🈚"（图7—96），青铜器如此之多，其遗址规格当不为低，推测长清为"举，🈚"族建立的方国都城，②"🈚"为"举"的分支族氏。③

图7—96　山东长清兴复河遗址出土的"🈚"族铜器

二十　薛

山东滕州前掌大遗址发现的商周墓葬有110座，带墓道的墓（两条或一条）12座，车马坑5座，马坑4座，带两条墓道的墓葬上，还有墓上建筑。④ 前掌大遗址无疑是一处方国遗址，所出铜器铭文中最多的是"史"

---

① 寿光县博物馆：《山东寿光县新发现一批纪国铜器》，《文物》1985年第3期。
② 山东省博物馆：《山东长清出土的青铜器》，《文物》1964年第4期；高广仁：《海岱区的商代文化遗存》，《考古学报》2000年第2期。
③ 严志斌：《商代青铜器铭文研究》，中国社会科学院研究生院博士学位论文，2006年，第179页。
④ 中国社会科学院考古研究所：《滕州前掌大墓地》，文物出版社2005年版。

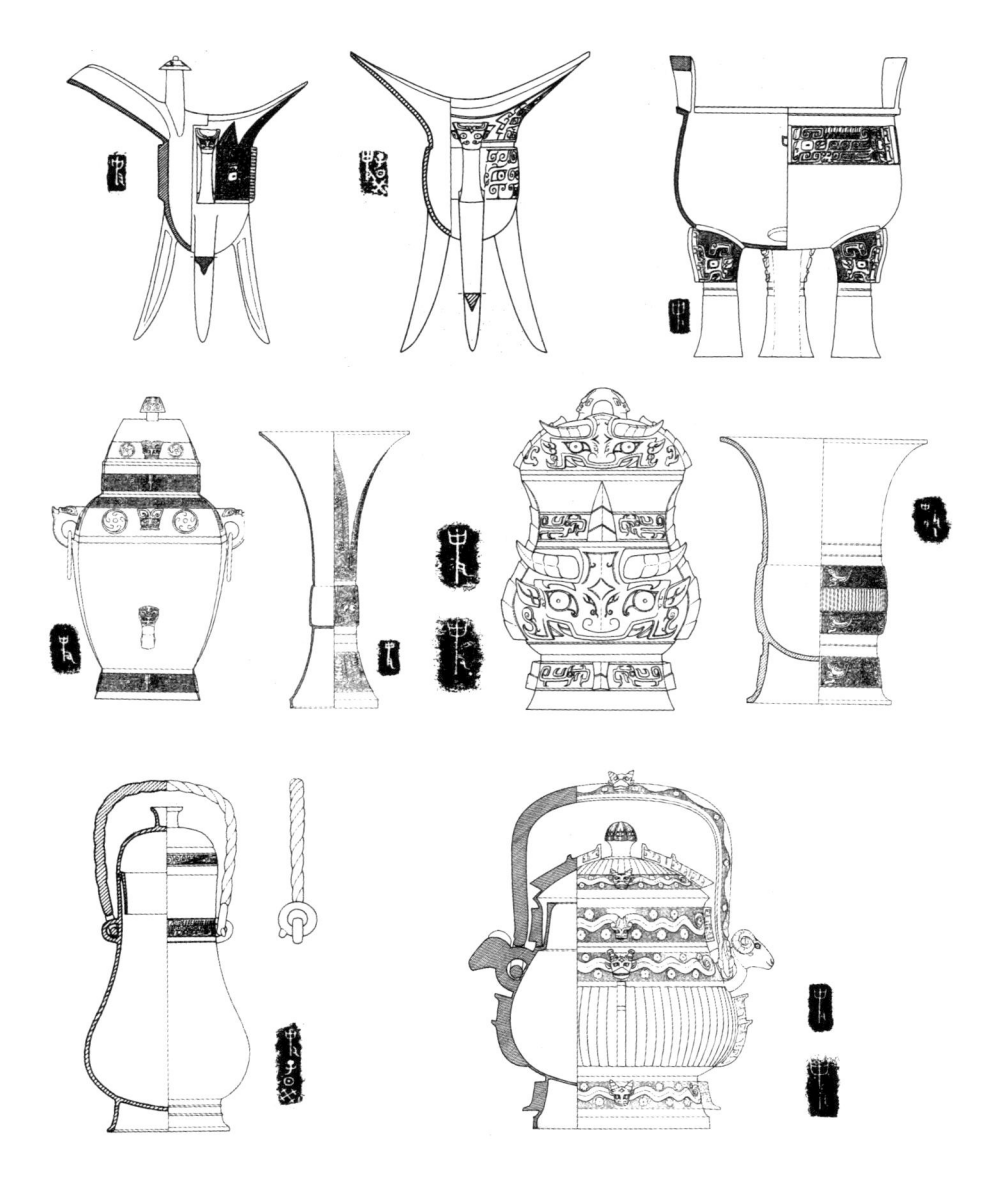

图 7—97　山东滕州前掌大遗址出土的"史"族铜器

（图 7—97），在商代"史"是官职名，但前掌大的"史"是族徽，不是官职名，也可能是以官为氏。前掌大遗址的归属，邵望平、李学勤先生认为属于奄国,① 冯时先生则认为属于薛国,薛国为史氏。② 西周早期铜器薛侯鼎铭曰"薛侯戚（?）作父乙鼎彝。史"（《集成》2377）陕西岐山县出土的西周铜鼎铭"亚薛史父己"（《集成》2014），均表明薛侯属于史族，故冯说可取，何景成先生新近发表的文章亦持此说。③ 文献记载薛国夏代立国，历经商、西周、春秋，前掌大遗址的时代属于商周时期，商代虽未见薛与史同铭，但商代史族的铜器数量很大，由此可以断代商周时期薛国一直由史族掌权。

二十一 豐

墨方鼎铭（《集成》2739，图7—98）载周公"征伐东夷豐伯、薄姑"，陈梦家考证说：豐伯亦见豐伯车父簋铭（《集成》4107），豐伯车父簋系西周晚期器，此簋传出山东济宁，若是事实，则古豐国在今曲阜西南。④ 按，"豐伯"还见于洛阳北窑墓地出土的西周早期豐伯戈（M155∶13—4，M215∶76），商代有三个"豐"，沣河以西的豐国、舌方侵伐的豐地和东夷豐国，这两个"豐伯"是否源于商代的"豐伯"，不敢遽断，且豐伯车父簋是西周晚期器，更不能就其出土地论商代豐国的地望。不过，东夷豐国在东方地区是肯定的。《史记·高祖本纪》中有"豐"地，《集解》："孟康曰：'后沛为郡，豐为县。'文颖曰：'梁惠王孙假为秦所灭，转东徙于豐。'"此豐在今江苏豐县。《齐世家》中有"豐丘"，《集解》："贾逵曰：'豐丘，陈氏邑也。'"

二十二 薄姑

墨方鼎铭（《集成》2739）载周公"征伐东夷豐伯、薄姑"，薄姑与豐伯并称，应是人名，薄姑居地又称薄姑。"薄姑"或作"蒲姑"，它灭亡的时间，一说在武王时，《左传》昭公九年载"及武王克商，蒲姑、商奄，吾东

---

① 邵望平：《〈禹贡〉"九州"的考古学研究》，《考古学文化论集》（二），文物出版社1989年版；李学勤：《夏商周与山东》，《烟台大学学报》（哲社版）2002年第3期。

② 冯时：《殷代史氏考》，《黄盛璋先生八秩华诞纪念文集》，中国教育文化出版社2005年版。王恩田先生认为薛国与史氏为同族分化，见《陕西岐山新出薛器考释》，《考古与文物》1983年11月，《考古与文物丛刊》第二号《古文字论集》。

③ 何景成：《商代史族研究》，《华夏考古》2007年第2期。

④ 陈梦家：《西周铜器断代》，中华书局2004年版，第18页。

图 7—98 "丰伯、薄姑"（塱方鼎铭，《集成》2739）

土也"。二说在成王时，《汉书·地理志》："殷末有薄姑氏……至周成王时，薄姑氏与四国作乱，成王灭之，以封师尚父，是为太公。"今由塱方鼎铭证明后说可信。《左传》昭公二十年，晏子对齐景公："昔爽鸠氏始居此地，季萴因之，有逢伯陵因之，蒲姑氏因之，而后大公因之。"《水经·济水注》曰："薄姑去齐城六十里。……济水又迳薄姑城北。后汉《郡国志》曰：博昌县有薄姑城。《地理书》曰：吕尚封于齐郡薄姑。薄姑故城在临淄县西北五十里，近济水，史迁曰：胡公徙薄姑。"《续山东考古录》博兴县条云："薄姑国城在东南十五里，今柳桥。"殷末薄姑在今临淄西北五六十里、今博兴县东南境内。张长寿先生说以山东益都苏埠屯墓地为代表的"亚醜"族文化是薄姑氏的文化遗存，苏埠屯一号大墓可能是薄姑氏国君的陵寝，薄姑都城在苏埠屯附近的淄河两岸。① 按，益都苏埠屯遗址所代表方国是醜族建立的方国，非薄姑氏（参上文）。

---

① 殷之彝（张长寿笔名）：《山东益都苏埠屯墓地和"亚醜"铜器》，《考古学报》1977 年第 1 期。

二十三　逢

《左传》昭公二十年，晏子对齐景公："昔爽鸠氏始居此地，季荝因之，有逢伯陵因之，蒲姑氏因之，而后大公因之。"晏子所述的是齐国临淄城及其附近地区的沿革，杜预注："逢伯陵，殷诸侯，姜姓。"《山海经·海内经》云伯陵是炎帝之后。逢或作逢。《国语·周语》下，伶州鸠对周景王："我姬氏出自天鼋，及析木者，有建星及牵牛焉，则我皇妣大姜之侄、伯陵之后逢公之所凭神也。"韦昭注："大姜，大王之妃，王季之母，姜女也。……伯陵，大姜之祖有逢伯陵也。逢公，伯陵之后，大姜之侄，殷之诸侯，封于齐地。齐地属天鼋，故祀天鼋，死而配食，为其神主，故云凭。凭，依也。"大姜是大王即古公亶父的妻子，其侄逢公与王季同辈，大约是商王武乙、文丁时人，当时逢就在齐地。《穆天子传》中有逢固、逢公，可能为同一人。综上可知"逢国系姜姓，其始封之君逢伯陵是炎帝之后，时在商朝，取代季荝一系，都于齐，周太王之妃太姜即出自该国。商武乙、文丁以及周穆王时，逢国仍存，其君逢公且颇有地位"①。五期卜辞和二祀其卣铭（图7—99）中有逢地，《合集》36904、《缀》308（《合集》36914+36556）、《卜辞通纂》794（《合集》36916+36905）、《合集》36738有关于王的五旬出巡卜辞，地名相连，排谱如下：

癸丑	在盂
癸亥	在樂
癸酉	在寻
癸未	在逢
四月癸巳	在八桑（八桑亦名桑）

寻地，李学勤先生说即文献中在山东的斟寻，在今潍县西南八十里的斟城，西与寿光县东四十里的斟灌城邻近，"这个寻与后来的齐都临淄一带很近，所以卜辞中商王癸酉在寻，十天后癸未在逢，是很合理的。由此可见，

---

① 李学勤：《有逢伯陵与齐国》，《古文献丛论》，上海远东出版社1996年版。

图 7—99　二祀邲其卣铭（《集成》5412）

在卜辞的时候，逢国仍在原来的地方，尚未被薄姑所取代。"① 按，樂地帝辛征人方时亦经过，樂与商相距步行约 3 日（《合集》36501），商在今河南商丘，樂应在商丘百里范围内，从这里到潍县 1000 里左右，若按步行日均 30 里算，10 天是到不了的，故寻地不可能在今潍县附近，寻地应在山东西部地区。

山东济阳刘台子西周墓地 M1、M3 和 M6 都发现了"逢"铭铜器，说明西周时逢国在济阳。M6 还出一件鼎，铭："王姜作龙姬宝䵼彝"，是周、逢通婚的证据。李学勤先生推测，"姜姓逢国在殷末受东夷薄姑的压迫，放弃临淄一带地区，迁到今济阳。不久，纣王灭亡，薄姑参与反周作乱，终归绝灭。原为姜姓国的临淄一带，又成为姜姓的齐国。已迁的逢，继续同周朝保持亲密的关系，而且和齐国一样，与周王室有着婚姻的纽带。直到周穆王时，逢君还入朝任职为大臣。"②

第四节　南方方国

南方方国分布在河南南部、安徽南部、湖北地区以及江西中北部。

---

① 李学勤：《有逢伯陵与齐国》，《古文献丛论》，上海远东出版社 1996 年版。
② 同上。

《诗·殷武》云:"挞彼殷武,奋伐荆楚,采入其阻,裒荆之旅,有截其所,汤孙之绪。淮汝荆楚,居南国乡。昔有成汤,自彼氐羌,莫敢不来享,莫敢不来王,曰商是常。"商、西周时对南方的战争是为了掠夺铜矿资源,武丁对南方发动的一系列战争是为了打通铜的运输信道①。

一 雇

"雇"国为伯爵,出现在一、二、五期卜辞中:

(1) 贞呼取雇伯。(《合集》13925 正/1,图 7—100)

图 7—100 "雇伯"(《合集》13925 正)

(2) 辛丑卜,行,贞王步自𠂤于雇,亡灾。
　　癸卯卜,行,贞王步自雇于勋,亡灾。在八月,在师雇卜。
　　己酉卜,行,贞王其步自勋于来……亡灾。(《合集》24347/2)
(3) 丙寅卜,行,贞翌丁卯父丁暮岁宰。在三月,在雇卜。(《合

---

① 彭明瀚:《铜与青铜时代中原王朝的南侵》,《江汉考古》1992 年第 3 期;万全文:《商周王朝南进掠铜论》,《江汉考古》1992 年第 3 期。

(4) 癸亥王卜，[旬亡]祸。在九月，王征人方，在雇。(《合集》36485/5)

　　(5) 癸亥卜，黄，贞王旬亡祸。在九月，征人方，在雇彝。(《合集》36487/5)

第(1)辞"取雇伯"文例同于"勿令？取雍刍"(《合集》119)，"取雇伯"是向雇伯索取贡物或人力资源。(2)、(3)辞雇为商王行止地，有时还在此地进行祭祀。(4)、(5)辞雇在帝辛十祀征人方的路线上。

"雇"即文献中的"扈"、"顾"。《左传》庄公二十三年："公会齐侯盟于扈。"杜注："荥阳卷县北有扈亭。"《水经·河水注》："河水又东北迳卷之扈亭北。《春秋左传》文公七年晋赵盾与诸侯盟于扈。《竹书纪年》晋出公十二年，河水绝于扈，即于是也。"卷县治在今河南原阳县西南原武西北，这里亦即商代雇国的位置。《国语·郑语》"己姓昆吾、苏、顾、温、董"。《诗经·商颂·长发》载"韦、顾既伐，昆吾、夏桀"。雇为夏方伯，灭于商汤。晚商时期，雇为畿内诸侯，它与夏雇很可能没有血缘关系。

二　息

"息"在甲骨文中很少出现：

　　(1) 戊申，妇息示二屯。永。(《合集》2354白/1)
　　(2) ……子……何……息……伯……(《合集》3449/1)

"妇某"卜辞中常见，"某"标明妇父家的族名或方国名，"妇息"是息国女子嫁给商王家族者。

1979年、1980年及1985年在河南罗山蟒张乡天湖村的考古发掘中，共发现了20座商代墓葬，出土铜器铭文中最多的是"息"字。[①] 学者据此认为

[①] 信阳地区文管会、罗山县文化馆：《河南罗山县蟒张商代墓地第一次发掘简报》，《考古》1981年第2期；《罗山县蟒张后李商周墓地第二次发掘简报》，《中原文物》1981年第4期；《罗山蟒张后李商周墓地第三次发掘简报》，《中原文物》1988年第1期；河南省信阳地区文管会、河南省罗山县文化馆：《罗山天湖商周墓地》，《考古学报》1986年第2期。

晚商息国族在今河南罗山以南，蟒张一带，① 其说可信。另外，殷墟刘家庄南 M63 也出过两件息铭铜器（图 7—101），② 山西临汾庞杜遗址出过商末周初"息册"铜尊。③

三　雩方

四　贝

五　弜

"雩"字写作"㊉、㊉"，雩方见于一期卜辞，为商王朝敌国：

(1) 戊午卜，弜克贝、㊉南邦方。
己未卜，惟雩方其克贝、弜，在南土。（《合集》20576 正/1）
(2) 庚午卜，贞王𦣻亡祸，在南土。
……千其㊉雩方。（《合集》19946 正/1）
(3) 癸丑卜，雩其克㊉伐。
乙卯卜，㊉，弜𡘋雩。
贞雩不亦来。（《合集》7024/1，图 7—102）
(4) 贞雩其㊉弜。（《合集》7025/1）
(5) 辛酉卜，雩弗敦弜，㞢南庚。（《英藏》1813/1）

第（1）辞的第一个"弜"字与第（3）辞的"弜"是否定词不，第（1）辞的第二个"弜"字与第（4）辞的"弜"指商王朝的东方弜族。④（1）、（2）

---

① 李伯谦、郑杰祥：《后李商代墓葬族属试析》，《中原文物》1981 年第 4 期；范毓周：《息器、妇息和息国》，《郑州大学学报》（哲社版）1986 年第 4 期。

② 安阳市文物工作队、安阳市博物馆：《安阳殷墟青铜器》，中州古籍出版社 1993 年版，第 90、91 页。

③ 李伯谦：《𪩘公盨与晋国早期历史若干问题的再认识》，《古代文明研究通讯》第 33 期。

④ 《合集》20637："贞呼弜共生于东。"明示弜在东方。弜族人曾任殷王朝的亚、典册、师官，见殷墟妇好墓出土的亚弜铙（《集成》383、384）、亚弜鼎（《集成》1400）以及典弜父丁觯（《集成》6393）、弜册角（《集成》9064）、䢰簋（《集成》4144）。

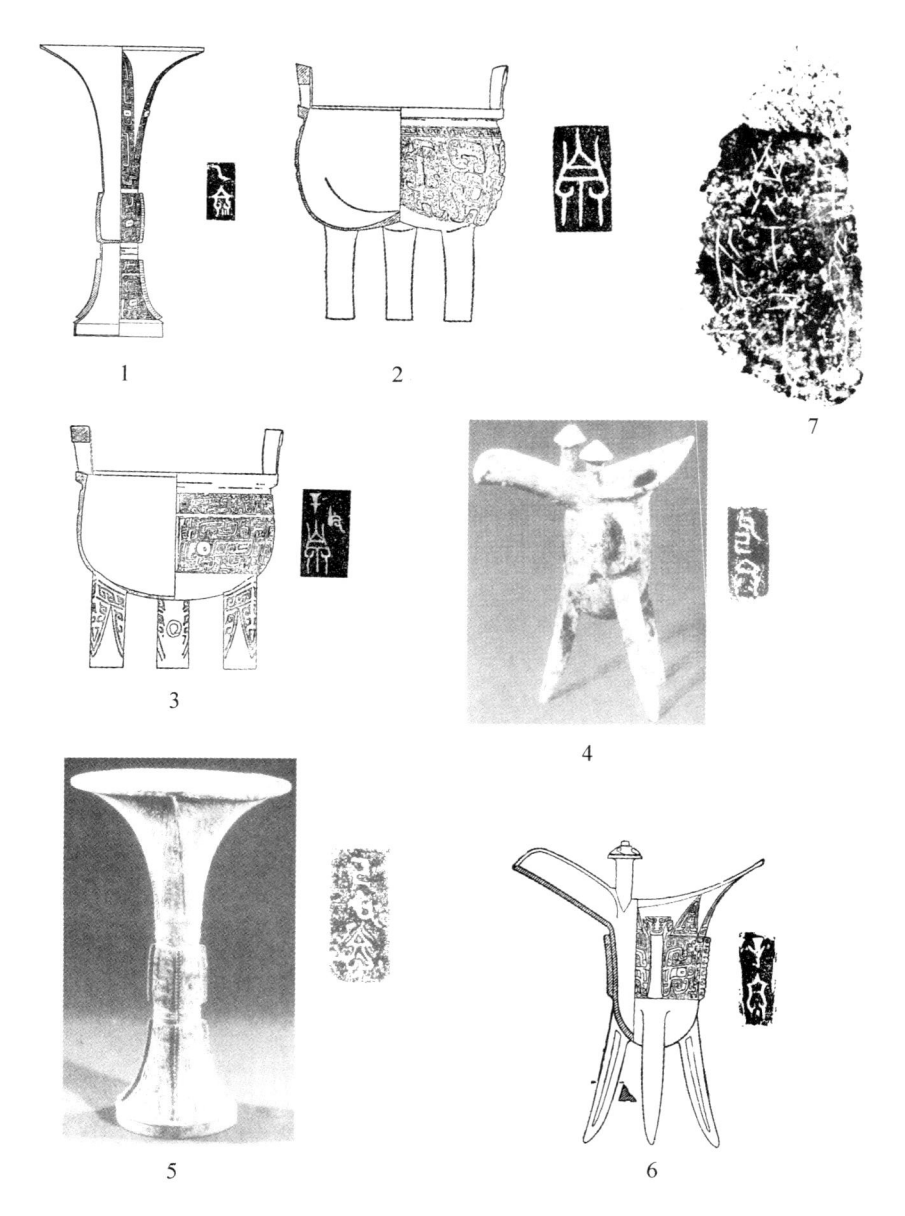

图 7—101　1—4. 河南罗山天湖村出土的"息"国铜器　5—6. 殷墟刘家庄南 M63 出土的"息"铭　7. "妇息"(《合集》2354 臼)

辞内容显示零方位于南方，它势力强大，曾攻打南邦方贝、🐾和东方部族
弜、侁。①

图 7—102　零方（《合集》7024）

六　虎方

虎方见于一期卜辞，为商王朝属国：

(1) 乙亥卜，贞令虎追方。（《合集》20463 反/1）
(2) ……舆其途虎方，告于祖乙。十一月。
　　……其途虎方，告于丁。十一月。
　　……虎方。十一月。
　　……舆其途虎方，告于大甲。十一月。
　　……贞令望乘眔舆途虎方。十一月。（《合集》6667/1，图 7—103)
(3) 虎入百。（《合集》9273 反/1）

---

① 《合集》33068："丁巳卜，贞王令🐾伐于东🐾。"🐾、🐾是同字异体，"东"表明国在东方。

第七章　商代方国考订　435

图 7—103　"虎方"（《合集》6667）

第（1）辞王命虎方追击敌方。（2）辞中的"途"，王襄释作徐①；饶宗颐释作初②；于省吾释作途，其用法有二：一为道途之途，二为动词，读作屠，有屠戮伐灭之义。③"途"在这里有途经、经过的意思。虎方的地望，由与它相关的舉地地望可知，卜辞云：

　　乙未［卜］，贞立事于南，右从我，中从舉，左从曾。（《合集》5504，内容与《合集》5512正互补）

此辞表明舉和曾都位于南方。湖北枣阳、随县、京山到河南西南新野，出土了大量周代的曾国青铜器，④ 随县（今随州）还发现了战国时代的曾侯

---

① 王襄：《簠室殷契类纂》正编，台北艺文印书馆1988年版，第8页上2卷。
② 饶宗颐：《殷代贞卜人物通考》，香港大学出版社1959年版，第83—84页。
③ 于省吾：《释舉》，《双剑誃殷契骈枝》三编，第22页下。
④ 江鸿：《盘龙城与商朝的南土》，《文物》1976年第2期。本文认为"舉"字中间的 ⊕ 不是东，而是囊橐的象形，与金文中 字所从的 ⊕ 类似，"舉"字象众手共举深重的囊橐，是"与（或举）"字的古体，与（或举）地在汉东举水流域。

乙墓，殷代的曾、舆也应在汉淮之间。公元 1118 年在今湖北安陆出土了一套"安州六器"，时代为成王，其中的中鼎铭云："佳王令南宫伐反虎方之年，王令中先省南国串行……"中甗铭亦云："王令中先省南国串行，埶位于曾……""埶位"是张设王的行屋，① 这表明曾地位于伐虎方的前沿（图 7—104）。因此，郭沫若先生认为虎方位于江淮流域。② 虎方又见西周晚期的史密簋铭，被称作南夷。《左传》哀公四年："夏，楚人既克夷虎，乃谋北方。"杜注："夷虎，蛮、夷叛楚者。"此"夷虎"很可能是商代虎方的后裔，在今湖北西南部。故此，我们认为，虎方在今汉水以北，安陆、京山以南的地区。春秋以后，虎方后裔可能溯汉水、长江而上，并有所分布。

图 7—104　虎方　1. 中甗铭（《集成》949）；2. 中鼎铭（《集成》2751)

江西樟树吴城遗址发现后，彭明瀚认为，吴城文化和费家河类型属于虎方文化，吴城是虎方的中心。③ 但由"安州六器"表明曾地距离虎方最近，是伐虎方的前沿，而曾地距吴城长达一千公里左右，说虎方在吴城周围，未免太远。

---

① 郭沫若：《两周金文辞大系图录考释》下，上海书店出版社 1999 年版，第 17 页。
② 同上。
③ 彭明瀚：《商代虎方文化初探》，《中国史研究》1995 年第 3 期；《盘龙城与吴城比较研究》，《江汉考古》1995 年第 2 期。

第（3）辞虎方一次就贡纳一百块龟甲，与它地处南方有关。

七 髳方

"髳"字在甲骨文中写作"⿱，⿱，⿱"。于省吾认为，⿱方即《尚书·牧誓》"及庸、蜀、羌、髳、微、卢、彭、濮人"之髳。① 陈梦家、岛邦男、钟柏生均从其说。

髳方仅见于一期卜辞，与商王朝为敌，武丁经常讨伐它：

(1) 己丑卜，㱿，贞今早王伐髳方，受有佑。(《合集》6550/1)
(2) 丁巳卜，㱿，贞王学众伐于髳方，受有佑。
　　丁巳卜，㱿，贞王勿学众（伐于）髳方，弗其受有佑。(《合集》32 正/1)
(3) 贞匄髳方于大甲。(《合集》8417 正/1)
(4) 贞王叀髳⿱。(《合集》17357/1)

第（1）、（2）辞是征伐髳方的卜辞。(2) 辞为正反对贞卜辞，反辞小括号中的内容系漏刻，据正辞补。"学众"，孙海波释作教众。② 这条卜辞从正反两面卜问"王教众人去征伐髳方，能否受到佑护。"王此次伐髳方，动员了王朝的众人。(3) 辞"匄"，郭沫若、杨树达释作害，③ 屈万里释祈求。④ 屈说为优，"匄髳方"与"匄舌方"义同。"匄舌方"的意思，分析如下：

A　贞匄舌方于上甲。(《英藏》558)
B　□□〔卜〕，㱿，贞舌方衡率伐不，王告于祖乙，其征，匄佑。七月。
　　□□〔卜〕，㱿，贞舌方衡率伐不，王其征，告于祖乙，匄佑。(《合集》6347)

---

① 于省吾：《释髳》，《甲骨文字释林》，中华书局1979年版。
② 孙海波：《甲骨文编》，中华书局1982年版，第146—147页。
③ 郭沫若：《卜辞通纂》别录一，科学出版社1983年版，第1页第4片；杨树达：《耐林甲文说·卜辞求义》，群联出版社1954年版，第15页。
④ 屈万里：《殷虚文字甲编考释》，中研院史语所1961年版，第98页。

B辞的意思是：王要征伐舌方，告于祖乙，祈求他的保佑。由B辞推知A辞"匄舌方于上甲"不是为舌方祈祷，而是祈求上甲保佑王打败舌方。故，(3)辞"匄髳方于大甲"是祈求大甲保佑王打败髳方。第(4)辞"辥"，柯昌济释作"辥"，即"孽"字，义为罪愆，① "王叀髳孽"句宾语前置，问王是否怪罪髳方。

髳国的地望，《尚书·牧誓》伪《孔安国传》谓在巴蜀境内。杨筠如《尚书核诂》云："髳与髦通。……字又作茅。……按《括地志》：'茅津及茅城，在陕州河北县西二十里。'则正当山西南部滨河之地矣。"钟柏生谓卜辞云：王从邑侯虎伐髳方，故髳方近于邑侯地，邑释作仓，即《左传》哀公四年"左师军于菟和，右师军于仓野"之仓野②。仓野在今陕西商州东南140里，故钟氏认为髳在豫陕交界。③

钱穆《史记地名考》又提出："……武王所会之髳非在豫陕附近，即在南阳西南荆山汉水间，略当庸濮卢彭诸族之北也。"笔者认为荆山汉水说较为可信：

(5) □□卜，殻，贞王伐髳，帝受我佑。□月。
　　壬寅卜，争，贞今早王伐㞢方，受有佑。十三月。（《合集》6543/1，图7—105）

上辞伐髳方与伐㞢方同版，髳方应近于㞢方，㞢方在江汉流域（参下文），故髳方也在江汉流域。

八　㞢方

㞢方见于一期卜辞，为商朝敌国：

(1) 甲辰卜，宾，贞㞢方其再，惟戎。十一月。
　　贞㞢方不再。（《合补》1981/1）

---

① 柯昌济：《〈殷墟卜辞综类〉例证考释》，《古文字研究》第16辑，中华书局1989年版。
② 李孝定：《甲骨文字集释》，北京光华书店1983年版，第1788页。
③ 钟柏生：《殷商卜辞地理论丛》，台北艺文印书馆1989年版。

图 7—105　"弉"、"中方"（《合集》6543）

（2）壬寅卜，争，贞今弉王伐中方，受有佑。十三月。（《合集》6543/1）

（3）贞勿登人五千。
贞勿伐中方。
贞王伐中方，受有佑。（《合集》6541/1，图 7—106）

（4）□□卜，殻，贞王次于曾，乃呼爯中……（《合集》6536/1）

（5）贞方不至于中方。（《合集》8626/1）

（6）王从望乘伐中方。（《铁》245.2/1）

第（1）辞中的"爯"字，《说文》云："爯，并举也。"在这里有举兵的意思。"戎"有伐义①，在这里是侵伐的意思。（1）辞问中方会不会举兵内侵，时间在十一月，（2）辞的十三月，王已开始征伐中方。（5）辞中的"方"不确指商朝某一与国，它参加了伐中方的战争。除"方"外，参战者还有望乘，如（6）辞。战争共动员了五千多人，如（3）辞。征伐中方的战

---

① 胡厚宣：《甲骨文所见殷代奴隶的反压迫斗争》，《考古学报》1976 年第 1 期。

争是武丁时期规模较大的一次战争。由此反观，中方的势力非常强大，它是商朝的南方大敌。

第（4）辞"𢦏"字，有征伐的意思。①"王次于曾"说明曾地在伐中方的前沿。

金文中有"㞢"、"■"字（分别见《集成》4782、7765），严志斌认为与"中"为一字，分别在前者填实，后者虚廓。②

湖北黄陂盘龙城遗址是一处夏代、早商遗址，有丰富的二里头夏文化和二里岗商文化遗存。遗址的东南部建有城，为商代文化的中心区。古城平面近方形，南北约 290 米、东西约 260 米，面积约 75400 平方米。城外有城壕。城内地势东面及东北部高，西面及西南部低。东北部为人工填土平整加高而形成的台地，为大型建筑群所在地。城垣与城壕始建于二里岗上层一期偏晚阶段，二里岗上层二期偏晚阶段废弃。建城的同时，又在城北的杨家湾、杨家

图7—106 "中方"（《合集》6541）

嘴新建了铸铜作坊。从考古学文化角度分析，城垣的夯筑方法与技术、城内大型宫殿基址的布局、深窖穴、祭祀坑的特点、木椁墓及埋葬习俗中的熟土二层台、殉人、腰坑内殉狗，以及葬式中的仰身和俯身等葬俗都与二里岗商文化相同，青铜器、陶器与商文化非常相似。盘龙城是以南下的中原商文化为主体，融合本地域石家河文化，并吸收了江南印纹陶及湖熟文化因素，形成的一个商文化边缘地区的新类型。盘龙城是商代前期中原王朝掠夺南方矿产资源的中转站，从这里出发，顺长江而下，可抵达商代矿区——今湖北大冶、江西瑞昌。③

盘龙城由商人直接统治到二里岗上层二期偏晚阶段，其后盘龙城及其周

---

① 于省吾主编：《甲骨文字诂林》，中华书局1996年版，第1004页。

② 严志斌：《商代青铜器铭文研究》，中国社会科学院研究生院博士学位论文，2006年，第173页。

③ 万全文：《商周王朝南进掠铜论》，《江汉考古》1992年第3期。

围的商文化都相应退潮，商人势力明显减弱，这很可能与中商时期"比九世乱，于是诸侯莫朝"[①]有关，中原王朝自顾处理内乱、不断迁都，无力管辖边缘地区，边缘地区的强族逐渐兴起，侵夺商地，中方很可能就是其中之一。武丁征伐中方，就是为了夺回故地，重新打通铜矿的运输通道。武丁以后的卜辞中不见中方，很可能是已被武丁彻底消灭。

九　归

十　佣

十一　卢

归国为商朝敌国，见于一、四期卜辞：

（1）壬寅卜，王令围伐归夷于衡。（《合集》19957 正/1）

（2）壬寅卜，桒其伐归，叀北㸚用，二十示一牛，二示羊，以四戈鼒。（《合集》34122/4）

（3）己亥……侯……启，王伐归，若。

　　庚子卜，伐归，受佑。八月。
　　弜伐归。
　　壬子卜，贞步师亡祸。
　　有祸。
　　丁酉卜，今生十月王敦佣，受佑。
　　弗受佑。
　　己亥卜，王敦佣，今十月受佑。

图 7—107　"归伯"（《合集》33070）

[①]　《史记·殷本纪》。

弗受佑。(《合集》33069/4，即《屯南》4516)

(4)……伐归伯……受佑。(《合集》33070/4，图7—107)

第(1)辞称归为夷，"衔"字不识，为地名，与归国邻近。(2)辞是伐归国前的祭祀活动。(3)辞王亲自参加征伐战争。(4)辞中的"归伯"指归国首领。

《左传》僖公二十六年载："夔子不祀祝融与鬻熊，楚人让之。对曰：'我先王熊挚有疾，鬼神弗赦，而自窜于夔，吾是以失楚，又何祀焉？'秋，楚成得臣、斗宜申帅师灭夔，以夔子归。"《国语·郑语》曰："芈姓夔、越。"夔或写作归，汪远孙《考异》① 云："《内传》宣八年疏引《国语》作归。"《史记·楚世家》："灭夔"，《索隐》云："谯周作'灭归'，归即夔之地名归乡也。"夔又写作隗，《公羊传》僖公二十六年经："秋，楚人灭隗，以隗子归。"

夔子国始建者熊挚，约在周厉、宣王时代。夔国地望有两种说法：一，秭归说。《水经·江水注》谓秭归县："故归乡。《地理志》曰：归子国也。《乐纬》曰：昔归典叶声律。宋忠曰：归即夔，归乡盖夔乡矣。"高士奇《春秋地名考略》卷十四亦云秭归："今为归州治。治东二十里有夔子城。"二，巫县说。《水经·江水注》又谓巫县："故楚之巫郡也，秦省郡立县，以隶南郡。……南临大江，故夔国也。"巫县即今巫山县，在秭归西，相距一百五十里，以长江为通道，可能都在夔子国的统辖范围。熊挚建国治前，此地是否名夔，不见记载。甲骨文中的归国，郭沫若认为就是夔国，在今湖北秭归县。②

与伐归同版的有敦𪊽，如(3)辞。伐归在八月，敦𪊽在十月，归、𪊽是王此次征伐的两个方国。𪊽又作徥，诸家皆释为通。③ 按"𪊽"字，从彳，用声。用、庸二字同源，同属东部喻母。④《说文》："庸，用也。"故𪊽、庸音同互通，𪊽用作国名，即《尚书·牧誓》中的庸国。《世本》谓庸："商时诸侯，助武王伐纣者。"《左传》文公十六年有段记载云："楚大饥，戎伐其

---

① 《国语》，清黄丕烈刻本有顾广圻《札记》一卷，武昌书局翻刻黄本增汪远孙《考异》四卷。
② 郭沫若：《殷契萃编》，科学出版社1965年版，第1180片。
③ 于省吾主编：《甲骨文字诂林》，中华书局1996年版，第2292页。
④ 王力：《同源字典》，商务印书馆1997年版，第384页。

西南，至于阜山，师于大林。又伐其东南，至于阳丘，以侵訾枝。庸人帅群蛮以叛楚，麇人率百濮聚于选，将伐楚。于是申、息之北门不启。楚人谋徙于阪高。蒍贾曰：'不可。我能往，寇亦能往，不如伐庸。夫麇与百濮，谓我饥不能师，故伐我也。若我出师，必惧而归。百濮离居，将各走其邑，谁暇谋人？'乃出师，旬有五日，百濮乃罢。自庐以往，振廪同食。次于句澨。使庐戢棃侵庸，及庸方城。庸人逐之，囚子扬窗。三宿而逸，曰：'庸师众，群蛮聚焉，不如复大师。且起王卒，合而后进。'师叔曰：'不可。姑又与之遇以骄之。彼骄我怒，而后可克，先君蚡冒所以服陉隰也。'又与之遇，七遇皆北，唯裨、鯈、鱼人实逐之。庸人曰：'楚不足与战矣。'遂不设备。楚子乘驲，会师于临品，分为二队，子越自石溪，子贝自仞以伐庸。秦人、巴人从楚师。群蛮从楚子盟，遂灭庸。"

这段记载中的庸、庐（庐即卢，卢国此时已亡，为楚邑），即甲骨文中倗、𤲟（释作卢）。

贞问征伐庸的卜辞还有：

（5）辛未卜，王一月敦庸，受佑。

乙亥卜，一月王敦庸，受佑。

丙子卜，王二月敦庸，受佑。（《合集》20510/4）

（6）其敦庸。十月。（《合集》20511/4）

（7）丁酉卜，生十月王敦庸。（《合集》20512/4）

（8）王于十月丙子［敦］庸。

图7—108 "庸"（《合集》20516）

乙丑卜，王敦庸，受［佑］。（《合集》20514/4）

（9）乙未卜，贞乙巳王敦庸，受佑。十二月。（《合集》20516/4，图7—108）

（10）辛未卜，王执庸。（《合集》20522/4）

(11) 丁卯卜，征酓庸大戊戊辰。(《合集》19834/4)

第(5)—(11)辞与(3)辞的字体风格相似，且(7)辞与(3)辞同文，故(5)—(11)辞与(3)辞是时代相近的卜辞。

第(3)辞中"丁酉卜今生十月……"，"今生十月"的意思是从今天到下个月——十月，这句表明丁酉日不在十月；"己亥卜……今十月……"句则揭示己亥日已在十月份。(8)辞"王于十月丙子……"，说明丙子日也在十月。但，若从己亥日起算，十月份最远也不能到丙子日①，可见这两个十月不在同一年。(5)辞一月辛未、乙亥日，二月丙子日也不能排入日谱。若缩短十月、十一月的月长，(9)辞十二月乙未日能勉强排入。以上诸材料表明王不止一次征伐庸国。

第(11)辞中的"酓"，于省吾认为是砍杀的意思，②商王打败庸国，把战俘带回用来祭祀大戊。

江永《春秋地理考实》文公十六年："庸国，今郧阳府竹山县及竹溪县也。秦置上庸县。"高士奇《春秋地名考略》："今竹山县东四十五里有方城山……山南有城，周十余里，即春秋时庸方城也。又县西五里有庸城山，庸人昔居于此。"要之，今湖北是庸国所在。《太平御览》一六八金州："《十道志》曰：'金州安康郡，《禹贡》梁州之域，于周，庸国之地。'"唐代安康郡在今陕西石泉县南汉水南岸，与今安康地点不同。可见，周代的庸人活动范围并不局限在竹山、竹溪地区。商代的庸国，据《尚书·牧誓》伪《孔安国传》"庸、濮在江汉之南"句，可知定在今竹山、竹溪地区较宜。

第(3)辞王八月征归，十月敦庸，庸在归北，王的征伐路线是先远后近。

"卢"甲骨文写作"𠂤"，有两种意思：一，祭名，通"旅"，与周代之旅祭相当；③二，方国名，见于三、四、五期卜辞或刻辞。殷墟妇好墓曾出一

---

① 常玉芝《殷商历法研究》(吉林文史出版社1998年版)第299页云：殷代历月已有大小月之分，大月有三十日的，也有三十一日以上的；小月有二十九日的，也有少于二十九日的，甚至有二十五日的。

② 于省吾：《释酓》，《甲骨文字释林》，中华书局1979年版。

③ 于省吾：《释𠂤、卢》，《甲骨文字释林》，中华书局1979年版。

件大玉戈（图7—109），铭曰："卢方皆入戈五"①，意思是：卢方皆向商王贡纳五件戈。皆是卢方首领的私名。这件戈的年代在妇好生前，也就是说武丁前期卢方是臣服于商王朝的。

(12) 甲戌卜，翌日乙王其寻卢伯㐭，不雨。(《合集》27041/3)

(13) ……卢伯㐭其呼𨟻……(《合集》28095/3，图7—110)

(14) ……卅卢方伯㐭……王㳄。大吉。(《屯南》667/3)

图7—109　妇好墓出土的卢方玉戈

(15) ……卢方……(《合集》33185/4)

(16) ……卢……代……(《合集》38763/5)

图7—110　"卢伯㐭"（《合集》28095）

---

① 中国社会科学院考古研究所：《殷虚妇好墓》，文物出版社1980年版，第131页。

"卢伯"即"卢方伯",是指卢方的首领,󰀀、󰀁为首领的私名。(12)辞"寻"是祭名,《左传》庄公二十八年:"今令尹不寻诸仇雠",杜解:"寻,用也。"寻有用义,与杀人以祭的"用"用法相似,① 此辞卜问明天乙日杀卢伯󰀀求雨,会不会下雨。其时卢方为敌国。(13)、(14)、(15)辞残,义不详。(16)此是罕见的人头刻辞,刻辞标明这是卢方伯的人头,古人出于敌忾,往往拿敌国首领的头盖骨作器具,类似的还有上文提及的著名的"人方伯"头骨。卢方与商交恶已久,周武王伐商时便参加了伐商同盟军。

《左传》桓公十三年:"罗与卢戎两军之",杜注:卢本或作庐,音同。《水经·沔水注》谓中庐县:"即春秋庐戎之国也"。中庐县在今湖北南漳县东北五十里中庐镇。蒙文通云:"卢戎在南漳县,而从武王伐纣之卢在梁州。《括地志》言:'房州竹山县及金州,古卢国'……此卢自梁徙荆时所建国;更沿汉东南至南漳;而春秋之卢在襄、汉。"② 金州治金州,在今安康。《尚书·牧誓》伪《孔安国传》:"彭、卢在西北",孔颖达《正义》:"彭、卢在西北者,在东蜀之西北也。"今竹山、安康之间,正在东蜀西北,也就是商代卢国的位置。

岛邦男曾考订卢方在殷北③,不确;曹定云考订卢方在今甘肃平凉县周围,④ 其说缺乏确证。张懋镕根据西周晚期史密簋铜铭认为,商代的卢国即夏代的卢氏,原居河南西部卢氏县,因与殷商交恶,遂南迁至湖北西部南漳县,并且终西周一世,直到春秋都在此地。⑤ 也就是说,卢国是自北向南迁徙的,夏商时期卢国居今河南卢氏,西周以后居今湖北南漳,此说与蒙氏卢国自西向东迁徙说不同,然中间多属推测,亦缺乏证明,且夏代的卢氏究竟在何处尚存疑问。相较而言,蒙氏的说法虽然也是推测成分居多,但毕竟还能与大部分文献契合,因此笔者仍坚持蒙氏说法。

---

① 中国社会科学院考古研究所编著:《小屯南地甲骨》,中华书局1983年版,下册第一分册,第840页。
② 蒙文通:《古代民族徙移考》,《禹贡》七卷六、七合期。
③ [日]岛邦男:《殷墟卜辞研究》,温天河、李寿林中译本,鼎文书局1975年版,第417页。
④ 曹定云:《殷代的"卢方"》,《社会科学战线》1982年第2期。
⑤ 张懋镕:《卢方、虎方考》,《文博》1992年第2期。

十二 暴

"畢"字，从裘锡圭先生释作"暴"①。暴国为侯爵，见于一期卜辞：

(1) 贞呼从暴侯。(《合集》697 正/1)

五期卜辞有从水从暴字，可以释作"瀑"：

A 壬寅卜，在曹，贞王步于瀑，亡灾。(《合集》36828/5)
B ……在瀑，[贞][王]步于囗，亡灾。(《合集》36955/5)

裘锡圭先生认为，暴地即《春秋》文公八年公子遂会雒戎于暴的暴，在今河南原阳县一带。②

第五节 地望待考方国

下列方国的地望，由于材料不足，待考。

一 ▨方

▨方见于一期卜辞，为商朝敌国：

(1) 己未卜，䧹，贞王登三千人呼伐▨方，▨。(《合集》6640/1，图7—111)
(2) 贞▨子毛我。(《合集》3273 正/1)

第(1)辞王征集三千人讨伐▨方，可见▨方势力很大。(2)辞中的"▨子"可能是▨方被征服，称臣于商王，首领被封为子爵。

---

① 裘锡圭：《说"玄衣朱襮裣"》，《文物》1976年第12期。
② 同上。

图 7—111　"▨方"（《合集》6640）

二　▨方

▨方见于一期卜辞，为商王朝属国：

(1) □□［卜，𠷠］，贞曰，戋屮▨方，允……弗其伐。（《合集》6662/1，图 7—112）

(2) 贞勿令▨。（《合集》4594/1）

第 (1) 辞中的"屮"字在甲骨文中与"又"、"有"、"佑"、"侑"等相通，① 在这里为"侑"。"侑"在卜辞中有两种意思：一，对鬼神言，为祭祀之事；二，对活人言，为酬酢之

图 7—112　"▨方"（《合集》6662）

---

① 于省吾主编：《甲骨文字诂林》，中华书局 1996 年版，第 3432 页。

事。① "戉侑▨方"之"侑"取第二义，谓戉劝侑▨方。▨方很可能是正准备出征。(2) 辞王令▨方做某事。

三 鬱方

鬱字甲骨文写作"🫥"，鬱方见于一期卜辞，为商王朝属国：

(1) 乙丑，王🫥鬱方。
    乙丑，王🫥鬱方。（《合集》20624/1）
(2) ……鬱……滴……（《合集》8313/1）
(3) ［甲］戌卜，［贞］……🫥鬱［方］有刜。（《合集》11253/1）
(4) 戊申［卜］，王🫥□千習□行于□鬱行……（《合集》11473/1）

第(1)辞中的"🫥"字，裘锡圭先生疑为"柞"，与下文的"🫥"（即"农"字，读作耨除之耨）为对文，"柞"义为"除木"，卜辞的意思是商王准备派人到鬱方开荒。② (3) 辞中的"刜"有杀伐、凶杀之义，"有刜"的辞例与"有祟"、"有祸"、"有来艰"相同，③ 此辞是问鬱方有无灾害。(2)、(4) 辞义不详。

四 兴方

兴方见于一、三、五期卜辞：

(1) 贞勿呼兴。五月。（《合集》16083/1）
(2) 甲申［卜］，□贞：兴方来，惟🫥余，在祸。
    ……兴方来，不惟🫥余，在祸。
    贞［王］从兴方伐下危。（《合集》6530 正/1）
(3) 贞兴再🫥，呼归。（《合集》7426 正/1）
(4) 壬寅卜，殼，贞兴方以羌，用自上甲至下乙。（《合集》270 正/

---

① 饶宗颐：《殷代贞卜人物通考》，香港大学出版社1959年版，第125—126页。
② 裘锡圭：《甲骨文中所见的商代农业》，《全国商史学术讨论会论文集》殷都学刊增刊，1985年2月，第221页。
③ 陈炜湛：《甲骨文异字同形例》，《古文字研究》第6辑，中华书局1981年版。

1，图7—113）

(5) 戌兴伐，邲方食……
……方既食，戌迺伐，𢆉。（《合集》28000/3）

(6) 壬申卜，贞王其田兴，亡灾。（《合集》33564/5）

第(1)辞兴方已臣属商王朝。(2)辞"囧"字，钟柏生释"㾞"，即猾字，有扰乱义，"在"字，则有如"隹"、"其"之类的意思，① 此辞是问王命兴方前来征伐下危，兴方会不会扰乱我，有无灾祸。可见，兴方虽然臣属商王朝，但并未受到商王信赖。(3)辞"再酉"为"再册酉某方"之省。(4)辞中兴方贡纳羌人作为人牲。(5)辞中的"戌"为名词，陈梦家以为官名，② 戌官有征伐戍边之责，本辞中兴方人任戌官。(6)辞中的兴为商王田猎地。

图7—113 "兴方"（《合集》270正）

兴方的地望，岛邦男、钟柏生依据(2)辞，断定位于殷南，距危方、下危不远。岛、钟二氏认为卜辞中如果出现"A伐B"的情况，A、B两地

---

① 钟柏生：《说"異"兼释与"異"并见诸词》，中研院史语所《集刊》第56本3分，1985年9月。

② 陈梦家：《殷虚卜辞综述》，中华书局1988年版，第516页。

一定接近。然而实际上,这种看法并不适用于所有卜辞,比如,卜辞中"望"伐"下危"、"中方",但"望"在殷东(今豫东鲁西南地区),"下危"在殷北、"中方"在殷南,彼此间距离遥远。因此笔者认为,兴方虽然参加了伐下危的战争,但并不一定与下危接近。兴方的地望有待于进一步考证。

五 肖方

卜辞中的"𦥑、𦥑、𦥑",唐兰认为与芎方为一国,[①] 于省吾先生辨其非,释之为"肖",它在卜辞中除作方国名外,还有"毛鳥"祭的意思[②]。于说可从。肖方仅见于一期卜辞,与商王朝为敌。

(1) 己亥卜,叀四月令豙步□肖。(《合集》6563/1)
(2) 辛丑卜,步豙伐肖。五月。(《合集》20400/1)
(3) 丁酉卜,令豙征肖,戋。(《合集》6561/1)
(4) [癸亥]卜,王,令[伐]肖方橹[③]。(《合集》20397/1)
(5) ……王肅呼𠂇肖,戋。(《合集》6565/1)
(6) ……余值肖,惟……(《合集》6557/1)
(7) 己卯卜,王,于来屯伐肖。(《合集》6560/1)
(8) 丁未卜,令围围肖亳。(《合集》20398/1)
(9) 辛巳卜,王,肖弗受朕史佑。(《合集》8426/1)
(10) 祼肖方大丁。(《合集》20623/1)
(11) 壬辰卜,祼肖方大甲。(《合集》8425/1,图7—114)
(12) 贞千弗其乍肖方祸。(《合集》8424/1)

从(1)—(3)辞看,征肖方的战争发生在四、五月份,主将是豙。(2)辞中"步豙"由(1)辞可知是"令豙步"的意思。(10)、(11)辞中"祼"为"灌"祭,这两条卜辞是可能是向大丁、大甲做战前祈祷。其余均为商王征伐肖方的卜辞。

---

① 唐兰:《天壤阁甲骨文存》附考释,辅仁大学1939年影印本,第40页。
② 于省吾:《释肖》,《双剑誃殷契骈枝续编》,17页下,据《甲骨文文字估林》引。
③ 裘锡圭:《说"捛函"——兼释甲骨文"橹"字》,《华学》第1辑,中山大学出版社1995年版。

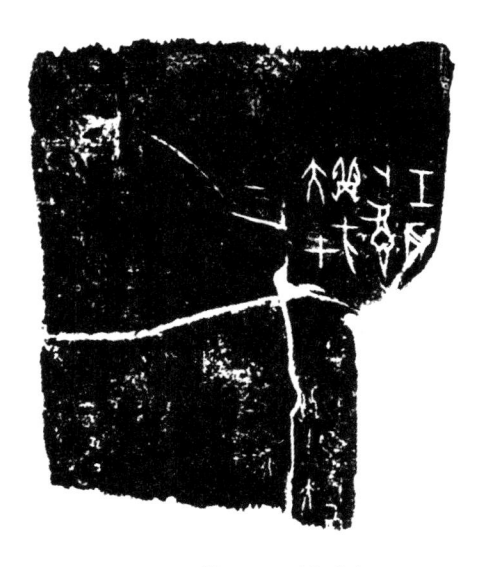

图 7—114　"肖方"（《合集》8425）

六　宣方

有关宣方的卜辞只有一条，属于三期（《合集》28003/3）（图 7—115），但它的读法有三种：

A　宣方出于卜，燎。①
B　弜宣方燎？②
C　弜宣燎。
　　方出，于……卜燎。③

我们赞同 B 种读法，义为在宣方举行燎祭。④ 宣方为商朝属国，商末为周所伐，《逸周书·世俘解》云："百韦命伐宣方"。

---

① 陈梦家：《殷虚卜辞综述》，中华书局 1988 年版，第 276 页。
② ［日］岛邦男：《殷墟卜辞研究》，温天河、李寿林中译本，鼎文书局 1975 年版，第 417 页。
③ 于省吾主编：《甲骨文字诂林》，中华书局 1996 年版，第 2225 页。
④ ［日］岛邦男：《殷墟卜辞研究》，温天河、李寿林中译本，鼎文书局 1975 年版，第 417 页。

七 ⿻方

⿻方见于一期卜辞，有服有叛：

(1) ……[王]臣其⿱⿻.
……[王]臣弗[其]
⿱⿻。(《合集》117/1)

(2) 🅧⿻方。(《合集》6659/1)

(3) 弗🅧⿻[方]。(《合集》6660/1)

(4) □巳卜，□贞：……以
……侯……⿻……(《合集》9154/1)

图 7—115　"宣方"（《合集》28003）

(5) 癸酉卜，踵弜于入🅧，⿻从。(《合集》19956/1)

"⿻"或释"刃"，或释"汈"。① 第（1）辞中的"⿱"当"佑"讲，王臣为⿻方求佑，说明⿻方臣服于商王朝。(2)、(3) ⿻方反叛，成为征伐的对象。(4) 辞意思不详。(5) 辞可能是问⿻能否从踵"于入🅧"。

八 ⿻方

⿻方见于一期卜辞，为商朝敌国：

壬午卜，王取⿻方。(《合集》6661/1)

九 ⿻方

⿻方见于三期卜辞，为商朝属国：

癸酉卜，㱿，贞其归⿻方于㓞㓞示。(《合集》28002/3)

---

① 于省吾主编：《甲骨文字诂林》，中华书局1996年版，第2452—2453页。

十　矢方

矢方见于一、四卜辞，与商为敌：

(1) 㞢矢方。(《合集》9519/1)
(2) 乙亥，贞❏令❏以众畓矢，受佑。(《合集》31981/4)

第（1）辞之中的"㞢"，有征伐的意思，[①] 卜辞问是否征伐矢方。（2）辞仍然是商朝征伐矢方的卜辞。

十一　衟方

"衟"字，严一萍释作"道"[②]，可从。道方见于四期卜辞：

> 癸未卜，龙来以道方……兹用，乙酉遘……
> 己丑［卜］，其❏道方，更今来丁。兹用。（《合集》33189/4，与《合集》33190同文）

辞中的"龙来以道方……兹用"与"竹来以召方于大乙❏"（《屯南》1116）的意思类似，义为"龙方战罢归来，用道方战俘进行祭祀"。此时，与道方的战争尚未结束，5天之后的己丑日，王仍在❏道方。❏字，郭沫若隶定为"刏"，商承祚释作"舠"，于省吾释作"㣇"，唐兰释作"厄"，贝塚茂树释作"藉"，[③] 张玉金认为以上诸说均不可从，应释作"刜"，在卜辞中不表示本义，表示假借义，读为"刿"，是切割的意思。[④]"刜道方"义为杀伐道方。彭邦炯先生认为，"道"即《左传》僖公五年："弦子奔黄，于是

[①] 闻一多：《释省㕡——契文疏证之一》，《闻一多全集》第2册，生活·读书·新知三联书店重印本1982年版。

[②] 严一萍：《释道》，《中国文字》第7册，1962年3月。

[③] 以上诸说引自张玉金：《释甲骨文中的"❏"和"❏"》，《故宫博物院院刊》2001年第1期。

[④] 张玉金：《释甲骨文中的"❏"和"❏"》，《故宫博物院院刊》2001年第1期。

江、黄、道、柏方睦于齐"的道国，在今河南确山县境，①可备一说。

十二 🀆方

🀆方见于四期卜辞，为商朝敌国：

（1）己巳，贞并甾伐🀆方，受佑。
　　　并弗受佑。（《合集》33042/4，图7—116）
（2）己巳，贞并甾伐🀆，受佑。
　　　并弗受佑。（《合集》33043/4）

图7—116　"🀆方"（《合集》33042）

"🀆方"亦简称为"🀆"。辞中的"甾伐"为一词，连读。并族臣属于商王朝；其地望，彭邦炯先生定在今山西西部和中北部一带，②王永波则以为并氏故地在今山东寿光，而"山西陈留之並或与入侍王室的並氏上层有关，或与氏族的分衍、迁徙有关"③。上辞中的并，不知是山西并还是山东并，并族征伐的🀆方地望亦不明确。

十三 汨方

汨方见于四期卜辞，为商敌国：

其🀆汨方。（《合集》32103/4，图7—117）

十四 并方

并方见于一期卜辞，为商敌国：

---

① 彭邦炯：《再说甲骨文的"衍"和"衍方"——附说首人及其地望》，《殷商文明暨纪念三星堆遗址发现70周年国际学术研讨会论文集》，社会科学文献出版社2003年版。
② 彭邦炯：《竝器、竝氏与并州》，《考古与文物》1981年第3期。
③ 王永波：《並氏探略——兼论殷比干族属》，《考古与文物》1992年第1期。

图7—117　"氿方"（《合集》32103）

戊戌卜，争，贞丼方［勾］射，［更］我祸。五月。
丼方勾射，不惟我祸。（《合集》6647正/1）

十五　✕方

✕方见于三期卜辞，为商敌国：

……贞王其寻……✕方伯……✕于之，若。（《合集》28087/3）

十六　✕方

✕方见于三期卜辞，为商敌国：

己卯卜，贞✕方其✕我戍。（《屯南》2260/3）

十七　✕方

✕方见于一期自组卜辞，与商王朝关系不详：

己酉卜，水✕方。（《合集》20615（自）/1）

十八 䖒方

䖒方见于四期卜辞，为商敌国：

丁亥，贞王令冓取䖒方。(《屯南》1066、1082/4，同文互补)

十九 虎方

虎方见于一期卜辞，为商与国：

(1) 贞叀虎从兇共㞢示。(《合集》4593/1)
(2) 虎方其涉河东兆，其□。(《合集》8409/1)

二十 㫃方

㫃方见于四期卜辞，为商敌国：

□子，贞王令叟□人畓㫃方。(《屯南》776/4)

二十一 方匡

方匡见于一期甲骨文，为商与国，被封为侯爵，匡国经常入贡卜骨和卜甲，最多的达一次贡一百块卜甲：

(1) 壬寅卜，㱿，贞方匡……
  贞方匡其佑……(《合集》4300 正/1)
(2) 辛丑卜，勿呼雀报，雀取侯匡。(《合集》19852/1)
(3) ……宾，贞匡不囚。
  ……宾，贞匡……(《合集》17083 正/1)
(4) 丁丑卜，争，贞令门匡曾……(《合集》19095 正/1)
(5) ……令匡眔戈……(《合集》4495/1)
(6) 匡入十。(《合集》3521 反/1)
(7) 匡入百。(《合集》12396 反/1)
(8) ……自匡五十屯。(《合集》9396/1)

二十二 㠱

㠱国为侯爵,见于一期卜辞:

(1) 贞呼从㠱侯。(《合集》3331/1)
(2) 㠱来四十。(《合集》7023 反/1)
(3) 庚戌卜,争,贞令㠱归眔㞢示……(《合集》4759/1)
(4) 丙申卜,贞勿延㠱师令。(《合集》7766/1)

二十三 ㄠ

ㄠ国为侯爵,见于一、二期卜辞:

(1) 戊申卜,侯ㄠ以人。(《合集》1026/1)
(2) 辛酉ㄠ示六屯。㱿。(《合集》17615 臼/1)
(3) ㄠ㞢来三。(《合集》26827/2)

岛邦男以为(1)辞是卜问侯ㄠ勾结夷方来犯之事①,不确。此辞中的"以"是致送的意思,"人"是侯ㄠ致送的对象,与夷方无关。(2)辞ㄠ国有人在王朝任官。(3)辞是ㄠ国进贡卜龟的记录。

二十四 雀

雀为侯国,见于一期卜辞:

(1) 壬寅卜,雀侯弗㢦罘。(《合集》6839/1,图 7—118)
(2) 庚午卜,雀侯其……(《合集》3321/1)

图 7—118 "雀侯"(《合集》6839)

---

① [日]岛邦男:《殷墟卜辞研究》,温天河、李寿林中译本,鼎文书局 1975 年版,第 427 页。

(3) 犬雀其……（《合集》30369/1）

(4) 戊寅卜，方至。不。之日有曰："方在雀㕣。"（《合集》20485/1）

(5) □申卜，方敦雀。（《合集》6785/1）

(6) 徝雀……（《合集》7272/1）

(7) 贞共雀人呼宅雀。（《合集》8720 正/1）

(8) 贞呼往奠于雀。

　　弜呼奠于雀。（《合集》10976 反/1）

(9) 呼田于雀。（《合集》10983/1）

第（3）辞，雀国人有为犬官。（4）—（6）辞，某方敦伐雀国，雀国可能战败，商王帮助其复国，（7）、（8）辞云"共雀人呼宅雀"、"奠于雀"，指的大概就是此事。（9）辞，王到雀田猎。

二十五　吅

"吅"为侯国，见于一期甲骨文：

(1) 侯吅来。（《合集》20024/1，为甲尾刻辞）

(2) ……朕余曰：吅召爱……（《合集》20338/1）

(3) 乙巳卜，贾告人……呼吅□。（《合集》21641/1）

二十六　𢀖

"𢀖"为侯国，见于五期卜辞：

丁丑王卜，贞禽巫九禽，昨余障，遣告𢀖侯黐晋……（《合集》36345/5）

二十七　奠

"奠"为侯国，见于一期甲骨文，王在"奠"刍牧，"奠"进贡甲骨：

(1) 甲寅卜，王呼以侯奠来□。六月。（《合集》3351/1）

(2) 贞勿曰侯奠。（《合集》3352/1）

(3) 贞刍［于］奠。（《合集》11417 正/1）

(4) 奠来十。（《合集》6654 反/1）

此外，卜辞还有"子奠"（《合集》3195 正），或许与"奠"有关。

二十八　黍

黍为侯国，见于一期卜辞：

癸卯卜，㱿，贞王于黍侯受黍年。十三月。

癸卯卜，㱿，贞王勿于黍侯……

王固曰："吉。我受黍年。丁其雨，吉。其隹乙雨，吉。"（《合集》9934 正、反/1）

于省吾先生认为"王于黍侯受黍年"中的"侯"为时候之"候"，卜辞贞问王在黍子成熟之时能否获得丰收。① 这种解释不符合卜辞本意，因为占辞以丁、乙日下雨为吉，丁、乙日距卜日癸卯日极近，所以卜辞占卜时间更像是种黍之时，而不是收黍之时，种黍时希望下雨，收黍时则相反。本辞中的"黍侯"恐怕不是时间词，"黍"应是方国名，"黍侯"则是以人名代指地名，甲骨文中用人名代指地名的例子还有，如《合集》5708 正"祉省陓㠯至于仓侯"，其中的"仓侯"就是如此。

二十九　𣪊

"𣪊"为侯国，见于一期卜辞：

(1) ……叀𠂤呼从侯𣪊。（《合集》3353/1）

(2) ……亘，贞令侯𣪊。

……惟𠂤令。（《合集》5777/1）

三十　𦎫

"𦎫"为侯国，见于五期卜辞：

---

① 于省吾：《释黍、𪎭、秉》，《甲骨文字释林》，中华书局 1979 年版。

(1) 丁丑王卜，贞禽巫九禽，典☐侯弹［亡］尤。𥃲二娃，余其从……［甾］戋，亡左自下上［于☐示］……有佑。不☐戋……［大］邑商，亡𢦏在［祸］……（《合集》36344/5）

(2) ……卜，贞典☐侯……余其从弹甾戋，亡左……☐戋。王固曰："吉。"在……（《合集》36347/5）

三十一 ☐

☐为侯国，见于一期卜辞：

(1) 壬寅卜，㱿，贞呼侯☐忻。十一月。（《合集》3357/1）
(2) 戊寅卜，呼侯☐田。（《合集》10559/1）
(3) 乙巳卜，扶，龙侯☐。（《合集》20066/1）

三十二 ☐

☐为侯国，但与商的关系不好，商王曾命雀征伐☐，见于四期卜辞：

(1) ……☐……丙……戎……
　　甲辰卜，侯奻雀。
　　甲辰卜，雀☐☐侯。
　　□□卜，☐侯□雀。
　　甲辰卜，雀受侯佑。（《合集》33071/4）
(2) 戊□卜，令雀伐☐侯。（《合集》33072/4）

三十三 ☐

"☐"为侯国，见于一期卜辞：

(1) 辛丑卜……☐伯弗……☐……（《合集》3405/1）
(2) 庚子卜，贞呼☐侯出自方。（《合集》8656 正/1）

三十四 ☐

"☐"为侯国，见于一期卜辞：

贞翌甲寅……□侯□以羌自上甲至于丁。(《怀特》24/1)

三十五　围

"围"字写作□、□、□、□、□、□、□诸形，与征（□）、韦（□、□、□与"卫"应是一字，"卫"作□、□、□、□、□、□、□、□）不同，严一萍说□诸形是"围"的本字，比较可信。① 甲骨文中商王对敌国的征伐可用"征"，也可用"围"，但敌国对商王的侵伐则只用"围"，未见用"征"，可见"围"、"征"二字有区别，且田猎都用"围"，不用"征"(《合集》10307是田猎卜辞"……狩围擒……"有将"围"字释作"征"字，但拓本显示"围"字左下角的"止"可能是残掉了，释"征"根据不足)，所以"围"、"征"不是一个字。"围"、"韦"或"卫"也不是一个字，二者在卜辞中的位置、用法及意义都有区别，"韦"是宾组贞人，贞人"韦"从未写作"围"，"卫"有保卫、职官名、祭名等意思，但"围"没有这些含义。"围"、"韦"或"卫"在甲骨文和金文中都可以作为族名或地名讲，但二者必须区分开来。②

1976年殷墟小屯村北M18出土的一件铜簋上铸有"围侯"二字合文③（图7—119），围国为侯爵，甲骨文中亦见围的活动：

(1) 戊寅围示二屯。(《英藏》428/1)
(2) 丁未卜，令围围□亳。(《合集》20398/1)
(3) ……围不□，易贝二朋。一月。(《合集》40073/1)
(4) 贞围亡尤。十一月。(《合集》16934/1)
(5) 庚午卜，呼围舞，从雨。(《合集》20971/1)
(6) 癸卯卜，其令田围逆，□。(《合集》21099/1)
(7) 壬寅卜，王令围伐□□于□。

---

① 严一萍：《释□□》，《中国文字》第17册，1965年。
② 张秉权认为韦、卫、围为一字，周永珍认为韦、围是一个字，卫与韦、围不同，周氏所说的卫字从方，不从□，即□等形，从□□等形，周氏释为韦，与笔者不同。参周永珍：《殷代"韦"字铭文铜器》，《出土文献研究》，文物出版社1985年版。
③ 中国社会科学院考古研究所安阳工作队：《安阳小屯村北的两座殷代墓》，《考古学报》1981年第4期。

图 7—119　"围侯"(《集成》3127)

　　壬寅，呼围伐□𰈈戎……（《合集》19957/1）
（8）……咎贞……及围…🐾……（《合集》18612/1）

　　以上诸例中，（1）的"围"字和（2）的第一个"围"字，可以确定是人名，（3）—（8）的"围"字也有可能是动词。

　　商代铜器族徽铭文常见"围"，大多出土于安阳殷墟（如小屯村北 M18、侯家庄 1001 号大墓、1004 号大墓、侯家庄 M1768、M1769，此外还有三件西周铜器铭"围"者，分别出自四川彭县、陕西陇县、泾阳），周永珍据此认为，围的"封域或距安阳殷墟不远，即在王畿之内，亦属可能"[①]。按，"围"铭铜器多出自安阳，说明"围"国与商王朝关系比较亲密，但其地望很难据此作判定。

三十六　𢀌

　　"𢀌"字在甲骨文中写作"𰀈、𰀉、𰀊、𰀋"，与"𰀌"字有别，见于一、三、五期卜辞：

　　（1）壬子卜，贞𢀌伯𦉢亡疾。（《合集》20084/1）

[①]　周永珍：《殷代"韦"字铭文铜器》，《出土文献研究》，文物出版社 1985 年版。

(2) □□〔卜〕,□,贞雀弗其获围……人。(《合集》6986/1)

(3) 丁巳卜,㱿,贞乎师般往于屵。(《怀特》756/1)

(4) 贞屵人于❡奠。(《英藏》547 正/1)

(5) 贞乎取屵伯。
    贞勿取屵伯。(《合集》6987 正/1,图 7—120)

(6) 贞呼从屵告取事。(《合集》4555/1)

(7) 丁卯卜,戍允屵御事来□。
    □不出,弗伐屵。(《甲骨缀合拾遗》① 17/3)

(8) 己亥卜,在屵贞王□亚其从㕘伯伐□方,不告戈。在十月又□。(《合集》36346/5)

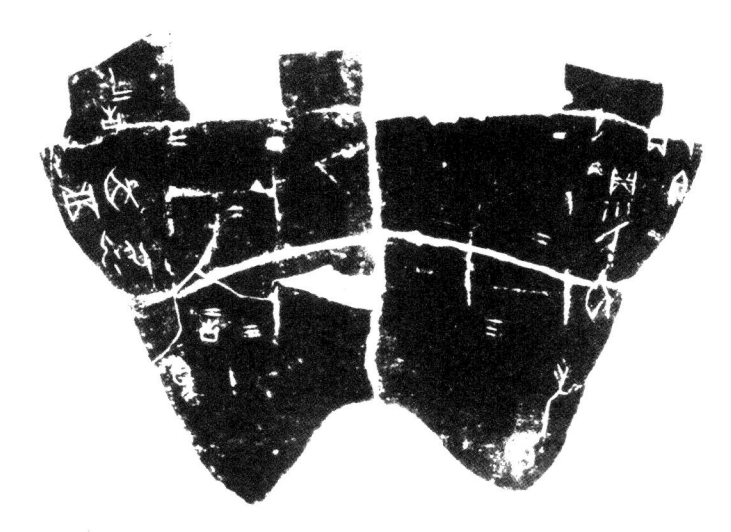

图 7—120 "屵伯"(《合集》6987 正)

第(1)辞中的"❡"为屵伯私名,此时屵国臣属于商王朝,所以商王很关心屵伯的身体状况。(2)—(5)辞屵国反叛,雀前往征讨,之后屵国战败,商王命令师般到屵地征取屵人奠之于❡或其他地方,但尚未决定是否把

---

① 裘锡圭:《甲骨缀合拾遗》,《古文字研究》第 18 辑,中华书局 1992 年版。

屰伯征取过来。①（6）、（8）辞中屰已完全服属于商。（7）辞中的"弗伐屰"是指商的敌人不伐屰。②

"屰"又见于金文。《集成》7264 觚："亚父乙屰莫"。《集成》9810 罍："父丁孤竹亚屰"。史墙盘铭："武王……狄虘、屰，伐人、童。"克盉、克罍铭："厷羌、兔、馭、雩、馭、屰"。其中《集成》9810 罍，1973 年出于辽宁喀左北洞村一号窖藏，林沄先生认为孤竹国是屰族人所建，屰人在今辽西大凌河流域和河北唐山地区滦河流域活动。③按，孤竹国即甲骨文中的竹国（参上文），是商朝属国，见一、二、三、四期卜辞，为侯爵；而屰国有服有叛，见一、三、五期卜辞，称伯，二者并称，看不出有任何族属上的联系。喀左出土的铜罍可能是二者通婚的结果，也未可知。屰的地望还需进一步考证。

三十七 㠯

"㠯"字在甲骨文中为方国名，与"㠯（即孽）"字有别（二字共版，见《合集》248 正），裘锡圭先生释作"辝"④。㠯国见于一期卜辞：

(1) 贞共人呼伐㠯。
    勿呼伐㠯。
    壬戌卜，争贞旨伐㠯，戋。（《合集》248 正/1）
(2) 贞旨弗其伐㠯伯［帚］。（《合集》6827/1）

第（2）辞中"帚"为㠯国首领私名，"伯"在这里是首领的意思，非爵称。㠯国与商王朝为敌，受到商王朝西史旨的征伐。

---

① 裘锡圭：《说殷墟卜辞的"奠"——试论商人处置服属者的一种方法》，中研院史语所《集刊》第 64 本 3 分，第 669 页，1993 年 12 月。

② 同上。

③ 林沄先生释"屰"字为"髟"，参《释史墙盘铭中的"逖虘髟"》，《林沄学术文集》，中国大百科全书出版社 1998 年版。

④ 裘锡圭：《说"以"》，《古文字论集》，中华书局 1992 年版。

三十八　而

而国为伯爵，见于一期卜辞：

(1) 贞王叀而伯龟从伐□方。
    贞王勿隹而伯龟伐□方。（《合集》6480/1）
(2) 己未卜，雀获虎。弗获。在而，一月。（《合集》10201/1）
(3) 戊午卜，而弗其以我中女。（《合集》673/1）
(4) 贞而任霍昇舟。（《合集》10989 正/1）

第（1）辞中的"龟"为而伯私名。（2）辞而为田猎地。（3）辞而国向王致送"我"族仲女，"我"族此时附属于而国。（4）辞"而任"是"而伯"委派的任，裘锡圭推测任（或男）本是侯、伯等委派的，率人专门为王朝服役的一种职官。[①]

三十九　𢀛

𢀛国为伯爵，见于五期卜辞：

(1) 己亥卜，在兆，贞王□亚其从𢀛伯伐□方，不䧹𢦔。在十月又□。（《合集》36346/5）
(2) 戊申卜，在𢀛，贞王田，衣逐，亡灾。（《合集》37536/5）

第（1）辞𢀛伯征伐商朝的敌国。（2）辞𢀛为田猎地。

四十　麗

麗伯见于三期卜辞：

叀麗伯取行。（《殷墟甲骨拾遗·续二》[②] 031/3，图7—121）

---

① 裘锡圭：《甲骨卜辞中所见田、牧、卫等职官的研究》，《文史》第19辑。
② 焦智勤：《殷墟甲骨拾遗·续二》，《殷都学刊》（安阳甲骨学会论文专辑第四集），2004年版。

何琳仪先生认为"麗"、"行"都是地名,"行"应读为"横",即《汉书·地理志》琅邪郡之"横"地,在今山东诸城县境,由"横"地位置推测"麗"是《春秋》僖公元年、《汉书·地理志》琅邪郡之"鄜国",也在今山东诸城县境。① 笔者以为把"行"定在诸城,可能太远。关于麗国的卜辞目前仅见此一例,其地望待考。

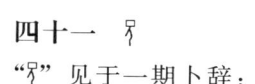

图7—121 "麗伯"(《殷墟甲骨拾遗·续二》031)

四十一 ⿱

"⿱"见于一期卜辞:

(1) 丁酉卜,宾,贞令甫取⿱伯……(《合集》6/1)
(2) 丁酉卜,㱿,贞执僕,戕。(《合集》570/1)
(3) 癸卯[卜],殻,燎□⿱。三月。(《合集》10864/1)
(4) 其宾盟⿱……(《英藏》2107/1)

第(1)辞,辞义不明朗,⿱伯似为敌国。(2)—(4)辞,⿱臣服于王。

四十二 䱷

"䱷"见于一、四期卜辞,为商与国:

(1) 黎其……䱷御……立……(《合集》21470/1)
(2) 乙酉,贞王其令羽以从䱷伯⿱虎,⿱王事。(《南明》472/4)

四十三 ⿱

"⿱"为伯爵,见于一期卜辞:

---

① 何琳仪:《说麗》,《殷都学刊》2006年第1期。

(1) 辛囚壬午，王，贞◻不因。(《合集》21374/1)
(2) 呼从◻焱……(《合集》6461正/1)
(3) 乙亥卜，㱿，贞王其呼共◻伯出牛，有正。
    贞：勿呼共◻伯出牛，不其正。(《合集》8947正/1)

四十四 ◻

"◻"为伯爵，见于一期卜辞：

(1) 王令◻伯。(《合集》20078/1)
(2) ◻伯告。八月。(《合集》20079/1)
(3) 壬寅卜，扶，令阜◻伯。(《合集》20080/1)

四十五 ◻

"◻"见于一期卜辞，与商王朝的关系不详：

辛丑卜……◻伯弗……◻……(《合集》3405/1)

四十六 剡

"剡"见于一、二、四期卜辞。

在一期卜辞中，剡与商王朝关系不睦，受到雀侯征伐，王命雀安抚剡：

(1) 壬寅卜，雀侯弗◻剡。(《合集》6839/1)
(2) 癸亥卜，侯其◻剡。(《合集》6840/1)
(3) 贞侯弗敦剡。(《合集》6841/1)
(4) 癸卯卜，贞雀宓剡，亡祸。(《合集》22317/1)
(5) 壬子卜，宾，贞剡伯……(《合集》3401/1)

在二、四期卜辞，剡为军队驻扎之地，王命人在剡圣田，此时，臣属于商王朝：

(6) 壬辰卜，在师剡。(《合集》24249/2)
(7) ……在师剡……(《合集》24250/2)

(8) 癸巳卜，行，贞王宾敊，亡尤。在師㒸。(《合集》24252/2)
(9) 癸亥，贞㒸圣……(《合集》33209/4)
(10) 戊戌，贞王于己亥步□㒸
　　丙申，贞王步丁酉自㒸。(《屯南》2100/4)

四十七 🦴

🦴见于一期卜辞，与商王朝关系不详：

乙丑卜，争，贞🦴伯……(《合集》3395/1)

四十八 引

"引"为伯爵，见于一期卜辞：

(1) 乙亥卜，🦴自小伯引。十一月。
　　乙亥卜，……大🦴……勿。十一月。(《合集》20086/1)
(2) 乙亥卜，🦴自小伯引。十一月。二 (《合集》22300/1)
(3) 丙寅卜，㞢，贞叀引令取🦴贾。三月。(《合集》3099/1)
(4) 贞勿呼从引。(《合集》4811/1)
(5) 贞引不其获。(《合集》4812/1)
(6) 丁巳卜，宾，贞呼引宓它🦴，弗丧，若。(《合集》4813/1)
(7) 丁巳卜，殻，贞有令于引。(《合集》5382/1)
(8) 丙□卜，□贞□叀引呼田。(《合集》5658 正/1)
(9) 勿呼从引湔帛。(《合集》7693/1)
(10) 贞勿令引。
　　　□寅卜，□，贞……引……周。(《合集》8455/1)

四十九 莫

莫为伯爵，见于一、二期卜辞：

(1) 贞王勿往于莫。(《合集》8185 正/1)
(2) 贞勿往从莫。九月。(《珠》905/1)
(3) □寅卜，王……在莫。(《合集》8184/1)

(4) 辛亥卜，争，贞令莫伯于㞢。一月。(《缀》33，《合集》9644+《合集》10047)

(5) 辛亥卜，出贞令莫伯于㞢。

癸卯卜……令莫……（《英藏》1978/2）

黄天树先生认为，（4）和（5）是宾组贞人"争"和出组贞人"出"在同一天占卜同一件事，时间在祖庚之世。①

五十 ⺧

"⺧"为伯爵，见于一期卜辞：

(1) 辛亥卜，㱿，贞㞢⺧伯于父乙。（《合集》1780正/1）
(2) 丙子卜，亘，贞王㞢报于庚百⺧。
贞王㞢报于庚百⺧，勿用。（《合集》1115正/1）

五十一 ▨

"▨"字，又作"▨、▨，"▨国见于一、二期卜辞。在一期卜辞中，▨受到商王征伐，王登三千人伐▨，▨的规模不会小：

(1) 登人三千伐▨，▨。（《合集》6835/1，图7—122）
(2) 弗其▨▨。（《合集》6837/1）
(3) 勿伐▨。（《合集》6838/1）

图7—122 "▨"（《合集》6835）

在二期卜辞，▨臣属商王，王曾

---

① 黄天树：《殷墟王卜辞的分类与断代》，科学出版社2007年版，第83页。

在该地占卜：

(4) 戊辰卜，王曰贞：其告其陟。在🅇阜卜。(《合集》24356/2)
(5) 庚午卜，王在🅇卜。(《合集》24352/2)

五十二 耑

耑见于一期卜辞，为商王朝敌国：

(1) 癸卯卜，王曰，耑其🅇。(《合集》20070/1)
(2) 甲申卜，王，贞侯其🅇耑。(《合集》6842/1，图7—123)
(3) ……戎其大敦耑。(《合集》6843/1)
(4) 贞伐耑。(《合集》6844/1)
(5) 贞耑……受……(《合集》8266/1)

图7—123 "耑"(《合集》6842)

第(1)辞中的"🅇"字为举戈投降之义，本辞属于师组卜辞，时间早于(2)—(5)辞，由后面的卜辞看，此时耑国并未投降。(2)—(4)，王大伐耑国。

五十三 汏

"汏"字作"![字形]、![字形]、![字形]、![字形]"等形①，汏国首领称王，臣属于商王朝，出现在一期和三期：

(1) 汏王入。(《合集》9375/1)
(2) 汏王入。(《合集》40532/1)
(3) 壬午卜，宾，贞令先□汏王。十三月。(《合集》4574/1)
(4) 呼汏御史。(《合集》5559/1)
(5) 王叀汏令五族戍羌方。
    弜令汏，其悔。(《合集》28053/3)
(6) ……戍汏……
    王叀[戍]汏令从……(《屯南》94213)
(7) 贞翌丁亥其有戍于汏。(《合集》27001/3)

汏国附属商王，(1)、(2) 和 (4) 辞记载了他向商王进贡龟甲和御史；(3)、(5)、(6)、(7) 辞汏则国国王听命于商王。

五十四 聽

聽国首领称王，他附属于商王朝，向商王贡纳卜龟，见于一期：

(1) 聽王入。(《合集》9376/1)
(2) 聽王入。(《怀特》800/1)

五十五 枚

"枚"为伯爵，出现在三期：

……令从枚柏，有![字形]。(《合集》28094/3)

---

① 于省吾：《释汏、盗》，《甲骨文字释林》，中华书局 1979 年版，第 382—387 页；张政烺：《殷虚甲骨文羡字说》，《甲骨探史录》，生活·读书·新知三联书店 1982 年版。

第七章　商代方国考订　473

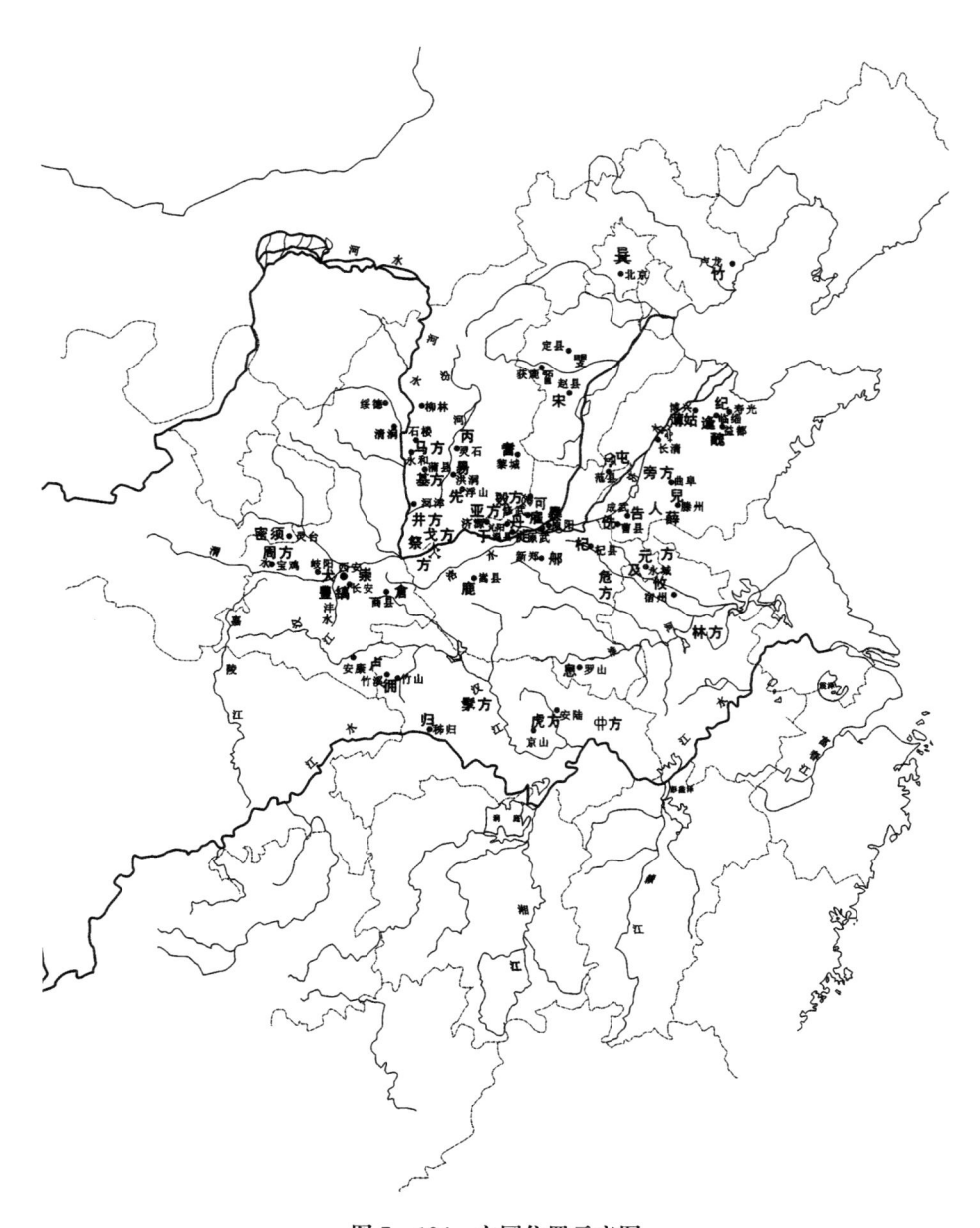

图 7—124　方国位置示意图

主要参考文献

一 著作部分

安阳市文物工作队、安阳市博物馆:《安阳殷墟青铜器》,中州古籍出版社1993年版。

白寿彝总主编:《中国通史》第三卷上古时代,上海人民出版社1994年版。

陈梦家:《殷虚卜辞综述》,科学出版社1956年版。

陈梦家:《西周铜器断代》,中华书局2004年版。

陈全方:《周原与周文化》,上海人民出版社1988年版。

陈全方等:《西周甲文注》,学林出版社2003年版。

陈秉新、李立芳:《出土夷族史料辑考》,安徽大学出版社2005年版。

陈槃:《春秋大事表列国爵姓及存灭表撰异》,"中研院"史语所专刊之五十二,"中研院"史语所1997年版。

陈炜湛:《甲骨文田猎刻辞研究》,广西教育出版社1995年版。

陈隆文:《春秋战国货币地理研究》,人民出版社2006年版。

蔡哲茂:《甲骨缀合集》,"中研院"历史语言研究所1999年版。

常玉芝:《殷商历法研究》,吉林文史出版社1998年版。

晁福林:《夏商西周的社会变迁》,北京师范大学出版社1996年版。

晁福林:《先秦社会形态研究》,北京师范大学出版社2003年版。

董作宾:《殷历谱》,中央研究院历史语言研究所专刊,1945年版。

丁山:《甲骨文所见氏族及其制度》,科学出版社1956年版。

丁福保:《古钱大辞典》,中华书局1982年版。

[日] 岛邦男:《殷墟卜辞研究》,温天河、李寿林中译本,鼎文书局

1975年版。

［日］岛邦男：《甲骨卜辞地名通检（一、二）》，《甲骨学》第6、7号（1958年3月、1959年3月），又日本东京汲古书店1972年《甲骨学》翻印合订本下册。

郭沫若：《卜辞通纂》，科学出版社1983年版。

郭沫若：《殷契萃编》，科学出版社1965年版。

郭沫若：《中国史稿地图集》上册，中国地图出版社1996年版。

郭沫若：《青铜时代》，人民出版社1954年版。

郭沫若：《两周金文辞大系图录考释》，上海书店出版社1999年版。

郭沫若：《中国古代社会研究》，上海联合书店1930年版。

郭沫若：《金文丛考》，日本东京文求堂书店石印本1932年版。

郭沫若：《石鼓文研究　诅楚文考释》，科学出版社1982年版。

关百益：《殷墟文字存真》，河南省博物馆1931年版。

顾颉刚、史念海：《中国疆域沿革史》，商务印书馆2000年版。

顾颉刚：《史林杂识初编》，中华书局1963年版。

顾炎武著、黄汝成集释、秦克诚点校：《日知录集释》，岳麓书社1994年版。

胡厚宣：《甲骨学商史论丛》初集（1—4册）、二集（上、下册）。

胡庆钧等：《早期奴隶制社会比较研究》，中国社会科学出版社1996年版。

胡渭著、邹逸麟整理：《禹贡锥指》，上海古籍出版社2006年版。

何琳仪：《古币丛考》，安徽大学出版社2002年版。

黄怀信等：《逸周书汇校集注》（修订本），上海古籍出版社2007年版。

黄石市博物馆：《铜绿山古矿冶遗址》，文物出版社1999年版。

河北省文物研究所：《藁城台西商代遗址》，文物出版社1985年版。

河南省文物考古研究所：《郑州商城考古新发现与研究（1985—1992）》，中州古籍出版社1993年版。

河南省文物考古研究所等：《鹿邑太清宫长子口墓》，中州古籍出版社2000年版。

河南省文物考古研究所：《郑州商城——1953—1985年考古发掘报告》，文物出版社2001年版。

河南省文物考古研究所等：《郑州商代铜器窖藏》，科学出版社1999

年版。

湖北省文物考古研究所：《盘龙城》，文物出版社 2001 年版。

黄石市博物馆：《铜绿山古矿冶遗址》，文物出版社 1999 年版。

江西省文物考古研究所等：《新干商代大墓》，文物出版社 1997 年版。

江西省文物考古研究所等：《吴城——1973—2002 年考古发掘报告》，科学出版社 2005 年版。

江西省文物考古研究所等：《铜岭古铜矿遗址发现与研究》，江西科学技术出版社 1997 年版。

李学勤：《殷代地理简论》，科学出版社 1959 年版。

李学勤：《中国古代文明研究》，华东师范大学出版社 2005 年版。

李学勤：《走出疑古时代》（修订本），辽宁大学出版社 1997 年版。

李学勤：《新出青铜器研究》，文物出版社 1990 年版。

李孝定：《甲骨文字集释》，北京光华书店 1983 年翻印本。

李朝远：《西周土地关系论》，上海人民出版社 1997 年版。

李长傅：《禹贡释地》，中州书画社 1982 年版。

李民：《〈尚书〉与古史研究》，河南人民出版社 1981 年版。

李孝聪：《中国区域历史地理》，北京大学出版社 2004 年版。

李泰著、贺次君辑校：《括地志辑校》，中华书局 1980 年版。

罗振玉：《殷虚书契考释》，王国维手书石印本一册，1915 年 2 月；增订本，东方学会石印本 1927 年版。

罗琨、张永山：《夏商西周军事史》，《中国军事通史》第一卷，中国军事科学出版社 1998 年版。

林海俊：《甲骨文农业刻辞探论》，中山大学 1999 年硕士学位论文。

林沄：《林沄学术文集》，中国大百科全书出版社 1998 年版。

刘琳：《华阳国志校注》，巴蜀书社 1984 年版。

刘士莪编著：《老牛坡》，陕西人民出版社 2002 年版。

刘诗中：《中国先秦铜矿》，江西人民出版社 2003 年版。

马承源：《上海博物馆藏战国楚竹书》（二），上海古籍出版社 2002 年版。

蒙文通：《古地甄微》，巴蜀书社 1998 年版。

［日］末次信行：《殷代气象卜辞的研究》，京都玄文社 1991 年版。

内蒙古自治区文物考古研究所等：《朱开沟——青铜时代早期遗址发掘报告》，文物出版社 2000 年版。

彭邦炯：《甲骨文农业资料考辨与研究》，吉林文史出版社 1997 年版。
彭邦炯：《商史探微》，重庆出版社 1988 年版。
裘锡圭：《古代文史研究新探》，中国古文献研究丛书，江苏古籍出版社 1992 年版。
裘锡圭：《文史丛稿》，上海远东出版社 1996 年版。
裘锡圭：《裘锡圭自选集》，大象出版社 1994 年版。
裘锡圭：《古文字论集》，中华书局 1992 年版。
裘士京：《江南铜研究——中国古代青铜铜源的探索》，黄山书社 2004 年版。
钱穆：《史记地名考》，三民书局 1984 年版；商务印书馆 2001 年版。
钱穆：《古史地理论丛》，三联书店 2004 年版。
屈万里：《殷虚文字甲编考释》，"中研院"史语所 1961 年版。
饶宗颐：《殷代贞卜人物通考》，香港大学出版社 1959 年版。
饶宗颐：《甲骨文通检》第二分册《地名通检》，香港中文大学出版社 1994 年版。
饶宗颐：《巴黎所见甲骨录》，香港影印本一册 1956 年版。
饶宗颐：《楚辞地理考》，商务印书馆 1946 年版。
任伟：《西周封国考疑》，社会科学文献出版社 2004 年版。
宋镇豪：《夏商社会生活史》（增订本），中国社会科学出版社 2005 年版。
宋豫秦等：《中国文明起源的人地关系简论》，科学出版社 2002 年版。
孙海波：《甲骨文录》，河南通志馆 1938 年版，又艺文印书局 1958 年重印本。
孙海波：《甲骨文编》，中华书局 1965 年版。
孙作云：《孙作云文集》（第 4 卷），河南大学出版社 2003 年版。
孙诒让：《契文举例》，吉石盦丛书本一册，1917 年版。
史为乐等：《中国历史地名大辞典》，中国社会科学出版社 2005 年版。
石永士、石磊：《燕下都东周货币聚珍》，文物出版社 1996 年版。
史念海：《黄土高原历史地理研究》，黄河水利出版社 2001 年版。
史念海：《河山集》，三联书店 1963 年版。
四川省文物考古研究所：《三星堆祭祀坑》，文物出版社 1999 年版。
陕西省考古研究所编著：《高家堡戈国墓》，三秦出版社 1995 年版。
谭其骧主编：《清人文集地理类汇编》，浙江人民出版社 1987 年版。

谭其骧主编：《中国历史地图集》，地图出版社 1987 年版。

唐兰：《天壤阁甲骨文存》附考释，北京辅仁大学影印本二册，1939 年版。

唐兰：《殷墟文字记》，中华书局 1981 年版。

唐兰：《西周青铜器铭文分代史徵》。

唐兰：《唐兰先生金文论集》，紫禁城出版社 1995 年版。

唐兰：《古文字学导论》（增订本），齐鲁书社 1981 年版。

童书业：《童书业历史地理论集》，中华书局 2004 年版。

王国维：《观堂集林》附别集，中华书局 1959 年版。

王国维：《戬寿堂殷虚文字考释》，1917 年 5 月。

王国维：《水经注校》，上海人民出版社 1984 年版。

王迅：《东夷文化与淮夷文化研究》，北京大学出版社 1994 年版。

王玉哲：《中华远古史》，上海人民出版社 2000 年版。

王晖：《古文字与商周史新证》，中华书局 2003 年版。

王育民：《中国历史地理概论》，人民教育出版社 1987 年版。

王襄：《簠室殷契类纂》，艺文印书馆影印线装本一函四册，1988 年版。

王宇信、杨升南主编：《甲骨学一百年》，社会科学文献出版社 1999 年版。

王宇信：《西周甲骨探论》，中国社会科学出版社 1984 年版。

王献唐：《黄县𪊨器》，山东人民出版社 1960 年版。

王献唐：《山东古国考》，齐鲁书社 1983 年版。

王力：《同源字典》，商务印书馆 1997 年版。

温少峰、袁庭栋：《殷墟卜辞研究——科学技术篇》，四川省社会科学出版社 1983 年版。

吴其昌：《殷墟书契解诂》，艺文印书馆 1959 年版。

辛树帜：《〈禹贡〉新解》，农业出版社 1963 年版。

徐少华：《周代南土历史地理与文化》，武汉大学出版社 1994 年版。

徐元诰：《国语集解》，中华书局 2002 年版。

西北大学文博学院：《城固宝山——1998 年发掘报告》，文物出版社 2002 年版。

于省吾：《甲骨文字释林》，中华书局 1979 年影印本。

于省吾主编：《甲骨文字诂林》，中华书局 1996 年版。

于省吾：《双剑誃殷契骈枝》，石印本 1940 年 10 月。
于省吾：《双剑誃殷契骈枝续编》，石印本 1941 年 8 月。
于省吾：《双剑誃殷契骈枝三编》，石印本 1944 年 5 月。
于镇洲等：《河南省运台古物甲骨文专集》，育达高级商业家事职业学校 2001 年版。
杨升南：《商代经济史》，贵州人民出版社 1992 年版。
杨守敬等：《水经注疏》，江苏古籍出版社 1989 年版。
姚孝遂、肖丁：《小屯南地甲骨考释》，中华书局 1985 年版。
余太山：《古族新考》，中华书局 2000 年版。
杨树达：《积微居甲文说》，中国科学院 1954 年版。
杨树达：《耐林甲文说·卜辞求义》，群联出版社 1954 年版。
杨伯峻：《春秋左传注》，中华书局 1990 年版。
严志斌：《商代青铜器铭文研究》，中国社会科学院研究生院博士学位论文，2006 年。
钟柏生：《殷商卜辞地理论丛》，艺文印书馆 1989 年版。
郑杰祥：《商代地理概论》，中州古籍出版社 1994 年版。
周自强等：《中国经济通史·先秦经济卷》，经济日报出版社 2000 年版。
曾毅公：《甲骨地名通检》，北平图书馆《图书季刊》新 2 卷第 1 期（1940 年 3 月）。
邹衡：《夏商周考古学论文集》，科学出版社 2001 年版。
邹衡：《夏商周考古学论文集》（续），科学出版社 1998 年版。
邹逸麟：《黄淮海平原历史地理》，安徽教育出版社 1993 年版。
竺可桢：《竺可桢文集》，科学出版社 1979 年版。
朱活：《古钱新探》，齐鲁书社 1984 年版。
朱凤瀚：《商周家族形态研究》，天津古籍出版社 1990 年版。
张政烺：《张政烺文史论集》，中华书局 2004 年版。
张秉权：《殷墟文字丙编考释》，"中研院"史语所 1992 年重印本。
张秉权：《甲骨文与甲骨学》，"台湾国立编译馆" 1988 年版。
张光直：《商文明》，辽宁教育出版社 2002 年版。
中国社会科学院考古研究所：《中国考古学·夏商卷》，中国社会科学出版社 2003 年版。
中国社会科学院考古研究所：《殷墟的发现与研究》，科学出版社 1994

年版。

中国社会科学院考古研究所:《殷墟发掘报告》(1958—1961),文物出版社1987年版。

中国社会科学院考古研究所:《滕州前掌大墓地》,文物出版社2005年版。

中国社会科学院考古研究所编辑:《新出金文分域简目》,中华书局1983年版。

中国历史博物馆考古部等:《垣曲商城》(1985—1986年度勘察报告),科学出版社1996年版。

中国历史地图集编辑组:《中国历史地图集》第一册,中华地图学社1975年版。

中国历史大辞典·历史地理卷编纂委员会:《中国历史大辞典·历史地理卷》,上海辞书出版社1996年版。

中国社会科学院考古研究所:《殷虚妇好墓》,文物出版社1980年版。

中国社会科学院考古研究所:《殷墟青铜器》,文物出版社1985年版。

文物编辑委员会:《文物考古工作十年(1979—1989)》,文物出版社1990年版。

二 论文部分

山西省考古研究所、灵石县文化局:《山西灵石旌介村商墓》,《文物》1986年第11期。

山西省考古研究所:《灵石旌介发现商周及汉代遗迹》,《文物》2004年第8期。

殷玮璋、曹淑琴:《灵石商墓与丙国铜器》,《考古》1990年第7期。

石家庄地区文化局文物普查组:《河北省石家庄地区的考古新发现》,《文物资料丛刊》(1)。

李伯谦、郑杰祥:《后李商代墓葬族属试析》,《中原文物》1981年第4期。

范毓周:《息器、妇息和息国》,《郑州大学学报》(哲社版)1986年第4期。

山东省博物馆:《山东益都苏埠屯第一号奴隶殉葬墓》,《文物》1972年第8期。

山东省文物考古研究所、青州市博物馆：《青州市苏埠屯商代墓地发掘简报》，《海岱考古》第一辑，山东大学出版社 1989 年版。

寿光县博物馆：《山东寿光县新发现一批纪国铜器》，《文物》1985 年第 3 期。

山东省博物馆：《山东长清出土的青铜器》，《文物》1964 年第 4 期。

高广仁：《海岱区的商代文化遗存》，《考古学报》2000 年第 2 期。

中国社会科学院考古研究所山东工作队：《滕州前掌大商代墓葬》，《考古学报》1992 年第 3 期。

冯时：《殷代史氏考》，《黄盛璋先生八秩华诞纪念文集》，中国教育文化出版社 2005 年版。

王恩田：《陕西岐山新出薛器考释》，《考古与文物》1983 年 11 月，《考古与文物丛刊》第二号《古文字论集》。

程长新、曲得龙、姜东方：《北京拣选一组二十八件商代带铭铜器》，《文物》1982 年第 9 期。

李学勤：《多友鼎的"卒"字及其他》，《新出青铜器研究》，文物出版社 1990 年版。

裘锡圭：《释殷墟卜辞中的"卒"和"裨"》，《中原文物》1990 年第 3 期。

谭其骧：《西汉以前的黄河下游河道》，《历史地理》创刊号，上海人民出版社 1981 年版。

刘起釪：《卜辞的河与〈禹贡〉大伓》，《殷墟博物苑苑刊》创刊号，1989 年版。

邹逸麟：《历史时期华北大平原湖沼变迁述略》，《历史地理》第 5 辑，1987 年版。

竺可桢：《中国近五千年来气候变迁的初步研究》，《考古学报》1972 年第 1 期。

中国社会科学院考古研究所、美国明尼苏达大学科技考古实验室中美洹河流域考古队：《洹河流域区域考古研究初步报告》，《考古》1998 年第 10 期。

[法] 德日进、杨钟健：《安阳殷虚之哺乳动物群》，《中国古生物志》丙种第 12 号第 1 册。

胡厚宣：《气候变迁与殷代气候之检讨》，《中国文化研究汇刊》第 4 卷，

1944 年版，又收入《甲骨学商史论丛》二集，1945 年版。

胡厚宣：《论殷卜辞中关于雨雪之记载》，《学术与建设》第 1 卷 1 期，1945 年。

董作宾：《再谈殷代气候》，《中国文化研究所集刊》第 5 卷，1946 年版，又收入《董作宾先生全集》乙编第 3 册，艺文印书馆 1977 年版。

魏特夫著、陈家芷中译本，《商代卜辞中之气象纪录》、《大学》第 1 卷 1、2 期，1941 年版。

张秉权：《商代卜辞中的气象纪录之商榷》，《学术季刊》第 6 卷 2 期，1957 年版。

董作宾：《魏特夫，商代卜辞中的气象纪录》，《中国文化研究所集刊》第 3 卷 1－4 期合刊，1943 年，又收入《董作宾先生全集》乙编第 3 册，艺文印书馆 1977 年版。

董作宾：《再谈殷代气候》，《中国文化研究所集刊》第 5 卷，1946 年版，又收入《董作宾先生全集》乙编第 3 册，艺文印书馆 1977 年版。

杨钟健：《安阳殷墟扭角羚之发见及其意义》，《中国考古学报》（即《田野考古报告》）第 3 册，1948 年版。

杨钟健、刘东生：《安阳殷墟之哺乳动物群补遗》，《中国考古学报》（即《田野考古报告》）第 4 册，1949 年版。

伍献文：《记殷墟出土之鱼骨》，《中国考古学报》（即《田野考古报告》）第 4 册，1949 年版。

秉志：《河南安阳之龟壳》，《安阳发掘报告》第 3 期，1931 年 6 月。

侯连海：《记安阳殷墟早期的鸟类》，《考古》1989 年第 10 期。

袁靖、唐际根：《河南安阳市洹北花园庄遗址出土动物骨骼研究报告》，《考古》2000 年第 11 期。

徐中舒：《殷人服象及象之南迁》，《中央研究院历史语言研究所集刊》第 2 本 1 分；王宇信、杨宝成：《殷墟象坑和"殷人服象"的再探讨》，《甲骨探史录》，生活·读书·新知三联书店 1982 年版。

雷焕章：《兕试释》，《中国文字》新 8 期。

孙机：《古文物中所见之犀牛》，《文物》1982 年第 8 期。

刘志一：《解读双角犀牛尊》，《中国文物报》2003 年 2 月 19 日。

唐际根、周昆叔：《姬家屯遗址西周文化层下伏生土与商代安阳地区的气候变化》，《殷都学刊》2005 年第 3 期。

赵志军：《关于夏商周文明形成时期农业经济特点的一些思考》，《华夏考古》2005年第1期。

山东省文物管理处：《济南大辛庄遗址试掘简报》，《考古》1959年第4期。

王振国：《古生物学家推测：商代济南气候似江南》，《齐鲁晚报》2002年4月2日。

朱彦民：《关于商代中原地区野生动物诸问题的考察》，《殷都学刊》2005年第3期。

傅顺等：《成都金沙遗址区古环境初步研究》，《江汉考古》2006年第1期。

河南省文化局文物工作队第一队：《郑州商代遗址的发掘》，《考古学报》1957年第1期。

河南省文物考古研究所等：《1995年郑州小双桥遗址的发掘》，《华夏考古》1996年第3期。

中国社会科学院考古研究所河南二队：《1984年春偃师尸乡沟商城宫殿遗址发掘简报》，《考古》1985年4期。

中国社会科学院考古研究所河南第二工作队：《河南偃师商城宫城北部"大灰沟"发掘简报》，《考古》2000年第7期。

中国社会科学院考古研究所：《河南偃师商城商代早期王室祭祀遗址》，《考古》2002年第7期。

周锋：《全新世时期河南的地理环境与气候》，《中原文物》1995年第4期。

孙雄伟、夏正楷：《河南洛阳寺河南剖面中全新世以来的孢粉分析及环境变化》，《北京大学学报》（自然科学版）第41卷第2期，2005年3月。

王晖、黄春长：《商末黄河中游气候环境的变化与社会变迁》，《史学月刊》2002年第1期；周伟：《商代后期殷墟气候探索》，《中国历史地理论丛》1999年第1期。

魏峻：《内蒙古中南部考古学文化演变的环境学透视》，《华夏考古》2005年第1期。

宋镇豪：《论商代的政治地理架构》，《中国社会科学院历史研究所学刊》第一集，中国社会科学出版社2001年版。

石璋如：《测释河南民族博物院发掘殷虚的坑位——记董师交办的一件

事》,《中国文字》第 51 册,1974 年 3 月。

郭沫若:《安阳圆坑墓中鼎铭考释》,《考古学报》1960 年第 1 期。

赵佩馨:《安阳后岗形葬坑性质的讨论》,《考古》1960 年第 6 期。

王宇信:《山东桓台史家〈戍宁觚〉的再认识及其启示》,《夏商文明研究——'97 山东桓台中国殷商文明国际学术讨论会论文集》,中国文联出版社 1999 年版。

孙海波:《释𠂤》,《禹贡半月谈》第 7 卷,卷 1 到 3 期合刊,1937 年 4 月。

邹衡:《论菏泽(曹州)地区的岳石文化》,《文物与考古论集》,文物出版社 1986 年版。

张国硕:《从商文化的东渐看商族起源"东方说"的不合理性》,《夏商文明研究——'97 山东桓台中国殷商文明国际学术讨论会论文集》,中国文联出版社 1999 年版。

寒峰:《甲骨文所见的商代军制数则》,《甲骨探史录》,三联书店 1982 年版。

裘锡圭:《甲骨文中所见的商代农业》,《全国商史学术讨论会论文集》,1985 年 2 月殷都学刊增刊。

《"中国商文化国际学术讨论会"述要》,《考古》1995 年第 9 期。

张政烺:《卜辞裒田及其相关诸问题》,《考古学报》1973 年 1 期。

林欢:《夏商时期晋南地区考古学文化与汾浍间古台骀族——兼论"马方"、"⊠"与飞廉及秦赵先祖》,《商承祚教授百年诞辰纪念文集》,文物出版社 2003 年版。

于省吾:《略论西周金文中的"六𠂤"和"八𠂤"及其屯田制》,《考古》1964 年第 3 期。

裘锡圭:《说殷墟卜辞的"奠"——试论商人处置服属者的一种方法》,《中央研究院历史语言研究所集刊》第 64 本第 3 分。

钟柏生:《卜辞中所见的刍牧地名》,台湾大学考古人类学刊第 50 期,1995 年 6 月。

李学勤:《海外访古记(四)》,《文博》1987 年第 3 期。

刘士莪:《西安老牛坡商代墓地初论》,《文物》1988 年第 6 期

张剑:《关于东周王畿内出土货币的几个问题》,《华夏考古》2001 年第 3 期。

张政烺：《中山王𰯼壶及鼎铭考释》，《古文字研究》第1辑。

杨宝顺：《温县出土的商代器物》，《文物》1975年第2期。

杨宝成、刘森淼：《商周方鼎初论》，《考古》1991年第6期（总285期）。

罗琨：《殷商时期的羌和羌方》，《甲骨文与殷商史》第三辑，上海古籍出版社1991年版。

李伯谦：《从灵石旌介商墓的发现看晋陕高原青铜文化的归属》，《中国青铜文化结构体系研究》，科学出版社1998年版。

齐文心：《商殷时期古黄国初探》，《古文字研究》第12辑，中华书局1985年版。

晁福林：《从甲骨卜辞看姬周族的国号及其相关问题》，《古文字研究》第18辑，中华书局1992年版。

钟柏生：《冥地考》，《于省吾教授百年诞辰纪念文集》，吉林大学出版社1996年版。

宋镇豪：《商周干国考》，《东南文化》1993年第5期

刘一曼：《殷墟花园庄东地甲骨坑的发现及主要收获》，《甲骨文发现一百周年学术研讨会论文集》，台湾师范大学国文系暨中研院史语所编辑，1998年版。

罗琨：《"汤始居亳"再探讨》，《殷商文明暨纪念三星堆遗址发现70周年国际研讨会论文集》，社会科学文献出版社2003年版。

王恩田：《山东商代考古与商史诸问题》，《中原文物》2000年第4期。

郭克煜、孙华铎、梁方建、杨朝明：《索氏器的发现及其重要意义》，《文物》1990年第7期。

李学勤：《海外访古续记》（九），《文物天地》1994年第1期

谭其骧：《山经河水下游及其支流考》，《中华文史论丛》第7辑。

陈汉平：《古文字释丛》，《出土文献研究》，文物出版社1985年6月。

刘忠伏、孔德铭：《安阳殷墟殷代大墓及车马坑》，《2005中国重要考古发现》，文物出版社2006年版。

杜金鹏：《先商济亳考略》，《殷都学刊》1988年第3期。

张懋镕等：《安康出土的史密簋及其意义》，《文物》1989年第7期。

张懋镕：《卢方、虎方考》，《文博》1992年第2期。

裘锡圭：《说"嵒""严"》，《裘锡圭自选集》，河南教育出版社1994

年版。

于省吾：《武王伐纣行程考》，《禹贡》第七卷第1、2、3合期。

陈昌远：《从〈利簋〉谈有关武王伐纣的几个问题》，《河南师大学报》1980年第4期。

陈昌远：《再谈武王伐纣进军路线》，《河南大学学报》1988年第4期。

彭邦炯：《武王伐纣探路——古文献所见武王进军牧野路线考》，《中原文物》1990年第2期。

《河南温县发现晋国邢邑遗址》，《中国文物报》2003年1月22日。

《桓台史家遗址发掘获得大成果》，《中国文物报》1997年5月18日。

《山西浮山桥北商周墓》，《2004中国重要考古发现》，文物出版社2005年版。

《陕西旬邑发现商代青铜器墓》，《中国文物报》2003年11月21日。

《潞城发现商周古城遗址》，《中国文物报》1991年11月17日。

孙作云：《古牧野地名考辨》，《孙作云文集》第4卷：《美术考古与民俗研究》，河南大学出版社2003年版。

顾颉刚：《从古籍中探索我国的西部民族——羌》，《社会科学战线》1980年第1期。

刘士莪：《西安老牛坡商代墓地初论》，《文物》1988年第6期。

彭邦炯：《西安老牛坡商墓遗存族属新探》，《考古与文物》1991年第6期。

李学勤：《文王玉环考》，《华学》第一辑。

缪文远：《周原甲骨所见诸方国考略》，《四川大学学报》丛刊第10辑。

徐锡台：《周原出土的甲骨文所见人名、官名、方国、地名浅释》，《古文字研究》第一辑。

徐中舒：《殷周之际史迹之检讨》，《徐中舒历史论文选辑》，中华书局1998年版。

顾颉刚：《牧誓八国》，《史林杂识初编》，中华书局1963年版。

田仁孝等：《西周强氏遗存几个问题的探讨》，《文博》1994年第5期。

张文祥：《宝鸡强国墓地渊源的初步探讨》，《考古与文物》1996年第2期。

张玉石：《川西平原的蜀文化与商文化入川路线》，《华夏考古》1995年第1期。

魏京武：《陕南巴蜀文化的考古发现与研究》，《三星堆与巴蜀文化》，巴蜀书社1993年版。

方燕明：《关于二里头文化与三星堆文化的几个问题》，《殷商文明暨纪念三星堆遗址发现70周年国际学术研讨会论文集》，社会科学文献出版社2003年版。

卫斯：《平陆县前庄商代遗址出土文物》，《文物季刊》1992年第1期。

李百勤：《山西平陆前庄商代遗址清理简报》，《文物季刊》1994年第1期。

张崇宁：《山西平陆前庄商代遗址分析》，《三代文明研究》（一），科学出版社1999年版。

陶正刚、范宏：《山西平陆前庄村商代遗址及青铜方鼎铸造的研究》，《2004年安阳殷商文明国际学术研讨会论文集》，社会科学文献出版社2004年版。

周有安：《山西商代前庄遗址又有新发现》，《中国文物报》2000年6月18日。

李学勤：《商文化怎样传入四川》，《当代学者自选文库：李学勤卷》，安徽教育出版社1999年版。

田建文：《初识唐文化》，《古代文明研究通讯》第21期，2004年。

长治市博物馆：《山西屯留县上村出土商代青铜器》，《考古》1991年第2期。

史念海：《战国至唐初太行山东经济地区的发展》，《河山集》，三联书店1963年版。

河北省文物研究所、河北文化学院：《武安赵窑遗址发掘报告》，《考古学报》1992年第3期。

罗平：《河北磁县下七垣出土殷代青铜器》，《文物》1974年第11期。

唐云明：《隆尧、内邱古遗址调查》，《文物参考资料》1958年第6期。

唐云明：《河北商文化综述》，《华夏考古》1988年第3期。

正定县文物保管所：《河北灵寿县西木佛村出土一批商代文物》，《文物资料丛刊》（5）。

陈应祺：《河北灵寿县北宅村商代遗址调查》，《考古》1966年第2期。

文启明：《河北新乐、无极发现晚商青铜器》，《文物》1987年第1期。

河北省文物研究所：《河北平山县考古调查简报》，《文物春秋》1990年第 3 期。

石家庄地区文化局文物普查组：《河北省石家庄地区的考古新发现》，《文物资料丛刊》（1）；刘友恒、樊子林：《河北正定出土商代青铜器》，《文物》1982 年第 2 期。

刘友恒、樊子林：《河北正定新城铺出土商代青铜器》，《文物》1984 年第 12 期。

河北省文物研究所、保定地区文物管理所：《定州北庄子商墓发掘简报》，《文物春秋》1992 年增刊。

刘超英、裴淑兰：《河北商代带铭铜器综述》，《三代文明研究》（一），科学出版社 1999 年版。

河北省文物研究所：《河北满城要庄发掘简报》，《文物春秋》1992 年增刊。

拒马河考古队：《河北易县涞水古遗址发掘报告》，《考古学报》1988 年第 4 期。

河北省文物研究所：《河北涞水渐村遗址发掘报告》，《文物春秋》1992 年增刊。

仇凤琴、吴东风：《河北商代遗存初论》，《三代文明研究》（一），科学出版社 1999 年版。

北京市文物研究所：《北京房山琉璃河遗址发现的商代遗迹》，《文物》1997 年第 4 期。

郑绍宗：《商周金文和河北古代方国研究》，《北方考古研究》（三），中州古籍 1994 年版。

文启明：《河北卢龙县东阚各庄遗址》，《考古》1985 年第 11 期。

文启明：《冀东地区商时期古文化遗址综述》，《考古与文物》1984 年第 6 期。

李宗山、尹晓燕：《河北省迁安县出土两件商代铜器》，《文物》1995 年第 6 期。

唐兰：《从河南郑州出土的商代前期青铜器谈起》，《文物》1973 年第 7 期。

山东省博物馆：《山东长清出土的青铜器》，《文物》1964 年第 4 期。

高广仁：《海岱区的商代文化遗存》，《考古学报》2000 年第 2 期。

任相宏：《山东长清县仙人台周代墓地及其相关问题初探》，《考古》

1998 年第 9 期。

魏凡：《就出土青铜器探索辽宁商文化问题》，《辽宁大学学报》1983 年第 5 期。

陈寿：《大保簋的复出和大保诸器》，《考古与文物》1980 年第 4 期。

齐文涛：《概述近年来山东出土的商周青铜器》，《文物》1972 年第 5 期。

程长新等：《北京拣选一组二十八件商代带铭铜器》，《文物》1982 年第 9 期。

临沂文物收集组：《山东苍山县出土青铜器》，《文物》1965 年第 7 期。

孔繁银：《山东滕县井亭煤矿等地发现商代铜器及古遗址、墓葬》，《文物》1959 年第 12 期。

何介均：《商文化在南方的传播》，《湖南先秦考古学研究》，岳麓书社 1996 年版。

黄水根、李昆：《略论吴城遗址商代城墙的性质》，《2004 年安阳殷商文明国际学术研讨会论文集》，社会科学文献出版社 2004 年版。

许智范、黄水根、申夏：《吴城文化再认识》，《2004 年安阳殷商文明国际学术研讨会论文集》，社会科学文献出版社 2004 年版。

水涛：《试论商末周初宁镇地区长江两岸文化发展的异同》，《长江流域青铜文化研究》，科学出版社 2002 年版。

刁文伟、邹红梅：《江苏江阴佘城、花山遗址第二次发掘取得重要收获》，《中国文物报》2003 年 4 月 7 日。

王海城：《中国马车的起源》，《欧亚学刊》第 3 辑。

梁景津：《广西出土的青铜器》，《文物》1978 年第 10 期。

广西壮族自治区博物馆：《近年来广西出土的先秦青铜器》，《考古》1984 年第 9 期。

邓聪、郁逸：《说牙璋》，《文物天地》1994 年第 2 期。

商志䉌：《香港大湾遗址出土牙璋追记》，《文物天地》1994 年第 2 期。

李济：《殷墟铜器五种及其相关问题》，《中央研究院历史语言研究所集刊外编第一种：庆祝蔡元培先生六十五岁论文集》，1933 年。

闻广：《中原找锡论》，《中国地质》1983 年第 1 期。

闻广：《中国古代青铜与锡矿》（续），《地质评论》第 26 卷第 5 期，1980 年 9 月。

童恩正等：《〈中原找锡论〉质疑》，《四川大学学报》1984 年第 4 期。

石璋如：《殷代的铸铜工艺》，《中研院史语所集刊》第 26 本，1955 年 6 月。

刘平生：《安徽南陵大工山古代铜矿遗址发现和研究》，《东南文化》1988 年第 6 期。

江鸿：《盘龙城与商朝的南土》，《文物》1976 年第 2 期。

彭明瀚：《铜与青铜时代中原王朝的南侵》，《江汉考古》1992 年第 3 期。

万全文：《商周王朝南进掠铜论》，《江汉考古》1992 年第 3 期。

张永山：《武丁南征与江南"铜路"》，《南方文物》1994 年第 1 期。

后德俊：《商王朝势力的南下与江南铜矿》，《南方文物》1996 年第 1 期。

刘诗中等：《铜岭古铜矿性质探讨》，《华夏考古》1997 年第 3 期。

刘莉等：《城：夏商时期对自然资源的控制问题》，《东南文化》2000 年第 3 期。

唐兰：《西周铜器断代中的"康宫"问题》，《考古学报》1962 年第 1 期。

裘锡圭：《史墙盘铭文解释》，《文物》1978 年第 3 期。

金正耀：《跨入新世纪的中国铅同位素考古》，《中国文物报》2000 年 11 月 22 日。

彭子成等：《铅同位素比值法在考古研究中的应用》，《考古》1985 年第 11 期。

秦颖等：《安徽省南陵县江木冲古铜矿冶炼遗物自然科学研究及意义》，《东南文化》2002 年第 1 期。

秦颖等：《安徽淮北部分地区出土青铜器的铜矿来源分析》，《东南文化》2004 年第 1 期。

秦颖等：《皖南沿江地区部分出土青铜器的铜矿料来源初步研究》，《文物保护与考古科学》，2004 年 2 月，第 16 卷第 1 期。

秦颖等：《利用微量元素示踪青铜器矿料来源的实验研究》，《东南文化》2004 年第 5 期。

秦颖等：《皖南古铜矿冶炼产物的输入路线》，《文物》2002 年第 5 期。

金正耀：《晚商中原青铜的矿料来源研究》，《科学史论集》，中国科技大学出版社 1987 年版。

金正耀等：《江西新干大洋洲商墓青铜器的铅同位素比值研究》，《考古》1994 年第 8 期。

金正耀等：《中国两河流域青铜文明之间的联系》，《中国商文化国际学术讨论会论文集》，中国大百科全书出版社 1998 年版。

彭子成等：《赣鄂豫地区商代青铜器和部分铜铅矿料来源的初探》，《自然科学史研究》第 18 卷第 3 期（1999 年）。

金正耀：《二里头青铜器的自然科学研究与夏文明探索》，《文物》2000 年第 1 期。

金正耀：《论商代青铜器中的高放射性成因铅》，《考古学集刊》第 15 集，文物出版社 2004 年版。

金正耀等：《广汉三星堆遗物坑青铜器的铅同位素比值研究》，《文物》1995 年第 2 期。

金正耀等：《成都金沙遗址铜器研究》，《文物》2004 年第 7 期。

金正耀：《商代青铜器高放射成因铅原料的产地问题》，《中国文物报》2003 年 1 月 17 日。

李晓岑：《从铅同位素比值试析商周时期青铜器的矿料来源》，《考古与文物》2002 年第 2 期。

彭子成等：《赣鄂皖诸地古代矿料去向的初步研究》，《考古》1997 年第 7 期。

朱炳泉等：《评"商代青铜器高放射性成因铅"的发现》，《古代文明》第 1 卷，文物出版社 2002 年版。

常向阳等：《殷商青铜器矿料来源与铅同位素示踪研究》，《广州大学学报》（自然科学版）第 2 卷第 4 期，2003 年 8 月。

华觉明等：《长江中下游铜矿带的早期开发与中国青铜文明》，《自然科学史研究》第 15 卷第 1 期，1996 年版。

杨肇清：《略论商代二里岗期青铜铸造业及其相关问题》，《郑州商城考古新发现与研究》，中州古籍出版社 1993 年版。

河南省文物考古研究所等：《1995 年郑州小双桥遗址的发掘》，《华夏考古》1996 年第 3 期。

石璋如：《殷代的铸铜工艺》，《中研院史语所集刊》第 26 本，1955 年 6 月。

西安半坡博物馆等：《陕西蓝田怀珍坊商代遗址试掘简报》，《考古与文物》1981 年第 3 期。

申斌：《商代科学技术的精华》，《全国商史学术讨论会论文集》，《殷都学刊》增刊，1985 年 2 月。

金正耀：《晚商中原青铜的锡料问题》，《自然辩证法通讯》第九卷总50期，1987年第4期。

林沄：《甲骨文中的商代方国联盟》，《古文字研究》第6辑，中华书局1981年版。

杨升南：《卜辞中所见诸侯对商王室的臣属关系》，《甲骨文与殷商史》，上海古籍出版社1983年版。

李绍连：《关于商王国的政体问题——王国疆域的考古佐证》，《中原文物》1999年2期。

杜正胜：《卜辞所见的城邦形态》，《尽心集——张政烺先生八十庆寿论文集》，中国社会科学出版社1996年版。

胡厚宣：《殷代舌方考》，《甲骨学商史论丛》初集第2册。

罗琨：《殷商时期的羌和羌方》，《甲骨文与殷商史》第三辑，上海古籍出版社1991年版。

蔡哲茂：《释"🗌""🗌"》，《故宫学术季刊》第5卷3期，1988年4月。

裘锡圭：《释秘》，《古文字研究》第3辑，中华书局1980年版。

裘锡圭：《论"瑟组卜辞"的时代》，《古文字研究》第6辑，中华书局1981年版。

周卫健等：《瑞昌铜岭古矿冶遗址的断代及其科学价值》，《江西文物》1990年第3期。

齐文心：《殷代的奴隶监狱和奴隶暴动——兼甲骨文"圉"、"戎"二字用法的分析》，《中国史研究》创刊号，1979年版。

林沄：《释史墙盘铭中的"逖虘髟"》，《林沄学术文集》，中国大百科全书出版社1998年版。

《北京琉璃河出土西周有铭铜器座谈纪要》，《考古》1989年第10期。

彭邦炯：《释卜辞"众人聲"及相关问题》，《殷都学刊》1989年第2期。

彭邦炯：《说甲骨文的🗌和🗌方》，《中国文字》新24期，艺文印书馆1998年版。

胡厚宣：《甲骨文所见殷代奴隶的反压迫斗争》，《考古学报》1966年1期。

许进雄：《武乙征召方日程》，《中国文字》新12期（1988年）。

王静如：《论中国古代耕犁和田亩的发展》，《农业考古》1983年1期。

夏渌：《学习古文字琐记二则》，《古文字研究》第10辑，中华书局1983

年版。

董作宾:《说菫》,《考古学社社刊》第 4 期,1936 年 6 月。

王恩田:《甲骨文中的位祭》,《中国文字》新 24 期,艺文印书馆 1998 年版。

鲁实先:《殷契新诠》(之一),《幼狮学报》第 3 卷 1 期,1960 年 10 月。

严一萍:《释𢆶方》,《中国文字》第 33 册,艺文印书馆 1969 年 9 月。

严一萍:《𢆶方补释》,《中国文字》第 34 册,艺文印书馆 1969 年 12 月。

李学勤:《甲骨文同辞同字异构例》,《江汉考古》2000 年第 1 期。

张政烺:《释𢍶》,《古文字研究》第 6 辑,中华书局 1981 年版。

王玉哲:《鬼方考补证》,《考古》1986 年第 10 期。

罗琨:《商代人祭及相关问题》,《甲骨探史录》,生活·读书·新知三联书店 1982 年版。

罗琨:《"高宗伐鬼方"史迹考辨》,《甲骨文与殷商史》,上海古籍出版社 1983 年版。

张亚初:《殷墟都城与山西方国考略》,《古文字研究》第 10 辑,中华书局 1983 年版。

[美]司礼义:《关于商代卜辞语言的语法》,《中研院国际汉学会议论文集·语言文字组》,1981 年版。

夏含夷:《早期商周关系及其对武丁以后商王室势力范围的意义》,《古文字研究》第 13 辑,中华书局 1986 年版。

陶正刚:《马簋与马方的研究》,《殷商文明暨纪念三星堆遗址发现 70 周年国际学术研讨会论文集》,社科文献出版社 2003 年版。

李棪:《殷墟斫头坑髑髅与人头骨刻辞》,《中国语文研究》第 8 期。

彭邦炯:《从鼓字论及相关地名和国族》,《殷都学刊》1994 年第 3 期。

伍仕谦:《甲骨文考释六则》,《古文字研究论文集》,《四川大学学报丛刊》第 10 辑,1982 年 5 月。

朱彦民:《金甲文中的"綦"、"晜"与箕子封燕考》,《北京建城 3040 年暨燕文明国际学术研讨会会议专辑》,1997 年 3 月。

《安阳殷墟五号墓座谈发言》唐兰发言,《考古》1977 年第 5 期。

李学勤:《考古发现与古代姓氏制度》,《考古》1987 年第 3 期。

李民、朱桢:《祖乙迁邢与卜辞井方》,《郑州大学学报》(哲学社会科学版)1989 年第 6 期。

胡厚宣：《封建制度考》，《甲骨学商史论丛》初集第 1 册。

李民、朱桢：《商代祖乙迁都考辨》，《邢台历史文化论丛》，河北人民出版社 1990 年版。

孟世凯：《甲骨文中井方新考》，《邢台历史文化论丛》，河北人民出版社 1990 年版。

胡厚宣：《卜辞中所见之殷代农业》，《甲骨学商史论丛》二集上册。

叶玉森：《说契》，《学衡》第 31 期，1924 年 7 月。

王宇信：《武丁期战争卜辞分期的尝试》，《甲骨文与殷商史》第三辑，上海古籍出版社 1991 年版。

胡厚宣：《殷代的史为武官说》，《全国商史学术讨论会论文集》，殷都学刊增刊，1985 年 2 月。

丁山：《释蒙》，《中央研究院历史语言研究所集刊》第 1 本 2 分，1930 年。

曹定云：《〈尚书·牧誓〉所载卢、彭地望考》，《中原文物》1995 年第 1 期。

彭邦炯：《卜辞"作邑"蠡测》，《甲骨探史录》，三联书店 1982 年版。

葛英会：《燕国的部族与部族联合》，《北京文物与考古》第 1 辑，1983 年版；又刊登在《燕文化研究论文集》，中国社会科学出版社 1995 年版。

山东省烟台地区文物管理委员会：《烟台市上夼村出土国铜器》，《考古》1983 年第 4 期。

曹定云：《"亚其"考》，《文物集刊》（2），文物出版社 1980 年版。

彭邦炯：《从商的竹国论及商代北疆诸氏》，《甲骨文与殷商史》第三辑，上海古籍出版社 1991 年版。

李学勤：《小臣缶方鼎与箕子》，《殷都学刊》1985 年第 1 期。

辽宁省博物馆等：《辽宁喀左县北洞村发现的殷代青铜器》，《考古》1973 年第 4 期。

王玉哲：《陕西周原所出甲骨文的来源试探》，《社会科学战线》1982 年第 1 期。

陈炜湛：《甲骨文同义词研究》，《古文字学论集》初编，1983 年 9 月 5 日。

王恩田：《人方位置与征人方路线新证》，《胡厚宣先生纪念文集》，科学出版社 1998 年版，修订本又发表在《杞文化与新泰》，中国文联出版社 2000

年版。

常玉芝:《晚期龟腹甲卜旬卜辞的契刻规律及意义》,《考古》1987年第10期。

郭克煜、孙华铎、梁方建、杨朝明:《索氏器的发现及其重要意义》,《文物》1990年第7期。

王恩田:《齐国建国史的几个问题》,《东岳论丛》1981年第4期。

李学勤:《论新出现的一片征人方卜辞》,《殷都学刊》2005年第1期。

沈之瑜:《介绍一片伐人方的卜辞》,《考古》1974年第4期。

李学勤:《重论夷方》,《走出疑古时代》,辽宁大学出版社1997年版。

邓少琴、温少峰:《论帝乙征人方是用兵江汉》,《社会科学战线》1982年第3、4期。

焦智勤:《殷墟甲骨拾遗·续二》,《殷都学刊》(安阳甲骨学会论文专辑),2004年3月。

焦智勤:《新发现的一片征人方卜辞》,"2006年中国安阳庆祝殷墟申遗成功暨纪念YH127坑发现70周年国际学术研究会"论文。

冯时:《殷代史氏考》,《黄盛璋先生八秩华诞纪念文集》,中国教育文化出版社2005年版。

裘锡圭:《甲骨卜辞中所见田、牧、卫等职官的研究》,《文史》第19辑。

赵平安:《释甲骨文中的"🔲"和"🔲"》,《文物》2000年第8期。

裘锡圭:《说"🔲凡有疾"》,《故宫博物院院刊》2000年第1期。

于省吾:《关于商周时代对于"禾""积"或土地有限度的赏赐》,《中国考古学会第一次年会论文集》,文物出版社1980年版。

张永山:《杞国东迁试探》,《杞文化与新泰》,中国文联出版社2000年版。

王恩田:《从考古材料看楚灭杞国》,《江汉考古》1988年第2期。

彭邦炯:《曲阜在甲骨文叫什么》,《孔子研究》1987年第1期。

曹淑琴:《臣辰诸器及其相关问题》,《考古学报》1995年第1期。

刘钊:《释甲骨文耤、羲、蟺、敖、𢦒诸字》,《吉林大学社会科学学报》1990年第2期。

赵平安:《论失字的释读谈到商代的佚侯》,《中国社会科学院历史研究所学刊》第一集,社会科学文献出版社2001年版。

陈炜湛:《"侯屯"卜骨考略》,《古文字研究》第12辑,中华书局1985

年版。

林沄：《释干、盾》，《古文字研究》第 22 辑，中华书局 2000 年版。

殷之彝：《山东益都苏埠屯墓地和"亚醜"铜器》，《考古学报》1977 年第 1 期。

李零：《苏埠屯的"亚齐"诸器》，《文物天地》1992 年第 6 期。

李学勤：《夏商周与山东》，《烟台大学学报》（哲社版）2002 年第 3 期。

中国社会科学院考古研究所山东工作队：《山东滕州前掌大商周墓地 1998 年发掘简报》，《考古》2000 年第 7 期。

信阳地区文管会、罗山县文化馆：《河南罗山县蟒张商代墓地第一次发掘简报》，《考古》1981 年第 2 期。

信阳地区文管会、罗山县文化馆：《罗山县蟒张后李商周墓地第二次发掘简报》，《中原文物》1981 年第 4 期。

信阳地区文管会、罗山县文化馆：《罗山蟒张后李商周墓地第三次发掘简报》，《中原文物》1988 年第 1 期。

河南省信阳地区文管会、河南省罗山县文化馆：《罗山天湖商周墓地》，《考古学报》1986 年第 2 期。

彭明瀚：《商代虎方文化初探》，《中国史研究》1995 年第 3 期。

彭明瀚：《盘龙城与吴城比较研究》，《江汉考古》1995 年第 2 期。

柯昌济：《〈殷墟卜辞综类〉例证考释》，《古文字研究》第 16 辑，中华书局 1989 年版。

蒙文通：《古代民族徙移考》，《禹贡》七卷六、七合期。

曹定云：《殷代的"卢方"》，《社会科学战线》1982 年第 2 期。

张懋镕：《卢方、虎方考》，《文博》1992 年第 2 期。

裘锡圭：《说"玄衣朱襮袷"》，《文物》1976 年第 12 期。

陈炜湛：《甲骨文异字同形例》，《古文字研究》第 6 辑，中华书局 1981 年版。

钟柏生：《说"巽"兼释与"巽"并见诸词》，《中研院史语所集刊》第 56 本 3 分，1985 年 9 月。

闻一多：《释省徣——契文疏证之一》，《闻一多全集》第 2 册，三联书店 1982 年版。

严一萍：《释道》，《中国文字》第 7 册，1962 年 3 月。

张玉金：《释甲骨文中的"𠂤"和"𠂤"》，《故宫博物院院刊》2001 年第

1 期。

彭邦炯：《再说甲骨文的"衍"和"衍方"——附说首人及其地望》，《殷商文明暨纪念三星堆遗址发现 70 周年国际学术研讨会论文集》，社科文献出版社 2003 年版。

彭邦炯：《竝器、竝氏与并州》，《考古与文物》1981 年第 3 期。

王永波：《並氏探略——兼论殷比干族属》，《考古与文物》1992 年第 1 期。

裘锡圭：《甲骨缀合拾遗》，《古文字研究》第 18 辑，中华书局 1992 年版。

何琳仪：《说麗》，《殷都学刊》2006 年第 1 期。

后　记

　　本书为中国社会科学院重大课题《商代史》的第九分卷。1999年《商代史》立项时，我是硕士研究生二年级，林欢是博士研究生一年级，课题负责人宋镇豪先生把我们纳入此重大项目，目的是为了培养新人。当时宋先生计划由林欢负责地理部分，我负责方国部分，并嘱咐我们分别做成博士、硕士论文。2001年，我的硕士论文完成，题目为《殷墟甲骨文中所见方国研究》。2002年，林欢的博士论文初稿完成，初稿共分五章：第一章关于晚商王畿区的界说；第二章农业地理概况；第三章农业区分区地理；第四章商代所谓"疆域"及其内部结构；第五章晚商田猎地理。因为内容太多，在王宇信、宋镇豪先生的建议下，林欢拿掉了其中的农业地理和田猎地理部分，把剩余部分重新安排，定为博士论文，题目是《晚商地理论纲》。林欢博士绝顶聪明，才华横溢，是吾辈中的佼佼者，可惜天妒英才，就在她刚刚毕业不久的11月份，猝然病逝。林欢博士的逝世是本书的一大损失，她所负责的地理部分还有一部分空白或有待于完善，2003年，宋先生邀北京第二外国语学院的常耀华先生加入本书的撰写工作，完成林欢未完成的部分。但是，因为北二外的教学科研工作繁重，再加上他突然染病，就退出了本书写作。常耀华先生参与讨论了本书的章节设置，并把林欢的论文输入电脑，做成电子文本。

　　本书共分七章，各章的撰写者分别是：

　　绪论　林欢、孙亚冰

　　第一章　商代的自然地理　孙亚冰

　　第二章　商代的政治地理　林欢

　　第三章　王畿区和四土地名考订举例　林欢

　　第四章　商代的经济地理　林欢

第五章　商代的交通地理　孙亚冰
第六章　商代的方国　孙亚冰
第七章　商代方国考订　孙亚冰

　　林欢的部分是在其博士论文原稿的基础上整理的。需要说明一点，在一些地名考证上，我与林欢的观点不同，这些问题我们还没来得及商讨，因此在处理这些问题时，一方面把明显有错的地方删除，如林欢以"淮"为"🅐、🅑、🅒、🅓"诸字的异体，释作"灉"，我认为不妥，淮从隹从水，与灉是不同的，淮指今天的淮水；另一方面，林欢的三章论述是一个完整的体系，牵一发而动全身，为保证这三章体系的完整，本书基本上都保留了她的论述和观点，这样一来，就造成了地理部分和方国部分出现同一条卜辞释读不一致、同一个地名不同地望的情况。

　　本书的完成，首先要感谢宋镇豪先生。宋先生让我们参加此项重大课题，使我们得到了一次锻炼的机会，他为本书的章节设置、内容调整出谋划策，提出了很多好的意见和建议。我在写作过程中，遇到难题向宋先生请教时，他还常常把自己的想法告诉我，并提供相关资料和信息，所以本书的某些观点也含有宋先生的想法。同时还要感谢王宇信、杨升南、曹定云、彭邦炯、常玉芝、王震中、罗琨、朱玲玲、宫长为、徐义华、马季凡、韩江苏、刘源、王泽文、唐锦琼等先生，诸位师长、同事都为本书提供过很多宝贵的建议和慷慨无私的帮助，在此致以深切的谢意！

孙亚冰
2006 年 6 月 26 日
于通州武夷花园